IDoc-Entwicklung für SAP®

SAP PRESS ist eine gemeinschaftliche Initiative von SAP SE und der Rheinwerk Verlag GmbH. Ziel ist es, Anwendern qualifiziertes SAP-Wissen zur Verfügung zu stellen. SAP PRESS vereint das fachliche Know-how der SAP und die verlegerische Kompetenz von Rheinwerk. Die Bücher bieten Expertenwissen zu technischen wie auch zu betriebswirtschaftlichen SAP-Themen.

Michael Wegelin, Michael Englbrecht
SAP-Schnittstellenprogrammierung
3., aktualisierte und erweiterte Auflage 2014, 548 Seiten, geb.
ISBN 978-3-8362-2675-2

Carsten Bönnen, Volker Drees, André Fischer,
Ludwig Heinz, Karsten Strothmann
OData und SAP Gateway
2014, 681 Seiten, geb.
ISBN 978-3-8362-2538-0

Enno Wulff, Maic Haubitz, Dennis Goerke,
Sascha Seegebarth, Udo Tönges
Das ABAP-Kochbuch. Erfolgsrezepte für Entwickler
2., aktualisierte und erweiterte Auflage 2016, 656 Seiten, geb.
ISBN 978-3-8362-2108-5

John Mutumba Bilay, Roberto Viana Blanco
SAP Process Orchestration. The Comprehensive Guide
2015, 727 Seiten, geb.
ISBN 978-1-4932-1018-3

Aktuelle Angaben zum gesamten SAP-PRESS-Programm finden Sie unter
www.sap-press.de.

Sabine Maisel

IDoc-Entwicklung für SAP®

Liebe Leserin, lieber Leser,

vielen Dank, dass Sie sich für ein Buch von SAP PRESS entschieden haben.

Traditionell, antiquiert, Uralt-Technologie – auf diese Begriffe stößt man, wenn man sich mit IDocs beschäftigt. Und wer würde widersprechen: Um ein Hype-Thema oder den neuesten Stern am SAP-Himmel handelt es sich bei IDocs nicht. Das hindert uns aber nicht daran, dieses Buch zur IDoc-Entwicklung bereits in der dritten Auflage zu veröffentlichen.

Und das tun wir aus gutem Grund: Weil Sie diese Technologie nach wie vor nutzen, weil Sie Informationen dazu benötigen, und weil Sie mit der Autorin Sabine Maisel rege über die ersten beiden Auflagen diskutiert haben. Gibt es bessere Gründe, ein Buch zu veröffentlichen?

Sie sehen, ich freue mich sehr, Ihnen diese Neuauflage nun vorstellen zu können. Das Buch wurde erneut mit viel Sorgfalt überarbeitet und verbessert und sogar um ein komplett neues Kapitel ergänzt. Ich überlasse es Frau Maisel, Ihnen dieses Kapitel in ihrem Vorwort genauer vorzustellen, und möchte Ihnen nur noch viel Erfolg und Freude bei der Lektüre wünschen. Vielleicht bis zur nächsten Auflage!

Wir freuen uns stets über Lob, aber auch über kritische Anmerkungen, die uns helfen, unsere Bücher zu verbessern. Scheuen Sie sich nicht, mich zu kontaktieren. Ihre Fragen und Anmerkungen sind jederzeit willkommen.

Ihre Patricia Sprenger
Lektorat SAP PRESS

Rheinwerk Verlag
Rheinwerkallee 4
53227 Bonn

patricia.sprenger@rheinwerk-verlag.de
www.sap-press.de

Auf einen Blick

1	Einführung	19
2	IDocs erzeugen	33
3	Testwerkzeuge	79
4	IDocs per Customizing anpassen	95
5	Bestehende IDoc-Typen anpassen	119
6	Eigene IDocs entwickeln	173
7	Rückmeldungen	221
8	IDocs serialisieren	231
9	Application Interface Framework	249
10	Administration	287
11	IDocs in Verbindung mit SAP Process Integration und SAP Process Orchestration	333

Lektorat Patricia Sprenger
Korrektorat Alexandra Müller, Olfen
Einbandgestaltung Nadine Kohl
Coverbild iStockphoto: 254472©titaniumdoughnut
Typografie und Layout Vera Brauner
Herstellung Denis Schaal
Satz III-satz, Husby
Druck und Bindung Beltz Bad Langensalza, Bad Langensalza

Gerne stehen wir Ihnen mit Rat und Tat zur Seite:
patricia.sprenger@rheinwerk-verlag.de bei Fragen und Anmerkungen zum Inhalt des Buches
service@rheinwerk-verlag.de für versandkostenfreie Bestellungen und Reklamationen
hauke.drefke@rheinwerk-verlag.de für Rezensionsexemplare

Bibliografische Information der Deutschen Nationalbibliothek
Die Deutsche Nationalbibliothek verzeichnet diese Publikation in der Deutschen Nationalbibliografie; detaillierte bibliografische Daten sind im Internet über *http://dnb.d-nb.de* abrufbar.

ISBN 978-3-8362-3988-2

© Rheinwerk Verlag GmbH, Bonn 2016
3., aktualisierte und erweiterte Auflage 2016

Das vorliegende Werk ist in all seinen Teilen urheberrechtlich geschützt. Alle Rechte vorbehalten, insbesondere das Recht der Übersetzung, des Vortrags, der Reproduktion, der Vervielfältigung auf fotomechanischen oder anderen Wegen und der Speicherung in elektronischen Medien. Ungeachtet der Sorgfalt, die auf die Erstellung von Text, Abbildungen und Programmen verwendet wurde, können weder Verlag noch Autor, Herausgeber oder Übersetzer für mögliche Fehler und deren Folgen eine juristische Verantwortung oder irgendeine Haftung übernehmen.

Die in diesem Werk wiedergegebenen Gebrauchsnamen, Handelsnamen, Warenbezeichnungen usw. können auch ohne besondere Kennzeichnung Marken sein und als solche den gesetzlichen Bestimmungen unterliegen.

Sämtliche in diesem Werk abgedruckten Bildschirmabzüge unterliegen dem Urheberrecht © der SAP SE, Dietmar-Hopp-Allee 16, 69190 Walldorf.

SAP, das SAP-Logo, ABAP, Ariba, ASAP, BAPI, Duet, hybris, mySAP.com, mySAP, SAP Adaptive Server Enterprise, SAP Advantage Database Server, SAP Afaria, SAP ArchiveLink, SAP Business ByDesign, SAP Business Explorer (SAP BEx), SAP BusinessObjects, SAP BusinessObjects Web Intelligence, SAP Business One, SAP BusinessObjects Explorer, SAP Business Workflow, SAP Crystal Reports, SAP d-code, SAP EarlyWatch, SAP Fiori, SAP Ganges, SAP Global Trade Services (SAP GTS), SAP GoingLive, SAP HANA, SAP Jam, SAP Lumira, SAP MaxAttention, SAP MaxDB, SAP NetWeaver, SAP PartnerEdge, SAPPHIRE NOW, SAP PowerBuilder, SAP PowerDesigner, SAP R/2, SAP R/3, SAP Replication Server, SAP S/4HANA, SAP SI, SAP SQL Anywhere, SAP Strategic Enterprise Management (SAP SEM), SAP StreamWork, SAP xApps, SuccessFactors und Sybase sind Marken oder eingetragene Marken der SAP SE, Walldorf.

Für Manfred
Danke für alles

Inhalt

Vorwort 13

1 Einführung 19

1.1 Was ist ALE? 19
1.2 BAPIs und IDocs – eine Einführung 22
    1.2.1 BAPIs 23
    1.2.2 IDocs 24
1.3 Abgrenzung von ALE und EDI 30

2 IDocs erzeugen 33

2.1 Standardmethoden zur IDoc-Erzeugung 33
    2.1.1 Shared Master Data Tool 34
    2.1.2 Nachrichtensteuerung 50
    2.1.3 Spezielle Funktionen 53
    2.1.4 Logische Systeme in der Nachrichtensteuerung verwenden 57
2.2 Porttypen in der Ausgangsverarbeitung 58
    2.2.1 Transaktionaler RFC-Port 59
    2.2.2 Dateiport 62
    2.2.3 CPI-C-Port 63
    2.2.4 ABAP-PSS-Port 65
    2.2.5 XML-Dateiport 66
    2.2.6 XML-HTTP-Port 66
2.3 IDoc-Copymanagement-Tool 68

3 Testwerkzeuge 79

3.1 Einzelne IDocs testen 80
3.2 Verarbeitung mehrerer IDocs testen 85
    3.2.1 Nachrichtensteuerung 85
    3.2.2 Versandfertige IDocs senden 86
    3.2.3 Dateien mit IDoc-Dateien verarbeiten ... 87
3.3 Verarbeitung von Statusdateien testen 89

4 IDocs per Customizing anpassen ... 95

- 4.1 Filtern mit Filterobjekten ... 96
- 4.2 Eigene Filterobjekte ... 101
  - 4.2.1 IDocs unterdrücken ... 104
  - 4.2.2 Verschiedene IDoc-Filter im Überblick ... 104
- 4.3 Segmente filtern ... 105
- 4.4 IDocs durch Sichten reduzieren ... 106
- 4.5 IDoc-Inhalt durch Regeln ändern ... 109
- 4.6 Versionswandlung ... 113
- 4.7 Spezielle Umsetzungen in SAP ERP Financials ... 114

5 Bestehende IDoc-Typen anpassen ... 119

- 5.1 Unterschiedliche Exit-Typen am Beispiel des Materialstamms ... 119
  - 5.1.1 Programmierrichtlinien für Exits ... 122
  - 5.1.2 Customer-Exits ... 123
  - 5.1.3 Business Transaction Events ... 130
  - 5.1.4 Klassische BAdIs ... 133
  - 5.1.5 Explizite Enhancements ... 136
  - 5.1.6 Neue BAdIs ... 140
  - 5.1.7 Implizite Enhancements ... 145
- 5.2 Allgemeine Exits ... 149
  - 5.2.1 Versionswandlung ... 149
  - 5.2.2 BAdI bei der Erzeugung von Änderungszeigern ... 151
  - 5.2.3 BAdI bei der Erzeugung von IDocs mithilfe des IDoc-Copymanagement-Tools ... 153
- 5.3 Eigene Segmente ... 153
  - 5.3.1 Segmente anlegen ... 154
  - 5.3.2 Erweiterungstyp anlegen ... 157
  - 5.3.3 Segmente füllen ... 161
  - 5.3.4 Segmente buchen ... 164
- 5.4 Spezielle Anforderungen bei Stammdaten ... 166
  - 5.4.1 Senden aller Daten nach Änderungen ... 166
  - 5.4.2 Reduzierte IDocs in Kombination mit eigenen Segmenten ... 168
- 5.5 Eigene Funktionsbausteine zur Dateierzeugung bei Dateiports ... 170

6 Eigene IDocs entwickeln 173

6.1 Daten für das eigene IDoc 173
6.2 Eigene IDoc-Typen und Nachrichtentypen anlegen 176
    6.2.1 Segmente erstellen 176
    6.2.2 IDoc-Typ erstellen 181
    6.2.3 Nachrichtentyp erstellen 184
6.3 IDoc erzeugen 186
6.4 IDoc verbuchen 194
6.5 IDoc-Funktionsbausteine generieren 205
    6.5.1 IDoc-Bausteine aus BAPI generieren lassen 205
    6.5.2 IDoc-Bausteine aus Funktionsbaustein generieren lassen 206
6.6 Fehler-Workflow für eigene IDocs 208
6.7 Nützliche Funktionsbausteine 217

7 Rückmeldungen 221

7.1 ALEAUD-IDocs 221
7.2 STATUS-IDocs 224
7.3 TXTRAW-IDocs 226

8 IDocs serialisieren 231

8.1 Serialisierung über Gruppen 231
8.2 Serialisierung über Zeitstempel 236
8.3 Serialisierung über Business-Objekte 238
8.4 Serialisierung über qRFC 243

9 Application Interface Framework 249

9.1 Grundlagen 249
9.2 IDocs im Application Interface Framework 251
    9.2.1 IDoc-Szenarien 251
    9.2.2 Vorarbeiten zur AIF-Interface-Verwendung 253
9.3 Szenario 01 255
    9.3.1 Monitoring im Application Interface Framework 261
    9.3.2 Editierbare Felder 268
9.4 Szenario 05 269

	9.5	Empfängerermittlung abhängig von Feldinhalten bei Verwendung einer Indextabelle 275
	9.6	Fehlerbearbeitung 277

10 Administration 287

	10.1	IDoc-Verknüpfungen 287
	10.2	Fehler-Workflows an E-Mail-Accounts weiterleiten 292
	10.3	Sicherheitsrelevante Felder ausblenden 300
	10.4	Regelmäßige Jobs 304
	10.5	Überblick über Transaktionscodes 305
	10.6	Archivierung 312
	10.7	Statusumsetzung 321

11 IDocs in Verbindung mit SAP Process Integration und SAP Process Orchestration 333

	11.1	IDocs als Interfaces im Enterprise Services Repository von PI/PO 334
	11.2	IDoc-Inhalt mithilfe von Metadaten beim IDoc-Adapter übersetzen 336
	11.3	Logische Systeme in Business-Systemen umsetzen ... 337
	11.4	IDoc-Partnerrollen umsetzen 338
	11.5	Header-Mapping 339
	11.6	Handling des Kontrollsatzes in PI/PO 341
	11.7	IDocs direkt in PI verbuchen 342
	11.8	Neuerungen seit SAP Process Integration 7.3 343
		11.8.1 IDoc_AAE-Adapter 343
		11.8.2 RFC-Destination auf dem Java-Stack 350
		11.8.3 IDocs in der integrierten Konfiguration 354
	11.9	Neue Monitoring-Funktionen seit SAP Process Integration 7.3 357

Die Autorin 361
Index 363

Vorwort

Bei IDocs (*Intermediate Documents*) handelt es sich um eine Standardschnittstelle zu SAP-Systemen. Sie sind immer asynchron und daher für die Änderung und das Anlegen von Daten auf der Datenbank konzipiert. Die Fehlerbehandlung, die bei asynchroner Kommunikation gegebenenfalls zeitversetzt stattfinden muss, wird dabei stets dort abgewickelt, wo der Fehler auftritt – im Gegensatz zur normalen RFC-Kommunikation, bei der ein Fehler immer dem Sender gemeldet wird.

Obwohl es in neueren SAP-Releases auch andere, nicht SAP-proprietäre Kommunikationsmöglichkeiten gibt (zum Beispiel SOAP, HTTP oder Proxys), ist die Bedeutung von IDocs ungebrochen: Zum einen aufgrund der hohen Anzahl, in der sie zur Verfügung stehen, sowie zum anderen aufgrund der Vielzahl der mit SAP-Systemen zusammenarbeitenden Softwarelösungen, die dieses Format bereits unterstützen. IDocs als Standardschnittstellen zu SAP-Systemen werden sowohl für EDI-Szenarien zwischen verschiedenen Firmen als auch für ALE-Szenarien innerhalb von Firmen eingesetzt.

Zielsetzung und Zielgruppen

Wie alle Standardschnittstellen beziehen sich IDocs auf den von SAP ausgelieferten Anteil eines SAP-Systems. Bei den meisten Firmen ist es jedoch notwendig, Anpassungen, die im betriebswirtschaftlichen Anteil des SAP-Systems vorgenommen wurden, auch auf die Schnittstellen »herunterzubrechen«. Diese Aufgabe wird von ABAP-Entwicklern übernommen. An sie richtet sich dieses Buch im Besonderen, und die bei diesen Anpassungen anfallenden Arbeiten werden im Detail beschrieben. Die Kommunikationseinstellungen hingegen werden in der Regel von Systemadministratoren durchgeführt. Diese Einstellungen werden daher hier nur angesprochen, wenn sie im direkten Zusammenhang mit der Entwicklungsarbeit stehen.

ABAP-Entwickler

Aufbau des Buches

Von vorne nach hinten, Schritt für Schritt

Der Aufbau des Buches folgt dem Prinzip, die Arbeitsschritte in der Reihenfolge zu beschreiben, in der sie anfallen. Es beginnt daher mit der Erzeugung von IDocs und endet mit den regelmäßigen Arbeiten. Im Bereich der Anpassung von IDocs an Kundenbedürfnisse wird beim geringsten Arbeitsaufwand begonnen, also bei den Möglichkeiten des Customizings, und Schritt für Schritt bis zu der Aufgabe vorgegangen, die den größten Aufwand bedeutet, also der vollständigen Eigenprogrammierung von IDocs.

IDocs erzeugen

Beginnen wir also mit grundlegenden Informationen sowie der Erzeugung und dem Testen von IDocs.

- In **Kapitel 1**, »Einführung«, werden zunächst ALE und EDI gegeneinander abgegrenzt und die Grundlagen von IDocs beschrieben.
- **Kapitel 2**, »IDocs erzeugen«, beschäftigt sich mit den unterschiedlichen Möglichkeiten der Erzeugung von IDocs. Hier finden Sie unter anderem Informationen über das IDoc-Copymanagement-Tool und die Verwendung von IDocs mit Webservices.
- In **Kapitel 3**, »Testwerkzeuge«, erfahren Sie, wie Sie Ihre IDocs auch ohne den Kommunikationspartner bereits für den Datenaustausch testen können.

IDocs anpassen

Bis hierhin wird die Erzeugung von Standard-IDocs komplett beleuchtet, nun geht es um die Kundenanpassungen. IDocs sind dabei an die verschiedenen Erweiterungstechniken von SAP angeschlossen. Einige Möglichkeiten der IDoc-Manipulation ergeben sich bereits im Customizing, andere erfordern Eigenentwicklungen oder die Erweiterung der Standard-IDoc-Funktionsbausteine. Es gibt auch spezielle Entwicklungsobjekte, die nur im Zusammenhang mit IDocs verwendet werden.

Die nächsten drei Kapitel beschreiben jeweils einen Teilbereich der notwendigen Arbeiten im Rahmen von Kundenanpassungen.

- **Kapitel 4**, »IDocs per Customizing anpassen«, beschreibt alle Manipulationen, die noch komplett ohne Programmierung auskommen. Bestimmte von SAP vorgegebene Customizing-Objekte erlauben einfache Feldumsetzungen und geben Ihnen die Möglichkeit, auf die Erzeugung von IDocs Einfluss zu nehmen.
- In **Kapitel 5**, »Bestehende IDoc-Typen anpassen«, zeige ich speziell in Bezug auf IDocs, wie Sie mit Erweiterungen umgehen und

was Sie dabei beachten müssen. Der Fokus liegt dabei auf dem für IDocs relevanten Anteil der vorgestellten Erweiterungstechniken. Erweiterungen, die bei allen IDoc-Typen verwendet werden können, werden dabei im Detail erklärt.

- **Kapitel 6**, »Eigene IDocs entwickeln«, befasst sich schließlich mit kompletten Eigenentwicklungen. Ich beleuchte dabei die Verbuchung von IDocs und den Zusammenhang zwischen Anwendungsobjekt und IDoc. Zusätzlich werden die Besonderheiten im Zusammenhang mit eigenentwickelten IDocs erläutert, wie etwa die Workflow-Anbindung.

Damit ist die Darstellung der Erweiterungstechniken – vom Customizing bis zur Eigenwicklung von IDocs – abgeschlossen. In den weiteren Kapiteln erhalten Sie Informationen zu wichtigen Themen und Besonderheiten, denen Sie bei der Arbeit mit IDocs und im laufenden Betrieb begegnen.

Besonderheiten und laufender Betrieb

- In **Kapitel 7**, »Rückmeldungen«, lernen Sie, wie Sie trotz des asynchronen Vorgehens von Ihrem Kommunikationspartner erfahren können, was aus Ihrem IDoc geworden ist.

- **Kapitel 8**, »IDocs serialisieren«, beschäftigt sich daran anschließend mit den unterschiedlichen Möglichkeiten, eine bestimmte Reihenfolge in der Verarbeitung von IDocs einzuhalten. Sie erhalten dabei auch Informationen zur Verfügbarkeit dieser Möglichkeiten.

- **Kapitel 9**, »Application Interface Framework«, ist in der vorliegenden dritten Auflage des Buches neu hinzugekommen. Mit dem Application Interface Framework liefert SAP seit SAP NetWeaver 700 SP17 ein Zusatztool zur Entwicklung und zum Monitoring von Schnittstellen aus. Ich freue mich, Ihnen in diesem Buch einen Einblick in die AIF-Funktionen zu geben, die für IDocs relevant sind.

- **Kapitel 10**, »Administration«, geht auf notwendige regelmäßige Arbeiten ein. Dazu gehören Jobs, die die Datenmenge reduzieren, ebenso wie die verschiedenen Überwachungsmöglichkeiten von IDoc-Fehlern, die bereits der Standard bietet, bis hin zur E-Mail-Anbindung von Fehler-Workflows. Außerdem erfahren Sie mehr über die Verwendung und die Bedeutung von IDoc-Verknüpfungen.

- Wer PI oder PO im Einsatz hat, wird in **Kapitel 11**, »IDocs in Verbindung mit SAP Process Integration und SAP Process Orchestration«, wichtige Informationen finden: Sie erfahren, wie Sie die im Zusammenhang mit IDocs erforderlichen Arbeiten in der Kommunikation mit PI bzw. PO durchführen können. An dieser Stelle finden Sie zum einen die allgemeinen, seit SAP XI 3.0 geltenden IDoc-relevanten Einstellungen. Zum anderen lernen Sie die Möglichkeiten kennen, die sich mit dem IDoc_AAE-Adapter auf der Java-Seite ab Release SAP Process Integration 7.3 neu ergeben haben.

Was Sie sonst noch interessiert

Systemvoraussetzungen

Viele der Informationen dieses Buches sind für alle Releases gültig, in denen SAP die IDoc-Schnittstelle bereitstellt, es werden jedoch auch neuere Entwicklungen beschrieben, wie die mit Release 7.0 ausgelieferten Enhancement-Techniken. Im AIF-Kapitel wird die zur Drucklegung des Buches aktuelle Version 3.0 zugrunde gelegt, die für das Standard-Release 702 zur Verfügung steht.

Alle Informationen für die Verarbeitung von IDocs mit SAP Process Integration oder SAP Process Orchestration gelten, wenn es im Text nicht anders beschrieben wird, bis hin zur Version 7.5.

Neu in dieser Auflage

Es gibt viele neue Interface-Technologien. Trotzdem wurden die IDocs nicht »vergessen«, und es hat auch in diesem Bereich eine Weiterentwicklung stattgefunden, sodass ich Ihnen nun neue Informationen präsentieren kann. Die herausragende Neuerung in dieser Auflage ist natürlich Kapitel 9. Das Application Interface Framework, das hier in Bezug auf die Arbeit mit IDocs ausführlich beschrieben wird, ist für Kunden, die mit vielen IDocs arbeiten, sicher eine interessante Zusatzfunktion. Lernen Sie es kennen!

Coding-Beispiele

Wenn Sie nicht nur lesen, sondern selbst loslegen möchten: Alle Coding-Beispiele finden Sie in Form von Textdateien auf der Produktseite zu diesem Buch im Bereich MATERIALIEN ZU DIESEM BUCH zum Download. Den Link zur Produktseite finden Sie unter *http://www.sap-press.de/4031*.

Info-Kästen

Das Buch hält auch wichtige Hinweise und interessante Zusatzinformationen für Sie bereit, die in Form grau hinterlegter Kästen hervorgehoben werden. Diese Kästen haben unterschiedliche Schwerpunkte und sind mit verschiedenen Symbolen markiert:

Achtung [!]
Seien Sie bei der Durchführung von Aufgaben oder Schritten, die mit einem Ausrufezeichen markiert sind, besonders vorsichtig. Sie finden auch eine Erklärung dazu, warum hier Vorsicht geboten ist.

Beispiel [zB]
Manches lässt sich anhand eines praktischen Beispiels einfach besser erklären. Nehmen Sie dieses Symbol also beim Wort.

Hinweis [«]
Wird das besprochene Thema erläutert und vertieft, macht ein Doppelpfeil Sie darauf aufmerksam.

Tipp [+]
Nützliche Tipps und Shortcuts, die Ihnen die Arbeit erleichtern, sind mit einem Pluszeichen gekennzeichnet. Darunter fallen auch Erfahrungswerte, die ich in verschiedenen Projekten gesammelt habe.

Danksagung

Danken möchte ich vor allem meinem Mann Manfred, der auch beim Schreiben der Neuauflage – wieder – viel Geduld mit mir hatte.

Außerdem danke ich Janina Schweitzer und Patricia Sprenger vom Rheinwerk Verlag, die mich beim Schreiben der dritten Auflage unterstützt haben.

Ich danke Ihnen, meinen Lesern. Ich hatte viel Spaß bei der Arbeit an diesem Buch. Über Ihren Zuspruch und darüber, dass bereits zum zweiten Mal eine Überarbeitung meines Buches gewünscht wurde, freue ich mich sehr! Ich wünsche Ihnen nun viel Erfolg und Vergnügen bei der Lektüre.

Sabine Maisel
Dipl.-Ingenieurin Luft- und Raumfahrttechnik

In diesem Kapitel erhalten Sie eine Einführung in die von SAP im Rahmen von ALE-Szenarien verwendeten Schnittstellen. Sie lernen die Eigenschaften der verwendeten Techniken und den Grund für den unterschiedlichen Einsatz kennen. Dabei werden auch die später verwendeten Fachbegriffe erläutert.

1 Einführung

Der elektronische Datenaustausch zwischen verschiedenen Firmen ist Ihnen sicherlich vertraut. Aber auch innerhalb von Firmen kommt es immer häufiger vor, dass die einzelnen Schritte eines Prozesses nicht mehr auf demselben Rechner (bzw. derselben Datenbank) und daher mit derselben Software stattfinden können.

SAP trägt diesem Umstand Rechnung, indem an Stellen, an denen eine solche Trennung sehr oft vorgenommen wird, Standardschnittstellen zur Verfügung gestellt werden. Standardschnittstellen sind Schnittstellen, die bezüglich der eigentlichen Übertragung der Daten mit gewissen Normen arbeiten und Ihnen dadurch Release-Sicherheit gewähren.

SAP bietet solche Standardschnittstellen schon sehr lange in unterschiedlichen Formaten an. Die IDoc-Verarbeitung, um die es in diesem Buch geht, ist eine der älteren, aber immer noch aktuellen Standardschnittstellen, die auf dem SAP-eigenen proprietären RFC-Protokoll beruhen. In diesem Kapitel werden ihre Grundlagen beschrieben

1.1 Was ist ALE?

Ein Beispiel für die Gliederung der Kommunikation nach Prozessschritten ist die Trennung von Personalwesen und Rechnungswesen, die in vielen Firmen erfolgt. Für alle Daten, die dabei im Bereich des Personalwesens, zum Beispiel bei Dienstreisen, entstehen und ins

Gliederung der Kommunikation

Rechnungswesen übertragen werden müssen, kann die entsprechende Buchung im SAP-System sowohl lokal als auch remote erfolgen. Es liegt daher in der Entscheidung der Firma, ob ein oder mehrere Systeme verwendet werden. SAP nennt diese Aufteilung von Prozessen innerhalb einer Firma *Application Link Enabling* (ALE) und Prozesse, in denen die entsprechenden Schnittstellen vorliegen, *ALE-Geschäftsprozesse* oder *ALE-Szenarien*.

Schnittstellen

Eine Schnittstelle bietet grundsätzlich die Möglichkeit, Daten an einer bestimmten Stelle des Prozesses zu versenden (Ausgangsschnittstelle/Outbound-Interface) oder zu empfangen (Eingangsschnittstelle/Inbound-Interface). Die Voraussetzungen für die sinnvolle Verwendung einer Schnittstelle sind die technische *und* die semantische Beschreibung der Schnittstelle.

- **Technische Beschreibung**
  In der technischen Beschreibung wird angegeben, welche Daten in welchem Format und in welcher Reihenfolge geliefert oder erwartet werden. Sie ist notwendig, um die Daten zu entpacken.

- **Semantische Beschreibung**
  Die semantische Beschreibung beinhaltet alle betriebswirtschaftlich erforderlichen Informationen über die Verwendung der Schnittstelle, zum Beispiel die Information, ob Daten nur gelesen oder auch geändert werden dürfen. Sie ist notwendig, um die empfangenen Daten zu interpretieren.

[zB] **Technische und semantische Beschreibung einer Schnittstelle**

Übertragen Sie den Sachverhalt auf eine im Leben oft verwendete Schnittstelle: die Möglichkeit, in Sätzen über das Telefon zu kommunizieren. In diesem Beispiel entspricht die semantische Beschreibung dem Wissen, dass als letzter Satz des Gesprächs eine Verabschiedung erfolgt. Die technische Beschreibung entspricht hingegen dem Wissen, wie in der deutschen Sprache Verabschiedungssätze aufgebaut sind.

Remote Function Call

Natürlich ist dann noch die tatsächliche physische Übertragung der Daten erforderlich, das sogenannte *Protokoll*. SAP unterstützt das eigene Protokoll RFC (*Remote Function Call*) in allen Releases und in neueren Releases auch HTTP (*Hypertext Transfer Protocol*) sowie SOAP (ursprünglich für *Simple Object Access Protocol*). Da ALE-Geschäftsprozesse eine etwas ältere Technologie sind, verwenden sie nur die ursprünglich auf RFC beruhenden Standardschnittstellen und noch nicht die neuen, auf SOAP beruhenden Proxy-Schnittstellen. Das bedeutet, dass im Fall der HTTP-Übertragung eine Konvertierung durch SAP stattfindet. Zusätzlich ist es möglich, sequenzielle oder XML-Dateien zu erzeugen.

> **Protokoll einer Schnittstelle** [«]
>
> Wiederum auf das Telefon übertragen, haben Sie mit einer Telefonleitung grundsätzlich die Alternative, Daten sowohl per Fax als auch per Sprache zu übermitteln. Sie müssen sich jedoch zuvor mit Ihrem Partner einigen, welche der beiden Möglichkeiten Sie nutzen möchten. Dies entspricht dann der Wahl des Protokolls, also der Übertragungsart.

Beim Design einer Schnittstelle gibt es folgende Möglichkeiten:

Synchrone und asynchrone Kommunikation

- **Synchrone Schnittstellen**
  Synchrone Schnittstellen bestehen aus einer Anfrage (Request) und einer Antwort (Response). Die Verbindung zwischen den Systemen wird in dieser Zeit gehalten, und als Benutzer einer derartigen Schnittstelle können Sie direkt auf die Antwort warten. Synchrone Schnittstellen liefern demnach sofort ein Ergebnis.

  Der Vorteil einer synchronen Schnittstelle liegt also darin, dass Sie sofort die Bestätigung erhalten, ob Ihr Auftrag ausgeführt wurde oder nicht. Die Verantwortung für das Ausführen der Aufgabe liegt bei Ihnen. Der Nachteil ist, dass Sie nicht weiterarbeiten können, während das andere System die Anfrage bearbeitet oder wenn das andere System nicht zur Verfügung steht. Außerdem kann es durch lange Laufzeiten dazu kommen, dass Sie denselben Vorgang noch einmal durchführen, weil Sie einen Fehler vermuten.

> **Synchrone Schnittstelle** [zB]
>
> Sie warten auf die Neuauflage des IDoc-Buches und rufen beim Verlag an, um zu erfahren, ob das Buch schon verfügbar ist. Von der Antwort, die Sie erhalten, hängt dann ab, ob Sie im Anschluss den Einkauf tatsächlich durchführen. Sollte das Gespräch durch eine Störung vorzeitig beendet werden, rufen Sie nur dann noch einmal an, wenn Sie noch keine Antwort erhalten haben.

- **Asynchrone Schnittstellen**
  Asynchrone Schnittstellen senden an das andere beteiligte System die erforderlichen Daten, ohne eine sofortige Antwort zu erhalten.

Es wird demnach nur eine Anfrage gesendet. Das setzt voraus, dass für den Prozess keine Antwort notwendig ist. Sie können unabhängig vom anderen System sofort weiterarbeiten. Da Sie nun aber das Ergebnis der Anfrage nicht erfahren, muss bei einer asynchronen Kommunikation – ohne Ihre Hilfe – sichergestellt sein, dass die Anfrage das andere System erreicht, und zwar genau nur einmal. Die Tatsache, dass eine Aktion genau ein einziges Mal durchgeführt wird, nennt man auch *Transaktionssicherheit*.

> [zB] **Transaktionssicherheit**
>
> Sie haben sich für den Kauf dieses Buches entschieden und senden ein Fax mit den Bestelldaten an den Verlag. Sie erhalten keine Antwort des Verlagsmitarbeiters. Der Fax-Sendebericht gibt Ihnen aber die Garantie, dass der Verlag das Fax und damit die Bestellung *genau einmal* erhalten hat.

Schnittstellen in ALE-Szenarien

ALE-Szenarien können sich aus einer beliebigen Anzahl synchroner und asynchroner Schnittstellen zusammensetzen. SAP verwendet synchrone Schnittstellen immer dann, wenn Daten aus der Datenbank angezeigt werden sollen, und asynchrone Schnittstellen immer dann, wenn Daten auf der Datenbank angelegt oder geändert werden sollen. In letzterem Fall ist die Transaktionssicherheit besonders wichtig, damit die Datenbank konsistent bleibt.

1.2 BAPIs und IDocs – eine Einführung

Business Application Programming Interface

Bei ALE-Szenarien ist das Medium für *synchrone Schnittstellen* das Business Application Programming Interface (BAPI). Der Begriff Application Programming Interface (API) ist ein allgemeiner Begriff aus dem IT-Umfeld. SAP hat ihn um den Zusatz »Business« erweitert, um bereits im Namen darauf hinzuweisen, dass es sich hier nicht um eine rein technische Datenübertragung, sondern um einen Schritt innerhalb eines Geschäftsprozesses handelt. Dabei können die einzelnen Schritte, die gemeinsam den Prozess bilden, auf unterschiedlichen Systemen stattfinden.

Intermediate Document

Asynchrone Schnittstellen in ALE-Szenarien werden mit Intermediate Documents (IDocs) abgewickelt. Beim asynchronen Vorgang entsteht zusätzlich zu den betriebswirtschaftlichen Belegen auf den beteiligten Systemen ein Datenbeleg, der der Gewährleistung der

Transaktionssicherheit dient. Da er nicht zum eigentlichen betriebswirtschaftlichen Vorgang gehört, sondern nur ein Zwischenbeleg ist, hat er die entsprechende Beschreibung erhalten (intermediate = zwischenliegend).

Die folgenden Abschnitte geben Ihnen eine kleine Einführung in BAPIs und IDocs. Dabei erfahren Sie, wie die unterschiedlichen Methoden arbeiten und warum es überhaupt zwei verschiedene Schnittstellen innerhalb von ALE-Szenarien gibt.

1.2.1 BAPIs

Ein BAPI ist ein remotefähiger Funktionsbaustein, also ein von einem anderen Programm ausführbares Modul. Dabei spielt es keine Rolle, ob dieses Programm lokal oder aus einem anderen System heraus den Funktionsbaustein aufruft.

Ein BAPI unterscheidet sich von einem regulären *RFC-enabled Function Module* (RFM) durch die folgenden Punkte:

BAPI-Anforderungen

- Ein BAPI gehört als Methode zu einem Business-Objekttyp aus dem *Business Object Repository* (BOR). SAP stellt für alle relevanten Objekte im SAP-System eine Entsprechung im Business Object Repository zur Verfügung. Dort wird beschrieben, welche Tabellen zu einem Objekt gehören und was Sie damit tun können. Das Business Object Repository ist auch die Basis für SAP Business Workflow. Es ist daher nur konsequent, hier auch zu hinterlegen, welche Prozessschritte in ALE-Szenarien mit den entsprechenden Objekten durchgeführt werden können.
- BAPIs sind freigegeben, haben daher eine eingefrorene Signatur und bieten somit Release-Sicherheit.
- Ein BAPI bucht normalerweise über die Verbuchungstechnik und nicht direkt. Es enthält auch selbst keine `COMMIT`- oder `ROLLBACK`-Statements. (Die wenigen, meist sehr alten Ausnahmen werden von SAP speziell dokumentiert.)
- Das eigentliche Buchen wird durch das System-BAPI `BAPI_TRANSACTION_COMMIT` angestoßen oder durch `BAPI_TRANSACTION_ROLLBACK` zurückgenommen.
- Ein BAPI bietet meist keine grafische Visualisierung der Ergebnisse, da der Aufrufer vermutlich kein GUI (*Graphical User Inter-*

face) zur Verfügung hat. Ausnahmen sind BAPIs, die speziell für eine SAP/SAP-Kommunikation entwickelt wurden. Diese sind in der Regel für Schnittstellen zu Fremdsystemen nicht von Bedeutung.

BAPI-Aufruf per RFC

Wie alle remotefähigen Funktionsbausteine können BAPIs grundsätzlich mit dem *synchronen RFC* (sRFC) oder mit dem *transaktionalen RFC* (tRFC) aufgerufen werden. Der transaktionale Aufruf ist asynchron und sorgt dafür, dass der Aufruf genau einmal ausgeführt wird. Sowohl im synchronen als auch im transaktionalen Fall wird ein möglicherweise auftretender Fehler allerdings nur dem rufenden System gemeldet, auch wenn dieses eventuell gar nicht in der Lage ist, diesen zu beseitigen. Aus diesem Grund werden BAPIs in ALE-Szenarien eigentlich nur für den synchronen Fall verwendet. Im asynchronen Fall soll der Fehler nämlich, sofern es sich um einen betriebswirtschaftlichen handelt, am besten direkt dem Empfänger gemeldet werden. BAPIs sind dafür ungeeignet.

Im folgenden Abschnitt erfahren Sie, wie diese Trennung nach Fehlerarten mithilfe von IDocs realisiert wird.

1.2.2 IDocs

Zum Austausch asynchroner Nachrichten entwickelt

IDocs sind von SAP speziell entwickelt worden, um asynchron Nachrichten zwischen mehreren SAP- und/oder Nicht-SAP-Systemen auszutauschen. Die Vorteile gegenüber einem normalen, asynchron (transaktional) aufgerufenen RFM liegen in einer verbesserten Fehlerbehandlung und der speziellen Überwachungsschicht, die für IDocs zur Verfügung gestellt wird. Da die Fehlerverarbeitung über IDocs Konsequenzen für die Struktur der IDoc-Schnittstellen hat, widmen wir uns ihr schon hier genauer.

Fehlerbehandlung bei IDocs

Fehlerarten

Es ist grundsätzlich möglich, zwischen zwei verschiedenen Arten von Fehlern zu unterscheiden:

- **Technische Fehler**
  Technische Fehler verhindern die Kommunikation mit dem Partnersystem. Sie treten zum Beispiel auf, wenn das andere System

nicht verfügbar ist, die dortige Datenbank keine Anfragen mehr annehmen kann oder das Passwort falsch angegeben wurde.

- **Betriebswirtschaftliche Fehler**
  Betriebswirtschaftliche Fehler treten auf, wenn das andere System grundsätzlich auf Anfragen antwortet, Ihre spezielle Anfrage aber nicht ausgeführt werden kann. Ursachen dafür können fehlende Berechtigungen, fehlendes Customizing oder Ähnliches sein.

Beim RFC wird nicht zwischen den beiden Fehlerarten unterschieden. Bei einem *synchronen RFC* erhält der Benutzer direkt eine Fehlermeldung, und er muss selbst dafür sorgen, dass die Anfrage zu einem späteren Zeitpunkt wiederholt wird. Da ein fehlerhafter Aufruf nicht automatisch wiederholbar ist und daher nicht zwingend protokolliert werden muss, würde hier die genannte Trennung der beiden Fehlerarten keinen Sinn ergeben.

Fehlerarten bei Standard-RFC-Anfragen

Beim *transaktionalen RFC* wird jeder fehlerhafte Aufruf beim Sender in einer Tabelle fortgeschrieben und kann mithilfe einer speziellen Transaktion noch einmal gestartet werden. Hier wäre eine Unterscheidung nach Fehlerart sinnvoll. Technische Fehler würden dann beim Sender protokolliert und der Aufruf gegebenenfalls wiederholt, betriebswirtschaftliche Fehler würden dagegen beim Empfänger protokolliert und auch dort nachbearbeitet.

Diese Unterscheidungsmöglichkeit nach Fehlerart, die mit dem Standard-RFC nicht möglich ist, bieten IDocs. Zusätzlich gibt es im Fehlerfall die Möglichkeit, Inhalte der IDocs nachträglich zu ändern, was mit dem Standard-RFC ebenfalls nicht funktioniert.

IDocs: Unterscheidung nach Fehlerart

Um zwischen technischen und betriebswirtschaftlichen Fehlern unterscheiden zu können, muss auch die Bearbeitung des jeweiligen Prozesses in zwei Schritte aufgeteilt werden.

Der erste Schritt sorgt für die reine Übertragung der Anfrage auf die Datenbank des empfangenden Systems. Dieser Schritt ist völlig unabhängig von der Art der übertragenen Daten. So stellt es keinen Unterschied dar, ob Sie Materialien anlegen oder Kundenaufträge stornieren möchten. Damit die Übertragung für alle Daten gleich vorgenommen werden kann, verwendet man ein neutrales Format: das IDoc-Format.

Fehler bei Sender und Empfänger

Der zweite Schritt, der dann bereits lokal auf dem Empfängersystem durchgeführt wird, veranlasst die Buchung des gewünschten Belegs. Dieser Schritt fällt natürlich unterschiedlich aus, je nachdem, um welches betriebswirtschaftliche Objekt es sich handelt.

Technische Beschreibung des IDoc-Formats

IDoc als neutrales Format

Ein IDoc besteht, kurz zusammengefasst, aus einem Header-Satz, beliebig vielen Zeilen von Anwendungsdaten (Anwendungssätzen) und beliebig vielen Statussätzen pro IDoc. Betrachten wir die einzelnen Satzarten aber etwas genauer:

- **Kontrollsatz**
  Der Header enthält allgemeine Informationen dazu, welche Daten übertragen werden, wer Sender und wer Empfänger ist. Der Empfänger kann dem Header-Satz entnehmen, um welche Daten es sich handelt, und daraus deren Verarbeitung ableiten.

- **Datensätze**
  Die Datensätze enthalten die betriebswirtschaftlichen Informationen. Damit das technische Format unabhängig vom betriebswirtschaftlichen Objekt ist und auch von Nicht-SAP-Systemen verstanden werden kann, wird der Inhalt jeweils in Form eines 1.000 Zeichen (*Character*) langen Strings dargestellt. Diesem *String* geht ein Kontrollbereich voraus, der Informationen darüber enthält, wie die 1.000 Zeichen zu interpretieren sind.

- **Statussätze**
  Die Statussätze enthalten Informationen über die bisherigen Stationen, die das IDoc durchlaufen hat, etwa »erfolgreich erzeugt« oder »erfolgreich verbucht«. Statussätze werden nicht übertragen, das heißt, Sender und Empfänger behalten jeweils ihre eigenen Statussätze.

Diese drei Satzarten sind für alle IDocs technisch gleich aufgebaut, es wird in der Struktur demnach nicht unterschieden, um welche betriebswirtschaftliche Information es sich letztlich handelt. Abbildung 1.1 zeigt Ihnen zunächst theoretisch, wie die unterschiedlichen Satztypen verwendet werden. Datensätze und Statussätze können dabei beliebig oft vorkommen. Dies wird im folgenden Abschnitt genauer beschrieben.

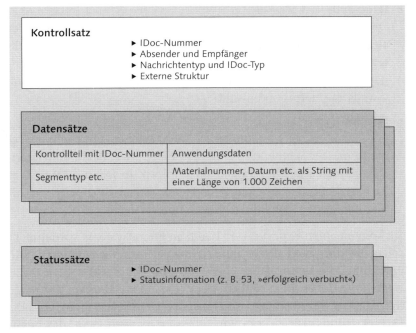

Abbildung 1.1 Aufbau eines IDocs

Um das IDoc verarbeiten zu können, benötigt der Empfänger die sogenannte *Metainformation*, also Informationen dazu, wie er die Daten behandeln soll. Die Metainformation, mit der ein IDoc beschrieben wird, setzt sich aus drei Teilen zusammen:

Metainformation

- **Nachrichtentyp**
  Der Nachrichtentyp beschreibt semantisch, um welche Daten es sich handelt. So bedeutet der Nachrichtentyp MATMAS, dass Materialstammdaten ausgetauscht werden. Der Nachrichtentyp ist auch entscheidend dafür, wie eine Nachricht verarbeitet wird. Die eigentlichen Informationen sind zum Beispiel beim Anlegen und Ändern eines Kundenauftrags gleich, die Verarbeitung ist aber unterschiedlich, daher wird dem Anlegen der Nachrichtentyp ORDERS zugeordnet, dem Ändern der Nachrichtentyp ORDCHG.

  Die Namen der Nachrichtentypen sind an die Namen der UN/EDIFACT-Norm (*United Nations Electronic Data Interchange for Administration, Commerce and Transport*) angelehnt, im Übrigen gibt es aber keine Ähnlichkeiten zwischen dem IDoc-Format und dem EDIFACT-Format.

- **IDoc-Typ**
  Der IDoc-Typ ist die technische Beschreibung der Daten. Hier steht, welche Felder bei welchen betriebswirtschaftlichen Objekten mit welchen Werten gefüllt werden. Der IDoc-Typ liefert demnach die Beschreibung, wie die 1.000 Zeichen im Datensatz jeweils zu interpretieren sind.

- **Segmenttyp**
  Für jede mögliche Variante dieser 1.000 Zeichen gibt es einen Segmenttyp. Der Segmenttyp E1MARAM besagt etwa, dass nun Materialstammdaten aus der Tabelle MARA folgen. In jedem SAP-System ist hinterlegt, bei welchen IDoc-Typen welche Segmente wie oft und in welcher Reihenfolge vorkommen können.

Sie können einen Export dieser Daten an Fremdsysteme vornehmen, sodass Sie dort nicht alle Strukturen manuell einpflegen müssen. SAP unterstützt die Übertragung über Transport-IDocs, C-Dateien, *Document Type Description* (DTD) oder *Hypertext Markup Language* (HTML). Die Verwendung von Transport-IDocs setzt voraus, dass Ihr Partner grundsätzlich IDocs von Ihnen empfangen kann, das heißt, dass er bereits als logisches System in Ihrem SAP-System bekannt ist.

Übertragung vom Sender zum Empfänger

Das als Menge von Datensätzen vorliegende IDoc wird nun vom Sender zum Empfänger übertragen. Die häufigste Übertragungsart ist dabei der tRFC. Er findet statt, indem das Sendersystem auf dem Empfängersystem den Funktionsbaustein IDOC_INBOUND_ASYNCHRONOUS aufruft. Dieser Funktionsbaustein nimmt die Daten entgegen und bucht Header und Datensätze auf die dazugehörigen Datenbanktabellen EDIDC und EDID4 und den Status des IDocs auf EDIDS. Ist dies erfolgreich geschehen, ist der technische Anteil erledigt. Treten dabei Probleme auf, erfährt der Absender dies und muss die Daten zu einem späteren Zeitpunkt noch einmal versenden.

IDoc als Datei

Andere Übertragungsarten wie File (flache Datei) oder XML (Datei im XML-Format) oder HTTP sind aufgrund ihrer Trennung von Datenübertragung und Datenverarbeitung ebenfalls möglich. Eine genauere Beschreibung der Übertragungsarten finden Sie in Abschnitt 2.1, »Standardmethoden zur IDoc-Erzeugung«.

Eine kleine Vorstellung davon, wie ein solches IDoc nun tatsächlich aussieht, vermittelt Ihnen Abbildung 1.2. Hier sehen Sie den Beginn eines kleinen Materialstamm-IDocs als Datei, geöffnet mit dem Notepad-Editor.

Abbildung 1.2 IDoc im Notepad-Editor

Auf welche dieser Arten IDocs zum Partner übertragen werden, legen Sie in der *Partnerausgangsvereinbarung* (Transaktion WE20) fest. Details dazu finden Sie in Abschnitt 2.2, »Porttypen in der Ausgangsverarbeitung«. Auf dem Empfängersystem wird, sobald das IDoc dort angekommen ist, die betriebswirtschaftliche Buchung ausgeführt. Auch dies geschieht in der Regel mit einem Funktionsbaustein.

Transaktion WE20

Die *Partnereingangsvereinbarung* (ebenfalls Transaktion WE20) regelt, welcher Vorgangscode verwendet werden soll. Für jede mögliche Kombination aus Sender und Nachrichtentyp kann hinterlegt werden, welcher Funktionsbaustein verwendet werden soll. SAP bietet für alle ausgelieferten ALE-Szenarien auch alle notwendigen Funktionsbausteine an. Diese können jedoch angepasst oder durch eigene ersetzt werden. In Kapitel 4, »IDocs per Customizing anpassen«, und Kapitel 5, »Bestehende IDoc-Typen anpassen«, wird dies genauer beschrieben.

Tritt ein Fehler bei der betriebswirtschaftlichen Buchung auf, wird dieser im nächsten Statussatz des IDocs dokumentiert, und die Buchung kann zu einem späteren Zeitpunkt noch einmal gestartet werden. Für die Nachbearbeitung von Fehlern stellt SAP eine eigene Transaktion zur Verfügung. Sie heißt BD87 und kann fehlerhafte IDocs im Sendersystem noch einmal versenden und fehlerhafte IDocs im Empfängersystem gegebenenfalls nachbearbeiten und dann noch einmal verbuchen. Handelt es sich bei beiden Systemen um SAP-Systeme, ist es sogar vom Sender aus möglich, mit der IDoc-Verfolgung den aktuellen Status des betreffenden IDocs im Empfängersystem zu erfahren. Die IDoc-Verfolgung kann aus dem IDoc-Monitor (Transaktion BD87) gestartet werden. Sie liest im Empfängersystem per synchronem RFC mit dem Funktionsbaustein IDOC_DATE_TIME_GET die dortige Nummer des IDocs und dessen Status aus.

IDoc-Verfolgung

1 | Einführung

> **[»] BAPIs und IDocs in ALE-Szenarien**
>
> Aufgrund der Transaktionssicherheit durch das Fortschreiben fehlerhafter Verbindungen sowie des zielgerichteten Fehler-Handlings werden in den von SAP vorgesehenen ALE-Integrationsszenarien immer die synchronen, abfragenden Zugriffe mit BAPIs und die asynchronen, ändernden Zugriffe mit IDocs durchgeführt. Falls an einer Stelle Daten sowohl synchron als auch asynchron übertragen werden können (zum Beispiel erst ein Probelauf synchron, dann die eigentliche Buchung asynchron), wird sowohl ein BAPI erstellt als auch ein dazu passendes IDoc mithilfe einer auch den Kunden zur Verfügung stehenden Transaktion (BDBG) generiert.

1.3 Abgrenzung von ALE und EDI

Bei ALE handelt es sich um Kommunikation innerhalb einer Firma. Prozesse finden jedoch firmenintern auf unterschiedlichen physischen EDV-Systemen statt, sodass einzelne Prozessschritte die Systemgrenzen überschreiten. Wie Sie bereits erfahren haben, können diese Schritte sowohl synchron per BAPI als auch asynchron per IDoc erfolgen.

Logisches System

Die Kommunikation findet dabei zwischen sogenannten *logischen Systemen* (LS) statt. Jedes logische System entspricht einer Kombination aus Hardware und darauf installierter Software. In einem SAP-System entspricht ein Mandant einem logischen System. Das logische System wird dem Mandanten zugeordnet und ist unter anderem ein Maß dafür, ob ein Beleg auf diesem SAP-Mandanten entstanden ist oder über Konsolidierungsvorgänge übernommen wurde (die meisten Belege enthalten das Herkunftssystem als ein Feld in der Datenbank). Die Vergabe des Namens des logischen Systems gehört zu den Installationsnacharbeiten. Ein System muss seinen eigenen Systemnamen und die Namen aller logischen Systeme kennen, mit denen es kommuniziert.

Eindeutigkeit logischer Systeme

Die logischen Systeme müssen firmenweit (eigentlich kommunikationsweit) eindeutig sein. Auch die logischen Systeme für Nicht-SAP-Systeme, mit denen kommuniziert wird, müssen bekannt sein. Sowohl die Vergabe des logischen Systems des eigenen Mandanten als auch die Bekanntgabe aller Systeme, mit denen Nachrichten ausgetauscht werden, können über das ALE-Customizing erfolgen, zu dem Sie mittels Transaktion SALE gelangen. In Abbildung 1.3 sehen

Sie die Funktionen LOGISCHES SYSTEM BENENNEN und LOGISCHES SYSTEM EINEM MANDANTEN ZUORDNEN im Customizing. Die Transaktion für das Benennen der logischen Systeme lautet BD54. Außer dem Namen für das logische System vergeben Sie auch eine kurze Beschreibung.

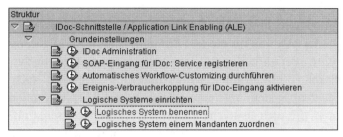

Abbildung 1.3 Logische Systeme einrichten

Im sogenannten *Kundenverteilungsmodell* (Transaktion BD64) wird dann eingestellt, welche BAPIs und welche IDocs zwischen welchen Systemen ausgetauscht werden sollen. Jedes System kann dabei als Sender oder Empfänger fungieren. In unserem Beispiel (siehe Abbildung 1.4) wird das IDoc MATMAS vom logischen System T90CLNT090 an das logische System SALES gesendet und das IDoc MATFET in die umgekehrte Richtung. Außerdem werden zwei BAPIs ausgetauscht. Das BAPI Material.GetDetail wird wieder von T90CLNT090 nach SALES gesendet, das BAPI Material.Availability in die umgekehrte Richtung.

Kundenverteilungsmodell

Verteilungsmodell	Beschreibung/Technischer Name	Businessobjekt
▼ ZSM1 Sabines Verteilungsmodell	ZSM1	
▼ XD0: Mandant 800	T90CLNT090	
▼ IDES-ALE: Sales System (Mandant 810)	SALES	
▼ MATMAS	Master Material	
• kein Filter eingestellt		
• Material.GetDetail	Detaildaten zu einem Material ermitteln	
▼ IDES-ALE: Sales System (Mandant 810)	SALES	
▼ XD0: Mandant 800	T90CLNT090	
▼ MATFET	Anfordern Material	
• Material.Availability	ATP-Auskunft	

Abbildung 1.4 Verteilungsmodell mit Beispiel für IDoc und BAPI

Im Gegensatz zu ALE als Mittel für die firmeninterne Kommunikation handelt es sich bei *Electronic Data Interchange* (EDI) um eine Daten-

Electronic Data Interchange

übertragung zwischen unterschiedlichen Firmen, etwa zwischen Kunde und Lieferant. Jede Firma hat gewöhnlich ihre eigenen Prozessabläufe. An bestimmten Stellen muss der Partner jedoch informiert werden. Um zu verhindern, dass der Partner bestimmte Informationen manuell in sein System übertragen muss, werden ihm die entsprechenden Informationen in elektronischer Form übermittelt.

EDI findet immer asynchron statt. Das bedeutet, dass in SAP-Systemen das IDoc auch das Medium für die EDI-Kommunikation ist. EDI-Kommunikation wird aber ohne Verteilungsmodell und ohne logische Systeme abgewickelt. Die relevanten Sender und Empfänger von Nachrichten sind auch im System sogenannte *Partner*, zum Beispiel Kunden und Lieferanten, die auch als solche im SAP-System gepflegt sein müssen. Es treten keine neuen, IDoc-spezifischen Stammdaten auf.

Normen für EDI   Da Firmen unterschiedliche EDV-Systeme verwenden, gibt es, um eine Datenübertragung zu vereinfachen, Normen für EDI. Im europäischen Bereich gilt die bereits genannte Norm EDIFACT, im amerikanischen Bereich dagegen der Standard ANSI ASC X12 (American National Standards Institute Accredited Standards Committee X12). EDIFACT arbeitet mit Namen für Nachrichten, ANSI mit Nummern. So entspricht einer Bestellung nach der EDIFACT-Norm die Nachricht ORDERS, nach der ANSI-Norm heißt die Nachricht 850. SAP hat sich bei der Benennung von Nachrichtentypen an die EDIFACT-Norm gehalten, der Aufbau der Nachrichten unterscheidet sich allerdings komplett von dieser Norm (der genaue Aufbau von IDocs wird in Kapitel 2, »IDocs erzeugen«, beschrieben). In SAP-Systemen ist das IDoc das Medium für die asynchrone Übertragung sowohl für EDI als auch für ALE, daher können die im Weiteren beschriebenen Verfahren stets für beide Kommunikationswege eingesetzt werden.

Die folgenden Kapitel beschäftigen sich nur noch mit dem Umgang mit IDocs. BAPIs sind vom Handling her gewöhnliche Funktionsbausteine. Ein Entwickler, der sich grundsätzlich mit Funktionsbausteinen auskennt, kann folglich auch alle notwendigen Entwicklungsarbeiten im Zusammenhang mit BAPIs durchführen. Bei IDocs hingegen gibt es Sonderfunktionen, die in normalen Entwicklerhandbüchern nicht beschrieben werden. Diese Besonderheiten stellt Ihnen dieses Buch vor.

IDocs müssen im sendenden System erzeugt werden, damit sie an den Empfänger gesendet werden können. Wie dies geschieht, hängt von der Art der Daten und der Applikation ab. Dieses Kapitel beschreibt die verschiedenen Erzeugungsmöglichkeiten und ihren Einsatz.

2 IDocs erzeugen

Die Erzeugung von IDocs ist von SAP überall dort, wo sie in ALE-Szenarien oder bei klassischem EDI Verwendung finden, bereits vorgesehen und kann in der Regel allein durch Customizing-Einstellungen aktiviert werden. Allerdings gibt es unterschiedliche Methoden der IDoc-Erzeugung, abhängig von der Art der Daten und der Stelle, an der das IDoc erzeugt werden soll. Dieses Kapitel stellt Ihnen die gängigsten Methoden vor.

Die für die Erstellung und Übertragung von IDocs notwendigen Einstellungen, zum Beispiel die Partnervereinbarungen und Porttypen, werden in IDoc-Projekten normalerweise nicht vom Entwickler durchgeführt, sondern von einem IDoc-Administrator. Daher werden sie hier nur gestreift, es wird mehr Wert auf den funktionellen Ablauf gelegt.

2.1 Standardmethoden zur IDoc-Erzeugung

Zunächst wird zwischen der Erzeugung von Stamm- und Bewegungsdaten unterschieden, da sich abhängig von der Art der Daten andere Anforderungen an den Erzeugungsprozess bzw. die Erzeugungshäufigkeit ergeben. Für die Erzeugung von Stammdaten-IDocs gibt es ein spezielles Tool, das sich Shared Master Data Tool (SMD) nennt; Bewegungsdaten-IDocs werden über die bereits vorhandene Nachrichtensteuerung erzeugt. Darüber hinaus gibt es noch einige Spezialfunktionen für IDocs, die direkt innerhalb einer Business-

Transaktion erzeugt werden, zum Beispiel die Transportaufträge in der Lagerverwaltung.

Außerdem steht das Copymanagement-Tool zur Verfügung, mit dessen Hilfe gleichartige IDocs an mehrere Empfänger versendet werden können.

2.1.1 Shared Master Data Tool

Stammdaten im IDoc

Das *Shared Master Data Tool* (SMD) ist das Spezialwerkzeug zur Versendung von Stammdaten per IDoc. Stammdaten zeichnen sich dadurch aus, dass sie eine relativ lange Verweildauer im System haben, in dieser Zeit aber eher selten geändert werden. Außerdem bestehen sie in der Regel aus mehreren Sichten, die nicht immer alle verwendet werden. Man kann Sichten weglassen, auch solche, in denen Muss-Felder enthalten sind, da die Prüfung, ob alle Muss-Felder gefüllt sind, nur dann erfolgt, wenn die Sicht tatsächlich verwendet wird. Dadurch wird es möglich, aus der großen Informationsfülle, die für ein bestimmtes Objekt angeboten wird, genau die Daten herauszusuchen und zu verwenden, die in einer Firma tatsächlich benötigt werden.

Für die Verteilung der Stammdaten mithilfe von IDocs ist deshalb ein automatisierter Vorgang wünschenswert, der zum einen auf das Anlegen und Ändern von Stammdaten reagiert, ohne dass weitere Benutzereingriffe nötig sind. Zum anderen sollen leere Sichten dabei nicht mit übertragen werden.

Automatisierung und Steuerung über Sichten

Das Shared Master Data Tool trägt diesen Anforderungen Rechnung. Bei der technischen Realisierung der Automatisierung und Steuerung über Sichten können für diese beiden Funktionen bereits bestehende Verfahren genutzt werden. Im Fall der *Automatisierung* wird auf das standardmäßig implementierte Aufzeichen von Änderungen zurückgegriffen. Es können sodann Hintergrundjobs eingeplant werden, die diese Änderungen auswerten und entsprechende IDocs erzeugen. Im Fall der *Steuerung über Sichten* ist es zunächst möglich, die gesamten IDoc-Segmente wegzulassen, die diesen Sichten entsprechen. Darüber hinaus kann aber auch für jedes einzelne Feld innerhalb einer Sicht gewählt werden, ob es übertragen werden soll oder nicht. Dazu wird die (ehemals aus der Batch-Input-Verarbeitung kommende) Möglichkeit genutzt, über ein NO_DATA-Zeichen irrelevante Felder auszusteuern.

Zusätzlich gibt es aber auch für fast alle Objekte die Option, IDocs explizit zu erzeugen oder anzufordern. Dies kann verwendet werden, wenn es nicht möglich ist, auf die periodisch eingeplanten Jobs zu warten.

Aufzeichnung von Änderungen

Änderungen an Stammdaten werden in SAP-Systemen unabhängig vom Einsatz von ALE aus Gründen der Konsistenz fortgeschrieben. Für jedes einzelne Datenelement der betroffenen Tabellen ist von SAP vorgegeben, ob eine Änderung protokolliert wird oder nicht. Abbildung 2.1 zeigt das in diesem Fall aktivierte Kennzeichen ÄNDERUNGSBELEG am Beispiel von BISMT (ALTE MATERIALNUMMER) aus der Tabelle MARA.

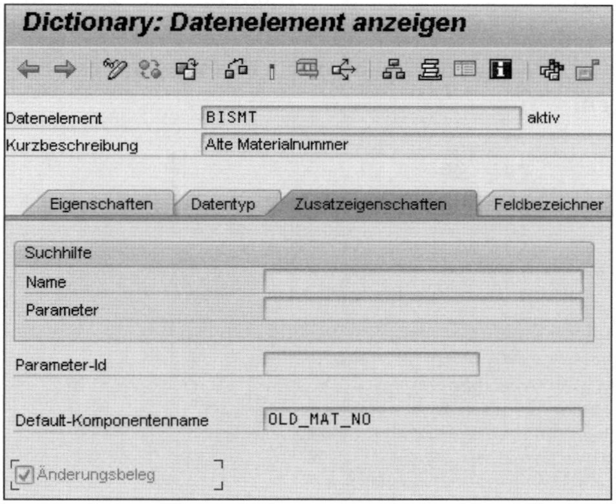

Änderungszeiger

Abbildung 2.1 Eigenschaften von Datenelementen

Für das Fortschreiben der Änderungen wird immer der Funktionsbaustein CHANGEDOCUMENT_OPEN aufgerufen, der das Schreiben der Änderungshistorie vorbereitet. Danach werden alle zu schreibenden Änderungen gesammelt, und der Vorgang wird mit dem Funktionsbaustein CHANGEDOCUMENT_CLOSE abgeschlossen. Überall dort, wo standardmäßig Änderungen fortgeschrieben werden, gegebenenfalls auch IDocs erzeugt werden sollen, hat der Funktionsbaustein CHANGEDOCUMENT_CLOSE zusätzlich zu seiner Standardfunktion einen ALE-Anteil. Für die gewünschten Nachrichtentypen können so

2 | IDocs erzeugen

Änderungszeiger (im SAP-System auch in der deutschen Version teilweise *Change-Pointer* genannt) für ALE erzeugt werden. Dies geschieht in allen unicodefähigen Releases mit dem Funktionsbaustein CHANGE_POINTERS_CREATE_LONG, in den älteren Releases mit dem Funktionsbaustein CHANGE_POINTERS_CREATE.

Änderungszeiger direkt erzeugen

Als zweite Möglichkeit zur Erzeugung von Änderungszeigern gibt es den Funktionsbaustein CHANGE_POINTERS_CREATE_DIRECT. Dieser wird von Anwendungen aufgerufen, die nicht an das beschriebene Änderungswesen bei Belegen angeschlossen sind.

Aus Performancegründen werden Änderungszeiger in beiden Fällen nur dann geschrieben, wenn Sie das Shared Master Data Tool im Einsatz haben. Ob dies der Fall ist und für welche Stammdaten Sie Änderungszeiger wünschen, stellen Sie im ALE-Customizing ein. Für das ALE-Customizing gibt es den eigenen Transaktionscode SALE, der Sie direkt zur richtigen Stelle im Menübaum führt. Abbildung 2.2 zeigt den Menüpfad im Customizing, über den die notwendigen Einstellungen erfolgen.

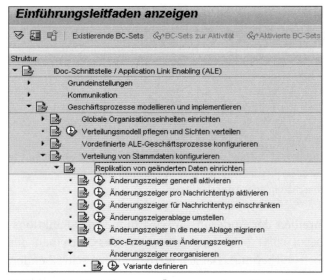

Abbildung 2.2 Einstellungen zu Änderungszeigern für das Shared Master Data Tool

Änderungszeiger aktivieren

Zunächst aktivieren Sie das Erzeugen von Änderungszeigern generell. Dies führt dazu, dass der bis dahin nicht verwendete Anteil des Funktionsbausteins CHANGEDOCUMENT_CLOSE, der für das Shared Master Data Tool zuständig ist, durchlaufen wird. Dies muss nur ein einziges Mal für alle Stammdaten eingestellt werden. Dazu wählen Sie wieder Transaktion SALE und hier den Menüpunkt ÄNDERUNGS-ZEIGER GENERELL AKTIVIERT. Abbildung 2.3 zeigt die dazugehörige Funktion.

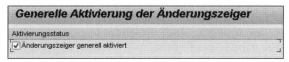

Abbildung 2.3 Generelle Aktivierung der Änderungszeiger

Sind die Änderungszeiger generell aktiviert, können Sie in einem zweiten Schritt festlegen, für welche Nachrichtentypen Sie das Erzeugen von Änderungszeigern wünschen. Dies erfolgt im zweiten Menüunterpunkt ÄNDERUNGSZEIGER PRO NACHRICHTENTYP AKTIVIEREN und ist in Abbildung 2.4 für die Nachrichtentypen MATMAS, MATQM und MATMAS_WMS geschehen. Für MATCOR und MATMAS_GDS, die nicht aktiv gesetzt sind, werden weiterhin keine Änderungszeiger geschrieben.

Änderungszeiger pro Objekt aktivieren

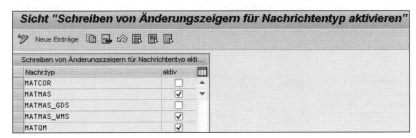

Abbildung 2.4 Änderungszeiger pro Nachrichtentyp aktivieren

Wichtig ist in diesem Zusammenhang, dass nicht bei jedem geänderten Feld ein Änderungszeiger geschrieben wird, da es Felder gibt, deren Werte für das nachgelagerte System nicht von Interesse sind. Über Transaktion BD52 liefert SAP für jeden an das Shared Master Data Tool angeschlossenen Nachrichtentyp Felder aus, die aus SAP-Sicht bei Änderungen relevant sind. Für den Materialstamm ist es zum Beispiel das Feld DMAKT-SPRAS. In der Transaktion tragen Sie die Felder ein, die in Ihrer Firma verwendet werden. Falls Sie Änderungen an den entsprechenden Stammdatentabellen über das SAP-Erweiterungskonzept vorgenommen haben und kundeneigene Felder verwenden, können diese kundeneigenen Felder auch hier gesetzt werden. Wie diese Felder versorgt werden, erfahren Sie in Kapitel 4, »IDocs per Customizing anpassen«.

Änderungs-relevante Felder

In Abbildung 2.5 finden Sie einige der von SAP als änderungsrelevant ausgelieferten Felder für den Nachrichtentyp MATMAS. Es wird – mit einer Ausnahme – direkt auf Felder und Tabellen des Materialstamms referenziert. Bei der Ausnahme handelt es sich um das Feld KEY. Dieses Feld ist nicht selbst Bestandteil der jeweiligen Tabelle, übernimmt aber eine sehr wichtige zusätzliche Steuerungsrolle: Es sorgt dafür, dass auch das Anlegen eines Tabelleneintrags per IDoc versendet werden kann. Ist das Feld KEY in Transaktion BD52 angegeben, wird ein Änderungszeiger beim Anlegen des jeweiligen Objekts geschrieben, etwa beim erstmaligen Anlegen des Materials für das Dummy-Feld MARA-KEY oder beim Anlegen eines Textes in einer neuen Sprache für das Dummy-Feld MAKT-KEY. Sie können es sich so vorstellen, dass der Schlüsselwert der betroffenen Tabelle von »leer« in den neuen Wert geändert wird. Dies führt dazu, dass alle Felder dieser Tabelle übertragen werden. Dieses Schlüsselfeld KEY gibt es analog bei allen Nachrichtenarten, die an das Shared Master Data Tool angeschlossen sind.

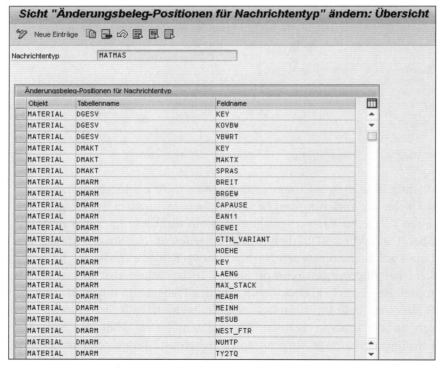

Abbildung 2.5 Änderungsrelevante Felder in Transaktion BD52

Zusätzlich müssen Sie für jedes der änderungsrelevanten Felder angeben, zu welchem Feld in welchem Segment des IDoc-Typs es gehört. Dies geschieht in Transaktion BD66, die in Abbildung 2.6 gezeigt wird. Unser Beispielfeld DMAKT-SPRAS aus Transaktion BD52 gehört zum IDoc-Segment E1MAKTM und dort zum ebenfalls mit SPRAS bezeichneten Feld. Für eigene Felder geben Sie dies mit dem Button NEUE EINTRÄGE an.

Zuordnung

Sicht "Segmentfeld-Änderungsbelegfeld" ändern: Übersicht

Nachrichtentyp: MATMAS

Segmentfeld-Änderungsbelegfeld

Segmenttyp	Feldname	Objekt	Tabellenname	Feldname
E1MAKTM		MATERIAL	DMAKT	KEY
E1MAKTM	MAKTX	MATERIAL	DMAKT	MAKTX
E1MAKTM	SPRAS	MATERIAL	DMAKT	SPRAS
E1MARA1	ADPROF	MATERIAL	MARA	ADPROF
E1MARA1	CWQPROC	MATERIAL	MARA	CWQPROC
E1MARA1	HAZMAT	MATERIAL	MARA	HAZMAT
E1MARA1	HERKL	MATERIAL	MARA	HERKL
E1MARA1	HNDLCODE	MATERIAL	MARA	HNDLCODE
E1MARA1	HUTYP	MATERIAL	MARA	HUTYP
E1MARA1	HUTYP_DFLT	MATERIAL	MARA	HUTYP_DFLT
E1MARA1	MAXB	MATERIAL	MARA	MAXB
E1MARA1	MAXC	MATERIAL	MARA	MAXC
E1MARA1	MAXC_TOL	MATERIAL	MARA	MAXC_TOL
E1MARA1	MAXDIM_UOM	MATERIAL	MARA	MAXDIM_UOM
E1MARA1	MAXH	MATERIAL	MARA	MAXH
E1MARA1	MAXL	MATERIAL	MARA	MAXL
E1MARA1	MFRGR	MATERIAL	MARA	MFRGR
E1MARA1	PILFERABLE	MATERIAL	MARA	PILFERABLE
E1MARA1	PS_SMARTFORM	MATERIAL	MARA	PS_SMARTFORM
E1MARA1	QGRP	MATERIAL	MARA	QGRP
E1MARA1	QQTIME	MATERIAL	MARA	QQTIME
E1MARA1	QQTIMEUOM	MATERIAL	MARA	QQTIMEUOM

Abbildung 2.6 IDoc-Felder zu änderungsrelevanten Feldern zuordnen

Die Änderungszeiger, die ab jetzt für die oben gepflegten Felder erzeugt werden, können nun ausgewertet werden. Welcher Funktionsbaustein dafür verwendet wird, hängt vom betreffenden Objekt ab. Wenn Sie Transaktion BD60 aufrufen, können Sie diese Funktionsbausteine sehen und durch eigene ersetzen, falls Sie so viele Änderungen an der Standardfunktion wünschen, dass Sie nicht den SAP-Standard erweitern oder modifizieren möchten. Wiederum ein Bei-

Änderungszeiger auswerten

spiel für Materialstammdaten zeigt Abbildung 2.7. In dieser Abbildung heißt der Funktionsbaustein, der aus Änderungszeigern IDocs erzeugt, `MASTERIDOC_CREATE_SMD_MATMAS`.

Sicht "Zusatzdaten für Nachrichtentyp" ändern: Übersicht

Neue Einträge

Zusatzdaten für Nachrichtentyp

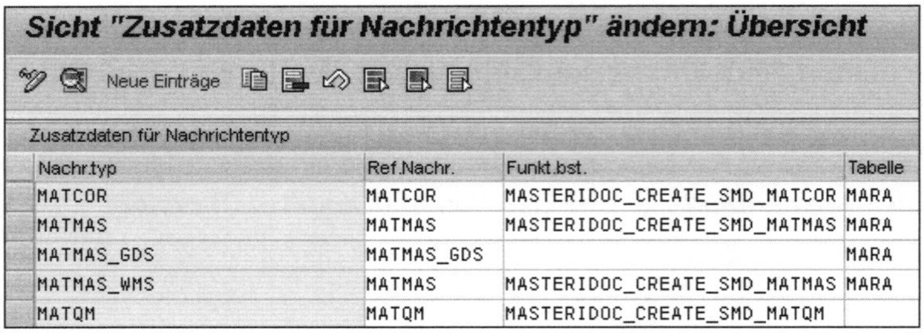

Nachr.typ	Ref.Nachr.	Funkt.bst.	Tabelle
MATCOR	MATCOR	MASTERIDOC_CREATE_SMD_MATCOR	MARA
MATMAS	MATMAS	MASTERIDOC_CREATE_SMD_MATMAS	MARA
MATMAS_GDS	MATMAS_GDS		MARA
MATMAS_WMS	MATMAS	MASTERIDOC_CREATE_SMD_MATMAS	MARA
MATQM	MATQM	MASTERIDOC_CREATE_SMD_MATQM	

Abbildung 2.7 Funktionsbausteine zur Auswertung von Änderungszeigern

Hintergrundjob RBDMIDOC

Der regelmäßig einzuplanende Report `RBDMIDOC` erzeugt dann mithilfe dieser Funktionsbausteine IDocs aus den Änderungszeigern und schreibt fort, welche Änderungszeiger abgearbeitet worden sind. Als Übergabewert können Sie dabei jeweils mitgeben, für welchen Nachrichtentyp Sie die Auswertung vornehmen möchten. Dazu geben Sie im Einstiegsbild des Reports `RBDMIDOC` im Feld NACHRICHTENTYP den betreffenden Typ (hier: `MATMAS`) an. Wie dies aussieht, zeigt Abbildung 2.8.

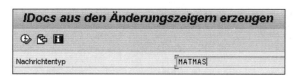

Abbildung 2.8 Einstiegsbild für den Report RBDMIDOC

Änderungen im Shared Master Data Tool

Bei der Versendung von IDocs per Shared Master Data Tool und bei Änderungszeigern arbeiten Applikation und ALE-Kommunikationsschicht demnach sehr eng zusammen. Der genaue Ablauf der IDoc-Erzeugung wird schematisch noch einmal in Abbildung 2.9 dargestellt. Der gesamte Prozess des Schreibens der Änderungszeiger findet in der Applikation statt, das Auswerten der Änderungszeiger und das Erzeugen der IDocs übernimmt die ALE-Kommunikationsschicht.

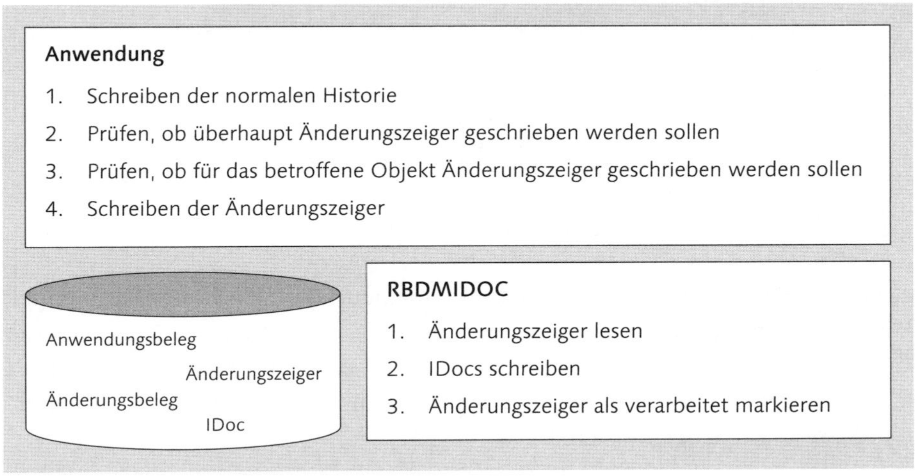

Standardmethoden zur IDoc-Erzeugung | 2.1

Anwendung

1. Schreiben der normalen Historie
2. Prüfen, ob überhaupt Änderungszeiger geschrieben werden sollen
3. Prüfen, ob für das betroffene Objekt Änderungszeiger geschrieben werden sollen
4. Schreiben der Änderungszeiger

Anwendungsbeleg
Änderungszeiger
Änderungsbeleg
IDoc

RBDMIDOC

1. Änderungszeiger lesen
2. IDocs schreiben
3. Änderungszeiger als verarbeitet markieren

Abbildung 2.9 IDoc-Erzeugung mit dem Shared Master Data Tool

Beachten Sie, dass beim IDoc-Versand über Änderungszeiger nur die Sichten versendet werden, in denen tatsächlich Änderungen vorgenommen wurden, hier dann allerdings alle Felder der Sicht. Sichten, die nicht zu einem Muss-Segment gehören, werden nicht mitgesendet, wenn nichts an ihnen geändert wurde. Dies dient der Performancesteigerung. In Kapitel 4, »IDocs per Customizing anpassen«, wird am Beispiel des Materialstamms beschrieben, wie Sie dieses Standardverhalten mit einer kleinen Modifikation ändern können.

Vorgehensweise mit Änderungszeigern

Die Änderungszeiger selbst finden Sie in Tabelle BDCP, und die dazugehörigen Statussätze sind in der Tabelle BDCPS zu finden. Ab Release 6.20 ist auch eine performantere Abwicklung über eine gemeinsame Tabelle namens BDCP2 möglich. Dieses Verfahren wird aber nicht für alle Nachrichtentypen unterstützt. Ob es für Ihren Nachrichtentyp anwendbar ist, können Sie ebenfalls der Detailsicht von Transaktion BD60 entnehmen. Ab Release 7.0 EHP1 gibt es dann für alle Nachrichtentypen nur noch die neue Verarbeitung über die Tabelle BDCP2.

Tabellen für Änderungszeiger

Im Menü ÄNDERUNGSZEIGERABLAGE UMSTELLEN können Sie für diejenigen Nachrichten, die das aktuellere Verfahren unterstützen, die Umstellung vorbereiten. Wie Abbildung 2.10 zeigt, wird auch im Änderungsmodus die Neueingabe von Daten im Auswahlmenü nur bei den Nachrichtentypen ermöglicht, die das neue Verfahren auch tatsächlich unterstützen.

Umstellung auf das neue Verfahren für Änderungszeiger

2 | IDocs erzeugen

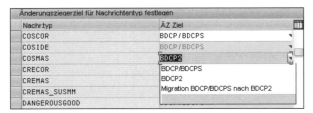

Abbildung 2.10 Änderungszeiger auf neues Verfahren umstellen

Migration bestehender Änderungszeiger
: Haben Sie das Objekt bereits mit dem alten Verfahren verwendet, können Sie mit Transaktion BDCPMIG die eigentliche Migration der Änderungszeiger anstoßen. Während dieses Programm läuft, dürfen keine neuen Änderungszeiger für den umzusetzenden Nachrichtentyp erzeugt werden.

Im Zusammenhang mit dem Shared Master Data Tool haben Sie auch die Möglichkeit, Verteilsperren zu realisieren. Für ein bestimmtes Objekt werden dann keine IDocs mehr erzeugt.

Verteilsperre Materialstamm
: Für den Materialstamm kann eine Verteilsperre pro Material gesetzt werden, um das Versenden eines speziellen Materials grundsätzlich zu verhindern. Dies geschieht über einen Umweg: In den Konstruktionsdaten eines Materials in der Tabelle MARA gibt es einen werksübergreifenden Materialstatus (Feld MARA-MSTAE). Dieser bezieht sich auf einen vorhandenen Eintrag in der Tabelle T141. Hier können für jeden Statuswert zusätzliche Eigenschaften vergeben werden. Unter anderem gibt es ein Feld DLOCK: Ist dieses markiert, ist die Verteilsperre gesetzt.

Verteilsperre auf Änderungsstammsatzebene
: Zusätzlich können Sie innerhalb der Logistik Verteilsperren auf der Ebene der zugehörigen Änderungsstammsätze realisieren. Dies wird im Customizing der Logistik in Transaktion SPRO mittels SAP-REFERENZ IMG • LOGISTIK ALLGEMEIN • ÄNDERUNGSDIENST • STATUS FÜR ÄNDERUNGSSTAMMSATZ DEFINIEREN eingestellt. In Abbildung 2.11 sehen Sie die Einstellungsmöglichkeiten der Logistik bezüglich der Änderbarkeit des Objekts und der Verteilsperre pro Status, in dem sich der Änderungsstammsatz gerade befindet.

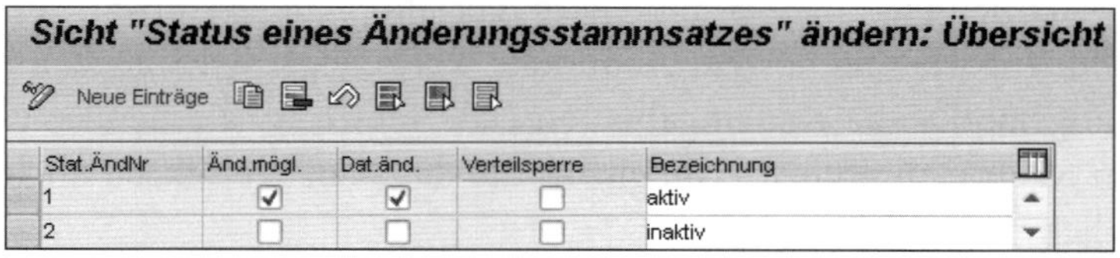

Abbildung 2.11 Verteilsperre in der Logistik

Einige der speziellen Sendetransaktionen hebeln dies allerdings wieder aus. Bei den Stücklisten oder der Klassifizierung können Sie zum Beispiel beim Senden ein Kennzeichen setzen, das die Verteilsperre wiederum ignoriert.

Bei Kontrakten (Nachrichtentyp BLAORD) gibt es zusätzlich noch die Besonderheit, dass nur freigegebene Kontrakte mit dem Shared Master Data Tool übertragen werden.

Freigegebene Kontrakte

Reduzierung von Nachrichten

Aus der Aufteilung der gesamten Stammdaten in einzelne Sichten sowie der Möglichkeit, per Customizing zu definieren, welche Felder einer Sicht überhaupt verwendet werden sollen, ergibt sich auch die zweite Anforderung an die Verteilung von Stammdaten. Sie sollen bei der IDoc-Übertragung skalierbar sein. Dies geschieht mithilfe sogenannter *reduzierter Nachrichtentypen*.

Ein reduzierter Nachrichtentyp bezieht sich immer auf einen vorhandenen Nachrichtentyp, überträgt aber weniger Daten. Die Reduzierung ist nicht für alle Nachrichtentypen möglich, daher muss der Entwickler des Nachrichtentyps diesen Nachrichtentyp explizit als reduzierbar kennzeichnen.

Reduzierter Nachrichtentyp

Alle mindestens zu übertragenden Sichten und Felder sind hier vorgegeben, alle anderen Sichten und Felder können bei Bedarf zusätzlich ausgewählt werden. Die Transaktion, mit der Sie einen Nachrichtentyp als reduzierbar kennzeichnen, ist BD60 in der Detailsicht für einen Nachrichtentyp. Durch den Aufruf von Transaktion BD65 werden die Muss-Felder definiert.

Für jeden ausgelieferten Nachrichtentyp ist von SAP vorgegeben, ob er reduzierbar ist. Da dies mit Funktionen im Erzeugungs- und Verbuchungsbaustein für das entsprechende IDoc einhergehen muss, können Kunden Nachrichtentypen nicht einfach nachträglich reduzierbar setzen. Die Muss-Felder, die SAP mit Transaktion BD65 ausliefert, entsprechen dem Customizing, das SAP für die Transaktionen anbietet, mit denen die Stammdaten gepflegt werden, zum Beispiel Transaktion MAT1 zur Pflege des Materialstamms. Wenn Sie im Customizing der Applikation Änderungen an den Muss-Feldern vornehmen, können Sie diese in Transaktion BD65 ebenfalls anpassen, sodass eigendefinierte Muss-Felder auch bei der Reduzierung im

Einstellungen zur Reduzierbarkeit

IDoc Pflicht sind. In Abbildung 2.12 sehen Sie einen Ausschnitt der Daten für den Nachrichtentyp MATMAS. Unter ❶ sehen Sie die Detailsicht von Transaktion BD60. Das SAP-System gibt hier den Nachrichtentyp als reduziert vor. Unter ❷ sehen Sie Transaktion DB65, in der vom SAP-System und teilweise auch von Ihnen Muss-Felder definiert werden können.

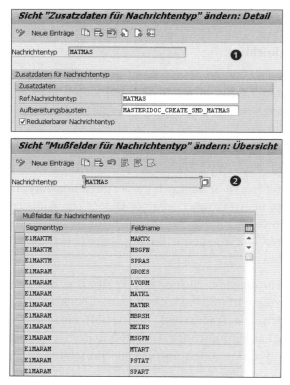

Abbildung 2.12 Grundpflege für reduzierbare Nachrichtentypen

Reduzierung im Customizing Das Anlegen eigener reduzierter Nachrichtentypen erfolgt nun wieder im Customizing in Transaktion SALE. Unter dem Menüpunkt REDUZIERTEN NACHRICHTENTYP ERSTELLEN oder über Transaktion BD53 finden Sie den Einstieg, wie ihn Abbildung 2.13 darstellt.

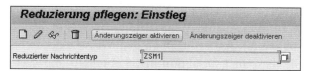

Abbildung 2.13 Reduzierte Nachrichtentypen anlegen

Im Einzelnen sehen die Schritte der Reduzierung wie folgt aus:

Schritte der Reduzierung

1. **Schritt: Namen und Beschreibung vergeben**

   Im Einstieg vergeben Sie zunächst einen Namen ❶ und eine Beschreibung ❷ des neuen reduzierten Nachrichtentyps (siehe Abbildung 2.14). Beachten Sie dabei die Namensregeln für eigene Objekte (der Name muss mit Y oder Z oder Ihrem eigenen Namensraum beginnen).

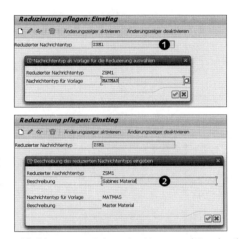

Abbildung 2.14 Schritt 1 – Name und Beschreibung vergeben

2. **Schritt: Segmente auswählen**

   Im zweiten Schritt erfolgt die Auswahl der relevanten Segmente. Segmente oder Felder, die im SAP-System grün und mit einem Sternchen (*) hinter dem Namen dargestellt werden, sind Pflicht und können nicht reduziert werden. Rote oder mit einem Minuszeichen (-) gekennzeichnete Felder oder Segmente sind optional und nicht ausgewählt, weiße oder mit einem Plussymbol (+) markierte Segmente oder Felder sind optional und im betreffenden reduzierten Nachrichtentyp ausgewählt. Sie geben nun an, welche Segmente Sie zusätzlich zu den Muss-Segmenten haben möchten, indem Sie das Segment markieren und auf SELEKTIEREN klicken (siehe Abbildung 2.15).

3. **Schritt: Felder auswählen**

   Sobald Sie ein Segment aktiviert haben, können Sie innerhalb des Segments die Felder markieren, die Sie zusätzlich zu den Muss-Feldern dieses Segments haben möchten, und klicken dann nochmals auf SELEKTIEREN (siehe Abbildung 2.16).

MATMASDI Verteilung DI-Felder
E1MARAM (*) Master Material allgemeine Daten (MARA)
E1MARA1 (-) Weitere Felder zu E1MARAM
E1MARADI (-) Felder Discrete Industries
E1MAKTM (*) Master Material Kurztexte (MAKT)
E1MARCM (-) Master Material C-Segment (MARC)
E1MARMM (-) Master Material Mengeneinheiten (MARM)
E1MBEWM (-) Master Material Materialbewertung (MBEW)
E1MLGNM (-) Master Material Materialdaten pro Lagernummer (MLGN)
E1MVKEM (-) Master Material Verkaufsdaten (MVKE)
E1MLANM (-) Master Material Steuerklassifikation (MLAN)
E1MTXHM (-) Master Material Langtext Header

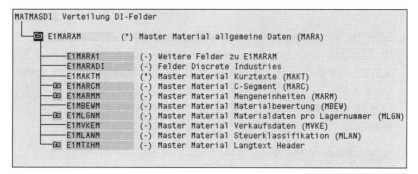

Abbildung 2.15 Schritt 2 – Segmente auswählen

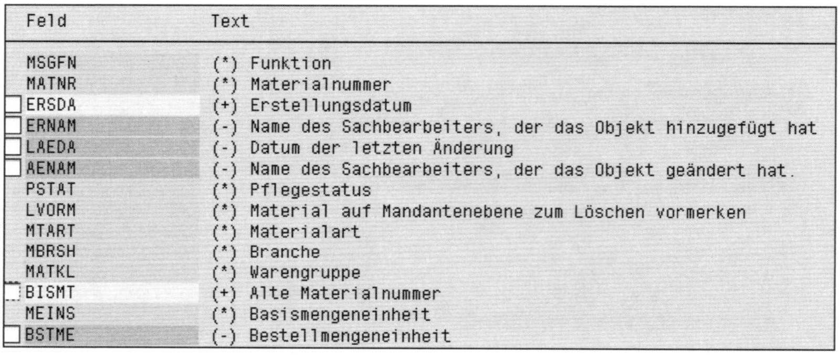

Feld Text
MSGFN (*) Funktion
MATNR (*) Materialnummer
ERSDA (+) Erstellungsdatum
ERNAM (-) Name des Sachbearbeiters, der das Objekt hinzugefügt hat
LAEDA (-) Datum der letzten Änderung
AENAM (-) Name des Sachbearbeiters, der das Objekt geändert hat.
PSTAT (*) Pflegestatus
LVORM (*) Material auf Mandantenebene zum Löschen vormerken
MTART (*) Materialart
MBRSH (*) Branche
MATKL (*) Warengruppe
BISMT (+) Alte Materialnummer
MEINS (*) Basismengeneinheit
BSTME (-) Bestellmengeneinheit

Abbildung 2.16 Schritt 3 – Felder auswählen

Sie haben nun Ihren eigenen reduzierten Nachrichtentyp, der wie das Original, aber eben mit weniger Daten verwendet werden kann.

Änderungszeiger bei reduzierten Nachrichtentypen

Sollen auch für die eigenen reduzierten Nachrichtentypen Änderungszeiger erzeugt werden, können Sie dies in Transaktion BD53 über den Button Änderungszeiger aktivieren einrichten. Selbstverständlich kann das Aktivieren von Änderungszeigern für den reduzierten Nachrichtentyp auch im Customizing in Transaktion SALE durchgeführt werden. Achten Sie dann aber darauf, dass Sie nicht nur die Kennzeichen für das Erzeugen von Änderungszeigern setzen, sondern auch alle Standardfeldzuordnungen und Muss-Feldzuweisungen kopieren. Dies geschieht in Transaktion BD53 automatisch. Ebenfalls können Sie in Transaktion BD53 das Schreiben von Änderungszeigern über den Button Änderungszeiger deaktivieren zurücknehmen (siehe Abbildung 2.17).

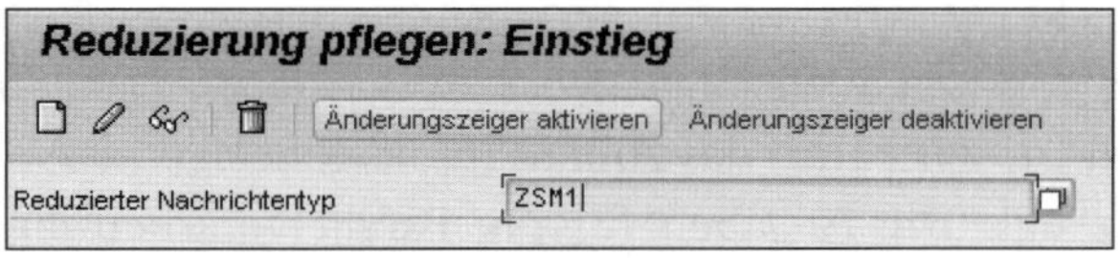

Abbildung 2.17 Aktivieren des Änderungszeigers bei reduzierten Nachrichtentypen

Wenn Sie reduzierte Nachrichtentypen über Änderungszeiger verarbeiten, hängt es von den Einstellungen des Ursprungsnachrichtentyps ab, ob eine Ablage der Änderungszeiger in Tabelle `BDCP2` möglich ist oder noch das alte Verfahren verwendet wird. Letzteres ist der Fall, falls Sie ein niedrigeres Release als Release 7.1 im Einsatz haben.

Direkte Erzeugung oder Anforderung von Stammdaten

Möchten Sie die Erstellung oder Änderung von Materialstammdaten bekannt geben, ohne auf die aus Änderungszeigern erzeugten IDocs zu warten, können Sie dies über Transaktion BD10 tun. In Tabelle 10.5 in Abschnitt 10.5, »Überblick über Transaktionscodes«, finden Sie auch die zu den anderen Daten gehörigen Transaktionen.

Stammdaten senden

Da Stammdaten meistens die Möglichkeit der Reduzierung bieten, »erwarten« diese Transaktionen die Eingabe des Nachrichtentyps, mit dem Sie senden möchten, und die logischen Zielsysteme, an die Sie senden möchten. Zusätzlich können Sie auswählen, zu welchen Objekten Sie IDocs erzeugen möchten. Dies ist allerdings nur über die Materialnummern oder die Klassenzugehörigkeit des Objekts möglich (siehe Abbildung 2.18).

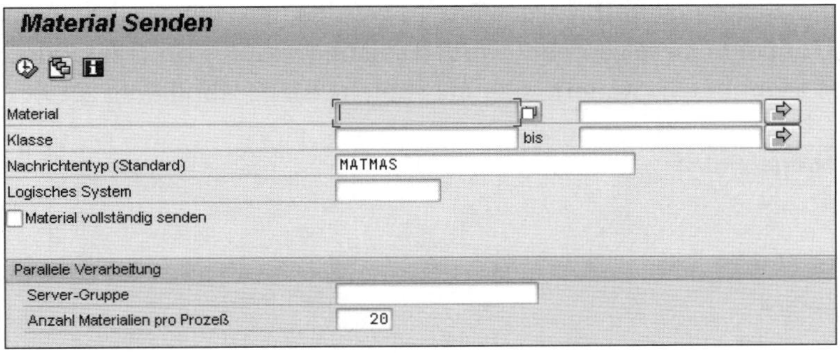

Abbildung 2.18 Gezieltes Senden von Materialstamm-IDocs

Material vollständig senden

Wenn das Kennzeichen MATERIAL VOLLSTÄNDIG SENDEN gesetzt ist und die Verteilung von Klassifizierungs-IDocs an denselben Partner ebenfalls eingestellt ist, wird auch das zum Material gehörige Klassifizierungs-IDoc erzeugt. Die Angaben für die Parallelverarbeitung helfen dabei, die Performance zu steigern, wenn Sie sehr viele Daten verschicken, etwa bei der Erstdatenübernahme. Bleibt das Feld LOGISCHES SYSTEM leer, wird an alle in Transaktion BD64 verfügbaren Partner gesendet. Wird mithilfe dieses Feldes eine Auswahl vorgenommen, wird in Transaktion BD64 geprüft, ob das ausgewählte logische System als Empfänger für Materialstamm-IDocs erlaubt ist, und im positiven Fall das IDoc gesendet.

Wenn Ihr System das empfangende System von Stammdaten-IDocs ist und Sie wissen, dass beim sendenden System eine Änderung oder Neuanlage von Daten erfolgt ist, können Sie ein entsprechendes Stammdaten-IDoc auch anfordern.

> **Namensgebung bei anfordernden und abholenden Nachrichtentypen**
>
> Der Name des zugehörigen Nachrichtentyps beginnt wie das Stammdaten-IDoc, verwendet aber ein anderes Kürzel am Ende, nämlich FET (für fetch = abholen) anstelle von MAS. Die Bezeichnung lautet zum Beispiel MATMAS für den Nachrichtentyp des Materialstamm-IDocs und MATFET für den des anfordernden IDocs.

Fetch-IDocs

Die anfordernden IDocs (Fetch-IDocs) müssen ganz normal im Verteilungsmodell gepflegt sein (siehe Abbildung 1.4 in Abschnitt 1.3, »Abgrenzung von ALE und EDI«), nur eben in die andere Richtung; hier sendet derjenige Partner das Fetch-IDoc, der das Stammdaten-IDoc erhält. Fetch-IDocs übergeben immer die Objektschlüssel, zu denen Stammdaten-IDocs gewünscht werden, und den Nachrichtentyp, mit dem diese gesendet werden sollen. Mithilfe von Transaktion BD11 können Sie Materialstämme »holen« (siehe Abbildung 2.19).

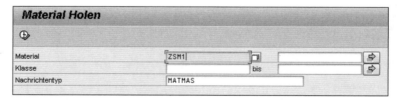

Abbildung 2.19 Materialstamm-IDoc anfordern

Allen Fetch-Nachrichtentypen ist derselbe IDoc-Typ ALEREQ01 zugeordnet. Er enthält die in Tabelle 2.1 dargestellten Segmente.

IDoc-Typ ALEREQ01

Basistyp ALEREQ01					
▶ allgemeine Anforderung: Basiszwischenstruktur					
▶ freigegeben seit: Release 3.0A					
E1ALER1	ALE-Anforderungs-IDoc-Kopfsegment				
	▶ Segmentdefinition: E2ALER1001				
	▶ freigegeben seit: Release 4.0A				
	▶ Segmentlänge: 0036				
Komponente	Datentyp	Länge	Kurzbeschreibung	Offset	Externe Länge
MESTYP	CHAR	60	logischer Nachrichtentyp	63	6
MESTYP40	CHAR	40	Nachrichtentyp	69	40
E1ALEQ	ALE-Anforderungs-IDoc-Positionssegment				
	▶ Segmentdefinition: E2ALEQ1				
	▶ freigegeben seit: Release 3.0A				
	▶ Segmentlänge: 0123				
Komponente	Datentyp	Länge	Kurzbeschreibung	Offset	Externe Länge
OBJVALUE	CHAR	40	Objektwert (mit der alten Länge 40)	63	40
SIGN	CHAR	1	ABAP: Kennzeichen I/E (Werte ein-/ausschließen)	103	1
OPTION	CHAR	2	ABAP: Selektionsoption (EQ/BT/CP/...)	104	2
LOW	CHAR	40	Character (40 Stellen)	106	40
HIGH	CHAR	40	Character (40 Stellen)	146	40

Tabelle 2.1 IDoc-Typ ALEREQ01

Die tatsächlich versendete Fetch-Nachricht enthält dann Informationen zum Nachrichtentyp, der als Antwort erwartet wird, den kurzen und langen Namen (vor bzw. nach dem Release 4.0) sowie die Schlüssel der Elemente, die als Antwort gesendet werden sollen. Abbildung 2.20 zeigt ein MATFET-IDoc, das das Material ZSM1 anfor-

Beispiel für MATFET-IDoc

dert. Für das `MATMAS`-IDoc lauten sowohl der lange als auch der kurze Name `MATMAS`, da es sich um einen sehr alten Nachrichtentyp handelt.

EDIDD	Datensätze	
SEGNUM	Segmentnummer	000001
SEGNAM	Segmentname	E1ALER1
MESTYP	Logischer Nachrichtentyp	MATMAS
MESTYP40	Nachrichtentyp	MATMAS
SEGNUM	Segmentnummer	000002
SEGNAM	Segmentname	E1ALEQ1
OBJVALUE	Objektwert (mit der alten Läng	MATNR
SIGN	ABAP: Kennzeichen: I/E (Werte	I
OPTION	ABAP: Selektionsoption (EQ/BT/	EQ
LOW	Character 40-Stellen	ZSM1

Abbildung 2.20 MATFET-IDoc

Da Stammdaten gewöhnlich zwischen unterschiedlichen Systemen derselben Firma ausgetauscht werden, wird hier wie im gesamten Application Link Enabling mit logischen Systemen als Partnern gearbeitet. Die Fetch-Funktion ist allerdings nicht für alle Stammdaten verfügbar.

2.1.2 Nachrichtensteuerung

Nachrichtensteuerung

Die Nachrichtensteuerung ist eine Standardfunktion von SAP, die bei allen Bewegungsdaten, die andere Firmen auch erhalten sollen, automatisch einen Transfer der Daten auslöst. Dies kann per Drucker oder Fax oder eben per IDoc geschehen. Für die Verarbeitung mit IDocs gibt es das Sendemedium 6 für die Verarbeitung über Partnerfunktionen und das Sendemedium A für die Verarbeitung mit logischen Systemen. Alle für die Nachrichtensteuerung erforderlichen Einstellungen finden Sie in Transaktion NACE.

Wann welche Nachrichten auf welche Art und Weise erzeugt werden, stellen Sie mithilfe der Konditionstechnik ein. Der Schlüssel für die Konditionen setzt sich zusammen aus der Applikation, in der Sie sich befinden (zum Beispiel `EF` für Einkauf), der Nachrichtenart, die Sie erzeugen möchten (zum Beispiel `NEU` für eine Bestellung), und der Partnerrolle, an die das Ganze gehen soll (zum Beispiel »Partner Lieferant« in seiner Rolle als Warenlieferant).

Funktion EDI_PROCESSING

Bei der Nachrichtenfindung wird die eigentliche Nachricht mithilfe des Reports `RSNAST00` erzeugt. Die darin verwendete Funktion `EDI_PROCESSING` dient dazu, die Nachricht per IDoc als EDI-Nachricht zu übertragen; sie gehört zum Sendemedium 6. Der Report `RSNAST00` kann je nach Systemeinstellung direkt beim Sichern des Belegs oder regelmäßig als Hintergrundjob aufgerufen werden.

Bei der Nachrichtensteuerung wird in der Regel von einer EDI-Kommunikation ausgegangen, sodass Sie mit Partnern und nicht mit logischen Systemen arbeiten.

Die Information, auf welche Weise dem Empfänger ein IDoc übermittelt wird (zum Beispiel per RFC oder per flacher Datei) und ob gegebenenfalls ein EDI-Subsystem verwendet werden soll, wird sowohl für die Kommunikation mit Partnern als auch für die Kommunikation mit logischen Systemen in der sogenannten *Ausgangspartnervereinbarung* in Transaktion WE20 eingestellt.

Ausgangspartnervereinbarung

Hier geben Sie außerdem an, mit welchem IDoc-Typ gearbeitet werden soll. Wenn Sie mit der Nachrichtensteuerung arbeiten, ist in der Ausgangspartnervereinbarung auf der Registerkarte NACHRICHTENSTEUERUNG für die Nachrichtensteuerung angegeben, mit welchem Vorgangscode (und welchem dahinterliegenden Funktionsbaustein) die IDoc-Daten gefüllt werden sollen. Die gültigen Vorgangscodes pro Nachrichtenart finden Sie in Transaktion WE41 (siehe Abbildung 2.21).

Vorgangscode

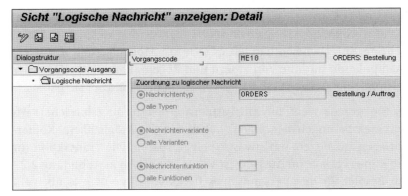

Abbildung 2.21 Zuordnung des Vorgangscodes zum Nachrichtentyp

In Transaktion WE41 können auch die optionalen Nachrichtenvarianten und Nachrichtenfunktionen eingegeben werden, die Sie aus den Partnervereinbarungen kennen, um unterschiedliche Vorgangscodes für die Verbuchung der IDocs verwenden zu können. Nachrichtenvarianten und -funktionen sind dabei frei wählbar, und Sie müssen auch keine Namensregeln einhalten. Allerdings bedeutet das auch, dass es keine Eingabehilfe in Transaktion WE20 geben wird, sodass Sie selbst auf die richtige Schreibweise der Namen achten müssen. Abbildung 2.22 zeigt in den Details des Beispielvorgangscodes für die ORDERS-Erzeugung auch den Link zum zugehörigen Funktionsbaustein.

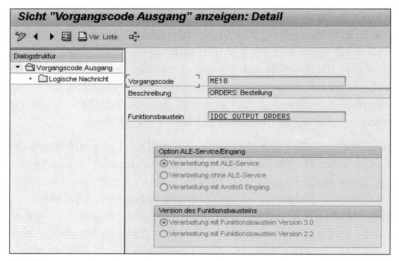

Abbildung 2.22 Zuordnung des Vorgangscodes zum Funktionsbaustein

ALE-Dienste
Im Bereich OPTION ALE-SERVICE/EINGANG kann jeweils auch ausgewählt werden, ob ALE-Dienste verwendet werden sollen oder nicht. Bei den ALE-Diensten handelt es sich um Möglichkeiten der IDoc-Manipulation mithilfe von Filtern und Regeln. Kapitel 4, »IDocs per Customizing anpassen«, behandelt das Thema ALE-Dienste genauer.

Vorschlagswerte
Da Sie, gerade wenn Sie mit Partnern arbeiten, oft zahlreiche Partnervereinbarungen benötigen, haben Sie die Möglichkeit, Kopiervorlagen anzulegen, um etwas Arbeit zu sparen. Die Transaktion für die Kopiervorlage im Ausgang ist WE24, Sie sehen in Abbildung 2.23 ein Bespiel für den Versand eines IDocs vom Typ ORDCHG über ein EDI-Subsystem.

Die Partnervereinbarung in Transaktion WE20 kann dann aus dieser Kopiervorlage heraus erstellt werden, Sie müssen sie nicht manuell anlegen.

Diese Einstellungen gibt es analog auch für den Eingang. Die entsprechende Transaktion lautet dann WE27.

Standardmethoden zur IDoc-Erzeugung | 2.1

```
Sicht "Vorschlag für Ausgangspartnervereinbarungen" ändern: Detail
   Neue Einträge

Partnerart              LI      Lieferant/Kreditor
Richtung                1
Nachrichtentyp          ORDCHG

Partnerrolle            LF

Nachrichtenvariante
Nachrichtenfunktion

☑ IDocs sammeln
☐ Subsystem starten

Empfängerport           SUBSYSTEM    Port für ein EDI-Subsystem via Dateischnittstelle

Basistyp                DELFOR01                 Lieferabruf/Feinabruf für Zulieferer
Erweiterung
Sicht

Empfängerart            0           Organisationseinheit
Empfänger               50010120    EDI Department

Parameter der Nachrichtensteuerung
Applikation             EF          ☑ Änderungsnachricht
Nachrichtenart          NEU
Vorgangscode Ausgang    ME11                    ☐ ORDCHG: Bestelländerung
```

Abbildung 2.23 Vorschlagswerte für Ausgangspartnervereinbarung

2.1.3 Spezielle Funktionen

In einigen Fällen kann ein bestimmter Geschäftsprozess sowohl komplett lokal auf einem SAP-System als auch verteilt über mehrere SAP- oder Nicht-SAP-Systeme ablaufen. Das Erzeugen eines IDocs kommt dann nur bei der Verteilung über mehrere Systeme vor, und es kann über die Customizing-Funktionen der betreffenden Applikation aktiviert werden.

Beispiel Lagerverwaltung

Ein Beispiel für diese direkte IDoc-Erzeugung ist die Lagerverwaltung. Die Default-Einstellung der Lagerverwaltung geht davon aus, dass Ihr Lager von Ihrem SAP-System selbst verwaltet wird. Ist dies nicht der Fall, können Sie im Customizing die Anbindung Ihres Lagersystems über ALE aktivieren. Diese Anbindung führt dazu, dass direkt beim Anlegen eines Lagertransportauftrags auch ein WMTORD-IDoc erzeugt wird, um dem externen Lager mitzuteilen, was transportiert werden soll.

Diese Spezialfälle können allerdings nicht allgemein beschrieben, sondern müssen in Zusammenarbeit mit der Fachabteilung benannt und

Schnittstelle IDoc – BAPI

eingerichtet werden. Da alle für einen solchen Spezialfall notwendigen Transaktionen modulspezifisch sind, wird hier nicht weiter darauf eingegangen; Sie sollen lediglich wissen, dass es solche Spezialfälle gibt.

Ebenfalls im Rahmen von ALE-Szenarien kann es Fälle geben, in denen Probebuchungen synchron und per BAPI durchgeführt werden, die eigentlichen Buchungen aber asynchron und per IDoc. Es wird dann entwicklungsseitig das BAPI erstellt, und das dazugehörige IDoc wird über Transaktion BDBG generiert. Diese Transaktion können Sie auch verwenden, wenn SAP kein IDoc zu einem BAPI ausliefert, Sie es jedoch für ein von SAP nicht vorgesehenes Verteilungsszenario benötigen. Beachten Sie in diesem Fall wieder die Namensregeln für Kundenobjekte.

BAPI-Verarbeitung

Abbildung 2.24 zeigt einen von SAP generierten IDoc-Typ im SAP-Namensraum. Sie sehen dort im Bereich IDOC-SCHNITTSTELLE die Namen für den Nachrichtentyp und den IDoc-Typ, auf der Registerkarte ALE-AUSGANG die Funktionsgruppe, in der die IDoc-Bausteine liegen, sowie den Namen des Bausteins, der das IDoc erzeugt, und auf der Registerkarte ALE-EINGANG den Namen des Bausteins, der beim Empfänger das IDoc wieder auspackt und die Verbuchung anstößt.

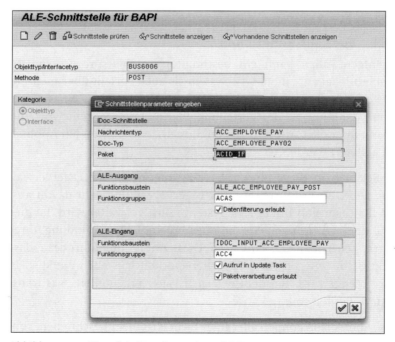

Abbildung 2.24 IDoc-Schnittstelle zu einem BAPI

Standardmethoden zur IDoc-Erzeugung | 2.1

Der Ablauf bei der Erzeugung eines IDocs aus einem BAPI ist wie folgt:

Schritte zur Erzeugung asynchroner BAPIs

1. Der Sender möchte das BAPI aufrufen und prüft, ob dies lokal oder remote ausgeführt werden soll.

2. Falls der Aufruf remote stattfindet und transaktional erfolgen soll, wird im Sender der in Transaktion BDBG generierte Ausgangsfunktionsbaustein aufgerufen, der die Übergabeparameter des BAPIs ins IDoc-Format überträgt.

3. Nach den Einstellungen im Kundenverteilungsmodell und in Transaktion WE20 wird dieses generierte IDoc an den Empfänger übertragen.

4. Beim Empfänger wird der Funktionsbaustein BAPI_IDOC_INPUT1 über den Vorgangscode BAPI oder der Funktionsbaustein BAPI_IDOC_INPUTP über den Vorgangscode BAPP aufgerufen, je nachdem, ob ein oder mehrere Datensätze auf einmal ankommen. Diese Funktionsbausteine rufen den in Transaktion BDBG generierten Eingangsfunktionsbaustein auf. Dieser packt das IDoc aus und ruft mit den übergebenen Daten das ursprüngliche BAPI auf, das die eigentliche Verbuchung vornimmt.

Da es sich in beiden Fällen um ein ALE-Szenario handelt, pflegen Sie für BAPIs und IDocs das Kundenverteilungsmodell. Hier werden bei den BAPIs sowohl die synchron als auch die asynchron über IDocs abzuarbeitenden Methoden eingetragen.

In Abbildung 2.25 sehen Sie ein Kundenverteilungsmodell, in dem ein Nachrichtentyp und acht BAPIs verwendet werden. Dabei sind die drei BAPIs mit dem Methodennamen Post diejenigen, die asynchron per IDoc erzeugt werden.

Zusätzlich benötigen Sie wie gewohnt Partnervereinbarungen für den transaktionalen Fall. Wenn Sie diese Partnervereinbarungen aus dem Verteilungsmodell heraus generieren lassen, weiß das System automatisch, für welche BAPIs es Nachrichtentypen und somit die Notwendigkeit einer Partnervereinbarung gibt. In unserem Fall werden für den Nachrichtentyp FIDCMT sowie für die Nachrichtentypen ACC_EMPLOYEE_EXP, ACC_EMPLOYEE_PAY und ACC_EMPLOYEE_REC Eingangsparameter generiert, die zu den drei Post-Methoden gehören. In Abbildung 2.26 wird das Ergebnis der Generierung gezeigt.

Hier sehen Sie auch die Namen der entsprechenden Nachrichtentypen.

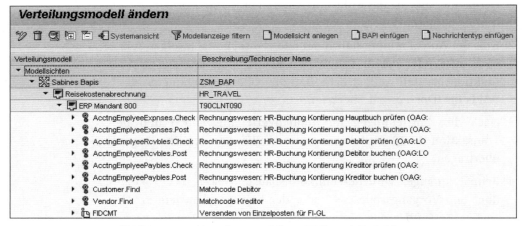

Abbildung 2.25 Verteilungsmodell mit BAPIs und Nachrichten

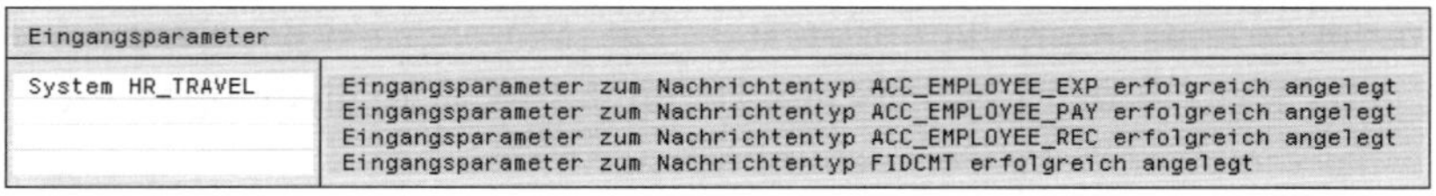

Abbildung 2.26 Generierte Partnervereinbarungen

Zielsystem für synchrone BAPIs ermitteln

Die Destination für den synchronen BAPI-Aufruf in einem Remote-System pflegen Sie in Transaktion BD97. Dies kann dabei generell sowohl für alle Methodenaufrufe als auch nur für spezielle BAPIs und für Dialogaufrufe erfolgen. Die Dialogaufrufe benötigen Sie zum Beispiel, falls Sie mit der IDoc-Verfolgung in Transaktion BD87 arbeiten möchten. Die Unterscheidung von den Dialogen wird aus Sicherheitsgründen getroffen. Da hier ein Dialogbenutzer in der RFC-Destination verwendet werden muss, soll dieser vermutlich nur wenige Berechtigungen haben. Sie sehen in Abbildung 2.27 für alle drei Fälle jeweils ein Beispiel.

Die Standarddestination für BAPI-Aufrufe für das logische System APOCLNT800 ist dabei APOCLNT800, die Destination für Dialogaufrufe heißt ALEMANU, und nur für die Methode AcctngEmplyeePaybles.Check wird die Destination BACKEND verwendet.

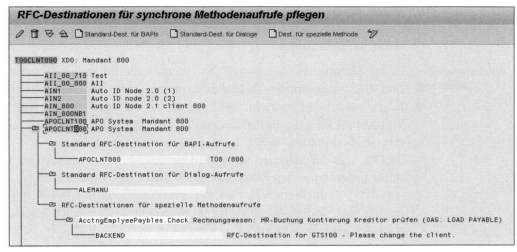

Abbildung 2.27 Customizing für synchrone BAPI-Aufrufe in ALE-Szenarien

2.1.4 Logische Systeme in der Nachrichtensteuerung verwenden

Es kann vorkommen, dass Bewegungsdaten innerhalb von ALE-Szenarien ausgetauscht werden. Dies kann zum Beispiel das Szenario zentraler Vertrieb/dezentraler Versand sein. Hier werden Bestellungen, Lieferungen und Fakturen zwischen zwei Werken derselben Firma ausgetauscht. Für diesen Fall verwenden Sie in der Nachrichtensteuerung ganz normal den Kunden oder Lieferanten als Partner. Als Sendemedium für die gefundene Nachricht geben Sie jedoch A für die ALE-Verarbeitung anstelle von 6 für die EDI-Verarbeitung an. Dies führt dazu, dass nicht mehr die Formroutine EDI_PROCESSING verwendet wird, sondern die Formroutine ALE_PROCESSING.

Formroutine ALE_PROCESSING

Sie pflegen dann wie gewohnt ein Kundenverteilungsmodell mit je einem logischen System als Sender und als Empfänger der Nachricht. Nach Ablauf der Nachrichtensteuerung innerhalb der Applikation liest Sendemedium A das Kundenverteilungsmodell aus und ersetzt den in der Nachrichtensteuerung gefundenen Partner durch das im Modell gefundene logische System. Dazu wird die Zuordnung von Nachrichtenarten zu Nachrichtentypen benötigt. Diese gibt es zum einen in den Vorgangscodes im Ausgang in Transaktion WE41 und

Nachrichtensteuerung und ALE

Eindeutigkeit der Zuordnung

zum anderen bei den Einstellungen, die Sie für die Nachrichtensteuerung in der Partnerausgangsvereinbarung in Transaktion WE20 vorgenommen haben.

In der Formroutine `ALE_PROCESSING` werden die Daten aus Transaktion WE20 ausgewertet. Da in diesem ersten Schritt der spätere Empfänger noch nicht feststeht, wird nur über die Partnerart LOGISCHES SYSTEM und über die Nachrichtenart gesucht. Wird mehr als ein Eintrag in Transaktion WE20 gefunden, zum Beispiel einmal `NEU - ORDERS`, was der Standard wäre, und einmal `NEU - ZSMORD` für einen selbst programmierten Nachrichtentyp, bricht die Formroutine `ALE_PROCESSING` mit einem Fehler ab. Die erforderliche Eindeutigkeit stellen Sie her, indem Sie für eigene Nachrichtentypen auch eigene Nachrichtenarten verwenden.

Die Suche über die Partnerart LOGISCHES SYSTEM und die Nachrichtenart hat den Vorteil, dass sich die Anzahl von Partnervereinbarungen verringert. Es genügt dann nämlich eine Partnervereinbarung für das logische System anstelle einer pro Lieferant oder Kunde.

2.2 Porttypen in der Ausgangsverarbeitung

IDoc-Übertragung

Haben Sie im sendenden System ein IDoc erzeugt, steht als nächster Schritt die tatsächliche physische Übertragung des IDocs zum Partner an. In der Ausgangspartnervereinbarung wird dazu der Empfängerport angegeben. In Abbildung 2.28 sehen Sie ein Beispiel für Materialstamm-IDocs, die per HTTP übertragen werden sollen.

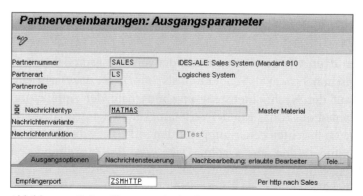

Abbildung 2.28 Empfängerport in der Partnerausgangsverarbeitung

Den Empfängerport pflegen Sie in Transaktion WE21. SAP stellt dabei unterschiedliche Porttypen zur Verfügung, die Sie in Abbildung 2.29 sehen können.

Porttypen

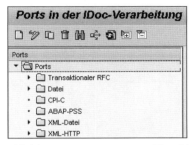

Abbildung 2.29 Porttypen zur IDoc-Verarbeitung

Im weiteren Verlauf dieses Abschnitts werden die einzelnen Porttypen kurz erläutert.

2.2.1 Transaktionaler RFC-Port

Das RFC-Protokoll ist ein proprietäres, von SAP entwickeltes Protokoll zur Übertragung von Daten zwischen zwei Systemen. Es benötigt Informationen über die Adresse des entfernten Systems sowie Anmeldedaten. Diese Daten hinterlegen Sie im SAP-System in einer sogenannten *RFC-Destination*, die Sie mit Transaktion SM59 pflegen.

Abbildung 2.30 zeigt die technischen Einstellungen einer Destination, die auf ein SAP-System zeigt. Die Zielmaschine ist dabei der Hostname oder die IP-Adresse des Rechners, auf dem das SAP-System installiert ist. Angaben zum Gateway-Host sind nur notwendig, wenn der zentrale Host nicht auch das SAP-System ist. Die Systemnummer verweist auf die Instanz des SAP-Systems, mit dem kommuniziert werden soll.

RFC-Destination pflegen

Die zugehörigen Anmeldedaten werden auf der Registerkarte ANMELDUNG & SICHERHEIT bekannt gegeben. Wichtig dabei ist, dass Sie stets einen Kommunikationsbenutzer verwenden, da der hier hinterlegte Benutzer sonst von jedem Anwender, der die Berechtigung für Transaktion SM59 hat, auch zum Remote-Login auf der Zielmaschine verwendet werden kann. Ein Beispiel für die Anmeldedaten sehen Sie in Abbildung 2.31.

Anmeldedaten im Remote-System

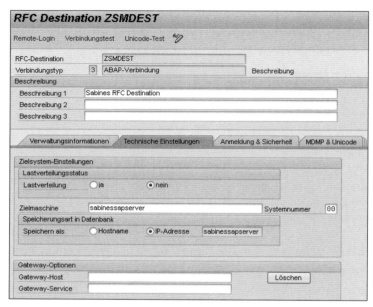

Abbildung 2.30 Destination für einen RFC-Aufruf in einem SAP-System

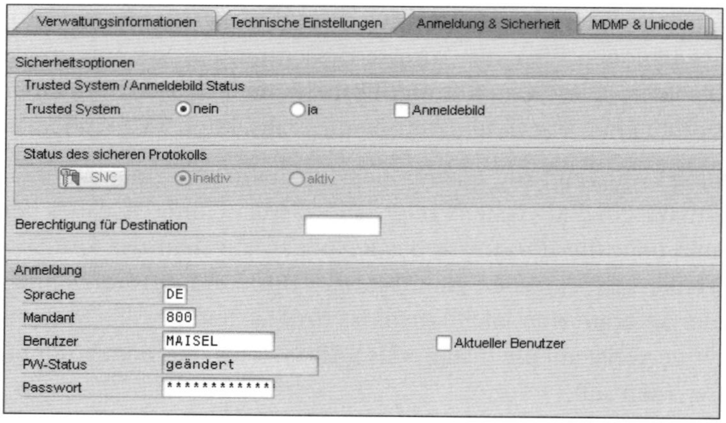

Abbildung 2.31 Anmeldedaten für RFC zum SAP-System

Berechtigungsobjekte und Spracheinstellungen

An dieser Stelle können Sie auch eine Berechtigung für die Verwendung dieser Destination angeben. Darüber hinaus können Sie noch Einstellungen bezüglich der Sprache des Zielsystems vornehmen. Auf der Registerkarte MDMP & UNICODE können Sie wählen, wie mit dem anderen System kommuniziert werden soll. MDMP steht dabei für *Multiple Display/Multiple Processing* und war eine Möglichkeit, auf einem SAP-System mehrere Codepages zu verwenden, bevor mit SAP NetWeaver eine auf Unicode basierende Lösung zur Verfügung stand. MDMP wird in neueren SAP-NetWeaver-Releases nicht mehr unterstützt.

Außerdem können Sie noch auswählen, wie im Fall nicht übersetzbarer Zeichen verfahren werden soll. In Abbildung 2.32 ist eingestellt, dass das Standardsonderzeichen (#) verwendet wird.

Zeichenkonvertierung

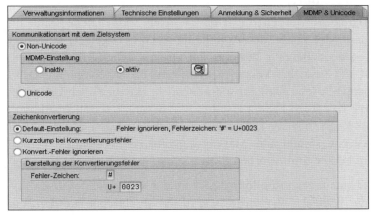

Abbildung 2.32 Einstellungen zur Zeichenkonvertierung

Da alle wesentlichen Informationen über die Kommunikation mit dem Partnersystem bereits in der Destination vergeben werden, müssen Sie im eigentlichen Empfängerport nur noch den Verweis auf die Destination hinterlegen, wie Abbildung 2.33 zeigt. Die verwendeten Satzarten (bis Release 3.0/3.1 oder ab Release 4.x) entscheiden darüber, ob mit kurzen oder längeren Namen gearbeitet wird, was ausschlaggebend für die Länge des Kontrollsatzes oder der Kontrolldaten im Segment ist. Längere Namen werden ab SAP-Release 4.x verwendet und sind heute die Regel, da nur noch vereinzelt 3.x-Systeme im Einsatz sind.

IDoc-Satzarten

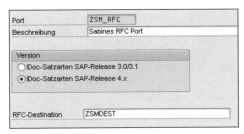

Abbildung 2.33 RFC-Port mit IDoc-Satzarten

Die eigentliche Übertragung des IDocs erfolgt nun, indem der remote-fähige Funktionsbaustein `IDOC_INBOUND_ASYNCHRONOUS` auf der definierten RFC-Destination gestartet wird. Dieser speichert das IDoc auf der Datenbank. Danach kann das IDoc in der Applikation verbucht werden.

2.2.2 Dateiport

Sequenzielle Datei Beim Dateiport werden die IDoc-Daten als sequenzielle Datei im Verzeichnis des sendenden Applikationsservers abgelegt. Auch hier wählen Sie im Bereich VERSION die Option IDOC-SATZARTEN SAP-RELEASE 4.x. Zusätzlich können Sie angeben, ob es sich um eine Datei im Unicode-Format handeln soll oder nicht (Kennzeichen UNICODE-FORMAT). In beiden Fällen, also bei Aktivierung oder Nicht-Aktivierung des Kennzeichens, kann noch angegeben werden, ob bei einem Konvertierungsfehler ein Maskierungszeichen verwendet werden oder ein Fehler zum Abbruch führen soll.

Ausgangsdatei Darüber hinaus zeigt Abbildung 2.34 auf der Registerkarte AUSGANGSDATEI die Wahl des Verzeichnisses, in das geschrieben werden soll. Dieses Verzeichnis können Sie direkt angeben oder ein logisches Verzeichnis wählen, das dann mit Transaktion FILE gepflegt sein muss.

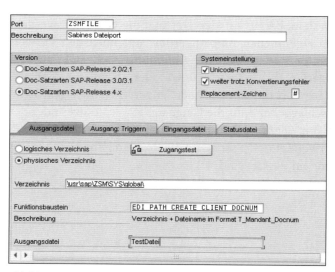

Abbildung 2.34 Dateiport – Registerkarte »Ausgangsdatei«

Der sequenziellen Datei können Sie einen festen Namen zuordnen oder einen Funktionsbaustein wählen, der den Namen generiert. In

Abschnitt 5.5, »Eigene Funktionsbausteine zur Dateierzeugung bei Dateiports«, wird erläutert, wie diese Funktionsbausteine aussehen müssen und wie Sie einen eigenen erzeugen können.

Im Fall des Dateiports muss noch für die Übertragung der Datei zum eigentlichen Empfänger gesorgt werden. Dies definieren Sie auf der Registerkarte AUSGANG: TRIGGERN. Hier kann direkt auf dem eigenen System oder auf einem per RFC-Destination zu erreichenden System eine Kommandodatei ausgeführt werden, und Sie können, wie Abbildung 2.35 zeigt, auch angeben, ob diese direkt nach Erzeugung der Datei (Kennzeichen AUTOMATISCH STARTBAR) oder später per Hintergrundjob gestartet werden soll. Im Fall von Abbildung 2.35 wird von der Betriebssystemebene aus zum Beispiel jeden Abend um 17:00 Uhr die Kommandodatei gestartet, was von SAP-Seite aber nicht verfolgt oder überprüft wird. Wieder sind logischer und physischer Dateiname möglich.

Triggern eines Subsystems

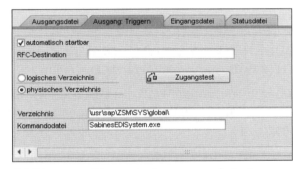

Abbildung 2.35 Triggern der Ausgangsverarbeitung

Wenn über diesen Port auch eine Eingangsverarbeitung stattfindet oder das EDI-Subsystem Statusdateien sendet, pflegen Sie dies auf den verbleibenden Registerkarten EINGANGSDATEI und STATUSDATEI. Die Angaben entsprechen dabei denen der Registerkarte AUSGANGSDATEI.

Eingangs- und Statusdateien

Auf der Ausgangsseite erfolgt die Erzeugung der IDoc-Datei mit dem Funktionsbaustein `IDOCS_OUTPUT_TO_FILE`. Der Funktionsbaustein auf der Eingangsseite heißt `IDOC_INBOUND_FROM_FILE`.

2.2.3 CPI-C-Port

Common User Programming Interface – Communication (CPI-C) ist eine von IBM entwickelte Schnittstelle, die einen Sender und einen Empfänger auf den jeweiligen beiden Seiten miteinander verbindet.

Kommunikation mit R/2

Dabei wechseln sich Sende- und Antwortschritte ab. Zusätzlich zu einer RFC-Destination, nun vom Typ 2 für R/2-Verbindung, wird für das Zielsystem ein Eintrag in der Tabelle TXCOM benötigt, der sogenannten *Sideinfo-Tabelle*. Sie können diese Tabelle direkt pflegen und sehen ein Beispiel in Abbildung 2.36.

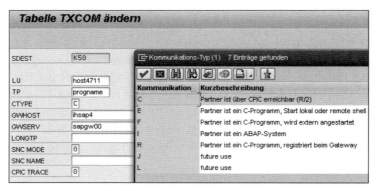

Abbildung 2.36 TXCOM-Eintrag mit Kommunikationstypen

Das Feld LU gibt dabei den Netzwerkknoten an, auf dem das Partnerprogramm läuft, das Feld TP das dort auszuführende Programm.

CPI-C-Port   Der dazugehörige Eintrag in Transaktion WE21 sieht dann aus wie in Abbildung 2.37. Er verweist sowohl auf die RFC-Destination als auch auf den Sideinfo-Eintrag.

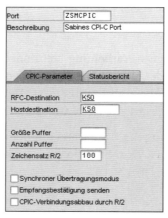

Abbildung 2.37 Beispiel für einen CPI-C-Port

Zusätzlich muss noch die Codepage des R/2-Systems angegeben werden. 100 entspricht dabei *IBM Extended Binary Coded Decimals*

Interchange Code (IBM EBCDIC), dem IBM-eigenen Austauschformat für Binärzeichen, das auf IBM-Großrechnern anstelle von ASCII verwendet wurde. Die Größe des Puffers gibt an, wie viele Sendeschritte erfolgen dürfen, bevor auf einen Empfangsschritt gewartet wird.

2.2.4 ABAP-PSS-Port

Mithilfe des ABAP-PSS-Ports (ABAP-Programmierschnittstelle) haben Sie die Möglichkeit, ein IDoc komplett selbst zu verarbeiten. Wie Abbildung 2.38 zeigt, geben Sie hier direkt einen Funktionsbaustein an, der dann die restliche IDoc-Verarbeitung übernimmt.

Direkte Verarbeitung im ABAP-PSS-Port

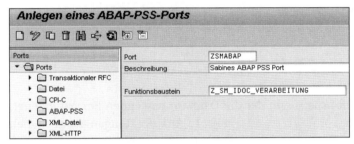

Abbildung 2.38 Funktionsbaustein im ABAP-PSS-Port

Der hier angegebene Funktionsbaustein muss natürlich eine standardisierte Signatur besitzen. SAP liefert als Beispiel den Baustein `OWN_FUNCTION` aus, dessen Signatur Sie in Abbildung 2.39 sehen.

```
FUNCTION OWN_FUNCTION.
*"----------------------------------------
*"*"Lokale Schnittstelle:
*"  TABLES
*"      I_EDIDC STRUCTURE EDIDC
*"----------------------------------------
```

Abbildung 2.39 Schnittstelle eines ABAP-PSS-Bausteins

Übergeben wird eine Tabelle mit IDoc-Kontrollsätzen. Die dazugehörigen Daten können Sie sich mit dem Funktionsbaustein `EDI_SEGMENTS_GET_ALL` holen.

Beispiel für PSS-Baustein

Der ABAP-PSS-Port wird gern von Zusatzanbietern von IDoc-Software verwendet, um vor dem eigentlichen Versenden der IDocs noch Manipulationen vorzunehmen. Ebenso wird der ABAP-PSS-Port von SAP selbst bei der Verwendung des IDoc-Copymanagement-Tools eingesetzt. Hier verwenden Sie dann den von SAP ausgelieferten Baustein `WDL_COPY_LOG`. Das Copymanagement-Tool wird in Abschnitt 2.3 genauer erläutert.

2.2.5 XML-Dateiport

XML als Datei

Der XML-Dateiport ermöglicht das Erzeugen einer Datei im XML-Format. Die Angaben für die Ausgangsdatei und ein eventuelles Triggern der Ausgangsverarbeitung entsprechen dabei denen des sequenziellen Dateiports. Zusätzlich haben Sie hier jedoch die Möglichkeit, im Fall einer Verarbeitung ohne Unicode eine *Document Type Description* (DTD) zu senden und eine Umsetztabelle für Sonderzeichen anzugeben. Diese Sonderzeichentabelle ist portübergreifend und enthält daher den Port selbst als Schlüsselfeld, wie Sie in Abbildung 2.40 sehen.

Umsetzung von Sonderzeichen für XML		
Port	zu ersetzendes Sonderzeichen	Ersatzzeichenfolge
ZSMXMLPORT	Ä	Ae
ZSMXMLPORT	a	ae

Abbildung 2.40 Sonderzeichenumsetzung ohne Unicode

Umsetzung bei XML-Dateien

Der Funktionsbaustein, der die Datei im passenden Format erzeugt, lautet `IDOCS_OUTPUT_IN_XML_FORMAT`. Auf der Eingangsseite haben Sie dann den Funktionsbaustein `IDOC_XML_FROM_FILE` zur Verarbeitung der eingehenden XML-Datei.

2.2.6 XML-HTTP-Port

IDocs per HTTP übertragen

Seit Release 6.20 ist es auch möglich, IDocs per HTTP an ein anderes System zu übertragen. Um ein solches IDoc als direkte HTTP-Übertragung empfangen und verbuchen zu können, stellt SAP den Webservice `/sap/bc/idoc_xml` zur Verfügung. Für den Empfang mittels SOAP gibt es den Webservice `/sap/bc/srt/IDoc`.

Soll einer dieser Services verwendet werden, muss er aktiv sein, damit die IDocs empfangen werden können. In Transaktion SICF sind aktive Services schwarz und inaktive grau dargestellt. Hier können Sie gegebenenfalls auch den Status über das Menü SERVICE/HOST • AKTIVIEREN oder SERVICE/HOST • DEAKTIVIEREN ändern.

Beim Eingang mithilfe des SOAP-Services muss dieser für die SOAP-Runtime außerdem auch noch registriert werden. Dies geschieht in Transaktion SRTIDOC, die Sie entweder direkt aufrufen können oder über das Menü von Transaktion SALE über GRUNDEINSTELLUNGEN • SOAP-EINGANG FÜR IDOC: SERVICE REGISTRIEREN im Customizing

2.2 Porttypen in der Ausgangsverarbeitung

erreichen. Wie Sie in Abbildung 2.41 sehen, sind die relevanten Felder bereits vom System ausgefüllt, sodass Sie sich nur noch zwischen den Optionen SERVICE REGISTRIEREN und REGISTRIERUNG ZURÜCKNEHMEN entscheiden müssen.

Abbildung 2.41 Registrieren oder Registrierung zurücknehmen des SOAP-XML-IDoc-Services auf der Seite des Empfängers

Auch auf diese Services greifen Sie über eine Destination zu, diese ist jetzt aber vom Typ HTTP. Abbildung 2.42 zeigt eine HTTP-Destination zu einem ABAP-System, bei der direkt HTTP verwendet wird. Wird die SOAP-Variante gewünscht, tragen Sie hier analog im Feld PFADPRÄFIX den SOAP-Service /sap/bc/srt/IDoc ein.

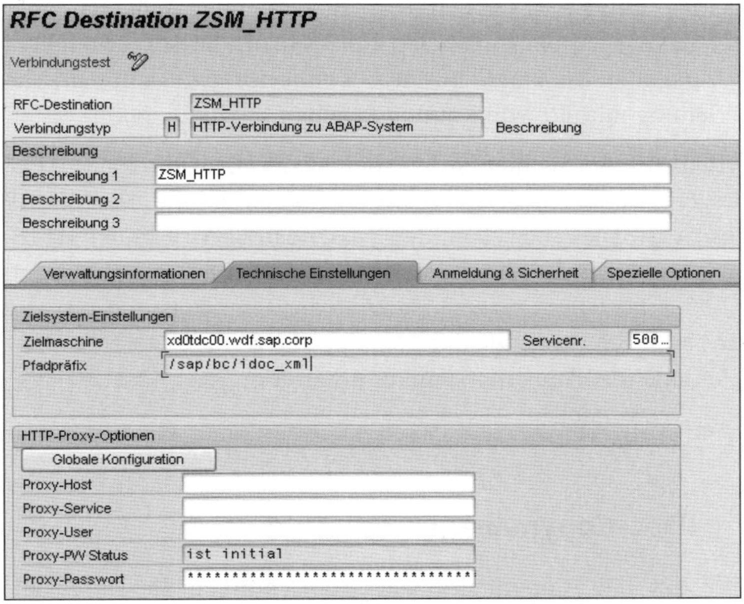

HTTP-Destination

Abbildung 2.42 Destination zur HTTP-Kommunikation mit einem SAP-System

2 | IDocs erzeugen

ICM-Port
: In das Feld SERVICENR. tragen Sie den Port ein, unter dem der *Internet Communication Manager* (ICM) des SAP-Systems HTTP-Anfragen (oder HTTPS-Anfragen, falls gewünscht) annimmt. Das Pfadpräfix entspricht dabei dem Servicenamen.

XML-HTTP-Port
: Mithilfe dieser HTTP-Destination können Sie nun den eigentlichen XML-HTTP-Port anlegen. Abbildung 2.43 zeigt ein Beispiel.

Abbildung 2.43 XML-HTTP-Port

Im Bereich CONTENT TYPE legen Sie fest, ob Sie das für Internetkommunikation übliche Text-/XML-Format verwenden möchten oder das SAP-eigene Application/x-sap.idoc-Format. Dieses ermöglicht beim Versenden an einen Business Connector eine automatische Weiterleitung mithilfe von Routing-Regeln.

HTTP oder SOAP
: Außerdem können Sie hier entscheiden, ob das IDoc direkt als HTTP übertragen werden soll oder ob die Verwendung von SOAP erwünscht ist. Dies setzt dann den passenden Service in der HTTP-Destination voraus. Der Funktionsbaustein, der die IDocs versendet, heißt IDOCS_OUTPUT_VIA_XML_HTTP. Auf der Empfangsseite ruft der Service /sap/bc/idoc_xml die Handler-Klasse CL_HTTP_IDOC_XML_REQUEST auf, die dann den Funktionsbaustein IDOC_INBOUND_XML_VIA_HTTP verwendet.

2.3 IDoc-Copymanagement-Tool

IDoc-Copymanagement-Tool
: Mithilfe des IDoc-Copymanagement-Tools können Sie IDocs mit denselben Informationen an mehrere Empfänger der Partnerart KU

(Kunde) senden. Dazu gibt es einen sogenannten *Referenzpartner*, für den das Ursprungs-IDoc physisch erzeugt wird. Anstatt das IDoc aber an ihn zu senden, wird ein Eintrag in eine Datenbanktabelle geschrieben. Sie können diese Tabelle dann auswerten lassen und das IDoc für alle hinterlegten abhängigen Partner kopieren. Dabei werden eigene, mit einem passenden Kopfsatz versehene IDocs erzeugt.

Die erste Voraussetzung dafür ist das Vorhandensein eines Partners mit der Partnerart KUNDE. Für diesen Partner legen Sie einen IDoc-Port vom Typ ABAP-PSS an, wie in Abschnitt 2.2.4, »ABAP-PSS-Port«, beschrieben wurde. Dieser Port muss den Funktionsbaustein `WDL_COPY_LOG` immer aufrufen, den SAP für das IDoc-Copymanagement ausliefert. In Abbildung 2.44 sehen Sie den ABAP-PSS-Port mit dem Namen `ZSMCOPY`.

Referenzpartner der Partnerart KU

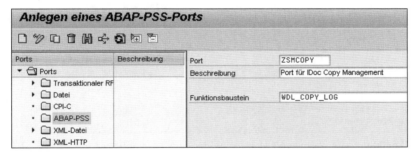

Abbildung 2.44 ABAP-PSS-Port für den Referenzempfänger

Da wir festgelegt sind, als Partner einen Kunden zu verwenden, folgt ein Beispielszenario für die Kundenbetreuung.

Beispielszenario zur Verwendung des IDoc-Copymanagement-Tools [zB]

Sie betreuen mit Ihrer Firma zahlreiche Kunden. Diesen Kunden werden regelmäßig Angebote mit gleichen Materialien und gleichen Preisen per IDoc zugesendet. Sie möchten diese Angebote – die bis auf die Kundennummer gleich aussehen – nun aber nicht für alle Kunden getrennt, sondern nur einen Beleg erfassen, und diesen dann an alle infrage kommenden Kunden senden.

Die Nachrichtensteuerungsdaten sind die Applikation V1, die Nachrichtenart AN00, der Nachrichtentyp QUOTES und der IDoc-Typ ORDERS05 mit dem Vorgangscode SD12.

Ausgangspartnervereinbarung für IDoc-Copymanagement-Tool

Der Referenzpartner ist ein Kunde mit der Kundennummer 1110. Für diesen Kunden wurde der erforderliche Eintrag in den Partnervereinbarungen vorgenommen. Wichtig ist, dass die Partnerrolle AG lautet und der Port vom Typ ABAP-PSS ist. In Abbildung 2.45 sehen Sie, dass hier der angelegte Port verwendet wird.

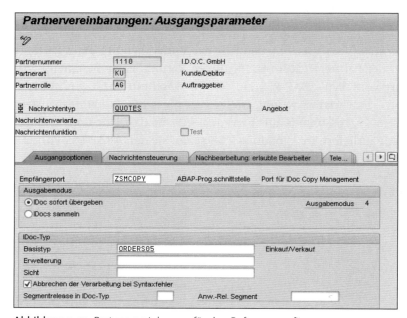

Abbildung 2.45 Partnervereinbarung für den Referenzempfänger

Zusatzinformationen Nachrichtensteuerung

Für den Referenzkunden wird das IDoc ganz normal erzeugt. Erst wenn der Versand an den Port erfolgt, stellt das System fest, dass das IDoc-Copymanagement verwendet werden soll. Daher benötigen wir hier auch einen passenden Eintrag auf der Registerkarte NACHRICHTENSTEUERUNG unserer Partnervereinbarung. In Abbildung 2.46 wurde dieser Eintrag mit den von SAP ausgelieferten Objekten gepflegt, aber selbstverständlich können Sie hier stattdessen auch kundeneigene Nachrichtenarten verwenden. SAP empfiehlt für die Erzeugung des Referenz-IDocs die Einstellung IDOCS SOFORT ÜBERGEBEN (Bereich AUSGABEMODUS in Abbildung 2.45), da hier beim »Versenden« des IDocs in Wirklichkeit nur ein Eintrag zur Abarbeitung der abhängigen IDocs erzeugt wird und die eigentliche Verarbeitung durch einen Job eingeplant werden muss.

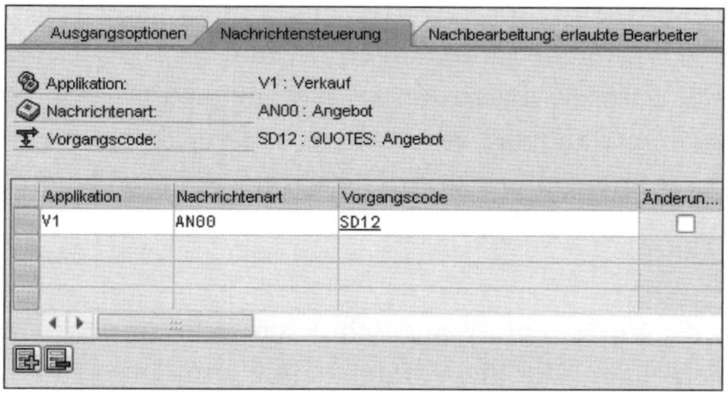

2.3 IDoc-Copymanagement-Tool

Abbildung 2.46 Nachrichtensteuerung für den Referenzkunden

Leider bleibt es Ihnen nicht erspart, auch für jeden Kunden, der von diesem Referenzkunden IDocs erben soll, eine Ausgangspartnervereinbarung zu pflegen. Hier gibt es die Besonderheit, dass die Partnerrolle leer sein muss. Da dies eher ungewöhnlich ist, wenn Sie an Partner anstelle logischer Systeme senden, soll hiermit noch einmal darauf verwiesen sein. Zum Ausgleich ist es hier aber unnötig, die Daten zur Nachrichtensteuerung zu pflegen – es schadet aber auch nichts. In Abbildung 2.47 sehen Sie, dass für den Kunden 1171 nur die notwendige Minimalversion angelegt wurde. Der zweite abhängige Kunde soll der Kunde 1185 sein, seine Partnervereinbarung wurde analog gepflegt.

Leere Partnerrolle für abhängige Kunden

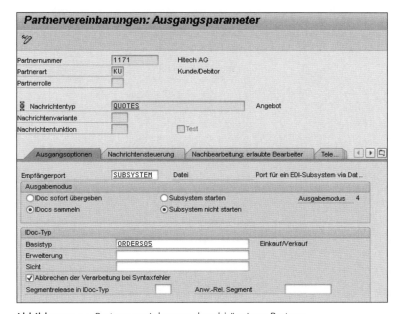

Abbildung 2.47 Partnervereinbarung der abhängigen Partner

2 | IDocs erzeugen

Dateiport bei abhängigen Partnern

Das IDoc-Copymanagement-Tool erwartet hier immer eine Datei, daher muss der Porttyp für den Empfängerport hier zwingend vom Typ DATEI sein. Die Partner, die zu einer Referenz gehören sollen, müssen auch denselben Dateiport verwenden, da über den gemeinsamen Port die Zusammengehörigkeit der Partner hergestellt wird. Außerdem muss der Ausgabemodus auf IDOCS SAMMELN eingestellt sein.

Damit haben wir die Vorbereitung abgeschlossen und können nun die Kopierregeln erzeugen, die die Voraussetzung zum Duplizieren des Referenz-IDocs sind.

Transaktion WDL_COPY_FILL

Die Transaktion zum Erzeugen der Kopierregeln heißt WDL_COPY_FILL und kann nicht über das allgemeine SAP-Menü erreicht werden. Als Erstes geben Sie hier den Referenzpartner ein, das heißt hier 1110, und die Referenznachricht, das heißt hier QUOTES. Im rechten Bereich sehen Sie dann bereits bestehende Kopierregeln. Bei uns existieren allerdings noch keine. Daher geben Sie, wie in Abbildung 2.48 zu sehen ist, erst einmal einen Dateiport an, der für das Replizieren der IDocs verwendet werden soll.

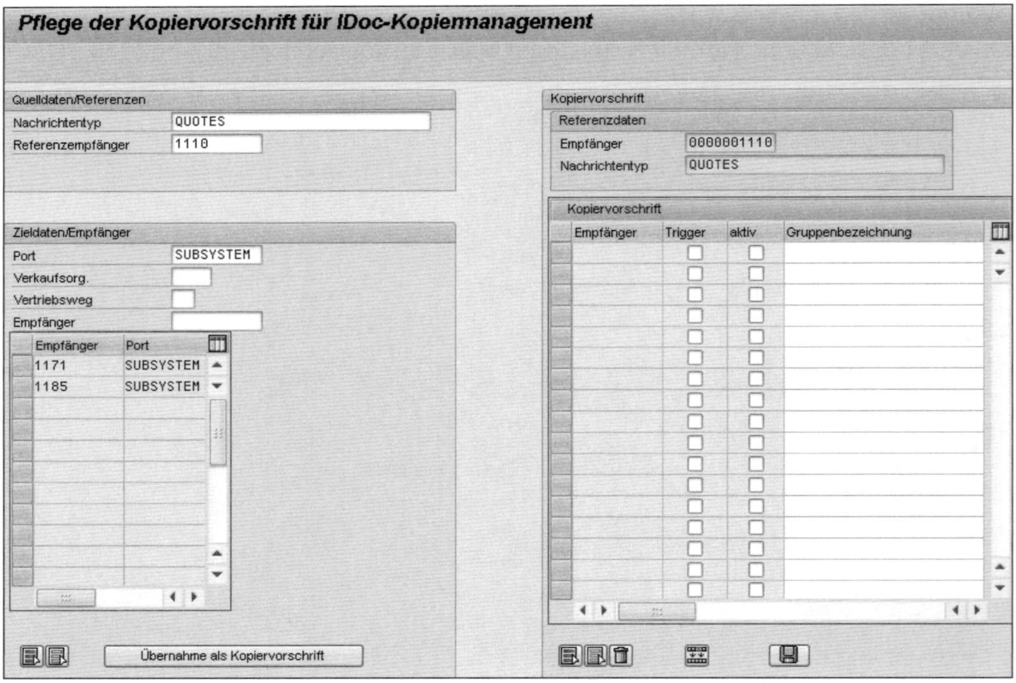

Abbildung 2.48 Kopierregeln pflegen

Das System schlägt dann alle Partner vom Typ KU vor, die eine passende Ausgangspartnervereinbarung haben. Passend heißt, der Nachrichtentyp wird verwendet, der Port wird verwendet, und die Partnerrolle ist leer. Sie können nun auswählen, welche dieser Partner Sie tatsächlich einbinden möchten, und dann mit dem Button ÜBERNAHME ALS KOPIERVORSCHRIFT für alle ausgewählten Partner die eigentliche Kopierregel erstellen. Diese sehen Sie dann auf der rechten Seite des Bildes (siehe Abbildung 2.49). Bei der Übernahme werden sie auch sofort aktiviert, Sie können die Aktivierung aber später wieder zurücknehmen.

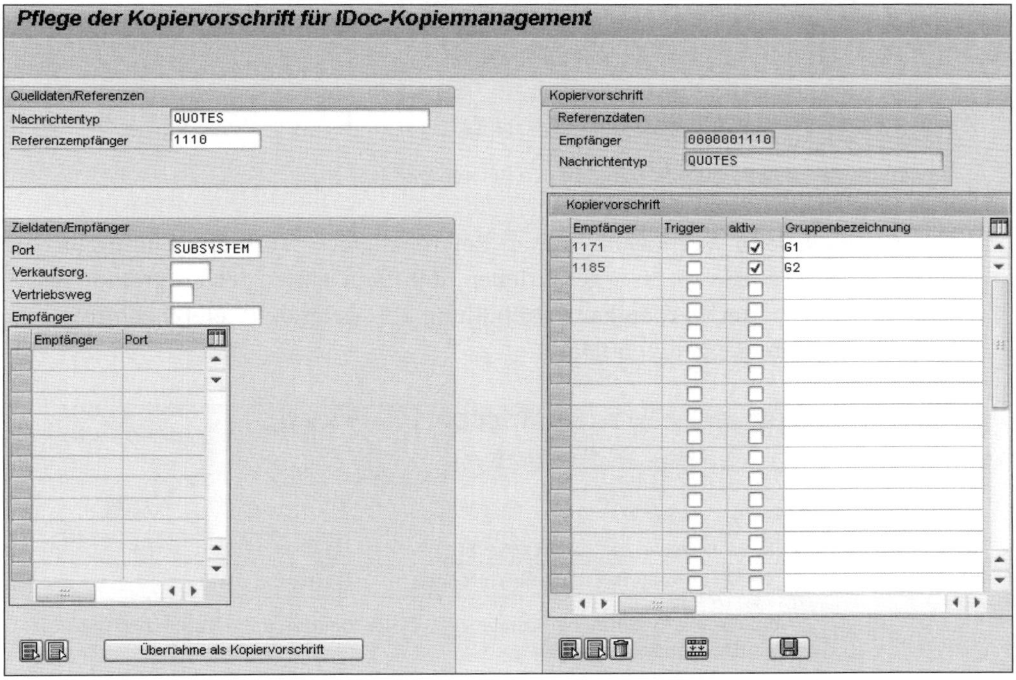

Auswahl der abhängigen Partner

Abbildung 2.49 Kopierregeln übernehmen

Das Kennzeichen TRIGGER gibt an, ob Sie auch eine Trigger-Datei für das EDI-Subsystem erzeugen möchten. Werden dann mehrere IDocs für denselben Empfänger erzeugt, wird diese nach dem letzten Empfänger erstellt, sodass das EDI-Subsystem weiß, wann es die Übertragung starten kann. Ob Sie dies nutzen möchten, hängt davon ab, wie viele IDocs pro Tag für einen Empfänger vorliegen und wie oft Sie den Hintergrundjob zum Versenden der IDocs eingeplant haben.

Optionale Trigger-Datei für EDI-Subsystem

2 | IDocs erzeugen

Wenn Sie möchten, können Sie auch noch eine Gruppe hinzufügen. Mithilfe dieser Gruppe können Sie in der eigentlichen Kopierfunktion noch einschränken.

Beispiel für ein Referenz-IDoc

Nachdem wir so weit gekommen sind, brauchen wir nur noch ein IDoc; für unser Beispiel wurde ein Angebot angelegt und das dazugehörige IDoc erzeugt. In Abbildung 2.50 sehen Sie, dass es an unseren Funktionsbaustein aus dem ABAP-PSS-Port `WDL_COPY_LOG` übergeben wurde.

Abbildung 2.50 IDoc an den Referenzpartner

Beim Verbuchen dieses Referenz-IDocs wird ein Eintrag in die Tabelle `WDLCOPY` geschrieben, der dann später per Programm ausgewertet werden kann. Abbildung 2.51 zeigt den Referenzeintrag zum eben erzeugten IDoc.

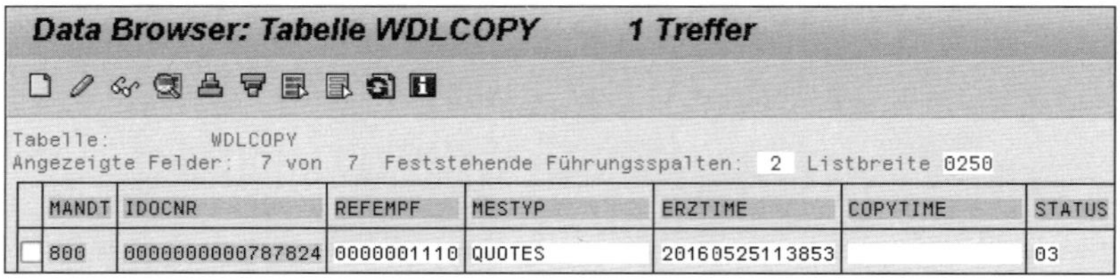

Abbildung 2.51 Eintrag in Tabelle WDLCOPY, der durch das Verbuchen des Referenz-IDocs entsteht

Transaktion WDL_COPY

Nun kommen wir zum eigentlichen IDoc-Copymanagement-Tool. Sie erreichen es mittels Transaktion WDL_COPY, der dazugehörige Report, wenn es eingeplant werden soll, lautet `RWDLCOPY_MANAGE`. Das Bild der Transaktion zeigt Abbildung 2.52. Von hier aus können Sie zunächst einmal eine Konsistenzprüfung durchführen. Ist alles in Ordnung, erhalten Sie gar keine weitere Information, treten Fehler auf, werden Ihnen die entsprechenden Fehler angezeigt.

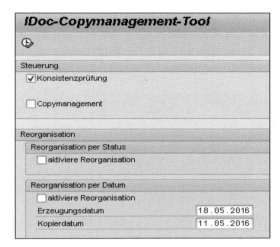

Abbildung 2.52 IDoc-Kopien senden

Sollte es Fehler geben, die Sie hier nicht prüfen, werden die betreffenden IDocs nicht erzeugt. Sie erhalten dann eine Liste, welche IDocs nicht erzeugt werden konnten; zum Beispiel mit dem fiktiven IDoc-Status 04, wenn die Partnervereinbarung der abhängigen Kunden nicht stimmt. Solche Fehler werden auch in der Tabelle WDLCOPY-LOG protokolliert.

Tabelle WDLCOPYLOG

Mit dem Markieren des Kennzeichens COPYMANAGEMENT beginnt nun das eigentliche Versenden der abhängigen IDocs. In unserem Beispiel werden zwei IDocs erzeugt, wie das IDoc-Copymanagement-Tool in Abbildung 2.53 mitteilt. Konnten die Folge-IDocs erfolgreich erstellt werden, ändert sich der Status in Tabelle WDLCOPY von ursprünglich 03 auf 12.

Versenden der abhängigen IDocs

Abbildung 2.53 Ergebnis des IDoc-Copymanagement-Tools

Die dazugehörigen IDocs können Sie nun wie gewohnt mit Transaktion BD87 anzeigen. In Abbildung 2.54 sehen Sie, dass tatsächlich zwei IDocs an unterschiedliche und vom Referenzpartner verschiedene Partner versendet wurden. Über die Statussätze der IDocs können Sie nicht sehen, dass diese IDocs vom IDoc-Copymanagement-Tool erzeugt wurden.

Abbildung 2.54 Anzeige der versendeten IDocs

In Abbildung 2.55 sehen Sie ein solches IDoc und eines der partnerrelevanten Segmente aufgeklappt. Sie werden feststellen, dass diese Daten nicht mit geändert werden. Lediglich der Kontrollsatz wird auf die Daten des abhängigen Partners umgeändert.

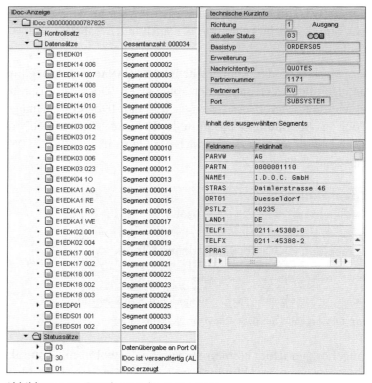

Abbildung 2.55 Details eines kopierten IDocs

Sie können nun entweder den Kunden mit neutralen Daten speziell für diese Aufgabe anlegen oder über Programmierung definieren, was im kopierten IDoc noch alles angepasst werden soll. Zu diesem Zweck liefert SAP das BAdI `IDOC_COPY_MANAGE` aus. In Kapitel 4, »IDocs per Customizing anpassen«, erfahren Sie alles über die Verwendung von BAdIs und von anderen Customer-Erweiterungen. Als Übergabeparameter für das BAdI erhalten Sie den Referenzempfänger, den Kopfsatz und alle Datensätze des kopierten IDocs, und das BAdI wird einmal pro Kopie aufgerufen.

BAdI IDOC_COPY_MANAGE

Damit haben Sie nun alle Methoden kennengelernt, mit deren Hilfe in SAP-Systemen IDocs erzeugt werden können. Wir wenden uns in den folgenden Kapiteln nun den Änderungen an IDocs zu.

Damit in Ihrem Produktivsystem möglichst wenig misslingt, stellt SAP zahlreiche Testwerkzeuge zur Verfügung, die Ihnen in diesem Kapitel detailliert vorgestellt werden.

3 Testwerkzeuge

Ein Geschäftsprozess, der über mehrere Systeme hinweg durchgeführt werden soll, kann nur endgültig getestet und abgenommen werden, wenn alle beteiligten Partner zusammen testen. In der Regel werden aber bereits vorher Grundeinstellungen getestet, ohne dass Ihr Partner beteiligt ist. Darüber hinaus kann es während einer Definitionsphase notwendig sein, erst einmal zu ermitteln, welche Felder ein IDoc überhaupt enthält und welche davon für ein spezielles Szenario benötigt werden. Für diese Grundtests hat SAP eine Testumgebung ausgeliefert, mit deren Hilfe Systeme auch ohne den passenden Systemverbund IDocs erzeugen und verbuchen können. Diese IDocs können dann auch als Beispiel oder Vorlage für den Partner genutzt werden.

Testen ohne Partner

Sie können IDocs in dieser Testumgebung sowohl manuell erzeugen und dann in Ihrem eigenen SAP-System verbuchen als auch IDocs für die Ausgangsverarbeitung bereitstellen. Die Testwerkzeuge finden Sie gesammelt unter dem Bereichsmenü in Transaktion WEDI. Abbildung 3.1 zeigt die sieben verfügbaren Testtransaktionen.

Eingangs- und Ausgangsverarbeitung

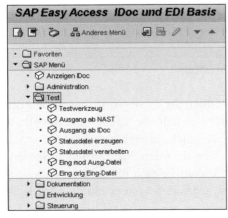

Abbildung 3.1 Testtransaktionen im Bereichsmenü von Transaktion WEDI

79

3 | Testwerkzeuge

Ein Teil dieser Transaktionen ist auch in den Menüs der Applikationen zu finden, die häufig mit IDocs arbeiten. Da hier aber nichts Modulspezifisches dargestellt werden soll, arbeitet dieses Kapitel in erster Linie mit der Verwendung der einzelnen Transaktionen. Beachten Sie dabei, dass Sie bei den meisten Werten, die Sie zum Testen manuell eingeben, selbst auf Groß- und Kleinschreibung achten müssen.

3.1 Einzelne IDocs testen

Transaktion WE19

Das Testwerkzeug für einzelne IDocs ist Transaktion WE19. Sie können wählen, ob Sie ein schon fertiges IDoc als Vorlage verwenden oder ein IDoc ausgehend von einem Nachrichten- oder IDoc-Typ komplett neu erstellen möchten. Ebenso ist die Verwendung einer bereits vorhandenen Datei möglich. Hier muss es sich aber um eine flache Datei handeln, XML-Dateien werden nicht unterstützt.

IDoc-Vorlage

Transaktion WE19 ist ganz besonders hilfreich, wenn noch nicht endgültig geklärt ist, welche IDoc-Felder überhaupt gefüllt werden sollen und welche Werte Sie angeben müssen. Sie haben hier die Gelegenheit, mehrere Varianten durchzuspielen, bis Sie die für Ihre Aufgabenstellung relevanten Feldinformationen ermittelt haben. Abbildung 3.2 bietet Ihnen einen Überblick über das Einstiegsbild und die Auswahlmöglichkeiten der Transaktion.

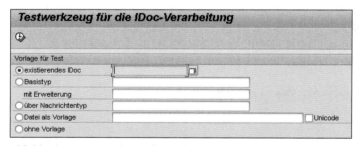

Abbildung 3.2 Testwerkzeug für einzelne IDocs

Manuelles Test-IDoc

Nach dem Aufruf eines IDocs können Sie dieses so aufbauen, wie Sie es für Ihren Test benötigen. Dabei ist jedes Segment einzeln editierbar, und im Editiermodus ist ersichtlich, in welchem Feld Sie arbeiten. So müssen Sie die Felder nicht abzählen. Sie können außerdem zusätzliche Segmente einfügen. Haben Sie sich für eine der Möglichkeiten mit Vorlage entschieden, prüft das System einige erforderliche (leider nicht alle) Eigenschaften des ausgewählten IDoc- oder

Nachrichtentyps. Ob Muss-Segmente fehlen oder ob das verwendete Segment überhaupt als Segmentdefinition im SAP-System existiert, wird bei allen Varianten geprüft. Wie ein IDoc in Transaktion WE19 aussieht, zeigt Abbildung 3.3. Ich habe mich hier für die Verwendung eines bestehenden IDocs als Vorlage entschieden, da dann schon sehr viel ausgefüllt ist und ich weniger Arbeit habe. Hier sehen Sie auch die Funktionen STANDARD EINGANG, EINGANG FUNKTIONSBAUSTEIN, EINGANG DATEI und STANDARD AUSGANG, mit denen Sie das Test-IDoc verarbeiten können.

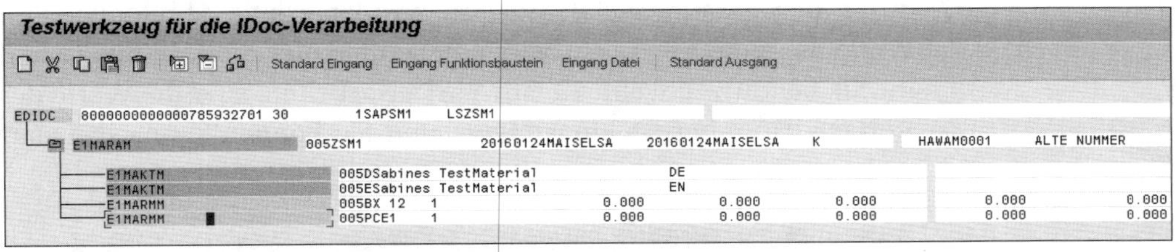

Abbildung 3.3 Ansicht eines IDocs in Transaktion WE19

Sie können nun sowohl den Kontrollsatz als auch die Datensätze editieren und so etwa ein IDoc an einen anderen als den ursprünglich angegebenen Empfänger versenden. Wie Sie in Abbildung 3.4 sehen, werden zunächst nur die wichtigsten Felder des Kontrollsatzes angezeigt. Möchten Sie auch die anderen Felder sehen oder editieren, klicken Sie einfach auf den Button ALLE FELDER.

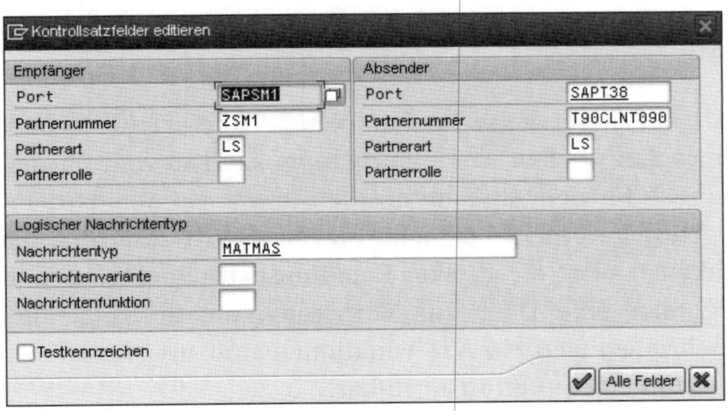

Editieren des Kontrollsatzes

Abbildung 3.4 Kontrollsatz editieren

Das Testkennzeichen spielt dann eine besondere Rolle, wenn Sie Test-IDocs tatsächlich an andere Systeme verschicken. In SAP-Systemen kann für jede einzelne Partnervereinbarung im Eingang

Testkennzeichen

bestimmt werden, ob sie für echte oder für Test-IDocs gelten soll. Wenn Sie das Kennzeichen TESTKENNZEICHEN setzen, können Sie das IDoc zwar empfangen, auf der Datenbank speichern und sich seine Inhalte in Transaktion BD87 anschauen, es wird dann aber nicht verbucht. Andere Systeme, mit denen IDocs oder EDI-Nachrichten ausgetauscht werden, haben in der Regel ähnliche Sicherheitsmechanismen für Testzwecke eingebaut.

Bei den Datensätzen erhalten Sie per Doppelklick stets eine Liste aller für dieses Segment möglichen Felder und haben die Möglichkeit, durch den gesamten Datensatz zu scrollen (siehe Abbildung 3.5). Wenn Sie ohne Vorlage arbeiten, geben Sie hier die Feldinhalte ein, die Sie benötigen; wenn Sie mit Vorlage arbeiten, sind die Werte des Vorlage-IDocs bereits eingetragen, und Sie können sie nach Bedarf ändern.

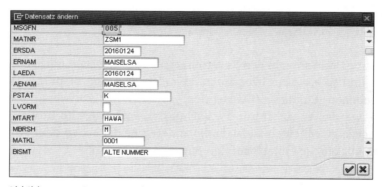

Abbildung 3.5 Datensatz editieren

Verarbeitung des Test-IDocs
Nachdem Sie auf diese Weise Ihr komplettes IDoc erzeugt haben, kann es verarbeitet werden. Die Verarbeitung kann sowohl für den Eingang als auch für den Ausgang mit den jeweiligen Standardeinstellungen getestet werden. Für den Eingang stehen zusätzlich die Testmöglichkeiten über die direkte Funktionsbausteineingabe und per Umweg über eine Datei zur Verfügung, die im Folgenden genauer beschrieben werden. Alle Funktionen sind aus Transaktion WE19 heraus mit einem Button aufrufbar.

Standardeingangsverarbeitung
Abbildung 3.6 zeigt zunächst die Standardeingangsverarbeitung, die erste Testmöglichkeit. Dabei werden alle Daten aus der Partnervereinbarung gezogen, und es gibt keine Möglichkeit einzugreifen. Falls keine Partnervereinbarung gefunden wird, kann ein IDoc zwar erzeugt, aber nicht verbucht werden.

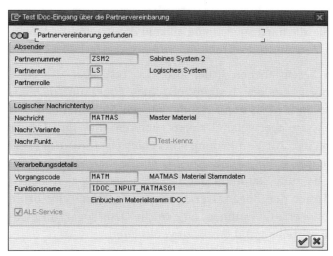

Abbildung 3.6 Standardeingangsverarbeitung testen

Kommen wir nun zur zweiten Testmöglichkeit: Über die Funktion TESTEN FUNKTIONSBAUSTEIN können Sie einen Funktionsbaustein für die IDoc-Verarbeitung direkt angeben (siehe Abbildung 3.7). Das Test-IDoc wird dann mit diesem Funktionsbaustein verarbeitet, gleichgültig, ob es eine passende Partnervereinbarung gibt oder nicht.

Test über Funktionsbaustein

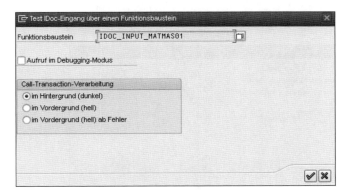

Abbildung 3.7 Erweiterter Test im Eingang

Dies ermöglicht Tests, bevor die endgültigen Einstellungen in der Nachrichtensteuerung oder Partnervereinbarung vollständig sind, da diese manchmal auch von anderen Personen durchgeführt werden. Außerdem können Sie hier eigene Entwicklungen testen und im Bedarfsfall direkt ins Debugging springen. Falls es mehrere Vorgangscodes und damit Funktionsbausteine für denselben Nachrichtentyp gibt, können Sie alle durchspielen und anhand der Ergebnisse den für Sie relevanten Vorgangscode ermitteln.

Test-IDoc als Datei Beide soeben beschriebenen Fälle, also der Test über die Standardeinstellungen und der Test mittels eines Funktionsbausteins, arbeiten direkt im SAP-System. Häufig müssen Sie innerhalb von Geschäftsprozessen aber auch Dateien einlesen, die Ihr Partner Ihnen geschickt hat. Zur Vermeidung von Fehlern ist Ihr Partner vermutlich sehr dankbar für eine Beispieldatei, die eine Struktur vorgibt, wie Sie sie zum Zeitpunkt der Produktivsetzung verarbeiten können. Das Testen der Eingangsverarbeitung per Datei – eine dritte Testmöglichkeit – erlaubt es Ihnen, eine solche Datei sogar mit mehreren IDocs zu schreiben und direkt zu verarbeiten.

Testen der Eingangsverarbeitung Das Schreiben einer Datei mit Wiederholungsfaktor im Append-Modus kann auch als Grundlage für Massentests zur Performanceanalyse verwendet werden. Dabei werden aus Ihren Daten so oft, wie es im Wiederholungsfaktor eingestellt ist, IDocs erzeugt und in eine große gemeinsame Datei gestellt. Wie Sie in Abbildung 3.8 sehen, müssen Sie für die Verwendung dieser Funktion einen gültigen Dateiport eingeben, für den Sie Unicode aktivieren oder deaktivieren können. Den Pfad zur Ablage der Datei (Feld DATEINAME) bestimmen Sie allerdings selbst, er wird nicht aus den Portinformationen gewonnen.

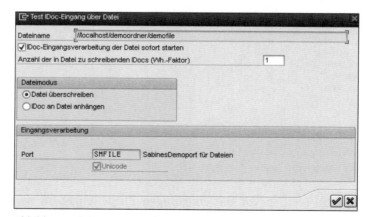

Abbildung 3.8 Eingangsverarbeitung per Datei testen

Statuswerte des Test-IDocs Gleichgültig, mit welcher dieser drei Testmethoden Sie ein Eingangs-IDoc erzeugen, es wird mit einem zusätzlichen Statussatz abgelegt, der stets ersichtlich macht, dass dieses IDoc nicht reell war, sondern mit Testtransaktion WE19 erzeugt wurde. Die Änderungen, die durch das IDoc ausgelöst wurden, sind aber »echt« und werden auf der Datenbank durchgeführt, sodass Sie genau überlegen müssen, ob Sie die Testtransaktion im Produktivsystem zulassen möchten. Abbildung 3.14 in Abschnitt 3.3, »Verarbeitung von Statusdateien testen«, zeigt die Statuswerte eines per Testtransaktion WE19 erzeugten IDocs. Im Ausgang lautet der Teststatuswert:

42: IDoc aus Testtransaktion erzeugt

Auch beim Testen der Ausgangsverarbeitung können Sie mehrere IDocs auf einmal versenden. Zusatzmöglichkeiten wie das genannte Debugging oder das Arbeiten ohne passende Partnervereinbarungen haben Sie hier jedoch nicht, es gibt nur die Standardausgangsverarbeitung. Wie Sie in Abbildung 3.9 sehen, werden alle notwendigen Informationen außer dem Wiederholungsfaktor (Feld ANZAHL DER ZU ERZEUGENDEN IDOCS (WH.-FAKTOR)) aus den Partnervereinbarungen gezogen. Mit diesen Einstellungen wird dann ein IDoc an den Partner gesendet.

Testen der Ausgangsverarbeitung

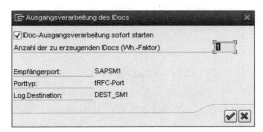

Abbildung 3.9 Standardausgangsverarbeitung testen

3.2 Verarbeitung mehrerer IDocs testen

Bei den bisher beschriebenen Testmethoden wurde genau ein IDoc erzeugt. Es gibt aber zusätzlich auch die Option, mehrere IDocs auf einmal zu generieren. Dies wird im Folgenden beschrieben.

3.2.1 Nachrichtensteuerung

Werden IDocs mithilfe der Nachrichtensteuerung erzeugt, wird die Einstellung der dortigen Parameter oft von der Applikation durchgeführt. Die eigentlichen IDocs werden erst per eingeplantem Report erzeugt und nicht sofort beim Verbuchen des Belegs. Häufig kann dies auch nicht für Testzwecke umgestellt werden, sodass Sie jedes Mal den entsprechenden Report von Hand starten müssen, wenn Sie ein IDoc testen möchten. Um Ihnen hier das Leben ein wenig zu erleichtern, gibt es die spezielle Transaktion WE15, um IDocs aus Sätzen der Nachrichtensteuerung zu generieren. Sie verweist direkt auf den Report `RSNAST00` und ist in Ihrem EDI-Übersichtsmenü WEDI aufgeführt. Abbildung 3.10 zeigt ein Beispiel aus dem Einkauf, in dem die von SAP ausgelieferte Standardnachrichtenart verwendet wird.

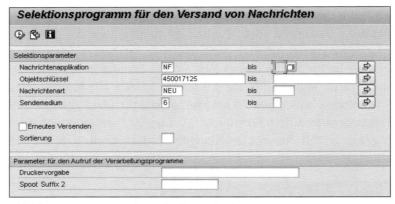

Abbildung 3.10 Testtransaktion für die Nachrichtensteuerung

Diese Testtransaktion unterscheidet sich von allen anderen dadurch, dass ein tatsächlich von der Applikation angefordertes IDoc etwas früher als vorgesehen erzeugt wird, anstatt auf die standardmäßige Ausführung des Reports `RSNAST00` zu warten. Es wird jedoch kein neues IDoc zusätzlich erstellt (der später eingeplante Originaljob erzeugt dieses IDoc nicht noch einmal). Man kann diesem IDoc im Status-Monitoring nicht ansehen, wie es erzeugt wurde; es startet ganz normal mit folgendem Status:

01: IDoc wurde erzeugt

3.2.2 Versandfertige IDocs senden

Fertige IDocs vorab senden

Transaktion WE14 besitzt die Funktion, einen sonst regelmäßig eingeplanten Job vorwegzunehmen. Hier werden IDocs, die versandfertig sind (Status 30), bereits vor dem regelmäßigen »Termin« versendet, falls Sie nicht bis dahin warten möchten. Allerdings kann hier noch zusätzlich das Test-Kennzeichen gesetzt werden, sodass Ihr

Partner weiß, dass er das IDoc nicht verarbeiten soll. Abbildung 3.11 zeigt das Einstiegsbild von Transaktion WE14 mit den Auswahlkriterien für die zu versendenden IDocs.

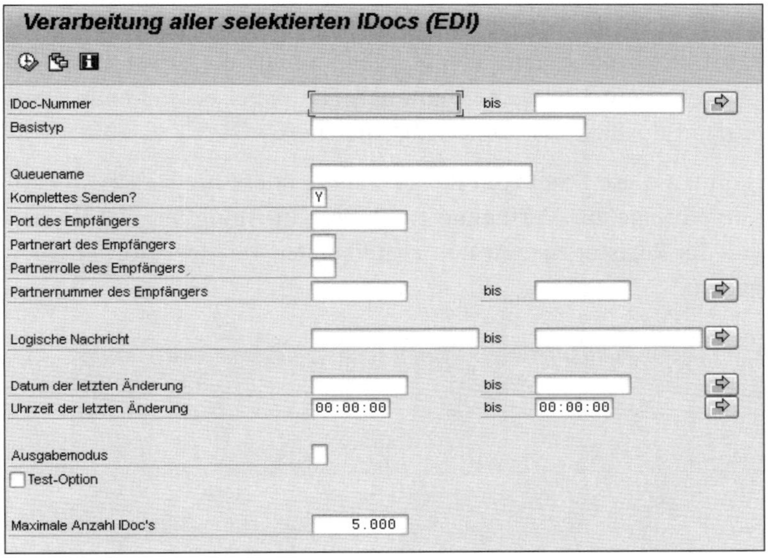

Abbildung 3.11 Selektion zu sendender IDocs

Auch bei dieser Transaktion wird kein neues IDoc erzeugt, sodass Sie in Transaktion BD87, dem IDoc-Monitor, keinen Unterschied zu den regelmäßig per Hintergrundjob versendeten IDocs erkennen, denn auch bei Transaktion WE14 handelt es sich nur um einen speziellen Zugriff auf den Standardreport `RSEOUT00`.

Standardreport RSEOUT00

3.2.3 Dateien mit IDoc-Dateien verarbeiten

Zusätzlich zum Testen einzelner IDocs können Sie komplette Dateien mit IDoc-Daten verarbeiten. Auch diese können entweder vom Partner übermittelte oder selbst erzeugte Dateien sein. Wir gehen davon aus, dass alle Daten der Datei des Partners korrekt sind und diese nur eingespielt werden muss. Dies geschieht mithilfe von Transaktion WE16. Wieder müssen Sie nur den Dateinamen und den Pfad, einen Port und das Unicode-Kennzeichen in der Eingabemaske eingeben.

Transaktion WE16

Im Fall der selbst erzeugten Datei haben Sie die Wahl, eine Datei in einem Editor zu erstellen, was sehr aufwendig ist, oder über das Testtool im Ausgang eine Datei zu erzeugen, in der die gewünschten

Kontrollsatz editieren

Daten liegen. In letzterem Fall wird aber Ihr logisches System im Kontrollsatz als Absender und nicht als Empfänger angegeben. Der Kontrollsatz ist für Ihre Zwecke daher nicht verwendbar. SAP stellt nun mit Transaktion WE12 eine Transaktion zur Verfügung, mit deren Hilfe Sie die betriebswirtschaftlichen Daten aus der vorgegebenen Datei entnehmen, aber darüber hinaus die Daten des Kontrollsatzes manuell eingeben können. Die dabei entstehende Datei wird dann noch einmal zwischengespeichert.

Absender ändern

Sie können diese Datei zum Beispiel verwenden, um sie einem Partner als Vorlage zur Verfügung zu stellen. In Abbildung 3.12 sehen Sie auf der Registerkarte ABSENDER den ersten Teil der erforderlichen Angaben.

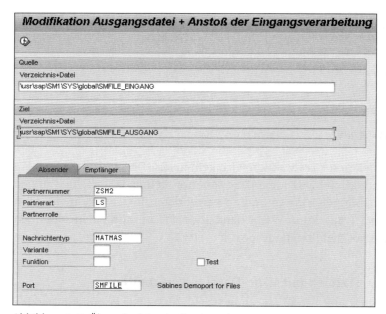

Abbildung 3.12 Übergabedaten im Sendersystem

Empfänger ändern

Auf der Registerkarte EMPFÄNGER geben Sie den zweiten Teil der Informationen an, die benötigt werden, um den ursprünglichen Kontrollsatz zu übersteuern (siehe Abbildung 3.13). Auch mit Transaktion WE12 erzeugte IDocs erhalten als ersten Status folgenden Wert:

74: IDoc aus Testtransaktion erzeugt

Damit ist immer ersichtlich, dass sie nur Testzwecken dienen.

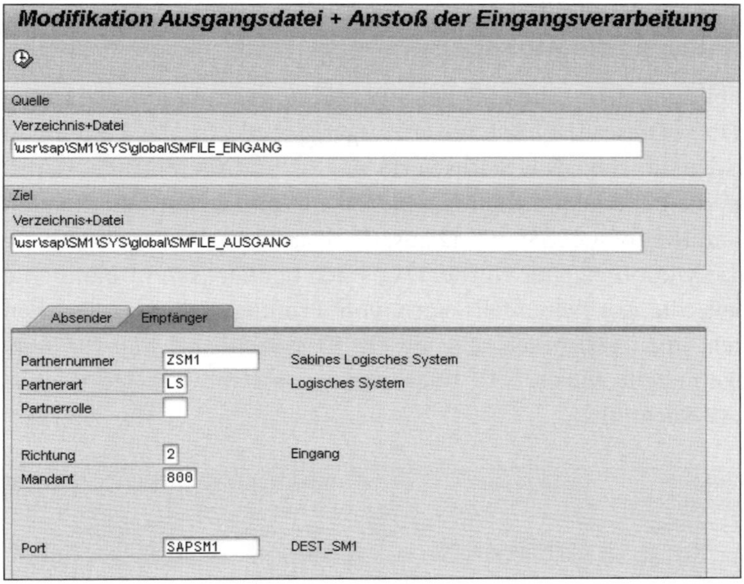

Abbildung 3.13 Übergabedaten im Empfängersystem

Damit haben Sie nun alle Alternativen kennengelernt, IDocs aus Testtransaktionen heraus zu erzeugen.

3.3 Verarbeitung von Statusdateien testen

In diesem Abschnitt wenden wir uns den Statusdateien zu. Auch hier gibt es gute Testmöglichkeiten. Bei der Verarbeitung von IDocs handelt es sich immer um einen asynchronen Vorgang. Das bedeutet, dass Sie ohne weiteres Zutun keine Informationen darüber erhalten, ob Ihr IDoc beim Partner erfolgreich verarbeitet wurde oder nicht. Da gerade diese Information aber häufig erwünscht ist, gibt es verschiedene Möglichkeiten, wie Ihr Partner Ihnen diese zukommen lassen kann.

Eine dieser Möglichkeiten, die besonders häufig von EDI-Subsystemen verwendet werden, ist das Zurücksenden eines IDocs vom Nachrichtentyp STATUS und vom IDoc-Typ SYSTAT01 sowie einer IDoc-Statusdatei. Normalerweise erfährt der Sender nicht, ob sein IDoc beim Empfänger erfolgreich verarbeitet werden konnte oder nicht. Mithilfe einer Statusdatei oder eines STATUS-IDocs kann der Empfänger dies aber dem Sender mitteilen. Das STATUS-IDoc wird in

Nachrichtentyp STATUS und IDoc-Typ SYSTAT01

Abschnitt 7.2, »STATUS-IDocs«, genau beschrieben. Beim Testen geht es nur um die Statusdatei.

Ausgangspunkt Test

In Abbildung 3.14 sehen Sie die Statuswerte eines bereits versendeten IDocs. Dieses IDoc soll unser Ausgangspunkt für das Testen von Statusdateien sein. Die Statuswerte 01, 30 und 03 sind die Statuswerte, die bei einem erfolgreichen Versand mindestens durchlaufen werden. Hier gibt der Status 42 zusätzlich an, dass das IDoc durch die Testtransaktion erzeugt wurde. Da es sich bei IDocs um Dokumente handelt, die gegebenenfalls auch von Prüfungsstellen eingesehen werden, muss ersichtlich sein, ob ein IDoc »echt« ist oder für Testzwecke erstellt wurde. SAP trägt diesem Umstand mit dem Statuswert 42 Rechnung.

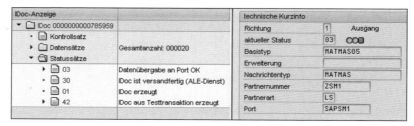

Abbildung 3.14 Statuswerte eines mit Transaktion WE19 erzeugten IDocs

Statusdatei erzeugen

Der erste Schritt beim Test einer Statusdatei ist das Erzeugen einer solchen Datei in Transaktion WE18. Ihnen werden bestimmte Default-Werte vorgeschlagen, mit denen die Statusdatei erzeugt wird, zum Beispiel (siehe auch Abbildung 3.15):

05: Fehler bei der Konvertierung

Sie können diese Statuswerte beliebig editieren und auch neue hinzufügen.

Mögliche Statuswerte

Die Statuswerte selbst werden über die Eingabehilfe zur Verfügung gestellt. Sie enthält alle Statuswerte, die aus Sicht von SAP an dieser Stelle möglich sind, nämlich alle, die zur Verarbeitungsschicht S (Externes System/EDI-Subsystem) gehören. Eine Liste der möglichen Statuswerte finden Sie in Transaktion WE47, der Pflege der Statuswerte (siehe Abbildung 3.16). Leider wird der beschreibende Kurztext zwar in der Auswahlhilfe mit angezeigt, aber dann nicht übernommen, sodass Sie ihn in Testtransaktion WE18 manuell eingeben müssen.

3.3 Verarbeitung von Statusdateien testen

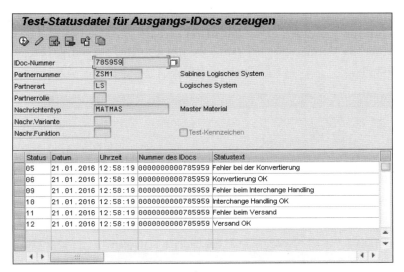

Abbildung 3.15 Erzeugen einer Statusdatei

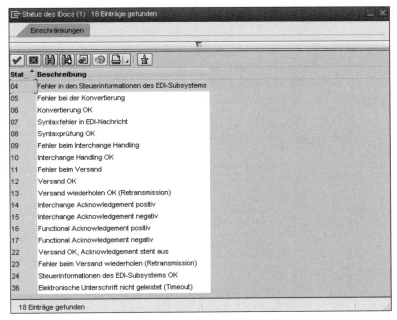

Abbildung 3.16 Mögliche Statuswerte für die Statusdatei

Im nächsten Schritt (siehe Abbildung 3.17) geben Sie im Feld VERZEICHNIS+DATEI ein, wo Sie die zu erzeugende Datei speichern möchten und ob sie sofort verarbeitet werden soll (mithilfe des

Angaben zur Statusdatei

Kennzeichens STATUSVERARBEITUNG SOFORT STARTEN). Es wird nun nach Ihren Vorgaben eine Statusdatei erzeugt, die wiederum Ihrem Partner als Vorlage dienen kann, wenn er solche Dateien erzeugen möchte.

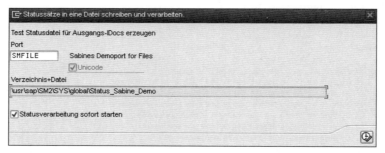

Abbildung 3.17 Eingabewerte für das Speichern der Statusdatei

Statusdatei einspielen

Eine solche Statusdatei (selbst erzeugt oder vom Partner übermittelt) kann nun mit Transaktion WE17 in Ihr System eingespielt werden. Die Angaben zu Pfad und Port entsprechen dabei den Angaben in der gezeigten Transaktion WE12. Beim Testen spielt es keine Rolle, ob Sie Ihre selbst erzeugte oder eine vom Partner übermittelte Datei verwenden. Das IDoc erhält zusätzlich zu Ihren bisherigen Statuswerten auch die neuen Statuswerte aus der Statusdatei. Abbildung 3.18 zeigt das Ergebnis mit den in Transaktion WE18 eingegebenen Daten.

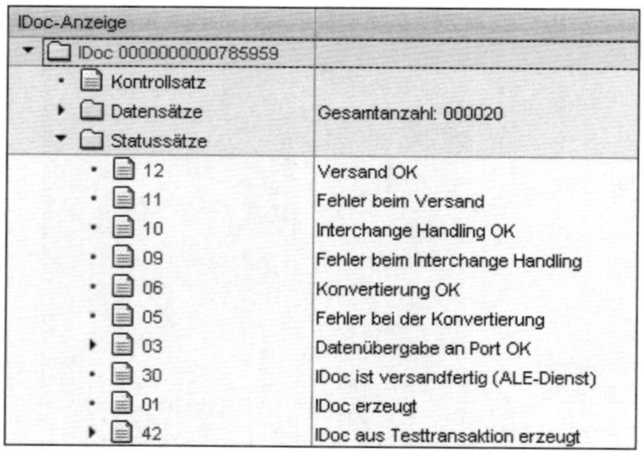

Abbildung 3.18 Statuswerte des IDocs nach dem Einspielen der Statusdatei

Reaktion auf Statuswerte

Wie Sie sehen, handelt es sich bei den Statuswerten in Abbildung 3.18 sowohl um Erfolgsstatuswerte als auch um Misserfolgsstatuswerte. Beachten Sie, dass bei Fehlermeldungen durchaus wieder Fehler-Workflows (Fehlervorgangscode EDIS) angestoßen werden können und es sein kann, dass das IDoc daraufhin einen Status erhält, in dem es wieder versandfähig ist. Der ursprünglich letzte Status 03 war ein Statuswert, der das nochmalige Senden des IDocs nicht erlaubte. Die Möglichkeit der Wiedereinplanung eines IDocs mithilfe des neuen Statuswertes ist oft der Grund dafür, dass solche Statuswerte mit einem EDI-Subsystem oder einem anderen Partner ausgetauscht werden. Aus Sicht des SAP-Systems ist bei einem erfolgreichen Versand alles in Ordnung, folglich besteht keine Notwendigkeit, das IDoc noch einmal zu versenden. Ohne die Verwendung von STATUS-IDocs oder Statusdateien gäbe es im SAP-System auch keine Möglichkeit, erfolgreich verarbeiteten IDocs nachträglich einen neuen Status zu geben. Daher wird nun ein STATUS-IDoc gesendet, das IDoc erscheint wieder in der Fehlerliste, und je nach Fehlerstatus kann es mit oder ohne Bearbeitung noch einmal versendet werden.

In den bisherigen Kapiteln wurde die Verwendung der von SAP ausgelieferten IDoc-Typen erläutert. Sehr häufig sollen aber auch Inhalte von IDocs geändert oder hinzugefügt werden. Solche Kundenanpassungen sind auf verschiedene Art und Weise möglich. Betrachten wir in diesem Kapitel zunächst die Anpassung mithilfe von Customizing.

4 IDocs per Customizing anpassen

In den von SAP ausgelieferten Standard-IDoc-Typen (die auch *Basistypen* genannt werden) werden die Felder berücksichtigt, die im SAP-Standard vorhanden und für das entsprechende Szenario relevant sind. Möglicherweise sind diese vorgesehenen Felder in Ihrem Prozess aber nicht ausreichend. Das kann insbesondere dann der Fall sein, wenn kundenspezifische Erweiterungen in den Applikationstransaktionen vorgenommen wurden, zu denen die IDoc-Typen gehören.

Veränderung am Standard

Daher gibt es verschiedene Alternativen zur Veränderung von IDocs, diese Alternativen betreffen sowohl die Datenmenge als auch den Dateninhalt und gehen sogar so weit, dass unter bestimmten Bedingungen die IDoc-Erzeugung komplett unterdrückt werden kann. Um das IDoc anzupassen, stehen Ihnen Customizing-Möglichkeiten zur Verfügung, die in diesem Kapitel behandelt werden. Die übrigen Möglichkeiten, die die Palette der Erweiterungstechniken zu bieten hat, lernen Sie in Kapitel 5, »Bestehende IDoc-Typen anpassen«, und Kapitel 6, »Eigene IDocs entwickeln«, kennen.

Im Customizing gibt es zahlreiche Möglichkeiten, mithilfe von Regeln Teile von IDocs oder ganze IDocs zu unterdrücken bzw. Inhalte von IDocs zu bearbeiten. Die Anpassung durch Filterung und Umsetzung wird am häufigsten genutzt und ist relativ einfach durchzuführen. Daher wird sie hier zuerst vorgestellt.

4 | IDocs per Customizing anpassen

4.1 Filtern mit Filterobjekten

Filterobjekte Die Filterung mithilfe der sogenannten *Filterobjekte* stellen Sie in Transaktion BD64 im Kundenverteilungsmodell ein. Falls SAP für bestimmte Felder in einem IDoc eine Filterung vorsieht, können Sie für jedes Objekt, das in einer Kundenverteilungsmodellsicht vorkommt, Filterobjekte auswählen und mit Werten belegen. Ein Filterobjekt entspricht dabei immer genau einem Feld im IDoc-Typ.

Filterobjekte können auch kombiniert werden; dabei sind sowohl Und- als auch Oder-Verknüpfungen mehrerer Felder möglich. Sie können direkt im Verteilungsmodell erkennen, ob zu einem Nachrichtentyp Filterobjekte eingestellt sind (siehe Abbildung 4.1).

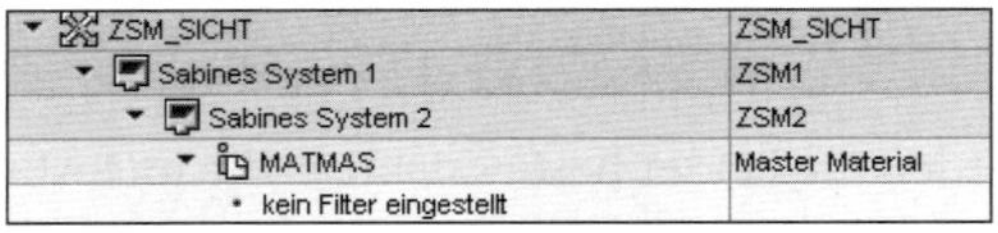

ZSM_SICHT	ZSM_SICHT
Sabines System 1	ZSM1
Sabines System 2	ZSM2
MATMAS	Master Material
kein Filter eingestellt	

Abbildung 4.1 Verteilungsmodell ohne Filterung

Filtergruppen Sind Filterobjekte angegeben, können Sie zum betreffenden Nachrichtentyp Filtergruppen anlegen. Ihre Einstellungen beziehen sich dabei immer auf eine Kombination aus Sender und Empfänger; Sie können demnach für jeden Sender oder Empfänger gesondert entscheiden, ob gefiltert wird oder nicht. Abbildung 4.2 zeigt ein Beispiel mit zwei Filtergruppen, wobei in jeder Filtergruppe zwei Filterobjekte (nämlich Materialart und Werk sowie Warengruppe und Sparte) je zwei Wertausprägungen enthalten. Die Verknüpfung ist zunächst so gestaltet, dass die Bedingungen der einen *oder* der anderen Filtergruppe erfüllt sein müssen. Wenn innerhalb der Filtergruppe Bedingungen zu mehreren Filterobjekten angegeben sind, müssen alle erfüllt sein. Innerhalb eines Filterobjekts muss eine Bedingung erfüllt sein.

Positive Filterung Gehört ein Filterobjekt zu einem Feld in einem optionalen Segment eines IDocs, wird dieses Segment erzeugt, wenn der Filterwert erfüllt ist, und nicht erzeugt, wenn er nicht erfüllt wird. Im Beispiel aus Abbildung 4.2 würden bei einem Material, das die Materialart HAWA oder FERT hat und dem die Werke 1000, 2000, 3000 und 4000 zugeordnet sind, für die erste Filtergruppe zwei E1MARCM-Segmente erzeugt – nämlich die mit den Werken 1000 und 2000 –, und die beiden anderen würden unterdrückt.

4.1 Filtern mit Filterobjekten

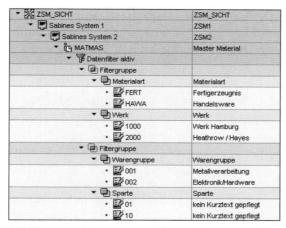

Abbildung 4.2 Verteilungsmodell mit Filterung durch Standardfilterobjekte

Gehört ein Filterobjekt zu einem Feld in einem Muss-Segment, wird, falls dieses Segment nicht erzeugt werden kann, das ganze IDoc unterdrückt. In unserem Beispiel würden für Materialien mit den Materialarten FERT und HAWA IDocs erzeugt; bei der Materialart HALB etwa würde das IDoc aber komplett unterdrückt. Bei einem Material (gleich, welcher Materialart und von welchem Werk), das den Warengruppen 002 oder 001 angehört und zu den Sparten 01 oder 10 gehört, würde gemäß den Regeln der zweiten Filtergruppe ein komplettes IDoc erzeugt.

Unterdrückung von IDocs durch Filter

Bei denjenigen Nachrichtentypen, die zu einem Objekttyp gehören, der eine Klassifizierung zulässt, können Sie häufig auch über die Zugehörigkeit zu einer Klasse filtern. Ob dies möglich ist, erfahren Sie über Transaktion BD60, die Sie bereits aus Abschnitt 2.1.1, »Shared Master Data Tool«, kennen. Abbildung 4.3 zeigt in einem Ausschnitt aus Transaktion BD60 die Einstellungen für den Materialstamm-Nachrichtentyp MATMAS. Diese Einstellungen werden vom Entwickler des Nachrichtentyps vorgenommen, da nur er weiß, ob es ein passendes Klassifizierungsobjekt gibt.

Filterobjekt »Klasse«

Abbildung 4.3 Transaktion BD60

Ist die Filterung über Klassenzugehörigkeit möglich, wird dies in der Filtergruppe als eigenes Filterobjekt abhängig von der Klassenzu-

97

gehörigkeit angezeigt (siehe ab Zeile DATENFILTER AKTIV in Abbildung 4.4). Allerdings wird hier grundsätzlich nur der entsprechende Filtermechanismus eingeschaltet. Für die tatsächliche Anwendung der Filterung sind weitere Schritte notwendig.

Abbildung 4.4 Über Klassenzugehörigkeit filtern

Die Filterung von IDocs wird immer im sendenden System vorgenommen, da nicht erwünschte IDocs gar nicht erst versendet werden sollen. Das bedeutet, dass Sie die nun folgenden Einstellungen zur Klassifizierung auch stets im sendenden System vornehmen.

Verteilungsklassenart

Zunächst muss eine passende Klassenart angelegt werden. Dies können Sie mittels Transaktion O1CL tun. Die Klassenart muss der entsprechenden Tabelle in Transaktion BD60 zugeordnet werden, in unserem Materialstammbeispiel wäre das Tabelle MARA. Außerdem muss sie über das Kennzeichen VERTEILUNGSKLASSENART im Bereich FUNKTIONEN zwingend als Verteilungsklassenart gekennzeichnet sein. Es darf nur eine Verteilungsklassenart pro klassifizierbarem Objekt geben, und es sollte sich dabei nicht um die Standardklassenart handeln.

Klassenart für Materialstamm

Die Standardklassenart wird immer vom System vorgeschlagen, wenn eine Klasse für dieses Objekt – in unserem Fall also das Material – verwendet wird. Ihre spezielle Verteilungsklassenart wird aber seltener benötigt als die Klassenarten für das Wiederfinden von Objekten über die Klassifizierung, daher sollten Sie sie nicht als Standardklassenart angeben. Die anderen Felder können Sie nach sonst üblichen Firmenstandards pflegen; sie sind für die Verteilung nicht relevant und können zum Beispiel auch alle deaktiviert sein. Ein Beispiel für die Eingabe zeigt Abbildung 4.5.

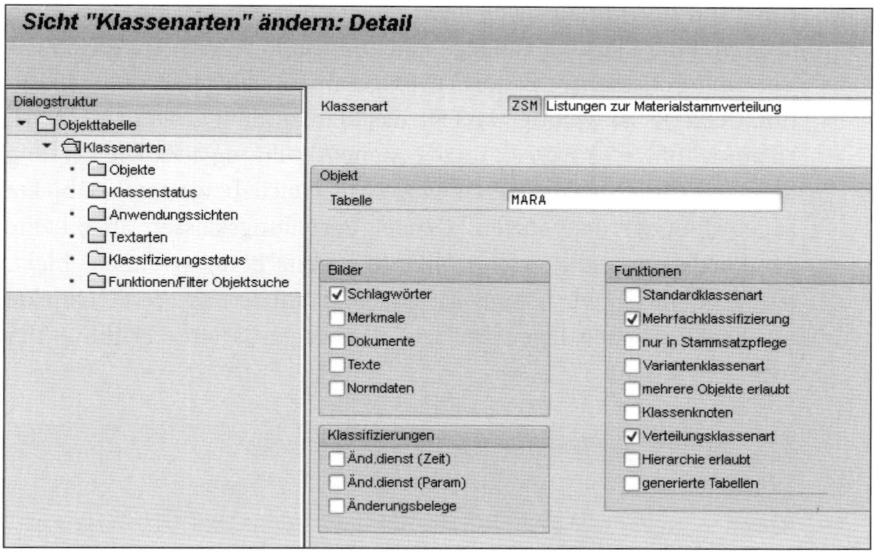

Abbildung 4.5 Eigenschaften der Verteilungsklassenart

Zu jeder Klassenart können Sie verschiedene Statuswerte angeben, die die Klassen dieser Klassenart einnehmen können (siehe Abbildung 4.6). Für die reine Verteilung ist nur der Status 1 (freigegeben) notwendig. Ob Sie auch andere Status vergeben, hängt mit Ihren Firmenvorgaben zusammen. Der Status 1 wird verlangt, damit eine Klasse als Kriterium zur Verteilung herangezogen werden kann. Abbildung 4.6 zeigt zwei weitere häufig verwendete Statuswerte, nämlich 0 (in Erstellung) und 2 (gesperrt). Da beide keine Zuordnung von Objekten zulassen, werden sie für Verteilungsklassen nicht verwendet. SAP liefert sie aber für die Materialstamm-Verteilungsklassenart aus, weswegen sie hier mit angezeigt werden.

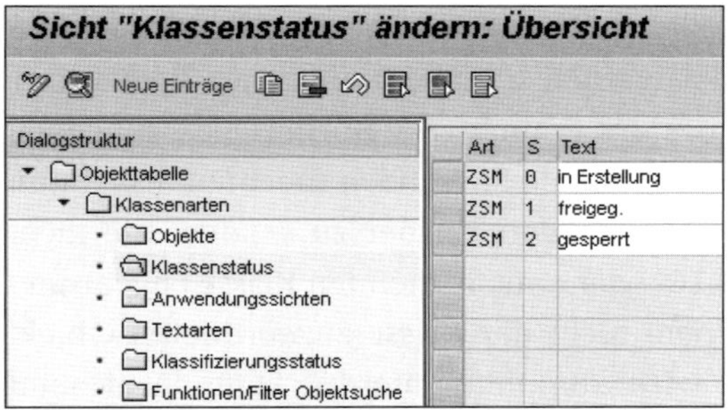

Statuswerte von Klassen

Abbildung 4.6 Statuswerte der Verteilungsklassenart

4 | IDocs per Customizing anpassen

Verteilungsklasse

Aufgrund der vorangegangenen Arbeiten haben Sie nun die Möglichkeit, eine Klasse in freigegebenem Zustand anzulegen, die zu der Verteilungsklassenart gehört. Dies geschieht mithilfe von Transaktion CL02. Es ist wichtig, dass Sie das Kennzeichen GLEICHE KLASSIFIZIERUNG auf NICHT PRÜFEN setzen (siehe Abbildung 4.7). Die Prüfung dient eigentlich dazu, dass keine zwei gleich bewerteten Objekte zugeordnet werden dürfen. Da bei Verteilungsklassen aber keine Merkmalsbewertung erfolgt, gibt es bereits beim zweiten Objekt, das zugeordnet wird, eine Mehrfachklassifizierung (zwei Objekte mit exakt gleichen Eigenschaften). Deswegen ist eine Prüfung hier nicht erwünscht.

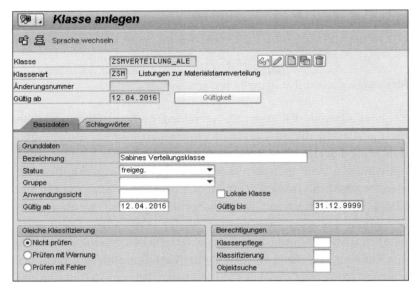

Abbildung 4.7 Verteilungsklasse anlegen

Zuordnung zum Partner

Eine solche Verteilungsklasse kann nun über Transaktion BD68 einem Partner zugeordnet werden (siehe Abbildung 4.8). Als logisches System geben Sie das des Empfängers an. Im Feld PoP geben Sie immer den Wert 2 (Push) ein, da Sie senden möchten. Es ist nun nicht mehr möglich, Objekte an den Partner zu senden, die nicht vorher in Transaktion CL20N der entsprechenden Klasse zugeordnet wurden. Das IDoc zu einem nicht der Klasse zugeordneten Objekt (zum Beispiel Material) wird komplett unterdrückt und erscheint auch nie in Transaktion BD87, dem IDoc-Monitoring.

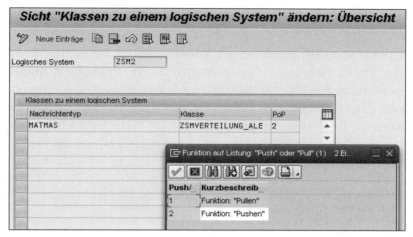

Abbildung 4.8 Zuordnung der Verteilungsklasse zum Partnersystem

Auch eine Zuweisung mehrerer Klassen zum selben empfangenden System ist möglich. Auf Empfängerseite sind dafür keinerlei Einstellungen erforderlich. Die Pull-Funktion (1) wird für die ALE-Kommunikation nicht verwendet.

Zuweisung mehrerer Klassen

Mithilfe dieser Filterungen ist es möglich, nur die Daten an das Partnersystem zu schicken, die dort – abhängig von seiner Funktion – relevant sind.

> **Relevante Daten an das Partnersystem schicken** [zB]
>
> Haben Sie etwa ein spezielles Vertriebslager, möchten Sie an das dortige Lagerverwaltungssystem wahrscheinlich nur Handelsware (Materialart HAWA) schicken; wenn Sie ein zentrales Stammdatensystem haben und für jedes Werk ein eigenes SAP-System, sollte jedes dieser Systeme nur die Materialdaten für sein eigenes Werk erhalten.

4.2 Eigene Filterobjekte

Die bisher vorgestellten Möglichkeiten zur Filterung werden von SAP ausgeliefert. Falls Sie zusätzlichen Bedarf haben, ist es auch möglich, eigene Filterobjekte anzulegen. Dies können Sie für Standard-SAP-Felder und -Segmente tun, genauso kann dies aber auch für Felder in eigenen Tabellen bzw. Tabellen-Appends oder für

4 | IDocs per Customizing anpassen

eigene Segmente erfolgen. Die Filterung über Filterobjekte gehört zu den ALE-Diensten.

Filterobjekte anlegen

Die notwendigen Einstellungen nehmen Sie in Transaktion BD95 vor. Zuerst vergeben Sie einen Namen für das Filterobjekt. Dieser Name muss den üblichen Regeln für den Kundennamensraum genügen, also mit Z oder Y oder Ihrem eigenen Namensraum beginnen. In unserem Beispiel lautet der Name ZBISMAT (siehe Abbildung 4.9). Diesem Namen weisen Sie dann die Tabelle (MARA) und das Feld in der Datenbank (BISMT) zu.

ALE-Objekttyp	Tabellenname	Feldname
ZBISMAT	MARA	BISMT

Abbildung 4.9 Eigenes Filterobjekt erstellen

Filtertyp dem Nachrichtentyp zuordnen

Damit Ihr Filterobjekt tatsächlich in den ALE-Diensten verwendet wird, müssen Sie angeben, in welchen Segmenten von welchen Nachrichtentypen es verwendet werden kann. Dazu wählen Sie in Transaktion BD59 zuerst einen Nachrichtentyp als Arbeitsbereich aus. Abbildung 4.10 zeigt dies für das Materialstammbeispiel, also für den Nachrichtentyp MATMAS als Arbeitsbereich.

Abbildung 4.10 Nachrichtentyp auswählen – Schritt 1

Segmentauswahl

Als Nächstes wählen Sie dann das Segment des Nachrichtentyps aus, in dem Sie filtern möchten (siehe Abbildung 4.11). In unserem Beispiel ist dies das Segment E1MARAM. Sie können nun alle Felder dieses Segments ansprechen, um daraus Ihr persönliches Filterobjekt zu erzeugen.

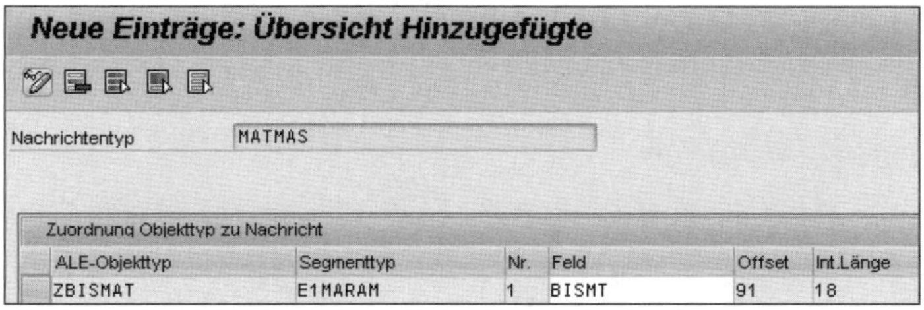

```
Neue Einträge: Übersicht Hinzugefügte

Nachrichtentyp    MATMAS

Zuordnung Objekttyp zu Nachricht
ALE-Objekttyp   Segmenttyp   Nr.  Feld    Offset  Int.Länge
ZBISMAT         E1MARAM      1    BISMT   91      18
```

Abbildung 4.11 Segment auswählen – Schritt 2

Bei der Zuordnung des Filterobjekts errechnet das System automatisch, an welcher Stelle des Datensatzes innerhalb des Segments das entsprechende Feld steht. Dadurch ergibt sich der Offset, in unserem Beispiel lautet der Wert 91. Sollten Sie das Segment, in dem das Filterobjekt steht, selbst angelegt haben und nachträglich noch einmal eine Änderung vornehmen, bei der sich die Lage des betreffenden Feldes verschiebt, wird der neue Offset nicht automatisch in Ihr Filterobjekt übernommen. Sie müssen die neuen Informationen in diesem Fall selbst aktualisieren.

Filterobjekt zu IDoc-Feld zuordnen

Dazu finden Sie als Erstes den neuen Offset-Wert heraus, zum Beispiel in Transaktion WE60, der IDoc-Dokumentation. Dann markieren Sie Ihr Filterobjekt und wählen im Menü BEARBEITEN • FELDINHALT ÄNDERN. Sie haben dort drei Einstellungsmöglichkeiten:

Offset anpassen

- Feldname
- Interne Länge
- Tabellenposition

Zuerst wählen Sie die Tabellenposition aus und geben den zuvor ermittelten Offset-Wert ein. Falls sich auch die Länge des Filterfeldes geändert hat, können Sie die entsprechenden Angaben analog über das Feld INT. LÄNGE (siehe Abbildung 4.11) ändern. Bei einer Änderung des Feldnamens sucht sich das System automatisch den neuen Wert.

Nachdem Sie diese Einstellungen vorgenommen haben, wird Ihr selbst angelegtes Filterobjekt im Kundenverteilungsmodell angeboten, und Sie können es wie ein SAP-Standardfilterobjekt verwenden. Dabei ist es natürlich möglich, dasselbe Filterobjekt für mehrere Nachrichtentypen einzusetzen. In Abbildung 4.12 sehen Sie, wie das zuvor angelegte Filterobjekt nun auch tatsächlich in der Verteilung von Materialstammdaten eingesetzt wird. Sie können hier sinnvollerweise eine Eingabehilfe für das Feld anbieten (das SAP-System

Filter im Kundenverteilungsmodell

gibt auch eine Warnung aus, falls Sie sich bei einem Filterobjekt auf ein Feld ohne Prüftabelle beziehen).

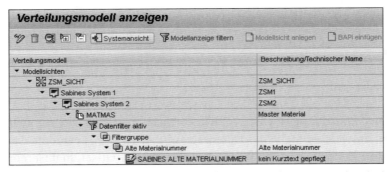

Abbildung 4.12 Kundenverteilungsmodell mit Filterung über eigenen Filterobjekttyp

4.2.1 IDocs unterdrücken

Kundensegment zur IDoc-Unterdrückung

Ist eine Filterbedingung für ein Feld in einem Muss-Segment nicht erfüllt, wird das ganze IDoc nicht erzeugt. Sie können dieses Verhalten auch für ein Feld in einem optionalen Segment erreichen, indem Sie ein Kundensegment erstellen, das ein Muss-Segment ist, in diesem Kundensegment dasselbe Feld verwenden und dafür ein eigenes Filterobjekt erzeugen. Möchten Sie zum Beispiel, dass ein Materialstamm-IDoc nur an einen bestimmten Empfänger gesendet wird, wenn ein bestimmtes Werk vorhanden ist, erreichen Sie das, indem Sie in einem Kundensegment, das als Muss-Segment definiert ist und direkt zum Segmenttyp E1MARAM gehört, das Feld mit der Angabe zum Werk füllen und dann über das Werk filtern.

Der SAP-Standard für das Filterobjekt WERK hingegen sieht vor, dass zwar nicht passende Werksegmente unterdrückt, der Segmenttyp E1MARAM und die E1MAKTM-Segmente aber dennoch geschickt werden. Dies entspricht manchmal allerdings nicht dem Kundenwunsch. Wie Sie eigene Segmente definieren, erfahren Sie in Abschnitt 5.3, »Eigene Segmente«.

4.2.2 Verschiedene IDoc-Filter im Überblick

Beim Filtern eines IDocs über Filterobjekte können Sie abhängig vom Inhalt der IDocs entweder nur Segmente oder aber ganze IDocs versenden. Die Filterung ist dabei positiv: Sie geben an, was durchgelassen wird. Bei der Reduzierung von IDocs können Sie ganze Segmente komplett weglassen und auch noch einzelne Felder in den übrigen Segmenten unterdrücken. Das Reduzieren von IDocs ist aber in der Regel nur bei Stammdaten möglich. Wenn Sie bei Nicht-Stammdaten aus Performancegründen Segmente nicht senden möchten, können Sie sie über die Segmentfilterung oder über Sichten unterdrücken. Beides wird im folgenden Abschnitt erläutert.

4.3 Segmente filtern

Beim Filtern von Segmenten wird für eine bestimmte Kombination aus Sender, Empfänger und Nachrichtentyp die Erzeugung eines bestimmten Segments komplett unterdrückt. Der Inhalt des Segments spielt dabei keine Rolle. Wenn Sie zum Beispiel keinerlei Werksdaten eines Materials an das nachgelagerte System schicken möchten, müssen Sie das über die Segmentfilterung einstellen.

Die Filterung erfolgt über das Customizing. In Transaktion BD56 stellen Sie die gewünschte zu unterdrückende Kombination ein (siehe Abbildung 4.13). Dafür geben Sie im Feld ART an beiden Stellen LS für das logische System ein, im Feld SENDER den logischen Systemnamen Ihres Sendersystems und im Feld EMPFÄNGER den logischen Systemnamen des Empfängersystems. Handelt es sich um EDI-Kommunikation, lautet die Eingabe im Feld ART zum Beispiel KU für Kunde oder LF für Lieferant. In diesem Fall müssen Sie dann auch die Partnerrolle pflegen, deren Wert zum Beispiel AG für Auftraggeber lauten kann. Im Feld SEGMENTTYP steht dann der Name des Segments, das Sie unterdrücken möchten.

Segmente filtern im Customizing

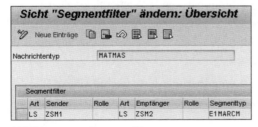

Abbildung 4.13 Segment filtern

Im Gegensatz zur Reduzierung von IDocs und zur Verwendung von Filterobjekten im Kundenverteilungsmodell, die immer beim Sender stattfinden, kann die Filterung über Segmente auch beim Empfänger erfolgen. Das IDoc wird dann zwar vollständig übertragen, aber nicht mehr komplett verbucht. Aus Performancegründen würde man die Filterung über Segmente aber nur beim Empfänger einstellen, wenn der Sender ein Fremdsystem ist, das nicht selbst Segmente unterdrücken kann. Auch das Filtern eines Segments ist ein ALE-Dienst.

4.4 IDocs durch Sichten reduzieren

IDoc-Sichten Das Anlegen und Verwenden von Sichten ist eine Möglichkeit, den Datenumfang auch dort einzuschränken, wo Bewegungsdaten betroffen sind. SAP-Hinweis 185445 beschreibt die Verwendung von Sichten und enthält Informationen, für welche Nachrichtentypen Sichten unterstützt werden.

IDocs mit Sichten Zum Zeitpunkt der Entstehung dieses Buches sind das die in Tabelle 4.1 dargestellten Nachrichtentypen.

Nachrichtentyp	Freigabe-Release/Einschränkungen
DELFOR	ab Release 4.6
DELINS	ab Release 4.6
DELJIT	ab Release 4.6
DESADV	ab Release 4.5/nur über IDoc-Typ DELVRY02 und Nachfolger
GSVERF	ab Release 4.6
IFTMIN	ab Release 4.5
IMPINV	ab Release 4.6/nur bestimmte Segmente möglich
ORDCHG	ab Release 4.6/nur bestimmte Segmente möglich
ORDERS	ab Release 4.6/nur bestimmte Segmente möglich
ORDRSP	ab Release 4.5
PRICAT	ab Release 4.5
QUOTES	ab Release 4.5
REQOTE	ab Release 4.6/nur bestimmte Segmente möglich
SHPADV	ab Release 4.5
SHPMNT	ab Release 4.5
SYIDOC	ab Release 4.6
SYPART	ab Release 4.6
SYRECD	ab Release 4.6

Tabelle 4.1 Nachrichtentypen für Sichten

4.4 IDocs durch Sichten reduzieren

> **Nach Informationen suchen**
>
> Überall dort, wo Einschränkungen vorhanden sind, lohnt es sich, im Hinweissystem nach speziellen Hinweisen für Sichten und den Nachrichtentyp zu suchen. SAP-Hinweis 456127 (FAQ: Electronic Data Interchange (EDI) im Einkauf) informiert Sie zum Beispiel darüber, wie Sie mit Sichten Positions- und Kopftexte in Bestellungen (Nachrichtentyp ORDERS) unterdrücken können.

Die Verwendung von Sichten hat einen etwas kleineren Funktionsumfang als die Reduzierung von IDocs. Sie können dabei auf Segmentebene auswählen, was Sie senden möchten, es ist aber nicht mehr möglich, innerhalb eines Segments auch noch bestimmte Felder zu unterdrücken, wie es die Reduzierung vorsieht, die im Abschnitt »Reduzierung von Nachrichten« in Kapitel 2, »IDocs erzeugen«, beschrieben wurde. Die Transaktion, in der Sie die Sichten definieren, heißt WE32. Das Beispiel verwendet den Nachrichtentyp ORDERS mit dem IDoc-Typ ORDERS05. Abbildung 4.14 zeigt das Einstiegsbild dieser Transaktion.

Sicht – Nachrichtentyp ORDERS und IDoc-Typ ORDERS05

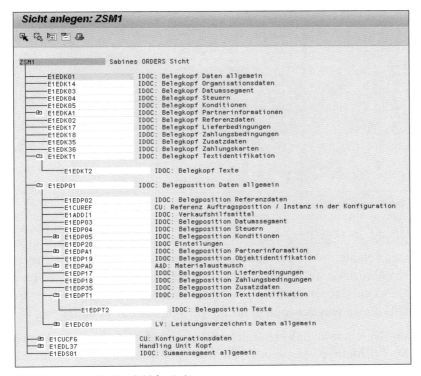

Abbildung 4.14 Einstiegsbild für Sichten

Muss-Segmente in Sichten

Auch hier gibt es natürlich Segmente, die aus SAP-Perspektive notwendig sind und Bestandteil der Sicht sein müssen. Das höchste oder Root-Segment (in unserem Beispiel: E1EDK01) ist unverzichtbar, und der Grund dafür ist Ihnen bereits von der Filterung und Reduzierung her vertraut: Streicht man das höchste Element, verschwindet das ganze IDoc. Sie können nun bestimmen, welche Segmente Sie diesem minimal nötigen Segment hinzufügen möchten. In Abbildung 4.15 sehen Sie eine solch vollständige Sicht. Hier wurden genau die Positions- und Kopftexte unterdrückt.

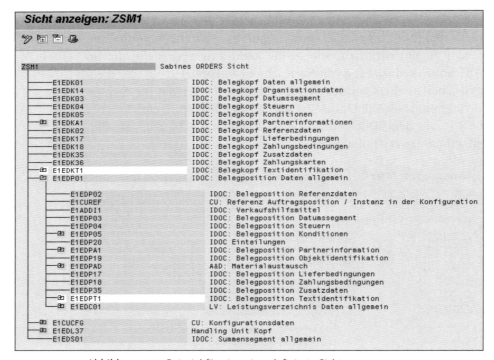

Abbildung 4.15 Beispiel für eine eigendefinierte Sicht

In dieser Abbildung sehen Sie auch die Attribute der Sicht, etwa ihren Namen ZSM1. Sobald Sie ein Segment über das Menü der rechten Maustaste als für Ihre Sicht relevant ausgewählt haben, können Sie es aufklappen und aus den darunterliegenden Segmenten ebenfalls diejenigen auswählen, die Sie gern in Ihrer Sicht hätten.

Sichten in der Partnervereinbarung

Im Gegensatz zu den reduzierten IDocs, bei denen Sie einen eigenen Nachrichtentyp erzeugen, arbeiten Sie hier weiter mit dem Standardnachrichtentyp. Daher müssen Sie auch in den Partnervereinbarungen in Transaktion WE20 angeben, ob und mit welcher Sicht Sie arbeiten möchten (siehe Abbildung 4.16).

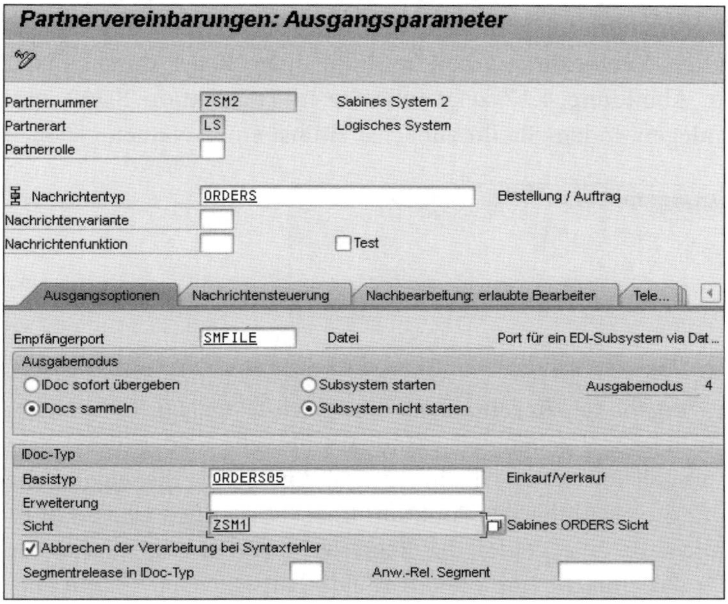

Abbildung 4.16 Verwendung der Sicht in der Partnervereinbarung

In unserem Beispiel verwenden Sie für die Partnervereinbarung wie gewohnt den Nachrichtentyp ORDERS. In den Details (auf der Registerkarte AUSGANGSOPTIONEN der Bereich IDOC-TYP) geben Sie dann jedoch zusätzlich zum Basistyp ORDERS05 die Sicht ZSM1 an.

Die Filterung über Sichten gehört nicht zu den ALE-Diensten, sie kann daher auch bei solchen IDoc-Bausteinen verwendet werden, bei denen die ALE-Dienste ausgeschaltet sind.

4.5 IDoc-Inhalt durch Regeln ändern

Alle bisherigen Änderungen an IDocs haben zum Ziel, den Umfang der zu übertragenden Daten zu verringern. In der Regel ist dies aus Performancegründen und zur Reduzierung der Datenmenge auf der Datenbank erwünscht, falls der Partner die Daten nicht benötigt.

Oft müssen aber auch am Inhalt eines IDocs Änderungen vorgenommen werden, damit der jeweilige Kommunikationspartner es verar- *Änderungen am Inhalt* beiten kann. Klassische Beispiele dafür sind unterschiedliche Feldlängen oder Abkürzungen, zum Beispiel das Hinzufügen/Löschen führender Nullen bzw. die Verwendung anderer Buchungskreise oder Lagernummern. Dies kann bei einer einfachen Umsetzungslogik ohne Entwicklungsarbeit mithilfe einer Regel durchgeführt werden. Abbildung 4.17 zeigt, wie Sie in Transaktion BD62 eine Regel anlegen, indem Sie ihr zunächst einmal einen Namen geben.

Abbildung 4.17 Regel benennen

Regel anlegen Bei der Vergabe des Regelnamens wird auch festgelegt, für welches Segment die Regel gelten soll. Daher werden alle Felder dieses Segments aufgelistet, wenn Sie in Transaktion BD79 die eigentliche Regel pflegen. Mithilfe der Funktion REGELVORSCHLAG ERZEUGEN ist es möglich, für alle Felder die Regel MOVE vorzubelegen, also die Regel für das einfache Kopieren des Feldinhalts. MOVE entspricht aber ohnehin der Default-Einstellung. Abbildung 4.18 zeigt das Einstiegsbild der Regelpflege.

Empf.Feld	Bedeutung	Typ	Länge	Ver...	Senderfeld	Senderfeldwert	Konstante
MSGFN	Funktion	C	3	☐			
MATNR	Material	C	18	☐			
ERSDA	Erstellt am	C	8	☐			
ERNAM	Angelegt von	C	12	☐			
LAEDA	Letzte Änderung	C	8	☐			
AENAM	Geändert von	C	12	☐			
PSTAT	Pflegestatus	C	15	☐			
LVORM	LV MandEbene	C	1	☐			
MTART	Materialart	C	4	☐			
MBRSH	Branche	C	1	☐			
MATKL	Warengruppe	C	9	☐			
BISMT	Alte Materialnr	C	18	☐			ALE_MATERIAL
MEINS	Basis-ME	C	3	☐			

Abbildung 4.18 Regel pflegen – Übersicht

Sie können dann für jedes einzelne Feld bestimmen, wie es aus dem Quellfeld ermittelt wird. Abbildung 4.19 zeigt das Pflegemenü am Beispiel des Feldes MATKL.

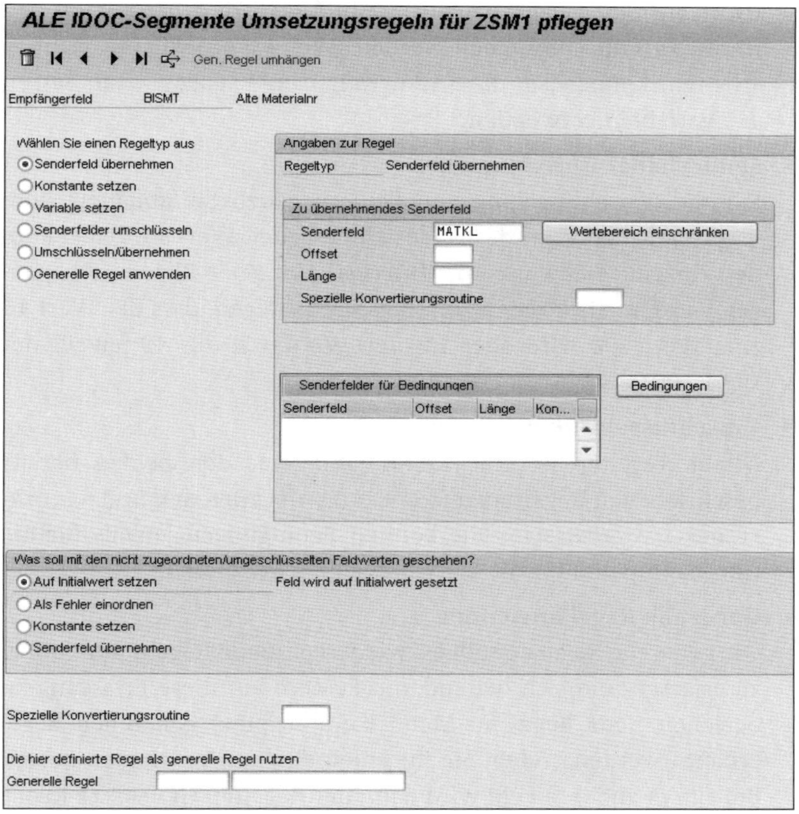

4.5 | IDoc-Inhalt durch Regeln ändern

Abbildung 4.19 Regel pflegen – Daten für ein Feld

Ihnen stehen folgende Regeltypen zur Auswahl zur Verfügung:

Regeltypen

- **Senderfeld übernehmen**
  Der Regeltyp SENDERFELD ÜBERNEHMEN ist die Kopierregel MOVE und entspricht damit der Default-Einstellung, wobei es im Detailmenü im unteren Bereich der Transaktion zusätzlich möglich ist, nur einen Teil des Senderfeldes per Offset und Länge zu verwenden.

- **Konstante setzen**
  Beim Setzen einer Konstanten wird ein bestehender Wert immer mit demselben neuen Wert überschrieben.

- **Variable setzen**
  Hier können Sie eine vorher definierte Variable als Zielwert verwenden. Diese Variable kann dann im Fall einer Übernahme des

IDocs aus einer Datei im Einstiegsbild für jede Übertragung von IDocs getrennt angegeben werden. Wenn Sie nicht mit Dateien arbeiten, können Sie die SAP-Erweiterung KKCD0001 zum Setzen der Variablen verwenden.

- **Senderfelder umschlüsseln**
  Für die Umschlüsselung von Feldern geben Sie abhängig vom ursprünglichen Wert des Feldes einen neuen Wert an. Dabei können einzelne Feldwerte oder Intervalle auf einen Zielwert übertragen werden. Sie können zum Beispiel festlegen, dass der Wert 10 zum Wert 100 wird oder aus den Werten 20 bis 40 jeweils der Wert 200.

- **Umschlüsseln/übernehmen**
  Dieser Regeltyp ist eine Kombination aus den beiden bereits beschriebenen Regeltypen SENDERFELD ÜBERNEHMEN und SENDERFELDER UMSCHLÜSSELN. Sie können Bedingungen jeweils für die Übernahme und für die Umschlüsselung definieren.

- **Generelle Regel anwenden**
  Die generelle Regel erlaubt es, wiederkehrende Regeln nur einmal zu erfassen und sich bei anderen Feldern auf diese Erfassung zu beziehen. Jede Regel im Menü kann zu einer generellen Regel ernannt werden, indem Sie ihr einen eindeutigen Namen geben. Bei einem anderen Feld wird dann der Regeltyp GENERELLE REGEL ANWENDEN genutzt, um auf die zuvor definierte generelle Regel zuzugreifen.

Conversion-Exits

Zusätzlich zur eigentlichen Regel gibt es wiederkehrende Informationen, die Sie im unteren Abschnitt des Dynpros in Abbildung 4.19 finden. Dazu gehört das Feld SPEZIELLE KONVERTIERUNGSROUTINE, das sich auf einen sogenannten *Conversion-Exit* bezieht. Conversion-Exits dienen der Aufbereitung von Daten für den Bildschirm, und meistens unterdrücken sie führende Nullen.

Zu einem Conversion-Exit gehört immer der Name der Konvertierungsroutine, zum Beispiel ALPHA. Der Exit ALPHA stellt bei Feldern, die sowohl nur aus Zahlen als auch nur aus Text bestehen können, die Ziffern rechtsbündig und den Text linksbündig dar. Außerdem hat jeder Exit zwei Funktionsbausteine, deren Namen immer dem Schema CONVERSION_EXIT_<NAME>_<FUNKTION> folgen, zum Beispiel CONVERSION_EXIT_ALPHA_OUTPUT für die Darstellung auf dem Dynpro bei unserem Beispiel-Exit ALPHA. Darüber hinaus kann für alle Regeln definiert werden, wie im Fall nicht zuzuordnender Felder verfahren werden soll. Sie können hier eine Konstante oder ein Senderfeld übernehmen oder alternativ einen Fehler auslösen.

Ob eine Regel tatsächlich verwendet wird, entscheiden Sie mithilfe von Transaktion BD55, in der Sie die Regel einem Partner zuordnen können. Abbildung 4.20 zeigt, wie Sie hier für jede Kombination aus Sender und Empfänger festlegen, ob und welche Regel angewendet werden soll. Die Verwendung von Umsetzungsregeln ist ebenfalls ein ALE-Dienst.

Regel zuordnen

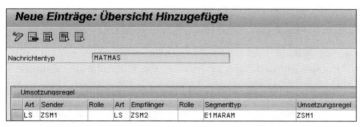

Abbildung 4.20 Zuordnung der Regel zu Nachrichtentyp und Partner

In der Form ALE_CONVERT_FIELDS erfolgt dann die eigentliche Feldumsetzung und kann hier gegebenenfalls debugged werden, wenn ein Fehler auftritt.

4.6 Versionswandlung

IDocs sind unter anderem auch dafür gedacht, Informationen zwischen zwei Systemen mit unterschiedlichem Release-Stand auszutauschen. Um die IDocs dahingehend anzupassen, gibt es die Option der Versionswandlung (siehe auch Abschnitt 5.2, »Allgemeine Exits«). Zu diesem Zweck können Sie zum einen in der Partnerausgangsverarbeitung einen IDoc-Typ eines älteren Releases eintragen und dadurch alle Segmente entfernen, die es im entsprechenden Release noch nicht gab. Zum anderen haben Sie auch die Möglichkeit, innerhalb einer sogenannten *Segmentversion* einen älteren Release-Stand anzugeben und so dafür zu sorgen, dass die einzelnen Segmente ausgehend von diesem Release-Stand erzeugt werden. Als Default ist in der Segmentversion nichts angegeben,

Umsetzung auf ältere Segmentversionen

daher wird auch bei älteren IDoc-Typen die neueste Release-Version der einzelnen Segmente erzeugt. Auch die Versionswandlung gehört zu den ALE-Diensten.

> **Änderungen und ALE-Dienste**
>
> Beim Customizing der IDoc-Funktionsbausteine haben Sie bereits erfahren, dass Sie für jeden Funktionsbaustein sehen können, ob die ALE-Dienste zur Verfügung stehen oder nicht. Von den bis hier beschriebenen Änderungsmöglichkeiten gehören folgende zu den ALE-Diensten:
>
> - Filterung über Filterobjekte (nur Ausgang)
> - Segmentfilterung
> - Feldumschlüsselung mithilfe von Regeln
> - Versionswandlung
>
> Die Versionswandlung wird in der Partnervereinbarung eingestellt, alle anderen Alternativen über das Customizing. Die Filterung über Filterobjekte ist nur im Sendersystem möglich (Ausgang), alle anderen auch beim Empfänger (Eingang). Ihre Einstellungen werden aber nur verwendet, wenn der Funktionsbaustein, um den es geht, ALE-Dienste unterstützt (was für die meisten gilt).
>
> Die ALE-Dienste im Ausgang werden im Funktionsbaustein `ALE_IDOC_SERVICES_APPLY_OUT` aufgerufen, die im Eingang im Funktionsbaustein `ALE_IDOC_SERVICES_APPLY_IN`.

4.7 Spezielle Umsetzungen in SAP ERP Financials

Globale Organisationseinheiten

Im Finanz- und Rechnungswesen gibt es Buchungskreise und Geschäftsbereiche, die spezielle steuernde Funktionen übernehmen. Bei der Datenübertragung ist es besonders wichtig, dass die Daten in den richtigen Bereich gelangen. Oftmals werden aber dieselben Organisationseinheiten (zum Beispiel der von SAP ausgelieferte Buchungskreis `0001`) auf unterschiedlichen Systemen mit unterschiedlicher Bedeutung verwendet. Für die sich daraus ergebenden immer wieder nötigen Umsetzungen hat SAP ein eigenes Verfahren entwickelt, die sogenannten *globalen Buchungskreise* bzw. *globalen Geschäftsbereiche*. Sie finden diese Einstellungen nicht über einen Transaktionscode, sondern nur im ALE-Customizing. Abbildung 4.21 zeigt den Weg über Transaktion SALE in SAP ERP 6.0.

4.7 Spezielle Umsetzungen in SAP ERP Financials

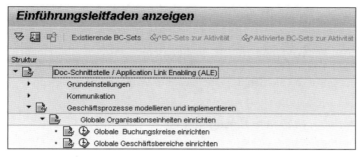

Abbildung 4.21 Menüpfad für globale Organisationseinheiten

Über den Pfad IDOC-SCHNITTSTELLE/APPLICATION LINK ENABLING (ALE) • KOMMUNIKATION • GESCHÄFTSPROZESSE MODELLIEREN UND IMPLEMENTIEREN • GLOBALE ORGANISATIONSEINHEITEN EINRICHTEN können Sie sowohl globale Buchungskreise als auch globale Geschäftsbereiche einrichten. Abbildung 4.22 zeigt die Schritte, die für das Anlegen eines globalen Buchungskreises vorgenommen werden müssen:

1. Anlegen global eindeutiger Buchungskreise
2. Zuordnung eines globalen Buchungskreises zum Kontenplan
3. Zuordnung des lokalen Buchungskreises zum globalen Buchungskreis

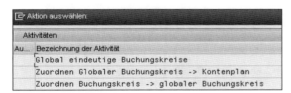

Abbildung 4.22 Einstellungen für globale Buchungskreise

Jeder globale Buchungskreis erhält einen eigenen Namen. Dieser darf mit sechs Zeichen länger sein als der des normalen Buchungskreises (vier Zeichen), sodass sich das Voranstellen des Kürzels `GL` für »global« anbietet. Es gibt allerdings keine Regeln für die Namen globaler Buchungskreise. Abbildung 4.23 zeigt ein Beispiel für den Aufbau der Bezeichnung eines globalen Buchungskreises, die sich aus dem Kürzel `GL`, dem Buchstaben `Z`, dem Namenskürzel `SM` und der Ziffer `1` zusammensetzt.

Globaler Buchungskreis

4 | IDocs per Customizing anpassen

[!] **Zusammenarbeit mit dem Finanzwesen**

Die notwendigen Informationen über Kontenpläne, Buchungskreise und eventuell zu verwendende globale Buchungskreise müssen vom Finanzwesen Ihres Unternehmens bekannt gegeben werden. Entscheiden Sie hier nichts selbst, da Sie damit bilanzrelevante Vorgänge beeinflussen.

Abbildung 4.23 Globalen Buchungskreis anlegen

Kontenplanzuordnung Jedem globalen Buchungskreis muss ein Kontenplan zugeordnet werden. Dieser wird dann beim Verbuchen der IDocs verwendet. Die Kontenpläne in Sender- und Empfängersystem müssen bezüglich ihrer Konten übereinstimmen. Im Beispiel wurde dem globalen Buchungskreis GLZSM1 der Zielkontenplan INT zugeordnet (siehe Abbildung 4.24).

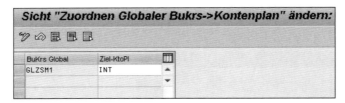

Abbildung 4.24 Kontenplan zum globalen Buchungskreis zuordnen

Zuordnung des globalen Buchungskreises Nun ordnen Sie diesen globalen Buchungskreis einem der lokalen Buchungskreise in Ihrem Mandanten zu. Das sendende System erzeugt dann im IDoc den globalen Buchungskreis überall dort, wo sonst der ihm zugeordnete lokale Buchungskreis stehen würde; der Empfänger wiederum ersetzt jeden globalen Buchungskreis im IDoc durch den zugeordneten lokalen Buchungskreis. Da die Ersetzung auf beiden Seiten funktionieren muss, darf jedes globale Objekt nur genau einem lokalen Objekt zugeordnet werden. Im Beispiel in Abbildung 4.25 wurde der globale Buchungskreis GLZSM1 der Firma COMPANY 01, also dem Buchungskreis TR01, zugeordnet.

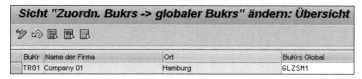

Abbildung 4.25 Globalen Buchungskreises zum Buchungskreis zuordnen

Analog können Sie in Transaktion SALE über den Menüpfad IDOC-SCHNITTSTELLE/APPLICATION LINK ENABLING (ALE) • KOMMUNIKATION • GESCHÄFTSPROZESSE MODELLIEREN UND IMPLEMENTIEREN • GLOBALE ORGANISATIONSEINHEITEN EINRICHTEN auch globale Geschäftsbereiche einrichten. Abbildung 4.26 zeigt die beiden Schritte, die dazu notwendig sind. Analog zum Buchungskreis wird auch hier im ersten Schritt der Name eines globalen Geschäftsbereichs angegeben und dann die Zuordnung zum Geschäftsbereich im Mandanten vorgenommen.

Globale Geschäftsbereiche

Abbildung 4.26 Globale Geschäftsbereiche einrichten

Im Gegensatz zum Namen des globalen Buchungskreises ist der Name des globalen Geschäftsbereichs nur vierstellig (hier GLZS, siehe Abbildung 4.27). Auch hier ist nur die kommunikationsweite Eindeutigkeit wichtig, und es gibt keine Namensregeln.

Globalen Geschäftsbereichs anlegen

Abbildung 4.27 Globalen Geschäftsbereich anlegen

Daraufhin müssen Sie den globalen Geschäftsbereich einem lokalen Geschäftsbereich zuordnen. In unserem Beispiel wird der globale Geschäftsbereich GLZS dem lokalen Geschäftsbereich 0001 zugewiesen (siehe Abbildung 4.28). Auch dabei darf jedes globale Objekt nur genau einem lokalen Objekt zugeordnet werden.

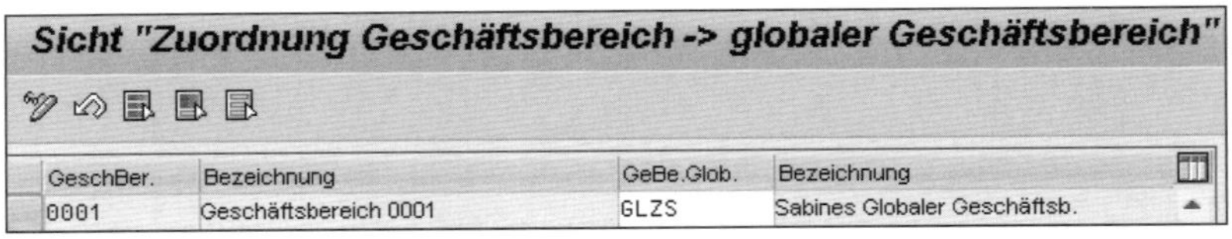

Abbildung 4.28 Globalen Geschäftsbereich zum lokalen Geschäftsbereich zuordnen

Die beschriebenen Einstellungen sind die Voraussetzung für eine Umschlüsselung globaler Organisationseinheiten. Die eigentliche Ausführung hängt aber von den Kommunikationspartnern und von den von Ihnen verwendeten Nachrichtentypen ab. Zum Beispiel können Sie den lokalen Buchungskreis verwenden, wenn Sie Daten an Ihr eigenes Lager senden, und den globalen Buchungskreis, wenn Sie Daten an ein FI-Konsolidierungssystem senden.

Aktivieren pro Segment und Feld

Abbildung 4.29 zeigt, wie in Transaktion BD58 für den Nachrichtentyp FIDCMT in allen betroffenen Segmenten sowohl Buchungskreis als auch Geschäftsbereich umgesetzt werden. Dabei ist wichtig, dass Sie unter FELDNAME auch das Feld angeben, für das Sie die Umschlüsselung wünschen, da es möglich ist, dass ein IDoc mehrere passende Felder enthält. Das FIDCMT-IDoc überträgt dabei Einzelposten für das Hauptbuch (General Ledger) in SAP ERP Financials.

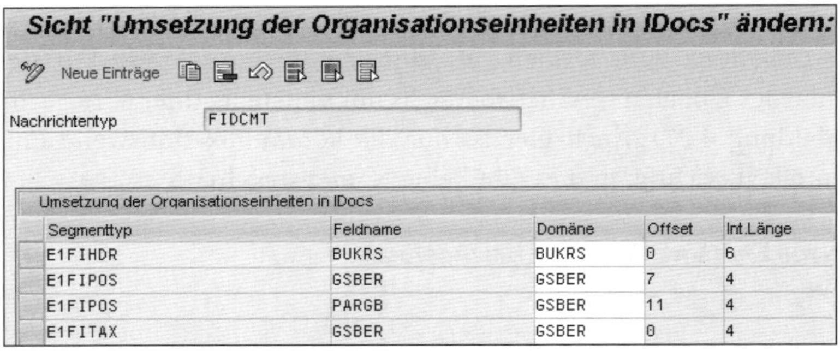

Abbildung 4.29 Aktivierung der globalen Umsetzung pro Nachrichtentyp

Im vorangegangenen Kapitel haben Sie gesehen, wie viele Möglichkeiten bereits das Customizing bietet, IDocs zu beeinflussen. Dieses Kapitel zeigt, wie Sie mithilfe der von SAP vorgesehenen programmtechnischen Erweiterungen noch tiefer greifende Veränderungen an Standard-IDocs erzielen können.

5 Bestehende IDoc-Typen anpassen

Kunden, die eigene Entwicklungen innerhalb des SAP-Systems vorgenommen haben, möchten die entsprechenden Änderungen oft auch bei den IDocs vorfinden, die zu den angepassten Objekten gehören. Das ist innerhalb der IDoc-Bausteine im Rahmen des SAP-Erweiterungskonzepts möglich. Die IDocs selbst müssen Sie zusätzlich zu den üblichen Erweiterungstechniken noch selbst an die eigenen Entwicklungen anpassen, indem Sie angeben, welche zusätzlichen Felder und Segmente erforderlich sind.

Da in den Funktionsbausteinen, die IDocs erzeugen oder verbuchen, grundsätzlich alle Arten von Programm-Exits möglich sind, werden in diesem Kapitel zunächst die unterschiedlichen von SAP ausgelieferten Arten von Exits vorgestellt. Als Beispiel nutzen wir wieder den Materialstamm, weil er sehr viele Exits enthält. Danach erfahren Sie mehr über spezielle Exits, die für alle IDocs gelten. Das Kapitel schließt mit der ebenfalls IDoc-unabhängigen Erweiterung von IDoc-Typen. Diese ist interessant, weil eine Änderung beim Versand oder der Verbuchung von IDocs in der Regel mit dem Wunsch nach eigenen Feldern einhergeht.

Anpassung mittels Programmierung

5.1 Unterschiedliche Exit-Typen am Beispiel des Materialstamms

SAP unterscheidet verschiedene Arten der Systemanpassung. Beim Customizing und der Personalisierung handelt es sich um kunden- oder benutzerspezifische Einstellungen. Sie legen zum Beispiel im

Kunden- und benutzerspezifische Einstellungen

Customizing fest, wie viele und welche Werke Sie in Ihrem SAP-System verwenden und welche Eigenschaften diese haben. In der Personalisierung hinterlegen Sie Angaben zum Default-Drucker oder Ähnliches. Solche Systemanpassungen kommen ohne Programmierarbeiten aus.

Modifikationen   Sie können jedoch auch Änderungen am SAP-Coding vornehmen und dabei Einstellungen direkt im SAP-Originalprogramm ändern. In diesem Fall spricht man von *Modifikationen*. Diese können bei einem Release-Wechsel zu großen Problemen führen, weswegen sie nicht gern gesehen sind und bei SAP entweder über das Online-Service-System oder den SAP Solution Manager bekannt gegeben werden müssen. Viele Firmen untersagen Modifikationen auch vollständig.

Exits   Um das Problem der Modifikationen zu umgehen, hat SAP an Stellen, die gegenüber dem Standard häufig etwas verändert verwendet werden sollen, sogenannte *Exits* vorgesehen. In diesen Exits wird kundeneigenes Coding innerhalb eines SAP-Standardprogramms aufgerufen.

Die Arbeit mit Exits besteht aus zwei Schritten:

1. SAP sorgt zunächst dafür, dass in einem SAP-Standardprogramm an einer bestimmten Stelle eine »Absprungstelle« vorhanden ist: Damit legt SAP fest, ob es in einem Programm eine Erweiterung gibt und wo diese aufgerufen wird. Außerdem legt SAP fest, welche Daten dem Kunden innerhalb des Exits zur Verfügung stehen und ob er bestimmte Daten verändern und wieder zurückschreiben darf.

2. Der zweite Arbeitsschritt erfolgt dann auf Kundenseite. Hier können die leer ausgelieferten Exits mit eigenem Coding gefüllt werden.

Exit-Typen   SAP stellt unterschiedliche Typen dieser Absprungstellen zur Verfügung:

- **Customer-Exits**
  Customer-Exits gibt es seit Release 3.0. Sie sind nur einmal verwendbar, mandantenübergreifend und werden von SAP in einer Erweiterung ausgeliefert sowie vom Kunden in einem Erweiterungsprojekt implementiert und aktiviert. Nach einem Release-Wechsel müssen sie jeweils neu aktiviert werden.

- **Business Transaction Events**

  Business Transaction Events (BTE) gibt es seit Release 4.0. Ursprünglich wurden sie im Rechnungswesen eingesetzt, inzwischen verfügen aber auch viele andere Anwendungen über Business Transaction Events in den SAP-Standardprogrammen. Business Transaction Events können mandantenabhängig eingesetzt werden. Man unterscheidet zwei Arten von Business Transaction Events:

  - *Publish&Subscribe-Schnittstellen*

    Hinter den Publish&Subscribe- oder auch P/S-Schnittstellen steckt die Idee, andere Komponenten als die, in der Ihr Prozess gerade stattfindet, darüber zu informieren, dass im SAP-System ein bestimmter Prozess erfolgt ist, und Daten an diese anderen Komponenten zu übergeben. Der Rücktransport von Daten ist nicht vorgesehen. P/S-Schnittstellen können daher gleichzeitig mehrere aktive Implementierungen haben.

  - *Prozessschnittstellen*

    Prozessschnittstellen ersetzen Standardprozesse. Es werden Daten sowohl an den anstelle des Standards ausgeführten Prozessbaustein übergeben als auch von dort zurückgeliefert. Daher können Prozessschnittstellen immer nur eine aktive Implementierung besitzen.

- **Business Add-ins**

  Business Add-ins (BAdIs) gibt es seit Release 4.6 in der klassischen Variante und seit Release SAP NetWeaver 7.0 auch in einer neuen, an sogenannte *Enhancements* gebundenen Version. BAdIs sind objektorientierte Erweiterungen. SAP liefert ein BAdI-Interface aus, und der Kunde erzeugt die dazugehörige Implementierung. Der SAP-Entwickler, der das BAdI anbietet, kann entscheiden, ob es mehrfach verwendbar ist und ob es filterabhängig sein soll.

- **Enhancements**

  Enhancements sind das neu zu SAP NetWeaver 7.0 hinzugekommene Erweiterungskonzept. Es gibt dabei explizite Erweiterungen, die über Enhancement-Spots von SAP ausgeliefert werden; es gibt aber auch implizite Erweiterungen, die ohne das Zutun des SAP-Entwicklers an bestimmten Stellen jedes Programms möglich sind, das nicht direkt zur SAP-Basis gehört.

5 Bestehende IDoc-Typen anpassen

Entwicklungs-umgebung
Einen Überblick über vorhandene Exits und eventuell vorhandene Implementierungen gibt Ihnen Transaktion SE84, die Sie in Abbildung 5.1 sehen.

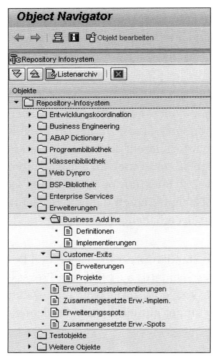

Abbildung 5.1 Exits im Repository-Infosystem

Bei allen Exit-Techniken müssen bestimmte Voraussetzungen für die Implementierung beachtet werden, da der grundsätzliche Programmablauf nicht durch den Exit verändert werden darf.

5.1.1 Programmierrichtlinien für Exits

Alles, was den Ablauf des Originalprogramms beeinflusst, ist in Exits verboten. Das bedeutet, dass hier weder Ereignisse noch Unterprogramme (FORM) oder Module (MODULE) direkt angelegt sein dürfen. Diese müssen in separaten Includes angelegt werden. Mit der Anweisung DATA vereinbarte Datendeklarationen gelten in Exits lokal.

Konsistenz
Aus Konsistenzgründen muss außerdem sichergestellt sein, dass die Kundendaten nur dann verbucht oder zurückgesetzt werden, wenn dies auch mit den SAP-Daten geschieht. Anweisungen wie COMMIT

oder `ROLLBACK` sind daher nicht erlaubt. Buchungen dürfen nur mit Verbuchungstechniken durchgeführt werden und werden dann vom `COMMIT`- oder `ROLLBACK`-Vorgang des SAP-Programms mit verarbeitet.

Die unterschiedlichen Erweiterungstechniken, die Ihnen in diesem Abschnitt vorgestellt werden, erfordern im Detail unterschiedliche Vorgehensweisen bei der Erzeugung des eigenen Codings. Daher werden diese Techniken hier am Beispiel des Materialstamms etwas genauer dargestellt.

Dabei beziehen wir uns allerdings immer nur auf die in IDocs tatsächlich verwendbaren Exit-Arten. Wo etwa auch Screen- oder Menü-Exits möglich sind, wird auf die Erläuterung verzichtet, da IDocs nie mit Menüs oder Dynpros arbeiten.

Darüber hinaus wird in diesem Abschnitt noch kein Coding gezeigt. Das Coding hängt eher davon ab, ob Sie IDocs senden oder empfangen möchten, als von der Art des Exits. Daher wird es von den hier beschriebenen Eigenschaften der unterschiedlichen Exits getrennt in Abschnitt 5.2, »Allgemeine Exits«, und Abschnitt 5.3, »Eigene Segmente«, behandelt.

5.1.2 Customer-Exits

Customer-Exits werden von SAP in Transaktion SMOD angelegt, das heißt, in dieser Transaktion erhalten Sie auch Informationen dazu, welche Customer-Exits es überhaupt gibt. Mehrere Exits können dabei zu einer Erweiterung zusammengefasst sein. Im IDoc-Bereich gehören die Exits bei der Erzeugung der IDocs im Ausgang und beim Verbuchen derselben Nachrichtentypen im Eingang häufig zu einer Erweiterung. Customer-Exits gelten stets mandantenübergreifend: Beachten Sie dies bei Ihrer Entwicklung.

Ein Customer-Exit wird vom SAP-Programm mit folgendem Befehl aufgerufen: `CALL CUSTOMER-FUNCTION 'nnn'`.

Befehl CALL CUSTOMER-FUNCTION

Der Zusatz `nnn` ist dabei eine dreistellige, innerhalb der Erweiterung eindeutige Nummer. Wenn Sie wissen möchten, ob ein Programm einen Customer-Exit zur Verfügung stellt, können Sie in diesem Programm nach dem Befehl `CUSTOMER-FUNCTION` suchen. Sie erfahren dadurch, welche Exits gerufen werden, welche Signatur die verwen-

5 | Bestehende IDoc-Typen anpassen

deten Exit-Funktionsbausteine haben und an welcher Stelle im Programm sie aufgerufen werden.

Beispiel Materialstamm Wenn Sie im bereits bekannten Funktionsbaustein `MASTERIDOC_CREATE_MATMAS` suchen (siehe Abbildung 5.2), erfahren Sie, dass es den Exit mit der Nummer 002 gibt und dass er mehrmals aufgerufen wird, und zwar jedes Mal, wenn ein neues Segment erzeugt wurde. Sie sehen zudem sofort, welche Daten übergeben werden. Sie erhalten den Nachrichtentyp, den Namen des aktuell erzeugten Segments sowie alle bisher erzeugten IDoc-Daten. Die Nutzdaten können Sie dabei ändern und die Referenz zu Ihrer Erweiterung des IDocs zurückgeben. Es handelt sich dabei um Ihre Erweiterung, und sie wird in der Variablen `CIMTYP` übergeben. Dies wird in Abschnitt 5.3, »Eigene Segmente«, genauer erläutert.

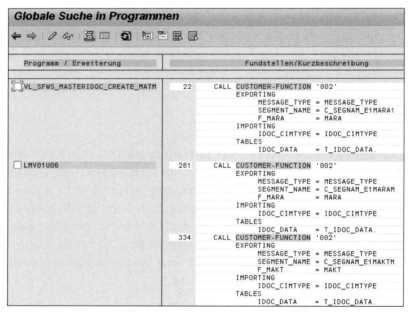

Abbildung 5.2 Funktionsbaustein-Exits bei der Erzeugung von MATMAS-IDocs

Sobald Sie das rufende Programm und die Nummer des Exits kennen, wissen Sie auch den Namen des Exit-Bausteins, der nach dem Schema `EXIT_<PROGRAMMNAME>_nnn` aufgebaut ist. In unserem Beispiel heißt der Exit-Baustein `EXIT_SAPLMV01_002`. Ein Doppelklick im Suchergebnis auf die dreistellige Nummer (`002`) im Namen bringt Sie auch direkt in den Funktionsbaustein.

Nachdem Sie wissen, welchen Exit Sie implementieren möchten, können Sie über Transaktion CMOD ein eigenes Projekt anlegen (siehe Abbildung 5.3). Mit dem Streichholz-Icon ganz links in der Toolbar (Button) wird am Ende der Entwicklungsarbeiten das Projekt aktiviert. Erst dann wird der Exit tatsächlich ausgeführt. Vergeben Sie zuerst einen Namen für Ihr Projekt. Da SAP keine Projekte ausliefert, steht Ihnen theoretisch der ganze Namensraum zur Verfügung.

Kundenerweiterungsprojekt

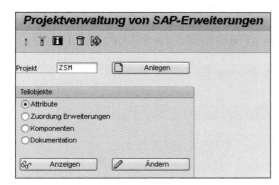

Abbildung 5.3 Anlegen eines Kundenprojekts

Nachdem Sie den Button ANLEGEN angeklickt haben, können Sie die Eigenschaften Ihres Projekts festlegen. Das folgende Kundenprojektbeispiel (siehe Abbildung 5.4) ist ein ganz normales Entwicklungsobjekt. Als solches umfasst es alle allgemeinen Daten von Entwicklungsobjekten, etwa Angaben darüber, wer es wann angelegt hat, sowie gegebenenfalls ein Paket. Verwaltet wird es über einen Transportauftrag, mit dessen Hilfe man es ins Produktivsystem transportieren kann.

Abbildung 5.4 Eigenschaften des Kundenprojekts

5 | Bestehende IDoc-Typen anpassen

Zuordnen der Erweiterung

Nun können Sie Ihrem Kundenprojekt mithilfe des Buttons ZUORDNUNG ERWEITERUNG eine oder mehrere Erweiterungen zuweisen. Jede Erweiterung darf aber immer nur zu einem Projekt gehören. Die Suche nach der Erweiterung, die Sie implementieren möchten, um das Materialstamm-IDoc zu verändern, wird dadurch erleichtert, dass Sie hier den Namen des ermittelten Exit-Bausteins eingeben können, um zu erfahren, zu welcher Erweiterung er gehört. Wie Abbildung 5.5 zeigt, wird dies von SAP aber nicht standardmäßig angeboten, sondern Sie müssen im Bereich ZUSÄTZLICHE SELEKTIONEN erst die betreffenden Möglichkeiten auswählen.

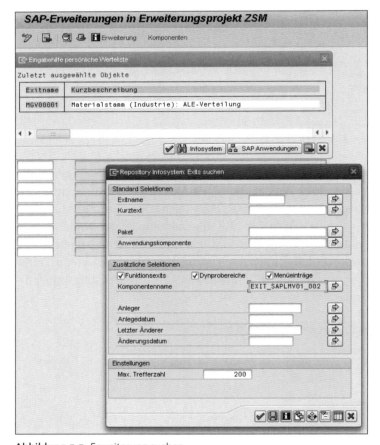

Abbildung 5.5 Erweiterung suchen

Erweiterung für Materialstamm-IDoc

Die im Beispiel gefundene Erweiterung heißt MGV00001, und Sie können sie nun Ihrem Kundenerweiterungsprojekt zuweisen, indem Sie sie unter ERWEITERUNG eintragen (siehe Abbildung 5.6). MGV00001 ist eine Erweiterung, die bereits zwei Funktions-Exits enthält. Sie können aber auch nur einen der beiden Exits implementieren, wenn Sie den zweiten nicht brauchen. Die roten, durchgestrichenen Kreise, die in Abbildung 5.7 zu sehen sind (), zeigen an, dass die Erweiterung noch nicht aktiviert ist; dass die Spalte vor den beiden Exits leer ist, zeigt, dass beide noch nicht implementiert sind.

Abbildung 5.6 Erweiterung zuweisen

Abbildung 5.7 Komponenten der Erweiterung

Der Exit `EXIT_SAPLMV01_002` selbst besteht nun aus der kompletten Signatur, wie sie in Abbildung 5.8 zu sehen ist. Fast alle Importparameter sind optional, daher haben Sie im Aufruf immer nur sehr wenige gesehen. Der Exit gehört zum SAP-System und liegt im SAP-Namensraum. Außerdem besteht der Inhalt des Exit-Bausteins nur aus einem einzigen Include (Include `ZXMGVU03`). Dieser Include liegt wiederum im Kundennamensraum. Außerdem existiert er im SAP-System nicht, solange der Exit nicht implementiert ist.

| Kunden-Include im Exit

Mit einem Doppelklick auf den Include-Namen können Sie den Include per Vorwärtsnavigation anlegen, wie das Fenster OBJEKT ANLEGEN in Abbildung 5.9 zeigt. Sie erhalten daraufhin den leeren Include (siehe Abbildung 5.10), in den Sie Ihr eigenes Coding einbringen können.

| Include anlegen

> **Eingaben sichern** [!]
>
> Sichern Sie Ihre Eingaben bereits während des Editierens. Wenn Sie den Include aktivieren, ohne vorher gesichert zu haben, und dabei ein Fehler auftritt, müssen Sie unter Umständen das komplette Coding erneut eingeben.

5 | Bestehende IDoc-Typen anpassen

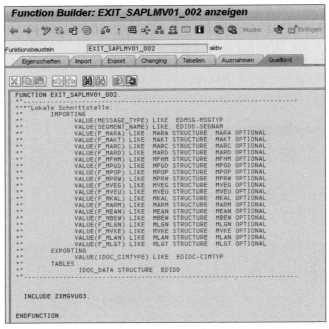

Abbildung 5.8 Inhalt der Exits von SAP

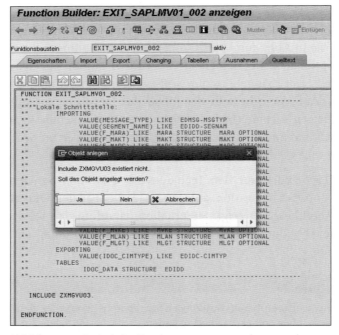

Abbildung 5.9 Include im Kundennamensraum anlegen

Unterschiedliche Exit-Typen am Beispiel des Materialstamms | **5.1**

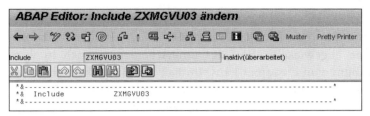

Abbildung 5.10 Zu füllender Include

Möglicherweise möchten Sie Ihr Coding aus Gründen der Übersichtlichkeit gruppieren. Dies können Sie ebenfalls mithilfe von Includes tun, die Sie zusätzlich anlegen. Die Includes beginnen dann mit Z und liegen damit im Kundennamensraum, zugleich gehören sie aber zu der immer mit X beginnenden Exit-Funktionsgruppe von SAP. Der Vorschlag von SAP für den Namen lautet ZXMGVF01 (siehe Abbildung 5.11).

Coding gruppieren

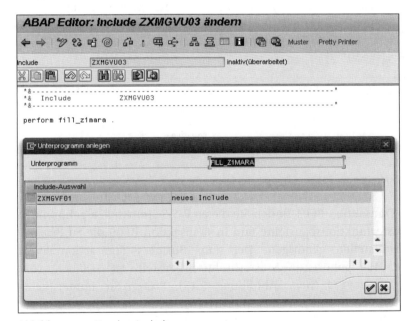

Abbildung 5.11 Kunden-Include

Haben Sie Ihren Exit vollständig programmiert, aktivieren Sie zunächst wie gewohnt Ihr Coding. Zusätzlich muss aber auch das Projekt selbst aktiviert sein, damit der Exit durchlaufen wird. Dies können Sie mit dem Aktivierungsicon im Einstiegsbild von Transaktion CMOD tun.

5.1.3 Business Transaction Events

Business Transaction Events (BTE) werden ebenfalls über Funktionsbausteine abgewickelt, allerdings unterscheiden sie sich in ihrer Handhabung von Customer-Exits. Im Fall von Business Transaction Events wird ein Funktionsbaustein mit folgendem Befehl aufgerufen, wobei XXXXXXXX die sogenannte *Event-Nummer* ist:

CALL FUNCTION 'OPEN_FI_PERFORM_XXXXXXXX_E'

Business Transaction Events ermitteln

Sie suchen im gewünschten Coding nach OPEN_FI*, um die vorhandenen Business Transaction Events zu finden (siehe Abbildung 5.12). Sie können den Angaben im rechten Feld unter FUNDSTELLEN/KURZBESCHREIBUNG entnehmen, ob es ein Business Transaction Event gibt, an welcher Stelle es aufgerufen wird und welche Signatur es anbietet. Das hier gefundene Business Transaction Event hat die Nummer MGV00100, wird nur einmal aufgerufen und stellt dabei die gesamten IDoc-Daten zusammen mit dem Kontrollsatz zur Verfügung.

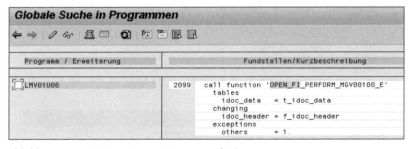

Abbildung 5.12 Business Transaction Events finden

Musterfunktionsbaustein

In Transaktion BF01 finden Sie die zu P/S-Schnittstellen gehörenden Musterfunktionsbausteine und in Transaktion BF05 die zu Prozessschnittstellen gehörigen. Der zum Business Transaction Event MGV00100 gehörende Musterfunktionsbaustein ist SAMPLE_INTERFACE_MGV00100 (siehe Abbildung 5.13). Prüfen Sie immer beide Arten von Business Transaction Events, wenn Sie nicht wissen, für welche Art sich der Entwickler entschieden hat.

Abbildung 5.13 Event mit Musterfunktionsbaustein in Transaktion BF01

Der Musterfunktionsbaustein enthält die Signatur genau in der Form, wie sie bei der ABAP-Anweisung OPEN_FI_PERFORM vom rufenden Programm erwartet wird, daher können Sie ihn als Vorlage nutzen. Kopieren Sie diesen Funktionsbaustein in Ihren eigenen Namensraum, und bringen Sie dann das gewünschte Coding ein. In Abbildung 5.14 ist dies durch folgende Zeile zu erkennen:

Eigenen Baustein für Business Transaction Event anlegen

```
* Hier beginnt mein eigenes Coding
```

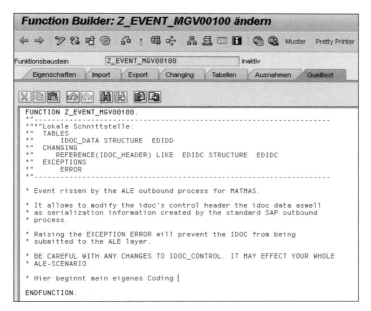

Abbildung 5.14 Kopie des Beispielbausteins

Damit der entsprechende Funktionsbaustein tatsächlich durchlaufen wird, müssen Sie ihn noch aktivieren. Dies erfolgt bei Business Transaction Events allerdings komplett anders als bei Customer-Exits. Die Transaktion zur Verwaltung von Business Transaction Events heißt FIBF. Zunächst müssen Sie hier über den Menüpfad EINSTELLUNGEN • PRODUKTE • …EINES KUNDEN ein Kundenverwaltungsobjekt anlegen (siehe Abbildung 5.15).

Kundenprodukt anlegen

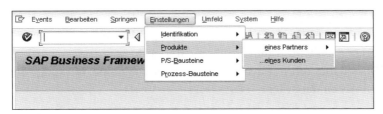

Abbildung 5.15 Menüpfad zum Kundenprodukt

Die Eingaben für das Produkt bestehen im Wesentlichen aus dem Namen (siehe Abbildung 5.16). Weil SAP für an Kunden ausgelieferte SAP-Entwicklungen zum Teil bereits Produkte ausliefert und auch SAP-Partner diese Business Transaction Events teilweise in Produkten verwenden, empfiehlt es sich, bei der Namensvergabe vorsichtig zu sein.

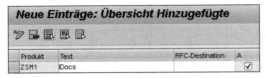

Abbildung 5.16 Anlegen eines Kundenprodukts

Aktivieren des Kundenprodukts pro Mandant

Wichtig ist aber vor allem das letzte Feld, das nur ein A als Überschrift trägt: die Aktivierungsspalte. Das Kennzeichen in dieser Spalte zeigt an, ob das Produkt im aktuellen Mandanten aktiv ist (Business Transaction Events sind mandantenabhängig aktivierbar) und die zugehörigen Business Transaction Events damit durchlaufen werden.

Event zum Produkt zuordnen

Das Feld RFC-DESTINATION bleibt leer, wenn Sie in demselben System bleiben, in dem das rufende Programm ausgeführt wird. Wird dieses Feld mit einer gültigen Destination aus Transaktion SM59 gefüllt, werden die Events, die diesem Produkt zugeordnet sind, auf dem zu dieser Destination gehörenden System ausgeführt.

Die Zuordnung Ihrer Events zum Produkt (danach zusammengefasst, dass alle oder keines dieser Events aktiv ist) erfolgt über den Menüpfad EINSTELLUNGEN • P/S-BAUSTEINE bzw. PROZESSBAUSTEINE. Abbildung 5.17 können Sie alle erforderlichen Angaben entnehmen.

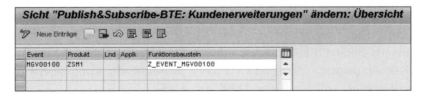

Abbildung 5.17 Zuordnung von Events zu Produkten

Die Angaben zu Land (Spalte LND) und Applikation (Spalte APPLK) können je nach Umgebung als Filterkriterien herangezogen werden, bei IDocs haben diese Einschränkungen jedoch keine Wirkung, die Felder bleiben daher leer.

5.1.4 Klassische BAdIs

Klassische *Business Add-ins* (BAdIs) werden über eine Handler-Klasse abgewickelt. Der Name dieser Klasse ist `CL_EXITHANDLER`, und es wird immer einmal pro BAdI ihre Klassenmethode `GET_INSTANCE` aufgerufen. Falls Sie in einem Programm wissen möchten, ob Sie ein BAdI verwenden können, suchen Sie nach Klasse `CL_EXITHANDLER`. In der Exportvariablen `EXIT_NAME` finden Sie dann das gesuchte BAdI. Es wird eine Instanzvariable angegeben, die in unserem Beispiel `LF_EXIT` heißt (siehe Abbildung 5.18).

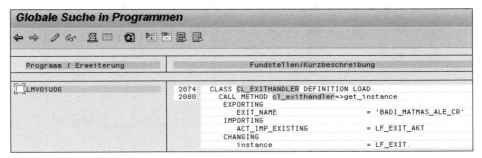

Abbildung 5.18 Klassisches BAdI ermitteln

Mit dem Namen der Instanzvariablen können Sie nun herausfinden, welche Methoden des BAdIs aufgerufen werden und an welcher Stelle dieser Aufruf erfolgt. Auch dabei ist von SAP festgelegt, welche Daten übergeben werden. Das heißt, die Methode `CHANGE_MATMAS` wird genau einmal aufgerufen, übergibt die gesamten IDoc-Daten und den Kontrollsatz, und beides kann geändert werden. Abbildung 5.19 zeigt das von SAP für den Aufruf des klassischen BAdIs ausgelieferte Coding.

Aufruf des BAdIs

BAdIs müssen von SAP zur Verfügung gestellt werden, daher legt SAP das eigentliche BAdI und leere Methoden mit ihrer Signatur an und ruft sie dann im SAP-Programm auf. Sie geben demnach nur an, was innerhalb des BAdIs geschehen soll. Das BAdI wird in Transaktion SE18 angelegt. Mithilfe von Transaktion SE19 legen Sie dann eine Implementierung zum BAdI an, in der Sie bestimmen, was Sie innerhalb der Methode mit den zur Verfügung gestellten Daten tun möchten. Abbildung 5.20 zeigt das Einstiegsbild der Transaktion in SAP NetWeaver 7.0. In älteren Releases fehlt jeweils die Option NEUES BADI, sonst ist der Einstieg identisch.

BAdI-Implementierung anlegen

5 | Bestehende IDoc-Typen anpassen

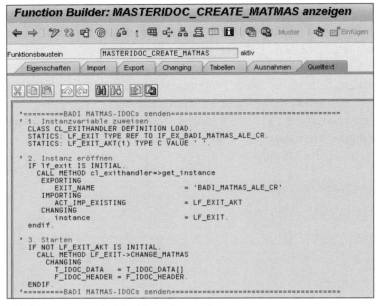

Abbildung 5.19 Aufruf des klassischen BAdIs

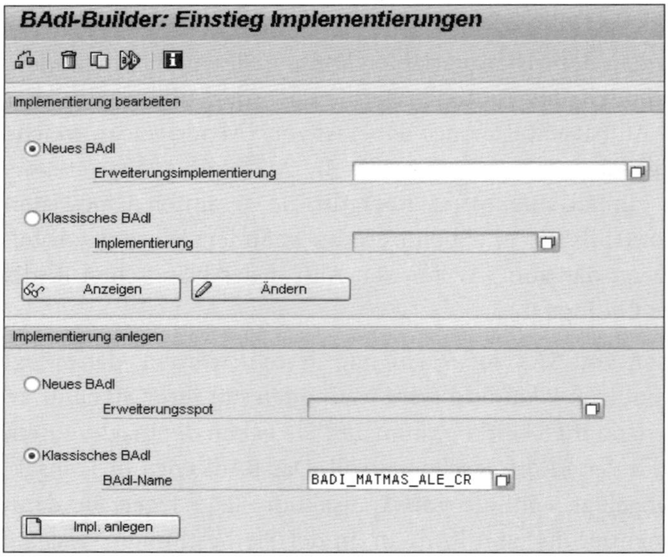

Abbildung 5.20 Einstieg zum Anlegen einer Implementierung

Sie geben Ihr klassisches BAdI im Bereich IMPLEMENTIERUNG ANLEGEN an und klicken dann auf den Button IMPL. ANLEGEN, um zur nächsten Eingabemaske zu gelangen. Zunächst benötigen Sie einen

Namen für Ihre Implementierung (siehe Abbildung 5.21). Es gelten die üblichen Namensregeln (Z, Y oder Kundennamensraum vorangestellt), und zusätzlich empfiehlt es sich, die Implementierung wie eine Klasse zu benennen, zum Beispiel Z_CL_SM_IMP1, weil sie in der Klassenbibliothek in Transaktion SE24 ebenfalls sichtbar sein wird. Technisch handelt es sich nämlich um nichts anderes als die implementierende Klasse eines Interfaces, nur dass SAP das Interface anlegt und Sie die Implementierung.

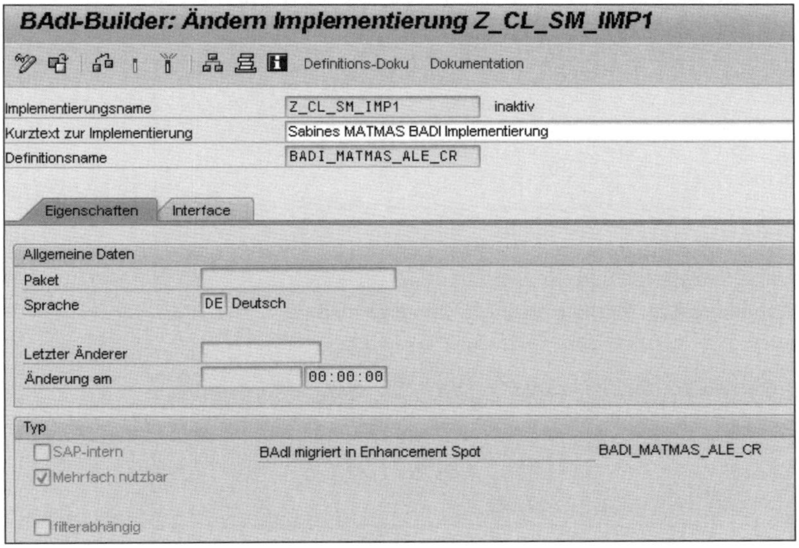

Abbildung 5.21 Implementierung anlegen – Details

An dieser Stelle ist auch erkennbar, ob das BAdI filterabhängig oder mehrfach nutzbar ist oder nicht (zu sehen in Abbildung 5.21 auf der Registerkarte EIGENSCHAFTEN im Bereich TYP). Das hier gezeigte klassische BAdI BADI_MATMAS_ALE_CR wurde inzwischen in ein neues BAdI migriert, sodass es in einem neuen Release nicht mehr verwendet würde. Als Beispiel ist es aber so gut wie jedes andere, daher bleiben wir hier der Übersicht halber beim Materialstamm. Mit dem Streichholz-Icon (Button, ganz links in der Toolbar) wird das BAdI am Ende Ihrer Entwicklungsarbeit aktiviert.

Eigenschaften der Implementierung

Auf der Registerkarte INTERFACE (siehe Abbildung 5.22) sehen Sie die Methoden des BAdIs. Durch einen Doppelklick auf die Methode gelangen Sie an die Stelle, an der Sie Ihr eigenes Coding erstellen können (siehe Abbildung 5.23).

Methoden des BAdIs

5 | Bestehende IDoc-Typen anpassen

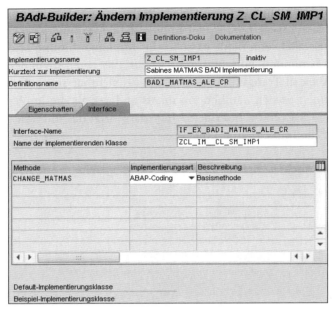

Abbildung 5.22 Methodensicht der Implementierung

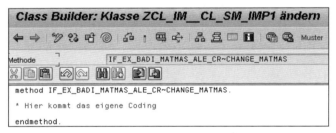

Abbildung 5.23 Entwicklung einer eigenen Methode

Beachten Sie, dass Sie hier zunächst Ihr Coding aktivieren müssen. Damit der Exit tatsächlich durchlaufen wird, müssen Sie zusätzlich aber auch die Implementierung selbst aktivieren. Dies geschieht im Hauptbild von Transaktion SE19. Das BAdI ist mandantenübergreifend, sodass Ihre Änderungen im ganzen SAP-System wirksam werden.

5.1.5 Explizite Enhancements

Seit Release SAP NetWeaver 7.0 steht Ihnen die neue Erweiterungstechnik über Enhancements zur Verfügung. Zunächst gibt es die expliziten Enhancements (die impliziten Enhancements werden im Folgenden separat beschrieben). Diese Enhancements werden von SAP an bestimmten Stellen im Coding eingegeben und können wiederum von Ihnen verwendet werden.

Explizite Enhancements sind außerdem zu sogenannten *Enhancement-Spots* zusammengefasst. Darüber hinaus gibt es Enhancement-Points und Enhancement-Sections. Für die *Enhancement-Points* gibt es kein Default-Coding, Sie bringen an der Stelle des Enhancement-Points einfach Ihre gewünschten Zusätze ein. Bei einer *Enhancement-Section* gibt es ein Coding von SAP, das durchgeführt wird, solange Sie keine Implementierung anlegen; Sie können dies jedoch durch eine eigene Implementierung ersetzen.

Enhancement-Spot

Sie können explizite Enhancements leicht finden, wenn Sie im Coding des Originalprogramms nach dem Wort ENHANCEMENT- suchen. Der Bindestrich ist wichtig, weil Sie sonst auch Implementierungen als Suchergebnisse erhalten. Häufig liefert SAP nämlich bereits Implementierungen etwa für Branchenlösungen aus. Das Suchergebnis für die Enhancements des Funktionsbausteins MASTER-IDOC_CREATE_MATMAS zeigt Abbildung 5.24.

Suche nach Enhancements

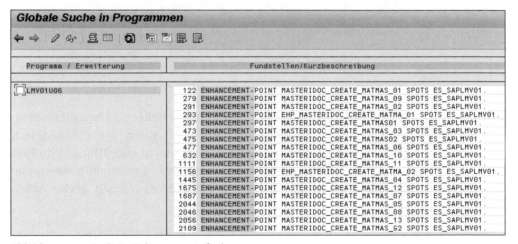

Abbildung 5.24 Explizite Enhancements finden

Im Coding selbst sehen Sie dann die Aufrufstelle und den Namen des dazugehörigen Enhancement-Points (siehe Abbildung 5.25). Enhancement-Points und Enhancement-Sections haben keine Signatur, mit deren Hilfe Ihnen Daten übergeben werden. Sie haben innerhalb des

Aufruf des BAdIs

Enhancements daher Zugriff auf alle Variablen, die an dieser Stelle des Codings im rufenden Programm bereitstehen. Das bedeutet allerdings auch, dass es sich schon einmal etwas komplexer gestalten kann, herauszufinden, welche Daten zur Verfügung stehen und wie die entsprechenden Variablen heißen.

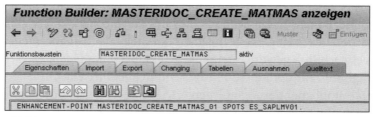

Abbildung 5.25 Enhancement im Coding

| Editierfunktion einschalten | Möchten Sie nun ein explizites Enhancement implementieren, erfolgt dies nicht über die Standardeditierfunktion. Sie müssen dem System mitteilen, dass Sie nicht im Original, sondern in Ihrer Implementierung editieren möchten. Das Icon, mit dem dies geschieht, sehen Sie in Abbildung 5.26 (Button 🔘).

Abbildung 5.26 Aktivieren der Enhancement-Editierfunktion

| Erweiterungsfunktionen | Nachdem Sie das Editieren von Enhancements eingeschaltet haben, können Sie im Coding den Cursor auf das Wort ENHANCEMENT setzen und mit der rechten Maustaste das Kontextmenü öffnen. Von hier aus können Sie nun über den Menüpunkt ERWEITERUNGEN Implementierungen anlegen, ändern oder zurücknehmen (siehe Abbildung 5.27).

Wählen Sie die Option ERWEITERUNGSIMPLEMENTIERUNG ANLEGEN. Da SAP ebenfalls Erweiterungsspots implementiert, kann es sein, dass im SAP-Namensraum bereits Implementierungen angezeigt werden (siehe Abbildung 5.28). Bei den Namen der Implementierungen gilt daher wieder die Regel, dass an deren Anfang Z, Y oder der Kundennamensraum stehen muss.

5.1 | Unterschiedliche Exit-Typen am Beispiel des Materialstamms

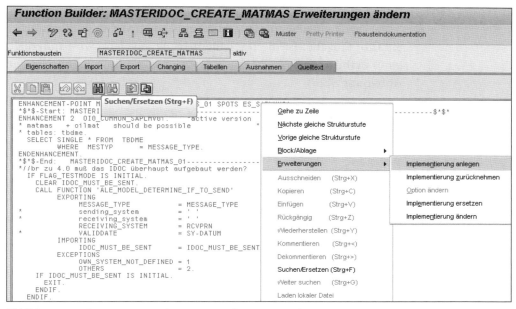

Abbildung 5.27 Erweiterungsimplementierung (Kontextmenü)

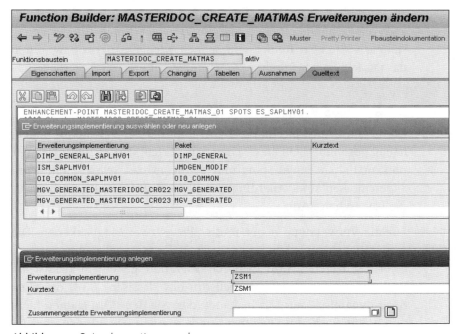

Abbildung 5.28 Implementierung anlegen

5 | Bestehende IDoc-Typen anpassen

BAdI-Implementierung Geben Sie im Feld ERWEITERUNGSIMPLEMENTIERUNG den Namen (hier ZSM1) sowie eine Beschreibung im Feld KURZTEXT ein, und bestätigen Sie Ihre Eingabe. Ist die Implementierung angelegt, wird innerhalb eines definierten Bereichs die Eingabe eines Codings möglich (siehe Abbildung 5.29).

Abbildung 5.29 Erweiterungsimplementierung editieren

Coding der Implementierung Beachten Sie, dass das hier sichtbare Aktivierungssymbol auch nur Ihren Anteil des Codings aktiviert. Der Breakpoint, der im Beispiel als einziger Befehl eingegeben wurde (break maisel), hilft Ihnen auch dabei, herauszufinden, welche Variablen Ihnen zur Verfügung stehen, sollte aber immer sehr schnell wieder entfernt bzw. durch das tatsächlich gewünschte Programmverhalten ersetzt werden.

5.1.6 Neue BAdIs

Aufbau Die neuen BAdIs, die Ihnen ab SAP ERP 6.0 zur Verfügung stehen, haben gegenüber den klassischen den Vorteil, dass sie performanter und an Enhancement-Spots und damit an das Switch-Framework angeschlossen sind. Allerdings sind sie etwas anders aufgebaut als die klassischen BAdIs.

Fall 1: BAdI durch Migration entstanden Für die Verwendung neuer BAdIs gibt es zwei Möglichkeiten. Die erste Möglichkeit haben Sie am Beispiel des Materialstamms kennengelernt: Ein neues BAdI ist durch Migration aus einem klassischen BAdI entstanden. In diesem Fall ruft das klassische BAdI das neue BAdI dynamisch auf. Das bedeutet, dass Sie den BAdI-Namen nicht durch eine Suche im Quelltext finden können. Sie können aber im klassischen BAdI unter dem Stichwort BADI MIGRIERT IN ENHANCE-

5.1 | Unterschiedliche Exit-Typen am Beispiel des Materialstamms

MENT-SPOT den Hinweis auf den Namen des neuen BAdIs sehen (siehe Abbildung 5.21). Mit diesem neuen Namen gehen Sie dann wieder in Transaktion SE19, um die eigentliche Implementierung vorzunehmen.

Fall 2: BAdI neu implementiert

Die zweite Möglichkeit ist, dass das neue BAdI tatsächlich neu angelegt wurde. In diesem Fall finden Sie es, indem Sie im Coding des Originalprogramms nach dem Befehl `GET*BADI` suchen. Die Implementierung der neuen BAdIs erfolgt zwar ebenfalls über Transaktion SE19, die dann folgenden Bilder unterscheiden sich aber stark von denen der klassischen BAdIs, daher erhalten Sie im Folgenden auch dafür ein Beispiel. Wichtig ist, dass bei neuen BAdIs nicht der BAdI-Name selbst, sondern der des Enhancement-Spots in Transaktion SE19 angegeben wird (siehe Abbildung 5.30).

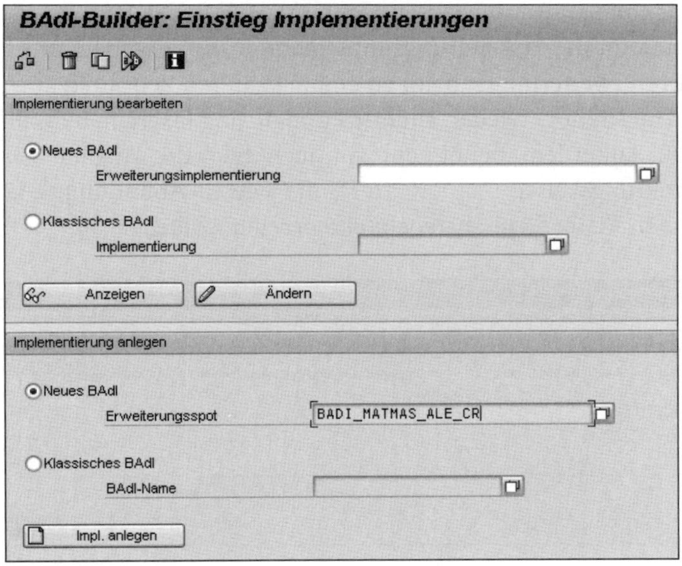

Abbildung 5.30 Einstieg BAdI-Builder (Transaktion SE19)

Name der Implementierung

Als Nächstes geben Sie in Transaktion SE19 den Namen der Erweiterungsimplementierung an. Unter diesem Namen ist die Erweiterung in Transaktion SE80, das heißt der Entwicklungsumgebung, jederzeit auffindbar. In Abbildung 5.31 sehen Sie, dass auch zusammengesetzte Erweiterungsimplementierungen möglich sind, falls Sie einzelne Objekte zusammenfassen möchten. Diese zusammengesetzten

Erweiterungen können dann gemeinsam transportiert oder im Switch-Framework von SAP eingeschaltet werden. Sie würden demnach die Elemente zusammenfassen, die in verschiedenen Enhancements von SAP liegen, bei Ihnen aber zu einer Kundenzusatzentwicklung gehören. Es handelt sich dabei aber nur um zusätzliche Ordnungselemente.

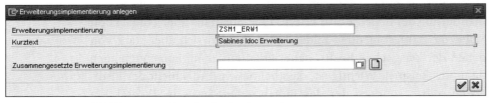

Abbildung 5.31 Vergabe des Implementierungsnamens

Implementierende Klasse

Auch bei den neuen BAdIs müssen Sie in Transaktion SE19 zunächst einen Namen für die Erweiterungsimplementierung vergeben, unter dem Sie Ihre Erweiterungen dann zu einem späteren Zeitpunkt auch in dieser Transaktion wieder ändern können (in unserem Beispiel ZSM1_ERW1). Außerdem benötigen wir auch hier die Angabe zur Implementierungsklasse (ZCL_SM_IMP1), die wie in Abbildung 5.32 möglichst den Klassennamensregeln entsprechen sollte.

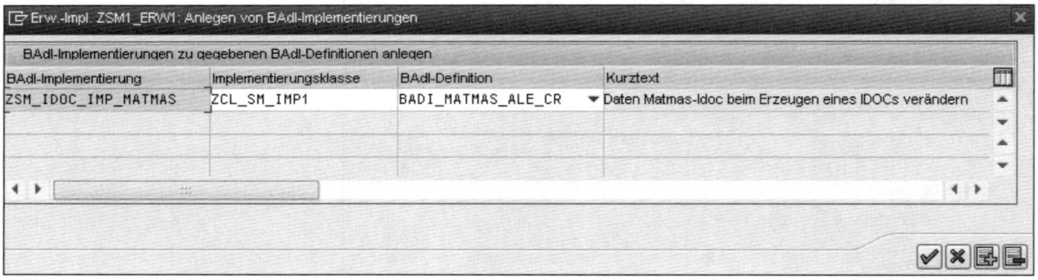

Abbildung 5.32 Name der implementierenden Klasse

Implementierung aktivieren

Im nun folgenden Bild sehen Sie die Eigenschaften Ihrer neuen Implementierung (siehe Abbildung 5.33). Hier wird sie mit dem Kennzeichen IMPLEMENTIERUNG IST AKTIV im Bereich LAUFZEITVERHALTEN aufgerufen, wenn alles fertig ist. Auch bei den neuen BAdIs ist es so möglich, erst einmal die Entwicklung zu vervollständigen und danach dafür zu sorgen, dass das Coding durchlaufen wird.

5.1 Unterschiedliche Exit-Typen am Beispiel des Materialstamms

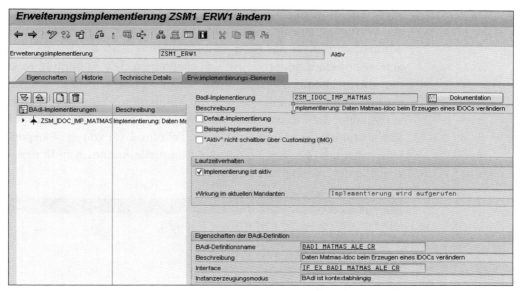

Abbildung 5.33 Eigenschaften der Implementierung

Um die implementierende Klasse zu sehen, genügt ein Doppelklick auf den Eintrag IMPLEMENTIERENDE KLASSE (links in Abbildung 5.34). Daraufhin sehen Sie rechts die zu implementierende Methode, die vom BAdI-Interface übernommen wird (hier IF_EX_BADI_MATMAS_ ALE_CR~CHANGE_MATMAS). Durch Anklicken des Änderungsicons ( ) gelangen Sie zur Ansicht Ihrer Klasse.

Pflege der implementierenden Klasse

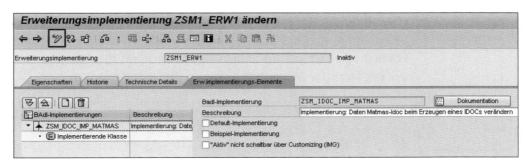

Abbildung 5.34 Verzweigung zur implementierenden Klasse

Bei den neuen BAdIs kann der Entwickler des BAdIs eine Beispielklasse ausliefern. So kann er auf einfache Weise zeigen, welche Anwendungsmöglichkeiten er sich für sein BAdI vorstellt.

Beispielklasse bei neuen BAdIs

5 | Bestehende IDoc-Typen anpassen

Diese Funktion ist optional und wird daher nicht von jedem BAdI zur Verfügung gestellt. Um Ihnen die Funktion dennoch zeigen zu können, wurde für das Beispiel in Abbildung 5.35 der betreffende Screenshot eines anderen BAdIs übernommen. Die Abbildung zeigt die entsprechende Abfrage sowie Auswahlmöglichkeiten. Grundsätzlich können Sie entscheiden, ob Sie dennoch eine leere Klasse verwenden, die Beispielklasse als Kopiervorlage einsetzen oder eine Klasse von ihr erben lassen möchten. Erbt Ihr BAdI von der Beispielklasse, hat das den Vorteil, dass Sie eventuelle Änderungen in neueren Releases automatisch erhalten.

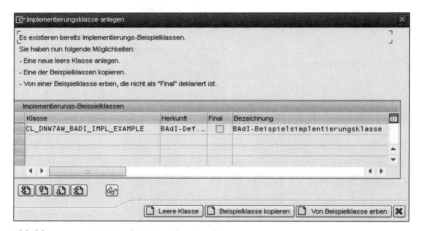

Abbildung 5.35 Optionale Beispielmethode

Beispielmethode bei neuen BAdIs Ob mit Abfrage der Beispielmethode oder ohne – im nächsten Schritt befinden Sie sich in der Klassenpflege (siehe Abbildung 5.36) und können von hier aus mit einem Doppelklick auf Ihre Methode auf der Registerkarte METHODEN zu deren Quellcode gelangen.

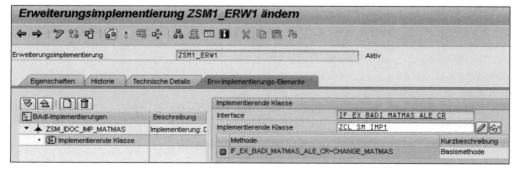

Abbildung 5.36 Absprung in die implementierende Klasse

Abbildung 5.37 zeigt das Feld, in dem Sie Ihren Quellcode eingeben können, also die kompletten Funktionen, um etwa ein eigenes Segment zu füllen. In unserem Beispiel wurde übersichtshalber nur folgender Kommentar eingefügt:

Klassen- und Methodenpflege

```
* Ihre Implementierung
```

Abbildung 5.37 Implementierung der BAdI-Methode

5.1.7 Implizite Enhancements

Zusätzlich zu den bisher beschriebenen Enhancements gibt es im Rahmen der neuen Erweiterungsmöglichkeiten implizite Enhancements. Dies sind Erweiterungen, die nicht vom Entwickler vorgegeben werden, sondern bei allen Programmen, die nicht Bestandteil der eigentlichen SAP-Basis sind, an bestimmten Stellen zur Verfügung stehen. Bei Funktionsbausteinen und Includes, wie sie bei der IDoc-Verarbeitung vorkommen, sind es die folgenden Stellen:

- am Ende eines Includes (Reports zählen hier auch als Includes)
- an der Signatur von Funktionsbausteinen
- am Ende einer Strukturtypdefinition (vor end of)
- am Anfang und am Ende von Forms

Es gibt noch weitere Stellen, insbesondere im Zusammenhang mit Klassen, die jedoch für die IDoc-Verarbeitung nicht von Interesse sind.

Die impliziten Enhancements sind in jedem Programm vorhanden und daher zunächst unsichtbar. Erst wenn Sie dem System mitteilen, dass Sie mit impliziten Erweiterungen arbeiten möchten, werden sie sicht- und somit editierbar. Zuerst klicken Sie dazu wieder auf das Erweiterungsicon (). Im daraufhin erscheinenden Bild (siehe Abbildung 5.38) folgen Sie dem Menüpfad BEARBEITEN • ERWEITERUNGS-

Implizite Enhancements anzeigen

5 | Bestehende IDoc-Typen anpassen

OPERATIONEN • IMPLIZITE ERW.-OPTIONEN EINBLENDEN, um die impliziten Enhancements sichtbar zu machen.

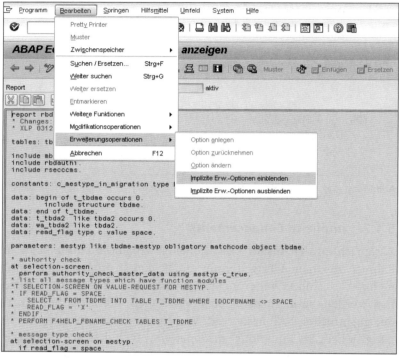

Abbildung 5.38 Implizite Enhancements einblenden

Implizite Enhancements in Report RBDMIDOC

Danach erscheinen im Programmtext aus Gänsefüßchen und Benennungen bestehende zusätzliche Zeilen. Dies sind die impliziten Enhancements. Ihre Namen müssen, da es sie überall gibt, generiert werden und bestehen daher immer aus einer fortlaufenden Nummer und einer Beschreibung, die die Stelle bezeichnen, zu der sie gehören (zum Beispiel am Ende einer Form). In Abbildung 5.39 sehen Sie sowohl implizite Enhancements am Beginn und Ende einer Form als auch solche in einer Datenanweisung und eines am Ende eines Includes, in diesem Fall des Reports RBDMIDOC selbst (zu erkennen jeweils an den Gänsefüßchen, die sich über die ganze Zeile erstrecken).

Implementierung einer impliziten Erweiterung

Eine implizite Erweiterung wird auf die gleiche Weise wie eine explizite implementiert. Eine einmal erfolgte Implementierung bleibt sichtbar (siehe Abbildung 5.40), auch wenn die Ansicht impliziter Erweiterungen wieder deaktiviert ist, das heißt zum Beispiel nach einem erneuten Aufruf von Transaktion SE38.

Unterschiedliche Exit-Typen am Beispiel des Materialstamms | 5.1

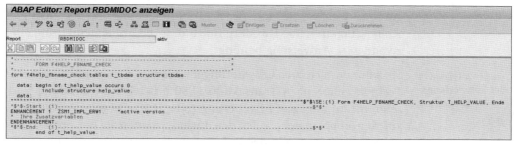

Abbildung 5.39 Implizite Enhancements in Report RBDMIDOC

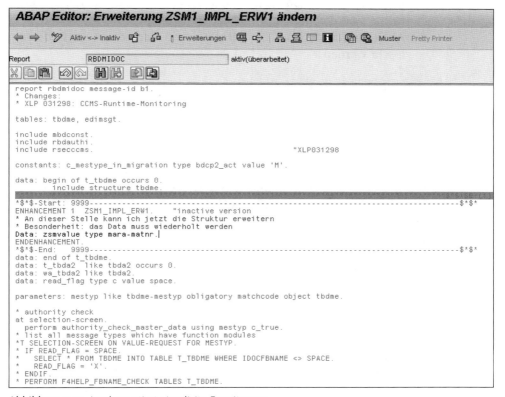

Abbildung 5.40 Implementierte implizite Erweiterung

Dieses Beispiel für eine Implementierung bei einem impliziten Enhancement ist bewusst in einer Strukturdefinition gewählt. Bei impliziten Enhancements stehen Ihnen das originale SAP-Coding und Ihr Erweiterungscoding als eigene Programmierobjekte zur Verfügung und müssen daher auch als eigene Programmierobjekte gültig und aktivierbar sein. Erst bei der Ausführung des Rahmenpro-

Besonderheit bei Strukturen

5 | Bestehende IDoc-Typen anpassen

gramms werden sie von der Laufzeitumgebung an der richtigen Stelle »eingemischt«, was dazu führt, dass die Implementierung eine zweite DATA-Anweisung benötigt.

Erweiterung in der Entwicklungsumgebung

Sie können sich alle Erweiterungen, die zur neuen Enhancement-Technik gehören, in Transaktion SE80 anschauen. Abbildung 5.41 zeigt unsere implizite Erweiterung ZSM1_IMPL_ERW mit dem Verweis auf den Reportnamen oder den Include-Namen in der Spalte PROGRAMM und die Stelle des Enhancements im Coding (in der Spalte ERWEITERUNGSIMPLEMENTIERUNGS-TYP). Statische Enhancements beziehen sich auf das Coding zur Datendeklaration, alle anderen Enhancements sind dynamisch. Über die beiden ABAP-Buttons (❶ und ❷ in Abbildung 5.41) kann das ABAP-Coding direkt bearbeitet oder gelöscht werden.

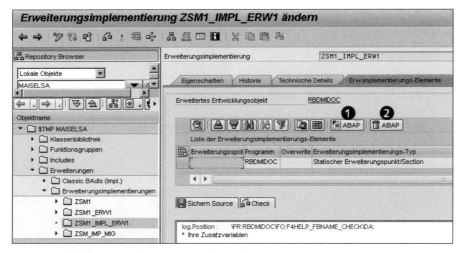

Abbildung 5.41 Erweiterung in Transaktion SE80

> **[»] Erweiterungen und ALE-Dienste**
>
> Beachten Sie, dass Ihre Erweiterungen, gleichgültig, in welcher Technik sie vorgenommen werden, im Ausgang immer während der Erzeugung des IDocs ablaufen. Prinzipiell finden alle ALE-Dienste erst statt, wenn das IDoc mitsamt Ihren Erweiterungen komplett erzeugt wurde, sodass eventuelle Filterungen oder Ähnliches erst *nach* der Erstellung Ihrer Erweiterungen durchlaufen werden. Das bedeutet zum Beispiel, dass zur Laufzeit Ihres Exits möglicherweise noch mehrere Werksegmente im IDoc vorhanden sind, auch wenn aufgrund der Objektfilterung am Ende der IDoc-Erstellung nur noch ein Werksegment auf der Datenbank erzeugt wird. Berücksichtigen Sie dies bei der Implementierung Ihrer Exits.

5.2 Allgemeine Exits

Bestimmte Vorgänge werden für einen Großteil der IDocs gleich gehandhabt. Dazu gehört auch die Versionswandlung, die in Transaktion WE20 eingestellt werden kann. Für die Stammdaten-IDocs gehört zu diesen Vorgängen auch das Schreiben von Änderungszeigern. Die dafür von SAP vorgesehenen Erweiterungsobjekte lernen Sie im nächsten Abschnitt kennen.

5.2.1 Versionswandlung

Für jedes Segment kann es abhängig vom Release des SAP-Systems eine eigene Version geben. Für die Kommunikation mit älteren Releases kann es daher notwendig sein, die Segmente in einem in Transaktion WE20 frei wählbaren Release zu erzeugen (siehe auch Abschnitt 4.6, »Versionswandlung«). Dies ist ohne Entwicklungsarbeit möglich. Zusätzlich stellt SAP aber eine SAP-Erweiterung in Transaktion SMOD zur Verfügung, mit deren Hilfe Kunden eigene Anpassungen vornehmen können.

SAP-Erweiterung ALE00001

Der Exit `EXIT_SAPLBD11_001` in der Erweiterung `ALE00001` wird immer durchlaufen, auch wenn in Transaktion WE20 keine Versionswandlung eingetragen ist. Er ist einer der wenigen Exits, in denen auch die Header- und Statusdaten des IDocs zur Verfügung stehen und gegebenenfalls mit geändert werden können. Der Kunden-Include, in dem Sie Ihr Coding einbringen, heißt `ZXSBDU01`. Es handelt sich um einen Exit in einer SAP-Erweiterung. Das Beispiel-Coding in Listing 5.1 zeigt, wie Sie aus der *International Location Number* (ILN) im IDoc die Kundennummer im SAP-System ermitteln können.

```
*&---------------------------------------------------------*
*&  Include           ZXSBDU01
*&---------------------------------------------------------*
* Prüfen, ob IDoc im Eingang, sonst nichts tun!
CHECK idoc_control_in-direct EQ '2'.
* Wenn ja, prüfen, welches IDoc, und ändern
************************************************************
* Lokale Variablen
************************************************************
DATA: wa_kunnr TYPE kna1-kunnr.
DATA: wa_idoc_data TYPE edidd.
DATA: wa_eledka1 TYPE eledka1.
```

```abap
DATA: wa_e1edk14 TYPE e1edk14.
DATA: wa_vkorg TYPE tvko-vkorg.
DATA: xbbbnr LIKE kna1-bbbnr.
DATA: xbbsnr LIKE kna1-bbsnr.
DATA: xbubkz LIKE kna1-bubkz.
* Nachrichtentyp prüfen
CASE idoc_control_in-stdmes.
  WHEN 'ORDERS'.
****************************************************************
* Lieferantennummer und Kundennummer füllen
****************************************************************
* Werte füllen
    LOOP AT idoc_data INTO wa_idoc_data
      WHERE segnam EQ 'E1EDKA1'.
      wa_e1edka1 = wa_idoc_data-sdata.
      IF wa_e1edka1-partn IS INITIAL. " Nur wenn sie fehlt
        xbbbnr = wa_e1edka1-ilnnr+0(7).
        xbbsnr = wa_e1edka1-ilnnr+7(5).
        xbubkz = wa_e1edka1-ilnnr+12(1).
        CHECK: NOT xbbbnr IS INITIAL.
        CHECK: xbbbnr NE SPACE.
        SELECT kunnr FROM kna1 INTO wa_kunnr
         WHERE bbbnr EQ xbbbnr
             AND   bbsnr EQ xbbsnr
             AND   ubkz  EQ xbubkz.
          EXIT.
        ENDSELECT.
        IF sy-subrc = 0.
          wa_e1edka1-partn = wa_kunnr.
****************************************************************
* Übergabe der Daten zurück an das IDoc
****************************************************************
* Rückgabe ans IDoc
          wa_idoc_data-sdata = wa_e1edka1.
          MODIFY idoc_data FROM wa_idoc_data.
        ENDIF.
      ENDIF.
    ENDLOOP.
  WHEN 'ANDERERTYP'.
* Was immer Sie für diesen Nachrichtentyp tun möchten.
  WHEN others.
ENDCASE.
****************************************************************
* Kontroll-Record ändern, damit nach dem Exit die Änderungen
* übernommen werden, das gilt für alle geänderten Segmente
****************************************************************
MOVE idoc_control_in TO idoc_control_out.
```

```
idoc_control_out-idoctp = idoc_control_in-idoctp.
idoc_control_out-upddat = sy-datum.
idoc_control_out-updtim = sy-uzeit.
```

Listing 5.1 Beispiel-Coding für die Erweiterung ALE00001

Grundsätzlich kann dieser Exit im Eingang und im Ausgang durchlaufen werden, das heißt, Sie müssen zunächst die Richtung der Kommunikation ermitteln. Im nächsten Schritt können Sie dann die gewünschten Änderungen (am Kontrollsatz oder an den IDoc-Daten) vornehmen.

Anschließend müssen die folgenden Felder geändert werden:

- `idoc_control_out-idoctp`
- `idoc_control_out-upddat`
- `idoc_control_out-updtim`

Änderungen zurückgeben

Ob diese Felder einer Änderung unterzogen wurden, wird von dem Programm geprüft, das den Exit ruft, und nur wenn hier tatsächlich Änderungen vorgenommen wurden, werden die anderen, gegebenenfalls geänderten Werte aus der Struktur `idoc_control_out` ebenfalls übernommen. Es genügt dabei, die Felder anzufassen; es ist bei der Variablen `IDOCTP` demnach möglich, den ursprünglichen Wert zu übernehmen, was in der Regel gewünscht sein wird.

5.2.2 BAdI bei der Erzeugung von Änderungszeigern

Änderungszeiger werden, wie in Abschnitt 2.1.1, »Shared Master Data Tool«, erläutert, in den Funktionsbausteinen `CHANGE_POINTERS_CREATE_LONG` oder `CHANGE_POINTERS_CREATE_DIRECT` erzeugt. Auch für diese Erzeugung von Änderungszeigern gibt es einen Exit von SAP, diesmal in Form eines klassischen BAdIs. Allerdings ist dieser Exit erst ab Release 6.20 verfügbar.

Das BAdI `BDCP_BEFORE_WRITE` ist ein filterabhängiges BAdI mit dem Nachrichtentyp als Filter. Die Voraussetzungen für den Einsatz des Exits sind, dass Änderungszeiger generell aktiviert sind, dass sie für den entsprechenden Nachrichtentyp aktiviert sind und dass die Felder, die änderungsrelevant sein sollen, ebenfalls für den Nachrichtentyp gepflegt sind. Mit diesen Einstellungen erstellt das SAP-System im Standard alle notwendigen Änderungszeiger. Das BAdI wird dann vor dem Ablegen der Änderungszeiger auf der Datenbank auf-

BAdI BDCP_BEFORE_WRITE

gerufen und kann dazu verwendet werden, mehr Einschränkungen für die Erzeugung von Änderungszeigern vorzunehmen, als es über die Einstellungen im Customizing möglich ist. Das BAdI enthält Beispiel-Coding für zwei Fälle:

- Nur für bestimmte Materialien sollen Änderungszeiger geschrieben werden.
- Nur bei einem bestimmten Benutzer sollen Änderungszeiger geschrieben werden.

Möchten Sie dieses BAdI verwenden, können Sie das Beispiel-Coding übernehmen und an Ihre Bedürfnisse anpassen. Dabei sind allerdings einige Aspekte zu beachten.

- **Feld OBJECTID**
  Zunächst ist im von SAP bereitgestellten Beispiel-Coding davon ausgegangen worden, dass das Feld OBJECTID am Beginn den Mandanten enthält. Dies ist jedoch nicht der Fall. Ziehen Sie daher die drei Zusatzfelder für den Mandanten in Ihrer Implementierung nicht mit ab, wenn Sie aufgrund von Objektkennungen filtern möchten.

- **Feld CPIDENT**
  Außerdem enthält das Feld CPIDENT nicht die Nummer, die es später in den Tabellen BDCP und BDCPS haben wird, sondern nur eine Interimsnummer, bevor beim Verbuchen die echte Nummer vergeben wird.

- **Einfügen von Daten**
  In der Hilfe zum Exit schreibt SAP, dass man auch Change-Pointer einfügen kann; im Beispiel-Coding wiederum steht aber, dass man den Exit nicht dafür verwenden kann. Technisch ist dieses Einfügen jedenfalls möglich, Sie müssen aber selbst sicherstellen, dass in den Interims-CPIDENT-Feldern Ihrer internen Tabelle fortlaufende Nummern ohne doppelte Werte vorkommen, sonst wird die Verbuchung abgebrochen.

  Sie sollten daher mit dem Einfügen von Änderungszeigern vorsichtig sein. Falls Sie Ihren Exit debuggen möchten, muss in der Regel das Verbuchungs-Debugging eingeschaltet sein. Die meisten Stammdaten buchen ihre Änderungen mit der Verbuchungstechnik auf der Datenbank, und das Schreiben von Änderungszeigern erfolgt daher auch über Verbuchungsprozesse.

5.2.3 BAdI bei der Erzeugung von IDocs mithilfe des IDoc-Copymanagement-Tools

Das IDoc-Copymanagement, das bereits in Abschnitt 2.3 dargestellt wurde, verwendet ein an einen Referenzempfänger gesendetes IDoc als Kopiervorlage, um daraus auch IDocs an andere Partner zu erzeugen. Dabei wird nur der Kopfsatz auf den neuen Partner umgestellt. Wenn Sie jedoch auch Bestandteile des Inhalts der IDocs abhängig vom neuen Partner verändern möchten, können Sie dazu ein von SAP ausgeliefertes BAdI verwenden.

BAdI IDOC_COPY_MANAGE

Der Name des BAdIs lautet IDOC_COPY_MANAGE. Darin steht Ihnen die Methode CHANGE_IDOC_INFO zur Verfügung, die den Übergabeparameter PI_TWPCOPY für den Referenzpartner PI_EDIDD zum jeweiligen Kontrollsatz des kopierten IDocs und den Übergabeparameter PI_EDIDC für die Datensätze des kopierten IDocs bereitstellt.

Parameter PI_TWPCOPY, PI_EDIDD und PI_EDIDC

Die Übergabeparameter PI_EDIDD und PI_EDIDC können Sie durch Ihre Implementierung dieses BAdIs beeinflussen, der Referenzpartner kann nicht verändert und zurückgegeben werden. Eine Implementierung dieses filterlosen und nicht mehrfach verwendbaren BAdIs können Sie wieder in Transaktion SE19 anlegen.

> **Sichtbarkeit von Exits** [+]
>
> Die unterschiedlichen Arten von Exits sind entstanden, um unterschiedliche Anforderungen zu erfüllen. Dazu gehört auch, dass sie teilweise mandantenabhängig und teilweise mandantenübergreifend sind. Im Folgenden erhalten Sie einen Überblick über die Sichtbarkeit der jeweiligen Exits:
>
> - *Customer-Exits* und *klassische BAdIs* sind stets mandantenübergreifend wirksam. Wenn Sie dies verhindern möchten, muss dies mit einem eigenen Tool, das als Erstes in jeder Implementierung aufgerufen wird, oder mithilfe einer CASE-Schleife erfolgen.
> - *Business Transaction Events* sind mandantenweise ein- und ausschaltbar.
> - *Enhancements* können über das Switch-Framework gezielt eingeschaltet werden, gelten dann aber ebenfalls mandantenübergreifend.

5.3 Eigene Segmente

Sowohl bei der Erweiterung bestehender IDoc-Typen als auch beim Anlegen eigener IDoc-Typen ist die Voraussetzung das Erzeugen von

5 | Bestehende IDoc-Typen anpassen

Segmenten, in denen die Anwendungsdaten untergebracht werden. Ein solches Segment kann bis zu 1.000 alphanumerische Zeichen umfassen. Auf alle hier genannten Informationen zur Erzeugung eigener Segmente wird in Abschnitt 6.2, »Eigene IDoc-Typen und Nachrichtentypen anlegen«, Bezug genommen.

5.3.1 Segmente anlegen

Kundensegmente Der Verwendung eigener Segmente gehen in der Regel Anpassungen an den betriebswirtschaftlichen Daten voraus. Normalerweise können Sie davon ausgehen, dass dies schon von Ihren Kollegen aus der Applikation entwickelt wurde. Das folgende Beispiel enthält allerdings auch die Daten im Materialstamm, die in der Erweiterung verwendet werden sollen. Abbildung 5.42 zeigt, wie Sie in Transaktion SE11 über den Button APPEND-STRUKTUR, den Sie rechts oben in der Abbildung sehen, zusätzliche kundeneigene Felder an Tabellen, in diesem Fall an die Tabelle MARA, anhängen können. Dazu vergeben Sie zunächst einen Append-Namen, der im Kundennamensraum liegen muss (hier ZSMMARA).

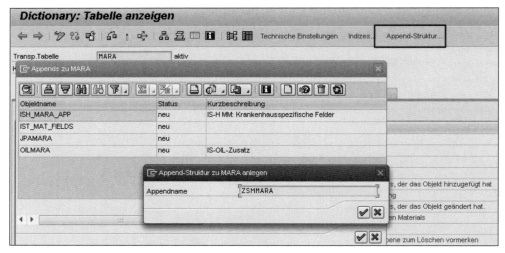

Abbildung 5.42 Anhängen eines Appends an die Tabelle MARA

Segmentfelder Im nächsten Schritt können Sie dann, wie in Abbildung 5.43 gezeigt, auf der Registerkarte KOMPONENTEN angeben, welche neuen Felder Sie verwenden möchten. Die Bezeichnungen dieser Felder sollten ebenfalls den Kundennamensregeln folgen, da sie in Programmen wie Felder behandelt werden, die direkt in der Tabelle MARA liegen, und Sie nie sicher sein können, welche Felder von SAP-Seite möglicherweise neu hinzukommen werden.

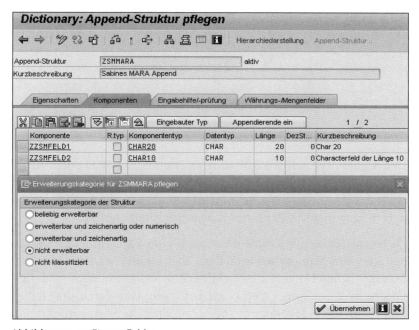

Abbildung 5.43 Eigene Felder

Nun erfolgt der erste IDoc-relevante Schritt für die Erweiterung von IDoc-Typen, nämlich das Anlegen eines eigenen Segmenttyps. Segmenttypen werden in Transaktion WE31 angelegt und können bis zu 27 Zeichen lange Namen haben, die mit Z oder Y oder /<NAMENS-RAUM>/ beginnen, wenn es sich um Kundensegmente handelt. An nächster Stelle im Namen folgt dann immer eine 1, der Rest des Namens ist frei wählbar (in unserem Beispiel lautet der Name Z1MARA).

Eigene Segmenttypen

SAP-Segmente tragen dabei oft einen Namen, der einen Bezug zu der Datenbanktabelle hat, aus der die Felder verwendet werden. Dies ist aber nicht vorgeschrieben. In Abbildung 5.44 sehen Sie unser Beispielsegment, das zum Append der Tabelle MARA gehört. Beim Anlegen des Segments wird die Länge der Felder aus der Datenbank ermittelt. Wenn Sie zu einem späteren Zeitpunkt die Feldlängen ändern, muss dies manuell im Segment angepasst werden.

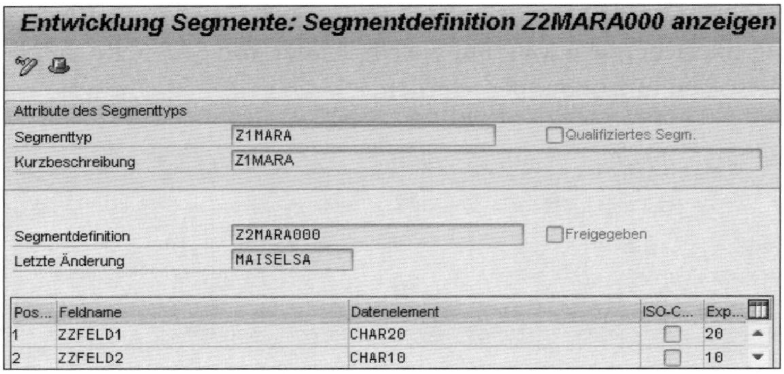

Abbildung 5.44 Anlegen eines eigenen Segmenttyps

Segmenttyp in Transaktion SE11

Der Segmenttyp selbst kann auch in Transaktion SE11, dem ABAP Dictionary (DDIC), betrachtet werden, wo er als Struktur hinterlegt ist. Der Segmenttyp trägt die Information im SAP-eigenen Format, in dem Felder auch auf der Datenbank gespeichert werden.

Zu jedem Segmenttyp wird dann noch eine Segmentdefinition mit den gleichen Namensbestandteilen, aber einer 2 anstelle der 1 im ursprünglichen Namen, angelegt (hier Z2MARA). Diese Segmentdefinition kann in mehreren Versionen vorliegen, was durch dreistellige Ziffern am Ende des Namens angezeigt wird. Die Segmentdefinition unseres Beispiels ist die erste Version, daher erhält sie den Zusatz 000: Z2MARA000. In der Segmentdefinition sehen Sie das sogenannte *externe Format*, also das Format, das tatsächlich mit dem Partner ausgetauscht wird und das sich bei manchen Feldern vom internen Format der SAP-Datenbank unterscheidet.

Neutrales Format

Um ein neutrales Format verschicken zu können, müssen Sie alle Informationen als Text übergeben. Zahlen werden auf der SAP-Datenbank jedoch ohne Dezimaltrennzeichen gespeichert; dieses Dezimaltrennzeichen wird dennoch stets als Punkt mit übertragen. Ein gegebenenfalls vorhandenes Minus wird als letztes Feld übertragen. Dadurch werden Zahlen gegenüber der internen Darstellung immer zwei Stellen länger. Datumswerte werden in der Regel wie folgt übertragen: das Jahr vierstellig, der Monat zweistellig und der Tag ebenfalls zweistellig.

Freigabe

Ein Segment muss vor der Verwendung freigegeben werden. Dies können Sie über den Menüpfad BEARBEITEN • FREIGABE SETZEN tun (siehe Abbildung 5.45). Nach der Freigabe führt jede Änderung zu einer neuen Version des Segments. Im ALE-Dienst *Versionswandlung* (siehe Abschnitt 5.2, »Allgemeine Exits«) können Sie dafür sorgen, dass die passende ältere Version der Segmentdefinition verwendet wird, falls Ihr Partner ein älteres Release im Einsatz hat.

Abbildung 5.45 Segment freigeben

5.3.2 Erweiterungstyp anlegen

Nachdem Sie alle erforderlichen Segmente erstellt haben, kann nun die eigentliche Erweiterung angelegt werden. Sie folgt wieder den üblichen Kundennamensregeln und kann bis zu 30 Stellen lang sein. Der Transaktionscode dazu heißt WE30. Wichtig ist, dass Sie im Einstiegsbild das Kennzeichen ERWEITERUNG setzen (siehe Bereich ENTWICKLUNGSOBJEKT in Abbildung 5.46), denn die Default-Einstellung ist BASISTYP, und der wird nur für ganz neue IDoc-Typen verwendet.

Erweiterungstyp anlegen

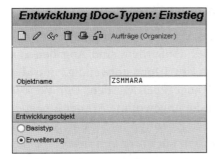

Abbildung 5.46 Erweiterungstyp anlegen

Für jeden Erweiterungstyp geben Sie im nächsten Schritt (siehe Abbildung 5.47) an, auf welchen Basistyp Sie sich beziehen möchten. In unserem Beispiel ist das der Basistyp MATMAS05. Sie haben aber

Eigenschaften des Erweiterungstyps

auch die Möglichkeit, bereits bestehende Erweiterungen zu kopieren und weiterzuverarbeiten oder aber eine Erweiterung als Nachfolgeobjekt einer bestehenden Erweiterung anzulegen (siehe Bereich NEUE ERWEITERUNG).

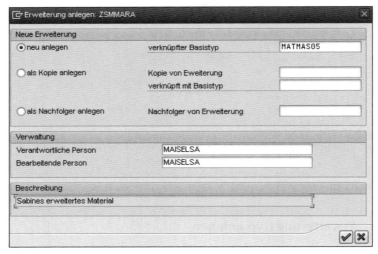

Abbildung 5.47 Notwendige Angaben

Erweiterung des Basistyps MATMAS

Der als Vorlage angegebene Basistyp wird nun im folgenden Bild angezeigt (siehe Abbildung 5.48). Sie können auswählen, als Kinder welcher Segmente Sie Ihre Segmente anlegen möchten, indem Sie das Segment auswählen und dann auf das ANLEGEN-Symbol klicken. Das System teilt Ihnen dann mit, dass Ihre eigenen Segmente bei Erweiterungen nur als Kind-Segmenttypen zugelassen sind.

Häufigkeit der Segmente

Als Nächstes müssen Sie angeben, welchen Segmenttyp Sie verwenden möchten (siehe Abbildung 5.49). Außerdem sind Angaben zur Häufigkeit des Segments innerhalb des IDocs notwendig, und die Mindestanzahl muss immer mit 1 angegeben werden. Der Wert 0 würde hier als »leer« zählen, daher die ungewohnte Art der Eingabe. Ein Muss-Segment wird aus Ihrem Segmenttyp nur, wenn Sie auch das entsprechende Kennzeichen setzen. Für unser Beispiel wurde ein Segment gewählt, das optional ist und nur einmal vorkommen kann. (Den Append-Eintrag in der Tabelle ZSMMARA kann es nur einmal pro Material geben, daher kann es auch das Segment Z1MARA nur einmal pro Material geben.)

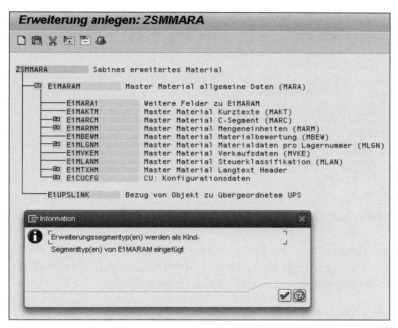

Abbildung 5.48 Eigenes Segment einfügen

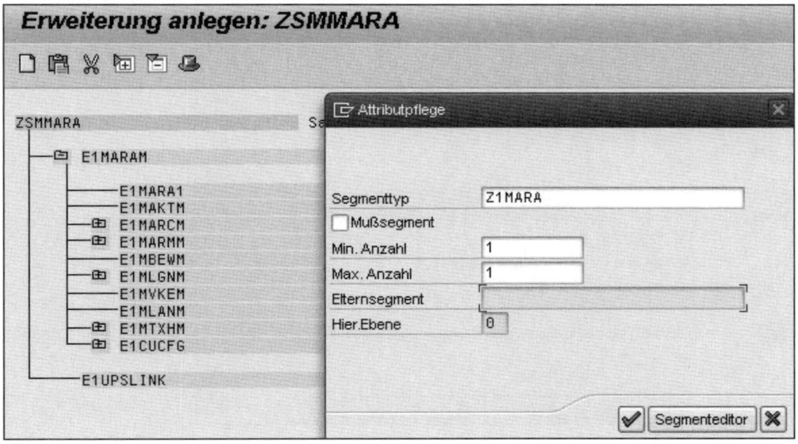

Abbildung 5.49 Angaben zum eigenen Segment

Die eigenen Erweiterungssegmente werden im System weiß dargestellt, während die Ursprungssegmente hellblau hinterlegt sind; Sie sehen demnach direkt, welche Segmente hinzugekommen sind. Abbildung 5.50 zeigt das Ergebnis der Erweiterung, also das hinzugekommene (weiß hinterlegte) Segment Z1MARA.

Erweiterung um Segment Z1MARA

5 | Bestehende IDoc-Typen anpassen

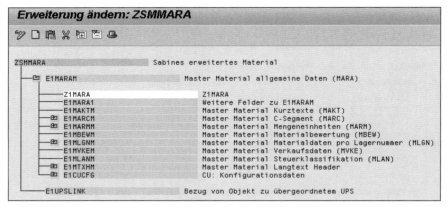

Abbildung 5.50 Fertige Erweiterung

Freigabe einer Erweiterung

Auch die Erweiterung muss freigegeben werden (siehe Abbildung 5.51). Dies geschieht über den Menüpfad BEARBEITEN • FREIGABE SETZEN. Ihre Erweiterung ist dann nicht mehr änderbar.

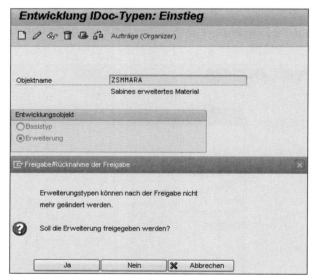

Abbildung 5.51 Erweiterung freigeben

Zuordnung zu Nachrichtentyp und IDoc-Typ

Die freigegebene Erweiterung muss nun dem Nachrichtentyp und dem IDoc-Typ zugewiesen werden, denn nur in dieser Kombination kann sie verwendet werden. Abbildung 5.52 zeigt, wie dies für die Beispielerweiterung ZSMMARA in Transaktion WE82 durchgeführt wird.

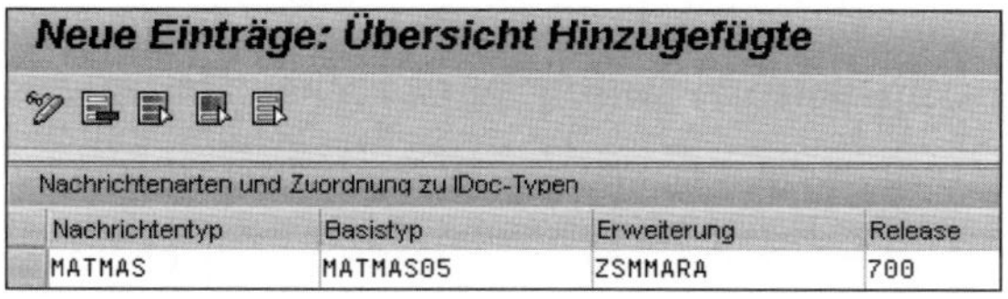

Abbildung 5.52 Erweiterung zum Nachrichtentyp zuordnen

Für den Fall, dass Sie sich nicht sicher sind, ob Sie auch wirklich an alles gedacht haben, können Sie Ihre Erweiterung prüfen. Solche Prüffunktionen gibt es zwar auch für Segmenttypen, aber eine Prüfung lohnt sich meist ohnehin erst, wenn alle für die Erweiterung notwendigen Schritte abgeschlossen sind. Dann werden auch die untergeordneten Elemente mit geprüft. Zur Prüfung der Erweiterung gelangen Sie über das Menü ERWEITERUNG • PRÜFEN oder über das Waage-Icon, das Sie in Abbildung 5.51 sehen (Button 🛠). Abbildung 5.53 zeigt, was alles geprüft wird und wie das Ganze im Erfolgsfall aussieht. Sollte etwas nicht korrekt sein, können Sie es mithilfe dieses Protokolls korrigieren.

Prüfen der Erweiterung

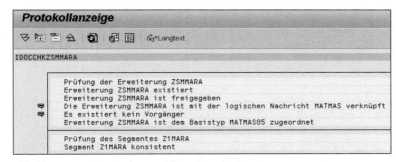

Abbildung 5.53 Erweiterung prüfen – Protokoll

Nachdem wir nun unsere Erweiterung fertiggestellt haben, ist es notwendig, die Segmente sowie den Namen der Erweiterung im Kontrollsatz zu füllen, wenn wir das IDoc senden, und die entsprechenden Segmente auszulesen, wenn wir das IDoc verbuchen.

5.3.3 Segmente füllen

Sie suchen sich im Ausgangsfunktionsbaustein des IDocs einen passenden Exit und implementieren Ihre Änderungen (siehe Listing 5.2). Als Beispiel dient hier der Funktionsbaustein-Exit aus den Erweiterungen. Sinngemäß ist das Vorgehen identisch, gleichgültig, welche der möglichen Erweiterungstechniken Sie verwenden, aber die Namen der Übergabevariablen im Beispiel-Coding entsprechen denen des Exits EXIT_SAPLMV01_002.

```
*--------------------------------------------------------*
*    INCLUDE ZXMGVU03
*--------------------------------------------------------*
* Firmeneigene Segmente zu MATMAS füllen
CASE message_type.
* Prüfen, ob es sich wirklich um die gewünschte Nachricht
* handelt.
  WHEN 'MATMAS'.
* Nur dann die Einfügungen vornehmen.
     idoc_cimtype = 'ZSMMARA'.
     CASE segment_name.
* Prüfen, um welches Segment es sich handelt. Wenn es
* eines der zu erweiternden ist, wird das jeweilige
* Kundensegment erzeugt und angehängt.
        WHEN 'E1MARAM'.
           PERFORM fill_z1mara
           TABLES idoc_data.
        WHEN others.
           EXIT.
     ENDCASE.
  WHEN others.
     EXIT.
ENDCASE.
```

Listing 5.2 Erweiterung des Exits EXIT_SAPLMV01_002

Beispiel der aufgerufenen Form

In Listing 5.3 sehen Sie die Form fill_z1mara, die im genannten Exit aufgerufen wird. Natürlich ist die Aufteilung in Unterprogramme im Coding nicht notwendig, sie erleichtert meistens aber das Lesen der Programme.

```
*--------------------------------------------------------*
***INCLUDE ZXMGVF01.
*--------------------------------------------------------*
*&     Form    fill_z1mara
*&-------------------------------------------------------*
FORM fill_z1mara   TABLES idoc_data STRUCTURE edidd.
   TABLES: e1maram, z1mara.
   DATA: matnr TYPE mara-matnr.
   READ TABLE idoc_data WITH KEY segnam = 'E1MARAM'.
```

5.3 Eigene Segmente

```
* read geht hier, da das Segment nur einmal vorkommt.
  elmaram = idoc_data-sdata.
  matnr = elmaram-matnr.
* Zusatzfelder von der Datenbank holen
  SELECT SINGLE zzsmfeld1 zzsmfeld2 FROM mara
         INTO CORREPONDING FIELDS OF z1mara
         WHERE matnr EQ elmaram-matnr.
  IF sy-subrc EQ 0.
* Segment füllen und anhängen
    idoc_data-segnam = 'Z1MARA'.
    idoc_data-sdata  = z1mara.
    APPEND idoc_data.
  ENDIF.
ENDFORM.                         " fill_z1mara
```

Listing 5.3 Coding zur Form »fill_z1mara«

Wenn Sie mit einer kundeneigenen Erweiterung arbeiten, müssen Sie dies dem System mitteilen, da Ihre eigenen Segmente sonst als fehlerhaft erkannt werden. Dies geschieht wieder in den Partnervereinbarungen des Senders auf der Registerkarte AUSGANGSOPTIONEN im Bereich IDOC-TYP (siehe Abbildung 5.54).

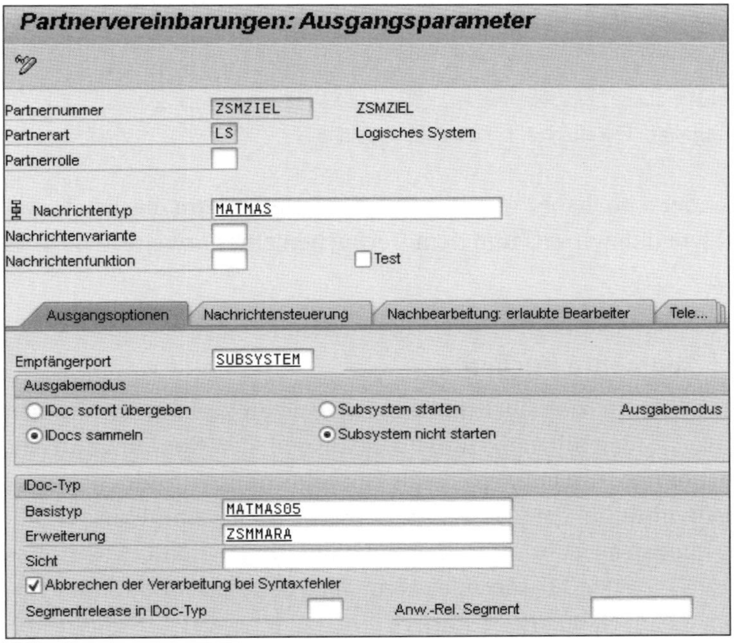

Partnervereinbarung mit Erweiterung

Abbildung 5.54 Partnervereinbarung mit Erweiterung

5 | Bestehende IDoc-Typen anpassen

Kontrollsatz bei Erweiterung

Dort wird das IDoc mit einem entsprechenden Kontrollsatz aufgebaut, und der Sender prüft dann bei allen Segmenten, ob sie in dieser Kombination von IDoc-Typ und Erweiterung vorkommen dürfen.

Das IDoc selbst enthält dann im Kontrollsatz zusätzlich den Namen der Erweiterung, in unserem Beispiel ZSMMARA im Feld ERWEITERUNG. Zu guter Letzt können Sie das erweiterte, zu versendende IDoc erzeugen (siehe Abbildung 5.55).

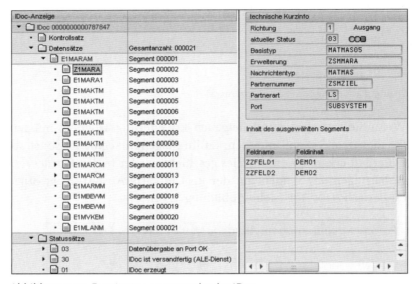

Abbildung 5.55 Erweitertes, zu versendendes IDoc

Auf Senderseite haben Sie damit alles erledigt. Im nächsten Abschnitt wenden wir uns nun dem Verbuchen eines erweiterten IDocs zu.

5.3.4 Segmente buchen

Eingangsfunktionsbaustein zuordnen

Um eine Erweiterung auch im Eingang nutzen zu können, müssen Sie zunächst den Eingangsfunktionsbaustein der Kombination aus Nachrichtentyp, IDoc-Typ und Erweiterung zuordnen. Dies geschieht mithilfe von Transaktion WE57 (siehe Abbildung 5.56). Lassen Sie sich nicht von dem Namen des Funktionsbausteins IDOC_INPUT_MATMAS01 stören, er kann alle Materialstamm-IDocs verarbeiten (sein Name ist historisch entstanden, weil er entwickelt wurde, als es nur den IDoc-Typ MATMAS01 gab).

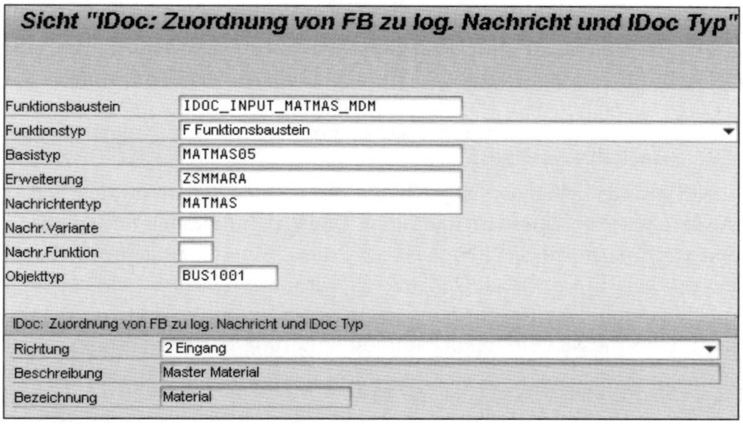

5.3 | Eigene Segmente

Abbildung 5.56 Eingangsfunktionsbaustein zur Erweiterung zuordnen

Die Programmierarbeit besteht auch hier aus zwei Teilen.

- Zuerst muss in der Applikation sichergestellt sein, dass die entsprechenden Verbuchungsbausteine auch die kundeneigenen Felder mit auf die Datenbank übertragen. Dieser Anteil der Entwicklungsarbeit liegt normalerweise nicht bei Ihnen und ist auch zu modulspezifisch, um hier näher ausgeführt zu werden.

- Der zweite Teil der Programmierarbeit besteht darin, dafür zu sorgen, dass die im IDoc zusätzlich übertragenen Daten mit ausgelesen und an die Übergabeparameter des Verbuchungsbausteins übergeben werden. Dieser Arbeitsschritt muss typischerweise von Ihnen erledigt werden.

Als Beispiel wurde hier wieder der Materialstamm gewählt. In Listing 5.3 sehen Sie das Beispiel-Coding für die Felder aus dem kundeneigenen Segment Z1MARA.

Daten aus IDoc übernehmen

```
DATA: wa_z1mara TYPE z1mara.
IF message_type EQ 'MATMAS'.
  IF f_cust_segment-segnam EQ 'Z1MARA'.
    wa_z1mara = f_cust_segment-sdata.
    MOVE-CORRESPONDING wa_z1mara TO f_mara_ueb.
  ENDIF.
ENDIF.
```

Listing 5.4 Übernahme der Daten aus dem Kundensegment Z1MARA

Die Übergabestruktur ist hier von SAP bereits so ausgeliefert, dass eventuelle Appends an die Tabelle MARA automatisch mit aufgenommen werden. Dies ist meistens der Fall. Wenn nicht, können Sie auch einen Append an die Übergabestrukturen anhängen, der die exakt gleichen Felder enthält wie Ihr Append zur Datentabelle.

> **Kombination von ALE-Diensten und Exits**
>
> SAP bietet grundsätzlich die Möglichkeit, über Einstellungen im Customizing Änderungen an IDocs vorzunehmen. Die Manipulationen finden aber alle erst statt, *nachdem* das IDoc erzeugt wurde. Ihre Exits dagegen werden ausgeführt, *während* das IDoc erzeugt wird. Das bedeutet, dass eventuelle Filterungen oder Regeln noch nicht angewendet werden, wenn Ihr Exit läuft. Dies müssen Sie bei der Implementierung berücksichtigen.
>
> Möchten Sie zum Beispiel für einen bestimmten Partner nur ein Werksegment verarbeiten, müssen Sie davon ausgehen, dass bei Ihrem Exit noch alle Werksegmente vorhanden sind, und dafür sorgen, dass Ihre Änderungen auch am richtigen Werksegment durchgeführt werden.

5.4 Spezielle Anforderungen bei Stammdaten

Sie haben in Abschnitt 2.1.1 bereits gesehen, dass das Shared Master Data Tool besondere Funktionen für Stammdaten zur Verfügung stellt. Manchmal sind die dort vorhandenen Sonderfunktionen aber nicht erwünscht, sodass Sie diese beeinflussen möchten.

5.4.1 Senden aller Daten nach Änderungen

SAP geht bei der Verwendung des Shared Master Data Tools und der damit verbundenen Änderungszeiger davon aus, dass IDocs aus Performancegründen so klein wie möglich gehalten werden sollen. Normalerweise entspricht das auch der Realität. Manchmal arbeitet man aber mit Partnern zusammen, die nur komplette Datensätze verarbeiten können. Um dennoch mit Änderungszeigern zu arbeiten, können Sie bei Materialstämmen eine Modifikation vornehmen.

Modifikation »Komplett senden«
Für den Materialstamm existiert bereits die Einstellung, dass ein Material komplett versendet werden soll, zum Beispiel immer dann, wenn der werksübergreifende Status von einem Wert »mit Verteilsperre« in einen Wert »ohne Verteilsperre« geändert wurde. Zu diesem Zweck verwaltet der Funktionsbaustein `MASTERIDOC_CREATE_SMD_MATMAS` eine interne Tabelle `A_T_COMPLEX_MATNR` mit den Feldern `MANDT`, `MATNR` und `MSGFN`. Wenn Sie hier Ihre ebenfalls komplett zu

versendenden Materialien anhängen und dabei das Feld MSGFN auf 005 (Nachricht ersetzt vorangegangene Nachrichten) setzen, wird das Material komplett versendet. Ein Beispiel-Coding könnte aufgebaut sein wie in Listing 5.5.

```
* Diese Änderung bewirkt, dass bestimmte Nachrichten immer
* ganz versendet werden. Schlüssel für die Entscheidung ist
* hier der selbst gebaute reduzierte Nachrichtentyp.
DATA: mestype TYPE bdcps-mestype.
* Change-Pointer holen
LOOP AT a_t_chgptrs.
  SELECT SINGLE mestype FROM bdcps
         INTO mestype WHERE cpident EQ a_t_chgptrs-cpident.
    IF mestype EQ 'ZSMMAT'.
      t_marakey-mandt = sy-mandt.
      t_marakey-matnr = a_t_chgptrs-cdobjid.
      COLLECT t_marakey.
* SAP-Tabelle anhängen
      a_t_complex_matnr-mandt = sy-mandt.
      a_t_complex_matnr-matnr = a_t_chgptrs-cdobjid.
      a_t_complex_matnr-msgfn = c_msgfn_r.
      COLLECT a_t_complex_matnr.
      CLEAR mestype.
    ENDIF.
ENDLOOP.
```

Listing 5.5 Senden des kompletten Materials nach Änderungen

Dieses Coding muss eingebaut werden, bevor die Daten weiterverarbeitet werden. Da der Baustein sich ändern kann, suchen Sie am besten nach folgendem Befehl und bauen in Ihrem Funktionsbaustein das Coding direkt davor ein:

```
DESCRIBE TABLE t_marakey LINES hlines.
  CHECK hlines GT 0.
```

Dann weisen Sie in Transaktion BD60 Ihren Funktionsbaustein anstelle des von SAP ausgelieferten zu. Beachten Sie, dass Sie bei jedem Release-Wechsel Änderungen im Originalbaustein ermitteln und gegebenenfalls in Ihrem Funktionsbaustein nachvollziehen müssen. Alternativ können Sie nach dem Release-Wechsel den SAP-Baustein kopieren und Ihre Änderung einbauen. Einen passenden Exit gibt es an der Stelle, an der die Änderung durchgeführt werden muss, zurzeit leider noch nicht.

Ort der Modifikation

5.4.2 Reduzierte IDocs in Kombination mit eigenen Segmenten

Haben Sie eigene Segmente an Stammdaten-IDocs angehängt, kann es sein, dass Sie zusätzlich auch mit der Möglichkeit der Reduzierung arbeiten möchten – aus Performancegründen oder weil Ihr Partner die Daten nicht haben möchte. Da Ihre Erweiterung ein IDoc-Typ ist, Ihre Reduzierung jedoch ein Nachrichtentyp, können Sie nicht einfach das eine als Grundlage des anderen weiterverarbeiten. Stattdessen müssen Sie ein reduziertes IDoc erzeugen, das Ihre kundeneigenen Segmente nicht kennt und in dem Sie aus dem Standard alles Unerwünschte entfernen, sowie einen Erweiterungstyp, der Ihre Zusatzsegmente enthält, ohne die Reduzierung zu kennen.

Erweitern und Reduzieren

In Transaktion WE82 wird automatisch beim Anlegen des reduzierten Nachrichtentyps ein Eintrag erzeugt, in dem der Basistyp dem neu angelegten reduzierten Nachrichtentyp zugeordnet ist. Dies geschieht automatisch, wenn Sie den reduzierten Nachrichtentyp sichern, daher ist dieser dann auch sofort verwendbar. Um nun die Kombination aus Ihrer Reduzierung und Ihrer Erweiterung zu verwenden, kopieren Sie den Basistyp und fügen in den kopierten Eintrag die Erweiterung ein. Abbildung 5.57 zeigt dies für die Reduzierung ZSM1 (siehe Abschnitt 2.1.1, »Shared Master Data Tool«) und die Erweiterung ZSMMARA aus diesem Abschnitt.

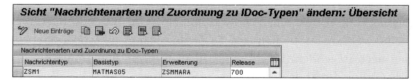

Abbildung 5.57 Zuordnung der Erweiterung zum reduzierten Nachrichtentyp

Passende Partnervereinbarung

In der Partnervereinbarung wird dann die Erweiterung mit dem Basistyp kombiniert, und der Standardbaustein erledigt die Reduzierung für Sie, während Ihr Exit die kundeneigenen Felder füllt. Abbildung 5.58 zeigt die passende Partnervereinbarung im Ausgang für den reduzierten Nachrichtentyp ZSM1, mit den Angaben MATMAS05 im Feld BASISTYP und ZSMMARA im Feld ERWEITERUNG. Der Eingang muss annehmen, was kommt, allerdings müssen Erweiterungen und Reduzierungen natürlich auch dort bekannt sein. Zum Abschluss dieser Einstellungen erzeugen Sie Ihr IDoc (siehe Abbildung 5.59).

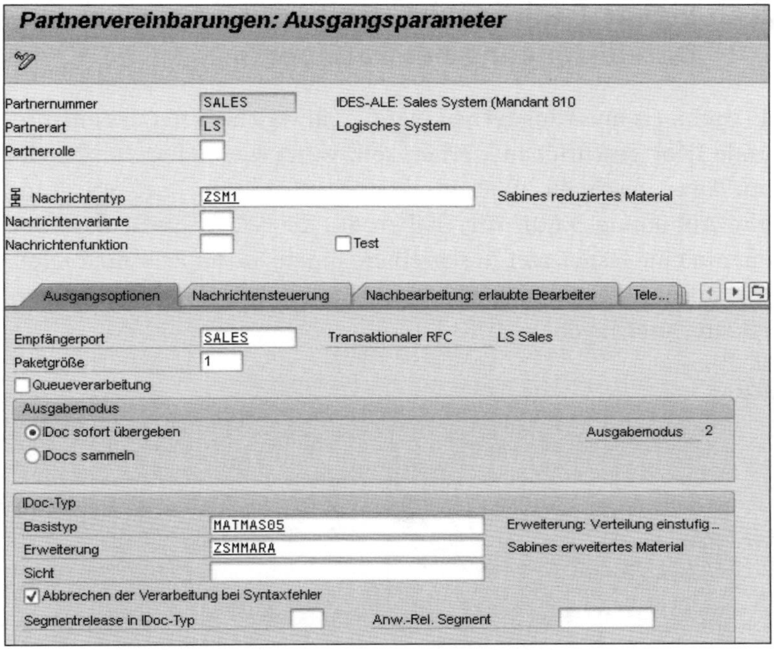

5.4 Spezielle Anforderungen bei Stammdaten

Abbildung 5.58 Partnervereinbarung mit Reduzierung und Erweiterung

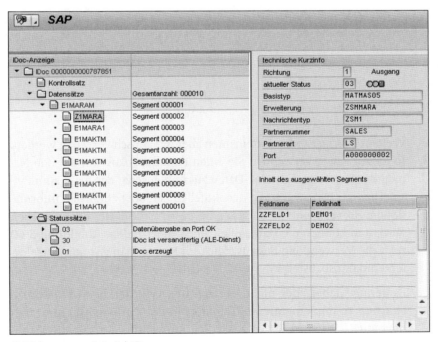

Abbildung 5.59 Beispiel-IDoc

5.5 Eigene Funktionsbausteine zur Dateierzeugung bei Dateiports

Bei Dateiports muss angegeben werden, in welche Datei das entsprechende IDoc geschrieben werden soll, wenn dieser Port verwendet wird. Dies geschieht in Transaktion WE21, der Portverwaltung (siehe Abbildung 5.60). Hier haben Sie die Möglichkeit, das IDoc immer in eine feste Datei zu schreiben, indem Sie im Feld AUSGANGS-DATEI auf der gleichnamigen Registerkarte den Namen der entsprechenden Datei angeben.

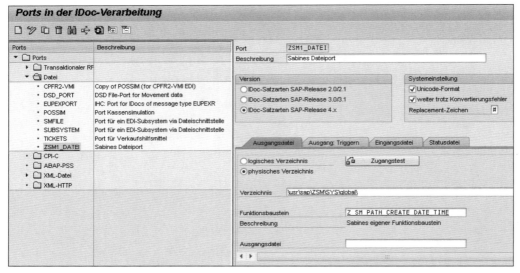

Abbildung 5.60 Dateiport mit eigenem Funktionsbaustein

Baustein für Dateinamen in Dateiports

Weitaus häufiger sollen Dateinamen aber dynamisch vergeben werden. In diesen Fällen verwenden Sie einen Funktionsbaustein, der den Namen der Datei aus den IDoc-Daten zusammensetzt, das heißt zum Beispiel aus der IDoc-Nummer, der aktuellen Zeit oder ähnlichen Informationen. So vermeiden Sie, dass eine bestehende Datei überschrieben wird, und können die Dateien leichter wiederfinden. Abbildung 5.60 zeigt die Verwendung des zusätzlich im Kundennamensraum angelegten Funktionsbausteins Z_SM_PATH_CREATE_DATE_TIME.

Pflegetransaktion für Dateifunktionsbausteine

Es genügt dabei aber nicht, einfach den erforderlichen Funktionsbaustein zu implementieren. Damit er in der Auswahlliste im Dateiport angezeigt wird, ist es zusätzlich notwendig, ihn für die Dateiports zu registrieren und dem System mitzuteilen, ob er mit logischen oder physischen Pfaden arbeitet. In Transaktion WE55 nehmen Sie diese Zuordnung vor, indem Sie einen neuen Eintrag einfügen (siehe Abbildung 5.61). Die mit L gekennzeichneten Funktionsbausteine (siehe die Spalte PFAD) arbeiten mit logischen Pfaden, die anderen mit physischen.

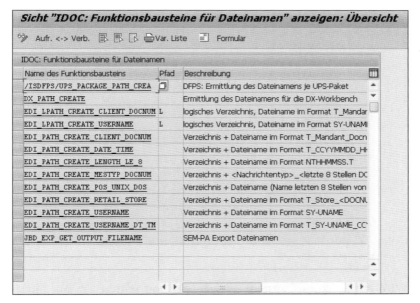

Abbildung 5.61 Funktionsbausteine für Dateinamen

Die Signatur eines Funktionsbausteins, der mit logischen Pfaden arbeitet, sieht dabei aus wie in Abbildung 5.62.

Signatur bei logischem Pfad

```
*"----------------------------------------------------------------------
*"*"Lokale Schnittstelle:
*"       IMPORTING
*"             VALUE(DATATYPE) LIKE  EDIPO-ACTRIG
*"             VALUE(DIRECTORY) LIKE  EDIPO-OUTPUTDIR
*"             VALUE(FILENAME) LIKE  EDIPO-OUTPUTFILE
*"             VALUE(CONTROL) LIKE  EDIDC STRUCTURE EDIDC
*"       EXPORTING
*"             VALUE(PATHNAME) LIKE  EDI_PATH-PTHNAM
*"       EXCEPTIONS
*"             LOGICAL_PATH_ERROR
*"----------------------------------------------------------------------
```

Abbildung 5.62 Signatur eines Funktionsbausteins, der mit logischen Pfaden arbeitet

Außerdem muss in diesem Fall auch der physische, im Customizing in Transaktion FILE zugeordnete Pfad ermittelt werden. Dazu liefert SAP

Transaktion FILE

5 | Bestehende IDoc-Typen anpassen

einen eigenen Funktionsbaustein FILE_GET_NAME_USING_PATH aus. Das Coding-Beispiel in Listing 5.6 zeigt seine Verwendung.

```
DATA: logical_path LIKE  filepath-pathintern.
  logical_path = directory.
CALL FUNCTION 'FILE_GET_NAME_USING_PATH'
     EXPORTING
*          client                       = sy-mandt
           logical_path                 = logical_path
*          operating_system             = sy-opsys
*          parameter_1                  = ' '
*          parameter_2                  = ' '
*          use_buffer                   = ' '
           file_name                    = sy-uname
*          use_presentation_server      = ' '
     IMPORTING
           file_name_with_path          = pathname
     EXCEPTIONS
           path_not_found               = 1
           missing_parameter            = 2
           operating_system_not_found   = 3
           file_system_not_found        = 4
           others                       = 5.
```

Listing 5.6 SAP-Funktionsbaustein, der den physischen Pfad zu einem logischen Dateinamen ermittelt

Signatur bei physischem Pfad Wird ein Funktionsbaustein erzeugt, der von vornherein mit physischen Pfaden arbeitet, verwenden Sie die Signatur aus Abbildung 5.63.

```
*"----------------------------------------------------------------------
*"*"Lokale Schnittstelle:
*"  IMPORTING
*"     VALUE(DATATYPE) LIKE  EDIPO-ACTRIG OPTIONAL
*"     VALUE(DIRECTORY) LIKE  EDIPO-OUTPUTDIR OPTIONAL
*"     VALUE(FILENAME) LIKE  EDIPO-OUTPUTFILE OPTIONAL
*"     VALUE(CONTROL) LIKE  EDIDC STRUCTURE  EDIDC OPTIONAL
*"  EXPORTING
*"     VALUE(PATHNAME) LIKE  EDI_PATH-PTHNAM
*"  EXCEPTIONS
*"      PATHNAME_NOT_SPECIFIED
*"----------------------------------------------------------------------
```

Abbildung 5.63 Signatur eines Funktionsbausteins, der mit physischen Dateipfaden arbeitet

Die so erzeugten Funktionsbausteine können jetzt in Transaktion WE20 beim Erstellen eines Dateiports anstelle der von SAP ausgelieferten Bausteine verwendet werden und werden dort auch mit in der Auswahlhilfe angezeigt.

Bisher ging es nur um die Verwendung und Veränderung der von SAP ausgelieferten IDocs. Dieses Kapitel zeigt, wie Sie eigene IDoc-Typen entwickeln und dabei eventuell auftretende Fehler bearbeiten können.

6 Eigene IDocs entwickeln

Wenn Sie in Ihrer Firma komplette Eigenentwicklungen vorgenommen haben oder etwas per IDoc versenden müssen, das SAP dafür nicht vorgesehen hat, ist es notwendig, den Nachrichten- und IDoc-Typ sowie die dazu passende Fehlerbehandlung vollständig selbst zu entwickeln. In diesem Kapitel zeige ich Ihnen die einzelnen Schritte, die dazu notwendig sind.

6.1 Daten für das eigene IDoc

Voraussetzung für die Verwendung eigener IDocs ist das Vorhandensein eigener Tabellen, aus denen Daten zum Senden entnommen werden und in die Daten im Eingang gespeichert werden. Als Beispiel für eine solche Tabelle wurde in den nun folgenden Erläuterungen ein einfacher Fall mit wenigen Feldern gewählt, der dennoch alle für den IDoc-Bereich wesentlichen Aspekte enthält.

Wir verwenden die Kopftabelle ZSMH und die Positionstabelle ZSMP. In Letzterer kommen mehrere gleichartige Felder vor, die im IDoc über ein qualifizierendes Segment abgearbeitet werden. SAP empfiehlt die Verwendung von Qualifiern in Segmenten aus Gründen der erschwerten Wiederverwendbarkeit eher nicht. Im Standard kommen sie allerdings häufig vor, sodass Sie vermutlich auch nicht um ihre Verwendung herumkommen.

Positionstabelle

Abbildung 6.1 zeigt den Aufbau der Kopftabelle. In einem Schnittstellenprojekt sind diese von der Applikation kommenden Tabellen in der Regel bereits vorhanden, und Sie können sie in Ihrem IDoc

Kopftabelle

verwenden. Um den Zusammenhang zwischen IDoc und Datensatz zu zeigen, wurden hier jedoch auch die Anwendungstabellen angelegt und nicht als vorhanden vorausgesetzt.

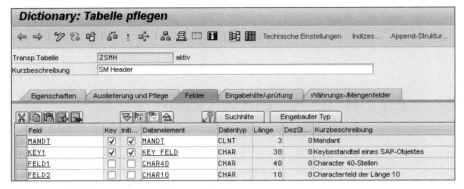

Abbildung 6.1 Beispiel – Kopftabelle

Positionstabelle
Die zur Kopftabelle gehörende Positionstabelle enthält eine Positionsnummer als weiteres Schlüsselfeld, drei gleichartige Felder für die Qualifizierung und ein Mengenfeld mit Maßeinheit wegen der speziellen Umsetzung, die für verschiedene Maßeinheiten notwendig ist. In Abbildung 6.2 ist die Definition der Positionstabelle in Transaktion SE11 zu sehen.

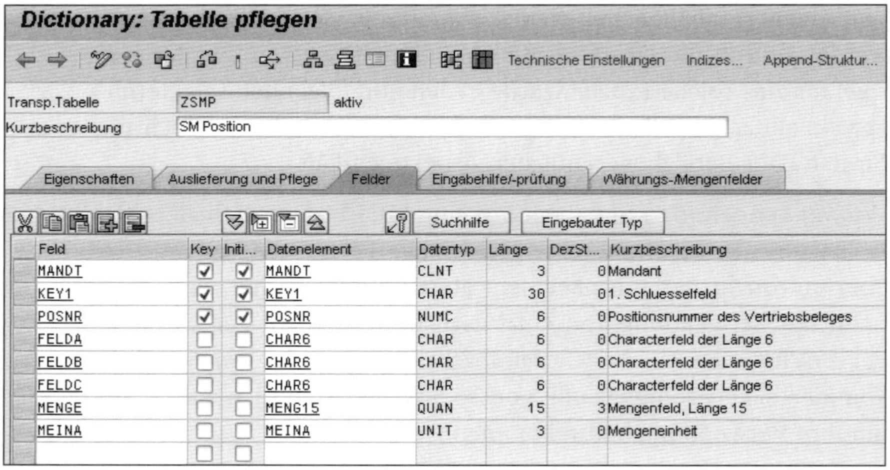

Abbildung 6.2 Beispiel – Positionstabelle

Mengenfelder im Data Dictionary

Für das Feld MENGE muss angegeben werden, welche Bezugsmengeneinheit verwendet werden soll. Abbildung 6.3 zeigt dies in den Spalten REFERENZTABELLE und REFERENZFELD.

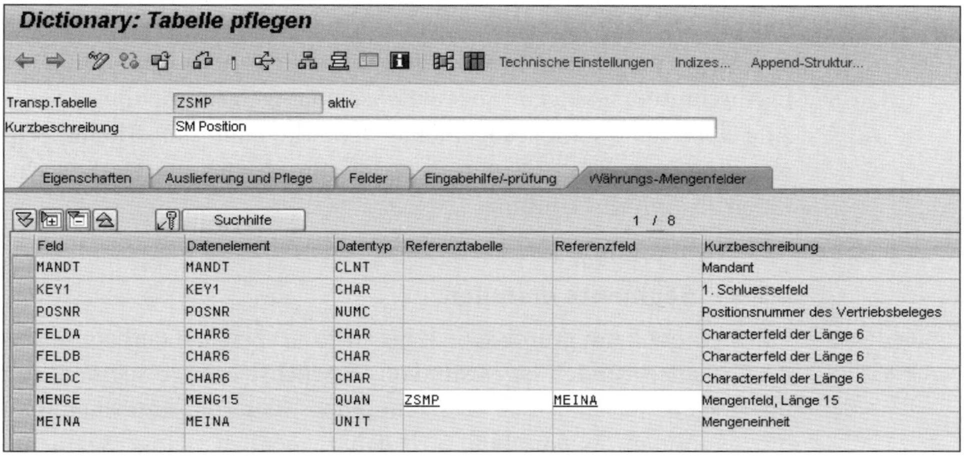

Feld	Datenelement	Datentyp	Referenztabelle	Referenzfeld	Kurzbeschreibung
MANDT	MANDT	CLNT			Mandant
KEY1	KEY1	CHAR			1. Schluesselfeld
POSNR	POSNR	NUMC			Positionsnummer des Vertriebsbeleges
FELDA	CHAR6	CHAR			Characterfeld der Länge 6
FELDB	CHAR6	CHAR			Characterfeld der Länge 6
FELDC	CHAR6	CHAR			Characterfeld der Länge 6
MENGE	MENG15	QUAN	ZSMP	MEINA	Mengenfeld, Länge 15
MEINA	MEINA	UNIT			Mengeneinheit

Abbildung 6.3 Bezugsmengeneinheit in der Positionstabelle

Eingabehilfe

Am besten stellen Sie überall dort, wo es möglich ist, eine Eingabehilfe oder eine Prüftabelle zur Verfügung (siehe Abbildung 6.4). In der Beispieltabelle ZSMP sind eine Eingabehilfe für das Feld KEY1, das sich auf die Kopftabelle beziehen sollte, sowie eine Eingabehilfe im Feld für die Mengeneinheit aktiviert (MEINA), die aus dem Customizing übernommen wird. Auch für den Mandanten (Feld MANDT) liefert SAP eine Prüftabelle aus, die hier verwendet wird.

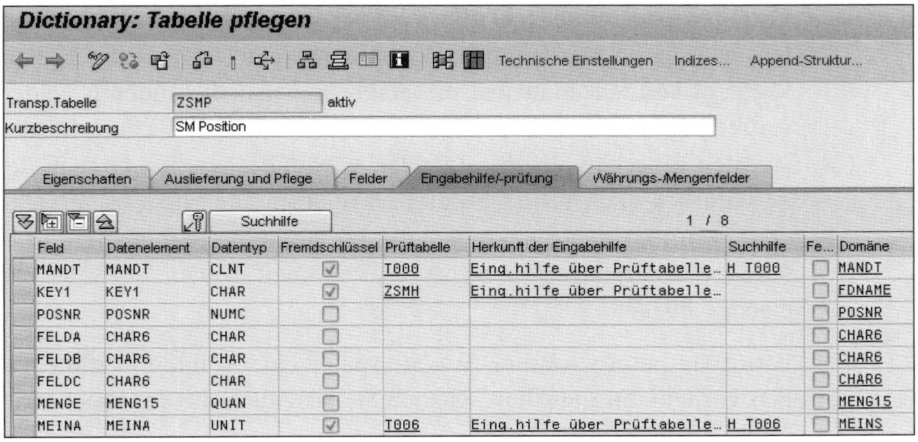

Feld	Datenelement	Datentyp	Fremdschlüssel	Prüftabelle	Herkunft der Eingabehilfe	Suchhilfe	Fe...	Domäne
MANDT	MANDT	CLNT	☑	T000	Eing.hilfe über Prüftabelle...	H_T000	☐	MANDT
KEY1	KEY1	CHAR	☑	ZSMH	Eing.hilfe über Prüftabelle...		☐	FDNAME
POSNR	POSNR	NUMC	☐				☐	POSNR
FELDA	CHAR6	CHAR	☐				☐	CHAR6
FELDB	CHAR6	CHAR	☐				☐	CHAR6
FELDC	CHAR6	CHAR	☐				☐	CHAR6
MENGE	MENG15	QUAN	☐				☐	MENG15
MEINA	MEINA	UNIT	☑	T006	Eing.hilfe über Prüftabelle...	H_T006	☐	MEINS

Abbildung 6.4 Angaben zur Eingabeprüfung

6.2 Eigene IDoc-Typen und Nachrichtentypen anlegen

Segmente erstellen

Zur Verwendung der Beispieltabellen ZSMH und ZSMP in einem IDoc müssen Sie dazu passende eigene Segmente erstellen. Das Anlegen von Segmenten haben Sie bereits bei den Erweiterungen von IDocs in Abschnitt 5.3, »Eigene Segmente«, kennengelernt. An dieser Stelle sind aber noch einige allgemeine Bemerkungen zum Thema Segmente erforderlich. Dabei geht es allerdings eher um Designrichtlinien als um das Handling.

6.2.1 Segmente erstellen

Größe eines Segments

Ein Segment kann grundsätzlich bis zu 1.000 Zeichen enthalten. Aus Performancegründen ist es sinnvoll, möglichst wenige Segmente zu übertragen, da zu jedem Segment noch Steuerungsinformationen hinzukommen. Es empfiehlt sich daher, möglichst lange Segmente zu erzeugen. Hier haben Sie allerdings einen kleinen Spagat zu bewältigen: Die externe Länge kann größer sein als Ihre Länge auf der Datenbank, daher dürfen Sie in der internen Länge die 1.000 Zeichen nicht voll ausschöpfen. Falls die Tabelle, zu der das Segment gehört, länger wird, möchten Sie zudem vielleicht später Felder an dieselbe Segmentdefinition anhängen. Auch dies sollten Sie bei der Festlegung der Länge des Ursprungssegments beachten.

Wiederverwendbarkeit

Außerdem sollten Sie schon aus eigenem Interesse (um sich Arbeit zu sparen) versuchen, wiederverwendbare Segmente zu erzeugen. Verfügen Sie zum Beispiel über verschiedene Tabellen mit Adressdaten, generieren Sie dennoch für diese nur ein Segment. In diesem Segment können dann mal die einen und mal die anderen Felder gefüllt werden, die so lang angelegt sein sollten, dass sie auch für die längsten Eingaben aus den Tabellen verwendet werden können. Es ist natürlich auch nicht verboten, SAP-Segmente wiederzuverwenden. Wenn Sie daher ein passendes Segment von SAP kennen, prüfen Sie erst einmal, ob Sie nicht dieses nehmen können, bevor Sie ein eigenes anlegen.

Wenn Sie bereits wissen, dass Sie später eine Kommunikation per EDI vornehmen möchten, schauen Sie sich auch die entsprechende

EDI-Nachricht an. Falls diese Nachricht für das dem SAP-Feld entsprechende EDI-Feld eine größere Feldlänge vorsieht, verwenden Sie die EDI-Feldlänge in Ihrem Segment und nicht die kürzere SAP-Feldlänge. Dies erleichtert eine spätere Konvertierung. Auch bei der Zusammenlegung von Feldern zu einer Segmentdefinition kann es hilfreich sein, zu prüfen, welche Felder im EDI-Standard zusammen verwendet werden. Wenn Sie diese Felder dann in einem Segment zusammenlegen, erleichtert dies ebenfalls die Konvertierung in den EDI-Standard. Für die europäische Norm EDIFACT ist zur Informationsbeschaffung die Internetseite *http://www.edifactory.de* zu empfehlen.

Segment zum Header

Für die Tabellen ZSMH und ZSMP wurden hier nun beispielhaft drei Segmente angelegt: eines für den Kopf, eines für die drei gleichartigen Felder und eines für die restlichen Felder der Positionstabelle. Alle Segmente sind sehr klein, da es sich nicht um echte, sondern nur um exemplarische Daten handelt. In Abbildung 6.5 sehen Sie das Kopfsegment mit dem Schlüssel und den beiden Zusatzfeldern.

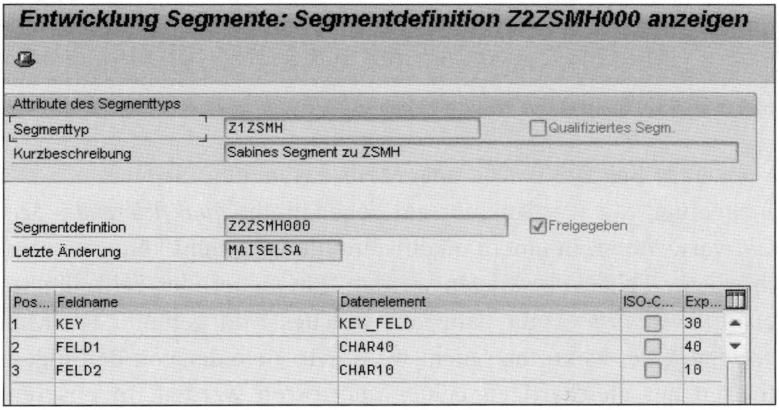

Abbildung 6.5 Segment zur Header-Tabelle

Segment zur Positionstabelle

Dann erstellen Sie das Positionssegment (hier Z1ZSMP). Da ein IDoc hierarchisch aufgebaut ist, ist es nicht notwendig, das Schlüsselfeld KEY1 der Kopftabelle zu wiederholen. Dies würde nur unnötige Last auf das System bringen. Sie beginnen mit der Positionsnummer, die den zusätzlichen Schlüssel der Positionstabelle darstellt.

Wie Sie in Abbildung 6.6 sehen, wird bei der Mengeneinheit (Feld `MEINA`) das Kennzeichen für den ISO-Code gesetzt. Programmieren müssen Sie diese Umsetzung allerdings trotzdem selbst, das Kennzeichen ist nur ein Hinweis. Außerdem ist im Feld `MENGE`, das in der Tabelle `ZSMP` 15-stellig ist, ein Character-Datenelement mit der um zwei Zeichen längeren Ausprägung gewählt worden (Datenelement `CHAR17`). Wie Sie sich erinnern, ist diese Verlängerung nötig, um den Dezimalpunkt und ein eventuell vorhandenes Minuszeichen im externen Format an den Partner übertragen zu können.

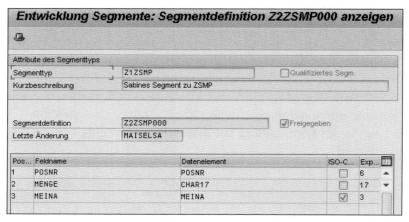

Abbildung 6.6 Segment zur Positionstabelle

Qualifier im DDIC In unserem Beispiel wurde außerdem das weitere Segment `Z1ZSMQ` hinzugefügt. Sie werden hier ein sogenanntes *qualifizierendes Segment* verwenden. In einem qualifizierenden Segment können unterschiedliche Felder übertragen werden. Ein steuerndes Feld, der sogenannte *Qualifier*, gibt dann an, welches Feld gemeint ist. Man verwendet sie, wenn man nicht weiß, wie viele der von den Eigenschaften her gleichartigen Felder übertragen werden. In unserem Beispiel kann das Feld null- bis dreimal vorkommen, und man entscheidet abhängig vom Qualifier, in welches der drei Felder `FELDA`, `FELDB` oder `FELDC` der entsprechende Wert gehört. Dieses Vorgehen kennen Sie zum Beispiel von den Partnerrollen im Vertrieb (SD) oder der Materialwirtschaft (MM). Voraussetzung dafür ist eine eigene Domäne für den Qualifier, die hier angelegt wurde, wie in Abbildung 6.7 zu sehen ist.

6.2 Eigene IDoc-Typen und Nachrichtentypen anlegen

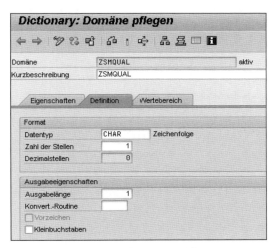

Abbildung 6.7 Domäne für den Qualifier

In der Domäne werden dann auf der Registerkarte WERTEBEREICH die möglichen Eingabewerte hinterlegt. In unserem Beispiel sind das A oder B oder C (siehe Abbildung 6.8). Wenn Sie nur mit einem Wertebereich in der Domäne arbeiten, wird Ihnen in der IDoc-Dokumentation angezeigt, welche Auswahlmöglichkeiten es für dieses Feld gibt.

Domäne für den Qualifier

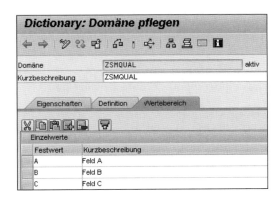

Abbildung 6.8 Liste der Eingabewerte

Mithilfe dieser Domäne legen Sie dann im nächsten Schritt in Transaktion SE11 das passende Datenelement an. Dazu vergeben Sie einen entsprechenden Namen im Kundennamensraum und verweisen dann auf die frisch angelegte Domäne. Abbildung 6.9 zeigt dies am Beispiel des Datenelements ZSMQUAL.

Datenelement für den Qualifier

6 | Eigene IDocs entwickeln

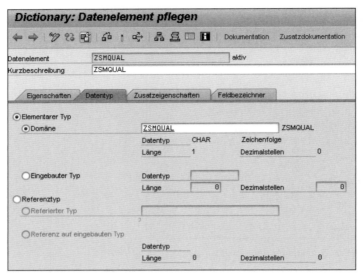

Abbildung 6.9 Datenelement für den Qualifier

Qualifizierendes Segment Das (zugegebenermaßen kleine) Segment unseres Beispiels enthält dann nur ein Feld für den Qualifier sowie ein weiteres Feld. Dieses Feld hat die Eigenschaften des in der Tabelle dreimal gleichartig vorkommenden Feldes FELDA, FELDB oder FELDC. Abbildung 6.10 zeigt das dritte – das qualifizierende – Segment unseres Beispiels mit dem Namen Z1ZSMQ. Wichtig ist hier, dass das Kennzeichen QUALIFIZIERENDES SEGM. gesetzt ist.

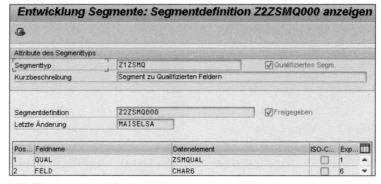

Abbildung 6.10 Qualifizierendes Segment

Eigener IDoc-Basistyp Denken Sie daran, alle Segmente freizugeben, wie es in Abschnitt 5.3, »Eigene Segmente«, beschrieben ist.

6.2.2 IDoc-Typ erstellen

Nach der Freigabe der Segmente wird aus den Segmenten der IDoc-Typ zusammengebaut. Dies erfolgt wieder in Transaktion WE30, aber diesmal legen Sie einen eigenen Basistyp an. Auch hier gelten die bekannten Namensregeln (Z, Y oder /<NAMENSRAUM>/ am Beginn des Namens). Abbildung 6.11 zeigt das Bild mit den allgemeinen Angaben zum IDoc-Typ ZSMTYP01.

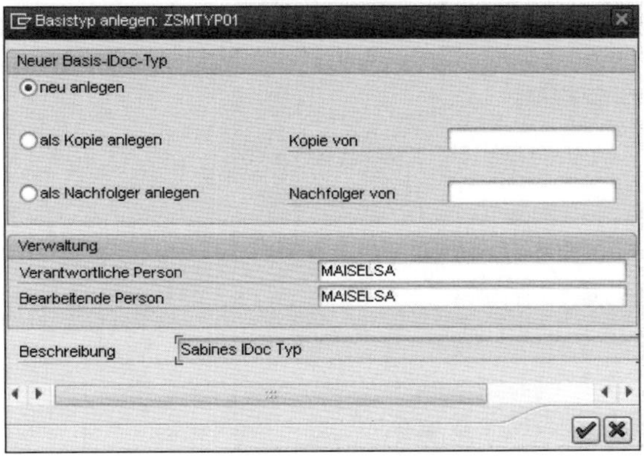

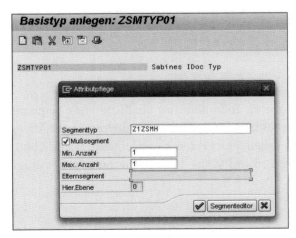

Abbildung 6.11 Eigener IDoc-Typ anlegen

Als Erstes geben Sie nun das Haupt- oder Wurzelsegment im Feld SEGMENTTYP an (in unserem Beispiel ist es das Segment zur Kopftabelle, Z1ZSHM). Es kann nur genau einmal vorkommen, und es muss auch vorkommen, daher wurde hier das Kennzeichen MUSSSEGMENT gesetzt (siehe Abbildung 6.12).

Angaben zum Wurzelsegment

Abbildung 6.12 Wurzelsegment festlegen

6 | Eigene IDocs entwickeln

Segmente einfügen Dann erstellen Sie das Positionssegment (hier Z1ZSMP), das beliebig oft vorkommen kann (siehe Abbildung 6.13). Auch wenn es optional ist, muss die Mindestanzahl für das Vorkommen dieses Segments auf 1 gesetzt werden. Da nun aber das Kennzeichen MUSSSEGMENT nicht gesetzt ist, darf das Segment auch fehlen. Bevor Sie hier zur Attributpflege gelangen, werden Sie vom System gefragt, auf welcher Ebene Sie das Segment einfügen möchten. Da dieses Segment in der Hierarchie unter dem Kopfsegment liegt, wurde SEGMENTTYP ALS KIND HINZUFÜGEN gewählt.

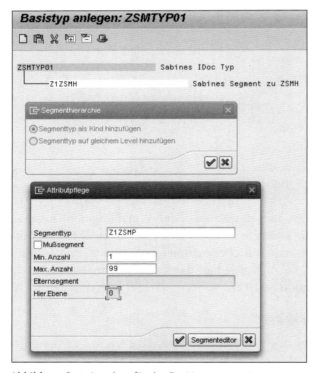

Abbildung 6.13 Angaben für das Positionssegment

Zusätzliches Segment In unserem Beispiel wurde außerdem das qualifizierende Segment Z1ZSMQ hinzugefügt, ebenfalls auf der untergeordneten Ebene, da es später aus demselben Tabellensatz erzeugt werden wird (siehe Abbildung 6.14). Auf diese Art und Weise können Sie nun Ihr gesamtes IDoc bauen.

Eigene IDoc-Typen und Nachrichtentypen anlegen | **6.2**

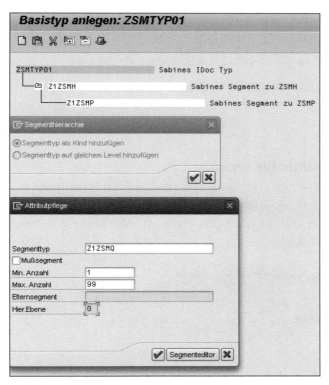

Abbildung 6.14 Angaben für das qualifizierende Segment

Über Transaktion WE60 können Sie sich nun noch die Dokumentation für Ihren IDoc-Typ anzeigen lassen. Sie wird automatisch aus den Daten generiert, die Sie angegeben haben, ohne dass Sie etwas tun müssen.

Dokumentation in Transaktion WE60

Die Strukturbeschreibung (siehe Abbildung 6.14) sieht dann zum Beispiel wie folgt aus:

Basistyp ZSMTYP01

- ZSMTYP01 – Sabines IDoc-Typ
- Z1ZSMH
  - Sabines Segment zu ZSMH
  - Status: erforderlich, min. Anzahl: 1, max. Anzahl: 1
- Z1ZSMP
  - Sabines Segment zu ZSMP
  - Status: optional, min. Anzahl: 1, max. Anzahl: 99

6 | Eigene IDocs entwickeln

- Z1ZSMQ
  - Segment zu qualifizierten Feldern
  - Status: erforderlich, min. Anzahl: 1, max. Anzahl: 3

Der Rest der Dokumentation wurde an dieser Stelle ausgespart, weil Sie diese Informationen bereits den Abbildungen entnehmen konnten.

6.2.3 Nachrichtentyp erstellen

Eigener Nachrichtentyp Ist der IDoc-Typ vollendet, folgt als Nächstes die Erstellung des Nachrichtentyps. Dies erfolgt in Transaktion WE81 (der Nachrichtentyp wird hier *logische Nachricht* genannt). Abbildung 6.15 zeigt den Beispielnachrichtentyp ZSMNACH.

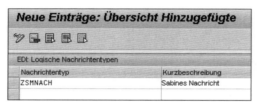

Abbildung 6.15 Nachrichtentyp anlegen

Nachrichtentyp – IDoc-Typ Dieser Nachrichtentyp und unser als Basistyp angelegter IDoc-Typ ZSMTYP01 werden einander in Transaktion WE82 zugeordnet. Abbildung 6.16 zeigt diese Zuordnung für die zuvor angelegten Objekte ZSMNACH und ZSMTYP01.

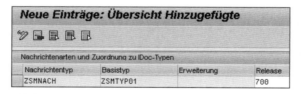

Abbildung 6.16 IDoc-Typ zum Nachrichtentyp zuordnen

Prüfprotokoll Nachdem nun alles erledigt ist, können Sie Ihre Ergebnisse wieder im Menü unter ENTWICKLUNGSOBJEKT • PRÜFEN prüfen. Wie Sie in Abbildung 6.17 sehen, ist bei unseren Beispiel-IDocs alles in Ordnung.

6.2 Eigene IDoc-Typen und Nachrichtentypen anlegen

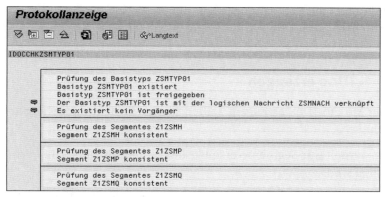

Abbildung 6.17 Prüfprotokoll im Erfolgsfall

Sind Zusatzfunktionen gewünscht, wie zum Beispiel die Reduzierung oder Verknüpfungen zu Business-Objekttypen, können Sie diese in Transaktion BD60 einstellen. Diese Transaktion ist optional, denn ein »normales« IDoc braucht diese Einstellungen nicht. Wir kennen sie aber bereits aus anderen Funktionen des Shared Master Data Tools.

Abbildung 6.18 zeigt, wie die Eigenschaften REF.NACHRICHTENTYP, AUFBEREITUNGSBAUSTEIN und REDUZIERBARER NACHRICHTENTYP für den Nachrichtentyp unseres Beispiels aussehen könnten. Objekttypen und Klassifizierungsdaten wurden aber natürlich nicht angelegt, das müssten die Entwickler der Applikation übernehmen. Die Objekttypen dienen der Erstellung von Verknüpfungen, und die Klassifizierungsdaten sind nötig, falls das Senden per Verteilungsklassenart bei Stammdaten gewünscht wird.

Eigenschaften des Nachrichtentyps

Abbildung 6.18 SMD-Einstellungen für den Nachrichtentyp ZSMNACH

Nun können Sie sich daranmachen, die passenden IDocs zu diesem Nachrichten- und IDoc-Typ zu erzeugen und zu verarbeiten.

6.3 IDoc erzeugen

Programmierrichtlinien für IDocs

Wenn Sie ein IDoc erzeugen, sollten Sie im Vorfeld einige Regeln beachten:

- Es werden nur Segmente erzeugt, die Felder enthalten, die nicht initial sind.
- Die Segmente dürfen nur alphanumerische Zeichen enthalten, da das Format allgemein verständlich sein soll.
- Bei allen Sprachen, Währungen und Maßeinheiten verwenden Sie wie der Standard die entsprechenden ISO-Werte. SAP stellt Funktionsbausteine für die Konvertierung zur Verfügung, die Sie natürlich auch verwenden können.
- Alle Felder sollten, wie es bei alphanumerischen Inhalten üblich ist, linksbündig gefüllt werden. Dazu kann der ABAP-Befehl CONDENSE verwendet werden.
- Bei Dezimalzahlen wird immer der Punkt als Dezimaltrennzeichen verwendet, ein möglicherweise vorkommendes Minus wird hinten angestellt. Tausendertrennzeichen werden nie verwendet.
- Eine Gleitpunktzahl wird mit einem Punkt als Dezimaltrennzeichen und ohne Tausendertrennzeichen dargestellt. Ein eventuell vorkommendes Minus steht diesmal vorn, hinten steht immer der Exponent.
- Datumsfelder werden wie auf der Datenbank dargestellt, also in der Form YYYYMMDD.
- Uhrzeiten werden wie auf der Datenbank im Format HHMMSS dargestellt.

IDoc-Erzeugung

Für die Erzeugung eines IDocs gibt es drei Möglichkeiten:

1. Sie können eine direkte Transaktion oder einen direkten Sendereport erzeugen.
2. Sie können sich an die Nachrichtensteuerung anhängen.
3. Sie können über Änderungszeiger arbeiten.

Das jeweils benötigte Customizing für die erforderlichen Vorgangscodes und Zuweisungen der Funktionsbausteine finden Sie in Abschnitt 2.1, »Standardmethoden zur IDoc-Erzeugung«. In diesem Beispiel wird daher mit einem Funktionsbaustein gearbeitet. Dieser Funktionsbaustein, den wir Z_MASTERIDOC_CREATE_ZSMNACH nennen werden, kann grundsätzlich für alle genannten Möglichkeiten der Erzeugung verwendet werden. Wir rufen ihn in einem Report auf.

```
FUNCTION z_masteridoc_create_zsmnach.
*"----------------------------------------------------------
*"*"Lokale Schnittstelle:
*"  IMPORTING
*"     VALUE(OBJKEY) TYPE   ZSMH
*"     VALUE(RCVPFC) TYPE   BDALEDC-RCVPFC
*"                                        DEFAULT SPACE
*"     VALUE(RCVPRN) TYPE   BDALEDC-RCVPRN
*"     VALUE(RCVPRT) TYPE   BDALEDC-RCVPRT
*"     VALUE(SNDPFC) TYPE   BDALEDC-SNDPFC
*"                                        DEFAULT SPACE
*"     VALUE(SNDPRN) TYPE   BDALEDC-SNDPRN
*"     VALUE(SNDPRT) TYPE   BDALEDC-SNDPRT
*"  EXPORTING
*"     VALUE(CREATED_COMM_IDOCS) LIKE  SY-TABIX
*"  CHANGING
*"     REFERENCE(TE_IDOC_CONTROL) TYPE  EDIDC_TT
*"----------------------------------------------------------
  DATA: BEGIN OF f_idoc_header.
          INCLUDE STRUCTURE edidc.
  DATA: END OF f_idoc_header.
  DATA: BEGIN OF t_idoc_data OCCURS 10.
          INCLUDE STRUCTURE edidd.
  DATA: END OF t_idoc_data.
  DATA: BEGIN OF t_idoc_comm_control OCCURS 10.
          INCLUDE STRUCTURE edidc.
  DATA: END OF t_idoc_comm_control.
  DATA: comm_control_lines LIKE sy-tabix.
  DATA: idoc_must_be_sent.
  DATA: wa_z1zsmh TYPE z1zsmh.
  DATA: wa_zsmh TYPE zsmh.
  DATA: wa_z1zsmp TYPE z1zsmp.
  DATA: wa_zsmp TYPE zsmp.
  DATA: it_zsmp TYPE TABLE OF zsmp.
  DATA: wa_z1zsmq TYPE z1zsmq.
* Initialisieren
  CLEAR   t_idoc_comm_control.
  REFRESH t_idoc_comm_control.
  CLEAR   t_idoc_data.
  REFRESH t_idoc_data.
```

Listing 6.1 Datendeklarationen

6 | Eigene IDocs entwickeln

Funktionsbaustein In diesem Funktionsbaustein wird auf die wesentlichen Programmpunkte eingegangen. Übergeben wird eine Variable, mit deren Hilfe Sie die zu versendenden Daten ermitteln können. In unserem Beispiel ist das die Variable OBJKEY. Hier bezieht sich die Variable der Einfachheit halber auf die Tabelle ZSMH; wenn Sie größere Tabellen verwenden, sollten Sie hier eine Struktur anlegen, die nur aus den Schlüsselfeldern besteht.

Danach kommen die Variablen für den Sender (Senderpartnernummer SNDPRN, Senderpartnerart SNDPRT und Senderpartnerfunktion SNDPFC) und den Empfänger (Empfängerpartnernummer RCVPRN und Empfängerpartnerart RCVPRT). Sie erhalten die Anzahl der erzeugten IDocs zurück und haben nun eine interne Tabelle für die Kontrollsätze.

IDoc erzeugen – Signatur Grundsätzlich kann ein Funktionsbaustein wie dieser mehrere IDocs erzeugen, in unserem Beispiel beschränken wir uns aber auf eines. Nach der Signatur des Funktionsbausteins folgen Datendeklarationen und das Initialisieren aller Strukturen.

Verteilungsmodell lesen Wenn Sie mit einer ALE-Verteilung arbeiten, prüfen Sie, bevor Sie ein IDoc erzeugen, ob die vorgegebene Kombination aus Sender, Empfänger und Nachrichtentyp überhaupt erlaubt ist, das heißt, ob sie im Kundenverteilungsmodell gepflegt ist. Dies geschieht mit dem Standardbaustein ALE_MODEL_DETERMINE_IF_TO_SEND, der von SAP ausgeliefert wird (siehe Listing 6.2).

```
* ALE-Verteilungsmodell prüfen
CALL FUNCTION 'ALE_MODEL_DETERMINE_IF_TO_SEND'
    EXPORTING
        message_type            = 'ZSMNACH'
        sending_system          = sndprn
        receiving_system        = rcvprn
        VALIDDATE               = SY-DATUM
    IMPORTING
        idoc_must_be_sent       = idoc_must_be_sent
    EXCEPTIONS
        own_system_not_defined  = 1
        OTHERS                  = 2.
IF idoc_must_be_sent IS INITIAL.
    EXIT.
ENDIF.
```

Listing 6.2 Daten des Verteilungsmodells ermitteln

Bei einem positiven Ergebnis folgt die Erzeugung des Wurzelsegments (siehe Listing 6.3). Mit den Anweisungen MOVE-CORRESPONDING oder CORRESPONDING FIELDS zu arbeiten hat hier immer den Vorteil, dass eventuelle neue Felder nicht zu Änderungen am Programm führen.

Segmente erzeugen

```
* ZSMH ==> E1ZSMH HEADER-Segment erzeugen
  SELECT SINGLE * FROM zsmh
     INTO CORRESPONDING FIELDS OF wa_zsmh
        WHERE key1 = objkey-key1.
  MOVE-CORRESPONDING wa_zsmh TO wa_z1zsmh.
```

Listing 6.3 Kopfsegment füllen – Anwendungsdaten

Das erzeugte Segment wird nun an die Tabelle der Datensätze übergeben (siehe Listing 6.4). Wir müssen nur den Segmentnamen aus dem Kontrollbereich übergeben, der Rest wird später automatisch erzeugt.

Segment übergeben

```
CLEAR t_idoc_data.
t_idoc_data-segnam = 'Z1ZSMH'.
t_idoc_data-sdata  = wa_z1zsmh.
```

Listing 6.4 Kopfsegment füllen – Kontrolldaten

Der folgende Funktionsbaustein prüft, falls Sie die Reduzierung für Ihren Nachrichtentyp erlaubt haben, welche Felder für das bearbeitete Segment im reduzierten Typ aktiv sind (siehe Listing 6.5). Der Typ ZSMNACH in unserem Beispiel ist keine Reduzierung, sondern der eigentliche Nachrichtentyp; der Aufruf wurde aber zur Ansicht dennoch durchgeführt.

Reduzierung aktiviert

```
*   Reduzieren von Segmenten
  CALL FUNCTION 'IDOC_REDUCTION_FIELD_REDUCE'
    EXPORTING
       message_type = 'ZSMNACH'
       segment_type = 'Z1ZSMH'
       segment_data = t_idoc_data-sdata
    IMPORTING
       segment_data = t_idoc_data-sdata.
```

Listing 6.5 Prüfen, ob Funktionsbaustein reduziert werden soll

Der Append an die IDoc-Datentabelle erfolgt im nächsten Schritt:
```
APPEND t_idoc_data
```

Positionssegment Danach wird auch schon das nächste Segment erstellt (siehe Listing 6.6).

```
* ZSMP ==> E1ZSMP
  SELECT * FROM zsmp
    INTO CORRESPONDING FIELDS OF TABLE it_zsmp
    WHERE key1 = objkey-key1.
  LOOP AT it_zsmp INTO wa_zsmp.
    MOVE-CORRESPONDING wa_zsmp TO wa_z1zsmp.
```

Listing 6.6 Positionssegment erzeugen – Anwendungsdaten

Hier haben Sie erstmals ein Feld mit Ziffern, die als alphanumerische Zeichen übertragen werden sollen. Sie führen daher einen CONDENSE durch: CONDENSE wa_z1zsmp-menge.

Maßeinheiten konvertieren Außerdem haben Sie ein Feld, das im ISO-Code und nicht in der SAP-Einheit versendet werden soll (siehe Listing 6.7). Es handelt sich hier um eine Mengeneinheit. Der SAP-Funktionsbaustein für die Richtung der Konvertierung von SAP-Einheit zu ISO-Code lautet UNIT_OF_MEASURE_SAP_TO_ISO.

```
CALL FUNCTION 'UNIT_OF_MEASURE_SAP_TO_ISO'
  EXPORTING
    sap_code    = wa_z1zsmp-meina
  IMPORTING
    iso_code    = wa_z1zsmp-meina
  EXCEPTIONS
    not_found   = 01
    no_iso_code = 02.
CLEAR t_idoc_data.
t_idoc_data-segnam = 'Z1ZSMP'.
t_idoc_data-sdata  = wa_z1zsmp.
```

Listing 6.7 ISO-Mengeneinheiten ermitteln

Hier fehlt die Reduzierung, denn diese haben Sie bereits beim Coding für das Kopfsegment in Listing 6.5 gesehen. Es folgt gleich der Append: APPEND t_idoc_data.

Qualifizierendes Segment Außerdem haben Sie hier ein optionales qualifizierendes Segment, das aus demselben Datensatz abgeleitet wird (siehe Listing 6.8). Die drei möglichen Fälle FELDA, FELDB oder FELDC werden geprüft und die Segmente erzeugt, falls Daten vorhanden sind.

```
IF NOT wa_zsmp-felda IS INITIAL.
  wa_z1zsmq-qual    = 'A'.
```

```
  wa_z1zsmq-feld     = wa_zsmp-felda.
CLEAR t_idoc_data.
  t_idoc_data-segnam = 'Z1ZSMQ'.
  t_idoc_data-sdata  = wa_z1zsmq.
APPEND t_idoc_data.
ENDIF.
IF NOT wa_zsmp-feldc IS INITIAL.
  wa_z1zsmq-qual     = 'C'.
  wa_z1zsmq-feld     = wa_zsmp-feldc.
CLEAR t_idoc_data.
  t_idoc_data-segnam = 'Z1ZSMQ'.
  t_idoc_data-sdata  = wa_z1zsmq.
APPEND t_idoc_data.  ENDIF.
IF NOT wa_zsmp-feldb IS INITIAL.
  wa_z1zsmq-qual     = 'B'.
  wa_z1zsmq-feld     = wa_zsmp-feldb.
CLEAR t_idoc_data.
  t_idoc_data-segnam = 'Z1ZSMQ'.
  t_idoc_data-sdata  = wa_z1zsmq.
APPEND t_idoc_data.
ENDIF.
* Nun schließen wir noch die Schleife aus Listing 6.6
ENDLOOP.
```

Listing 6.8 Optionale qualifizierende Segmente erzeugen

Als Nächstes benötigen Sie Ihren Kontrollsatz, allerdings gibt es nur wenige Felder, die Sie selbst füllen müssen. In unserem Beispiel (siehe Listing 6.9) werden diese Muss-Felder für Senderinformationen, Empfängerinformationen und eine eventuell notwendige Serialisierungsinformation gefüllt. Die Angaben zum Zeitstempel, zur anlegenden bzw. ändernden Person und Ähnliches werden automatisch erzeugt.

Notwendige Felder im Kontrollsatz

```
* Kontrollsatz aufbauen.
  CLEAR f_idoc_header.
  f_idoc_header-mestyp = 'ZSMNACH'.
  f_idoc_header-idoctp = 'ZSMTYP01'.
  f_idoc_header-sndpfc = sndpfc.
  f_idoc_header-sndprn = sndprn.
  f_idoc_header-sndprt = sndprt.
  f_idoc_header-rcvpfc = rcvpfc.
  f_idoc_header-rcvprn = rcvprn.
  f_idoc_header-rcvprt = rcvprt.
  f_idoc_header-serial = space.
```

Listing 6.9 Füllen der Muss-Felder im Kontrollsatz

6 | Eigene IDocs entwickeln

Übergabe an die Kommunikationsschicht

Das nun fertige Master-IDoc wird an die Kommunikationsschicht übergeben (siehe Listing 6.10). Dabei wird für die einzelnen Segmente gemäß der IDoc-Typdefinition die Hierarchie aufgebaut.

```
* IDoc an die Kommunikationsschicht übergeben
CALL FUNCTION 'MASTER_IDOC_DISTRIBUTE'
    EXPORTING
        master_idoc_control            = f_idoc_header
    TABLES
        communication_idoc_control     = t_idoc_comm_control
        master_idoc_data               = t_idoc_data
    EXCEPTIONS
        error_in_idoc_control          = 01
        error_writing_idoc_status      = 02
        error_in_idoc_data             = 03
        sending_logical_system_unknown = 04.
DESCRIBE TABLE t_idoc_comm_control
    LINES comm_control_lines.
    created_comm_idocs             = comm_control_lines.
    te_idoc_control[]              = t_idoc_comm_control[].
ENDFUNCTION.
```

Listing 6.10 Erzeugtes IDoc versenden

[!] **Hinweise zu diesem Beispielcoding**

Beachten Sie, dass bestimmte, immer wieder vorkommende und einem Entwickler bekannte Elemente aus Gründen der leichteren Lesbarkeit nicht in dieses Coding eingebaut wurden. Zum Beispiel möchten Sie vielleicht mit mehr Variablen arbeiten, wo in diesem Beispiel hart codiert wurde. Außerdem wurde hier nicht geprüft, ob die Segmente gefüllt sind, bevor sie angehängt wurden, was Sie in jedem Fall tun sollten.

Fertiges eigenes IDoc

Nun haben Sie Datensätze zu Ihren Tabellen angelegt. Der Quickview in Abbildung 6.19 zeigt das Datenobjekt, das hier beispielhaft verschickt werden soll.

Abbildung 6.19 Zu versendendes Datenobjekt

Das IDoc, das aus dem Datenobjekt erzeugt wurde, wird in Transaktion BD87 angezeigt (siehe Abbildung 6.20).

Einzelanzeige

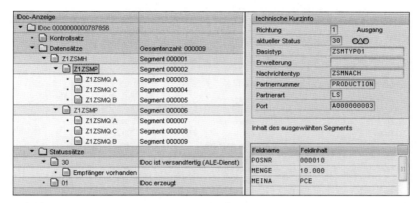

Abbildung 6.20 Beispiel-IDoc in Transaktion BD87

Im Kontrollsatz (siehe Abbildung 6.21) können Sie sehen, dass tatsächlich Ihr Nachrichtentyp (ZSMNACH) verwendet wurde.

Kontrollsatz

IDoc-Anzeige

IDoc-Nummer : 0000000000787946

technischer Name	Beschreibung	Wert
EDIDC	Kontrollsatz	
DIRECT	Richtung	1 : Ausgang
DOCREL	Release	701
OUTMOD	Ausgabemodus	2
STATUS	Status	30 :IDoc ist versandfertig (ALE-Dienst)
IDOCTYP	Basistyp	30 :Sabines IDoc Typ
CIMTYP	Erweiterung	30 :
MESTYP	Nachrichtentyp	ZSMNACH
MESCOD	Nachrichtenvariante	
MESFCT	Nachrichtenfunktion	
CREDAT	Erstellungsdatum	20160415
CRETIM	Erstellungsuhrzeit	111854
SNDPOR	Absenderport	SAPT38
SNDPRT	Absenderpartnerart	LS
SNDPRN	Absenderpartnernummer	T90CLNT090
RCVPOR	Empfängerport	A000000003
RCVPRT	Empfängerpartnerart	LS
RVCPRN	Empfängerpartnernummer	PRODUCTION
STD	EDI-Standard	
STDVRS	EDI-Version	
STDMES	EDI-Nachrichtentyp	

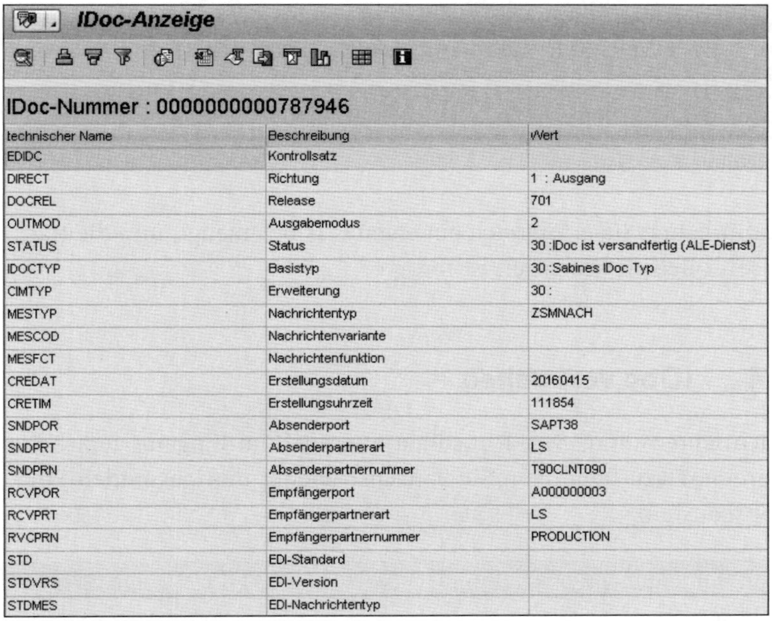

Abbildung 6.21 Ausschnitt aus dem Kontrollsatz

In den Daten der einzelnen Segmente sehen Sie nun auch gut die Umschlüsselung der Daten von ST als interne Mengeneinheit »Stück«

auf `PCE` als zugehörige ISO-Mengeneinheit im Feld `MEINA` (siehe Abbildung 6.22). Außerdem erscheinen in der Liste auch die beispielhaft angelegten qualifizierenden Segmente `Z1ZSMQ`.

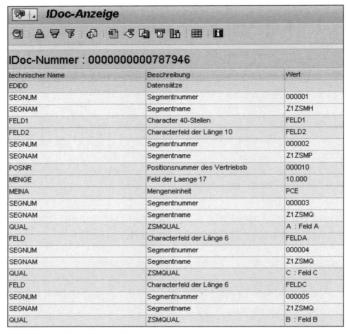

Abbildung 6.22 Datensätze

Damit haben Sie erfolgreich ein eigenes IDoc erzeugt, und die Hälfte unserer Beispielszenarien ist fertig.

6.4 IDoc verbuchen

Nachrichten- und IDoc-Typ sollen nun auch im Eingang verarbeitet werden. Dazu benötigen Sie zunächst wieder den passenden Funktionsbaustein.

[!] **Einschränkungen des Funktionsbausteins in diesem Beispiel**

Der Beispielbaustein enthält wieder nur die für die IDoc-Verarbeitung notwendigen Daten. Normalerweise müssen hier zusätzlich alle Returncodes ausgewertet, Benutzerberechtigungen geprüft und Sperreinträge gesetzt werden. Außerdem wird im Beispiel nur mit einem IDoc pro Aufruf gearbeitet (theoretisch wären mehrere möglich), und es wird keiner der ALE-Dienste verwendet. Umfangreichere Prüfungen bezüglich der Vollständigkeit und Korrektheit der Daten fehlen hier ebenfalls. Da diese Prüfungen applikationsspezifisch sind, müssen Sie sie nach Rücksprache mit Ihren Modulverantwortlichen jeweils selbst einbauen.

Die immer wieder in diesem Beispielbaustein vorkommenden Variablen erhalten Sie, indem Sie im Top-Include Ihrer Funktionsgruppe den folgenden Eintrag vornehmen:

include mbdconwf. "Report containing the ALE constants.

Der Include mbdconwf enthält unter anderem die in Tabelle 6.1 dargestellten Konstanten, die später verwendet werden. Dabei handelt es sich aber nur um ein Subset der Variablen aus mbdconwf.

Variable	Festwert
C_WF_RESULT_ERROR	99999
C_WF_RESULT_DELETE_IDOC	99998
C_WF_RESULT_WI_COMPLETE	99997
C_WF_RESULT_OK	0
C_WF_RESULT_RETRY_IDOC	1
C_WF_RESULT_CONTINUE_IDOC	2
C_IDOC_STATUS_OK	53
C_IDOC_STATUS_ERROR	51

Tabelle 6.1 Festwerte aus dem Include »mbdconwf«

Während die Funktionsbausteine im Ausgang keine weiteren Einschränkungen haben, müssen Eingangsbausteine, da sie von der ALE-Kommunikationsschicht automatisiert aufgerufen werden, eine einheitliche Signatur besitzen. Abbildung 6.23 zeigt die notwendigen Parameter und ihre Typisierung.

Signatur im Eingangsfunktionsbaustein

```
FUNCTION Z_IDOC_INPUT_ZSMNACH.
*"----------------------------------------------------------------------
*"*"Lokale Schnittstelle:
*"  IMPORTING
*"     VALUE(INPUT_METHOD) LIKE  BDWFAP_PAR-INPUTMETHD
*"     VALUE(MASS_PROCESSING) LIKE  BDWFAP_PAR-MASS_PROC
*"  EXPORTING
*"     VALUE(WORKFLOW_RESULT) LIKE  BDWF_PARAM-RESULT
*"     VALUE(APPLICATION_VARIABLE) LIKE  BDWF_PARAM-APPL_VAR
*"     VALUE(IN_UPDATE_TASK) LIKE  BDWFAP_PAR-UPDATETASK
*"     VALUE(CALL_TRANSACTION_DONE) LIKE  BDWFAP_PAR-CALLTRANS
*"  TABLES
*"      IDOC_CONTRL STRUCTURE  EDIDC
*"      IDOC_DATA STRUCTURE  EDIDD
*"      IDOC_STATUS STRUCTURE  BDIDOCSTAT
*"      RETURN_VARIABLES STRUCTURE  BDWFRETVAR
*"      SERIALIZATION_INFO STRUCTURE  BDI_SER
*"  EXCEPTIONS
*"      WRONG_FUNCTION_CALLED
*"----------------------------------------------------------------------
```

Abbildung 6.23 Signatur eines Eingangsfunktionsbausteins

Parameter vom Typ TABLES sind in neueren Releases eigentlich nicht mehr gebräuchlich, an dieser Stelle müssen sie aber verwendet werden, um den Anforderungen der ALE-Kommunikationsschicht zu genügen. Notfalls können Sie einen vorhandenen IDoc-Eingangsfunktionsbaustein kopieren.

Gültigkeit des Funktionsbausteins prüfen

Um nicht unnötig Ressourcen zu verbrauchen, wird zuerst geprüft, ob der Funktionsbaustein zum IDoc passt, das verarbeitet werden soll. Sie können dazu den Nachrichtentyp prüfen, falls es sich um nicht reduzierbare Nachrichtentypen handelt (siehe Listing 6.11).

```
IF idoc_contrl-mestyp <> 'ZSMNACH'.
    RAISE wrong_function_called.
ENDIF.
```

Listing 6.11 Nachrichtentyp prüfen

Bei den reduzierbaren IDocs kann ein anderer Nachrichtentyp verwendet werden, daher prüfen Sie dann den oder die IDoc-Typen, die für den reduzierbaren Nachrichtentyp erlaubt sind (siehe Listing 6.12).

```
IF  idoc_contrl-idoctp <> 'ZSMTYP01'.
    RAISE wrong_function_called.
ENDIF.
```

Listing 6.12 IDoc-Typ prüfen

Anschließend folgen die Variablendefinitionen (siehe Listing 6.13).

```
    DATA: subrc LIKE sy-subrc.
*   Struktur für die Kopfdaten
    DATA: wa_zsmh TYPE zsmh.
*   Variablen für die Positionen
    DATA: it_zsmp TYPE TABLE OF zsmp.
```

Listing 6.13 Deklaration der notwendigen Variablen

Unterprogramm starten

Daraufhin wird das IDoc gelesen, und die Daten werden in Übergabestrukturen übernommen (siehe Listing 6.14). In diesem Beispiel kann der Funktionsbaustein nur ein IDoc verarbeiten, daher wird die übergebene Tabelle, die nur einen Datensatz enthält, immer mit INDEX 1 gelesen. Wenn Sie einen massenfähigen Baustein nutzen möchten, erfolgt die Abarbeitung in einer Schleife.

```
READ TABLE idoc_contrl INDEX 1.
PERFORM idoc_process_zsmnach TABLES idoc_data
```

```
      idoc_status it_zsmp
USING idoc_contrl
CHANGING subrc    wa_zsmh.
```

Listing 6.14 Kontrollsatz lesen

Der Inhalt der Form sieht aus, wie in Listing 6.15 dargestellt. Um den seit Release 4.0 möglichen neueren Techniken zur Tabellendeklaration auch ein Beispiel zu widmen, wurde hier der Tabellentyp mit aufgenommen.

Übernahme der IDoc-Daten

```
FORM    idoc_process_zsmnach
TABLES  t_idoc_data STRUCTURE edidd
        t_idoc_status STRUCTURE bdidocstat
        it_zsmp STRUCTURE zsmp
USING f_idoc_contrl STRUCTURE edidc
CHANGING subrc LIKE sy-subrc
         wa_zsmh LIKE zsmh.
* Struktur für die Kopfdaten
  DATA: key1 TYPE zsmh-key1.
* Variablen für die Positionen
  DATA: wa_zsmp TYPE zsmp.
  DATA: posi TYPE zsmp-posnr.
  DATA: tabix TYPE sy-tabix.
* Daten für die IDoc-Segmente:
  DATA: wa_z1zsmh TYPE z1zsmh.
  DATA: wa_z1zsmp TYPE z1zsmp.
  DATA: wa_z1zsmq TYPE z1zsmq.
* Übernehmen der IDoc-Daten
  LOOP AT t_idoc_data WHERE docnum = f_idoc_contrl-docnum.
    CASE t_idoc_data-segnam.
      WHEN 'Z1ZSMH'.
        CLEAR key1.
        wa_z1zsmh = t_idoc_data-sdata.
        MOVE-CORRESPONDING wa_z1zsmh TO wa_zsmh.
        key1 = wa_zsmh-key1.
      WHEN 'Z1ZSMP'.          CLEAR posi.
        wa_z1zsmp = t_idoc_data-sdata.
        MOVE-CORRESPONDING wa_z1zsmp TO wa_zsmp.
        wa_zsmp-key1 = key1.
```

Listing 6.15 Nutzdaten aus den IDoc-Segmenten übernehmen

Auch hier wird wieder die Mengeneinheit umgesetzt, diesmal vom ISO-Code zur SAP-Einheit. Der hier nicht ausgewertete Importparameter `unique` wird als X zurückgeliefert, falls genau ein passender Wert gefunden wurde (siehe Listing 6.16).

Mengeneinheit von ISO nach SAP umsetzen

6 | Eigene IDocs entwickeln

```
                CALL FUNCTION 'UNIT_OF_MEASURE_ISO_TO_SAP'
                     EXPORTING
                        iso_code      = wa_zsmp-meina
                     IMPORTING
                        sap_code      = wa_zsmp-meina
*                       unique        =
                     EXCEPTIONS
                        not_found     = 1
                        others        = 2.
                  APPEND wa_zsmp TO it_zsmp.
                  posi             = wa_zsmp-posnr.
```

Listing 6.16 ISO-Mengeneinheiten in interne Mengeneinheiten

Qualifiziertes Segment Dann folgt die Auswertung des nächsten Segments, diesmal des qualifizierten Segments (siehe Listing 6.17).

```
                WHEN 'Z1ZSMQ'.
                  wa_z1zsmq = t_idoc_data-sdata.
                  READ TABLE it_zsmp WITH KEY key1 = key1
                    posnr = posi INTO  wa_zsmp.
                    tabix = sy-tabix.
                  CASE wa_z1zsmq-qual.
                  WHEN 'A'.
                    wa_zsmp-felda = wa_z1zsmq-feld.
                  WHEN 'B'.
                    wa_zsmp-feldb = wa_z1zsmq-feld.
                  WHEN 'C'.
                    wa_zsmp-feldc = wa_z1zsmq-feld.
                  ENDCASE.
                  MODIFY it_zsmp FROM wa_zsmp INDEX tabix.
                  CLEAR wa_zsmp.
                ENDCASE.
              ENDLOOP.
            ENDFORM.                    "IDOC_PROCESS_ZSMNACH
```

Listing 6.17 Qualifiziertes Segment Z1ZSMQ verarbeiten

Sind die Daten fehlerhaft (zum Beispiel, wenn Muss-Segmente fehlen oder Daten gegen das Customizing geprüft werden müssen und dann nicht stimmen), verändern Sie hier die Variable subrc, um im aufrufenden Baustein einen Fehler auszulösen.

Mit Baustein der Applikation buchen Anschließend werden, falls der Rückgabewert stimmt, die Daten an den eigentlichen Verbuchungsbaustein übergeben. Dieser wird immer im Verbuchungsmodus aufgerufen (siehe Listing 6.18). Die ALE-Kommunikationsschicht löst dann den Befehl COMMIT WORK aus und sorgt dafür, dass der IDoc-Status und das Anwendungsobjekt gleichzeitig verbucht oder verworfen werden.

```
* Bis hierher alles gut? Dann buchen.
  IF subrc = 0.
    CALL FUNCTION 'Z_ZSM_CREATE'
      EXPORTING
        header = wa_zsmh
        posis  = it_zsmp
      EXCEPTIONS
        OTHERS = 1.
```
Listing 6.18 Verbuchungsbaustein der Applikation aufrufen

Nun wird der Returncode des Verbuchungsbausteins ausgewertet und dementsprechend der Statuswert des IDocs gesetzt (siehe Listing 6.19).

```
  IF sy-subrc <> 0.
    subrc = 1.
* Fehler? Dann in Statustext übernehmen.
      PERFORM status_fill_sy_error
      TABLES idoc_status
      USING idoc_data
      sy 'Fehler' 'Mein Baustein'.
    ELSE.
* Gut? Dann Erfolgsstatus.
      idoc_status-docnum = idoc_contrl-docnum.
      idoc_status-status = c_idoc_status_ok.
      idoc_status-msgty  = 'S'.
*     t_idoc_status-msgid = your_msgid. "Global variable.
*     t_idoc_status-msgno = msgno_success. "Global variable.
      idoc_status-msgv1  = 'ok'.
      APPEND idoc_status.
    ENDIF.
* if sy-subrc <> 0.
  ENDIF.
```
Listing 6.19 Status der IDoc-Verbuchung und Vergabe der Meldungen prüfen

[!] **Meldungen in diesem Beispiel**

Die Fehler- und Erfolgsmeldungen dieses Beispiels sind natürlich nur rudimentär; Sie sollten eine Nachrichtenklasse verwenden und die hier mit Stern gekennzeichneten Werte t_idoc_status-msgid und t_idoc_status-msgno mit übergeben, wie es in Ihrer Nachrichtenklasse angelegt ist.

Im Erfolgsfall muss nun, falls eine Anbindung an den Workflow besteht, dafür gesorgt werden, dass ein eventuell bestehender Fehler-Workflow beendet wird; im Fehlerfall muss der entsprechende

Workflow-Handling

Workflow gestartet werden. Dies erledigt die ALE-Kommunikationsschicht mithilfe der Werte, die wir hier übergeben (siehe Listing 6.20), und mithilfe von Customizing-Einstellungen, die in Abschnitt 6.6, »Fehler-Workflow für eigene IDocs«, näher erläutert werden.

```
CLEAR in_update_task.
CLEAR call_transaction_done. "Call Transaction not used.
IF subrc <> 0. "Error occurred
  workflow_result              = c_wf_result_error.
  return_variables-wf_param    = c_wf_par_error_idocs.
  return_variables-doc_number  = idoc_contrl-docnum.
  APPEND return_variables.
ELSE. "IDoc processed successfully
  workflow_result              = c_wf_result_ok.
  return_variables-wf_param    = c_wf_par_processed_idocs.
  return_variables-doc_number  = idoc_contrl-docnum.
  APPEND return_variables.
  return_variables-wf_param    = c_wf_par_appl_objects.
  APPEND return_variables.
ENDIF.
```

Listing 6.20 Daten an den Fehler-Workflow übergeben

Den eigentlichen Verbuchungsbaustein müssen Sie in der Regel nicht selbst programmieren, denn die Anwendung muss bereits etwas entwickelt haben, womit die Daten, die wir per IDoc übertragen wollen, per Dialogtransaktion angelegt werden können. Damit Daten, die durch die Verbuchung eines IDocs entstehen, und solche, die ein Anwender manuell angelegt hat, gleich aussehen, ist es immer sinnvoll, beide Vorgänge auf denselben Funktionsbaustein zugreifen zu lassen. Dort sind dann auch die von der Anwendung vorgegebenen Prüfungen, Sperrungen und Berechtigungsabfragen codiert.

Zuordnung zum Vorgangscode

Im Ausgang müssen Funktionsbausteine nur dann einem Vorgangscode zugewiesen werden, wenn über Nachrichtenfindung gearbeitet wird. Im Eingang ist diese Zuweisung jedoch immer notwendig.

Die weiteren Arbeiten zum Verbuchen eines IDocs beginnen damit, dass Sie in Transaktion BD51 die Eigenschaften des Funktionsbausteins angeben. Abbildung 6.24 zeigt die Auswahl der Eigenschaften. Möglichkeit 2, EINZELEINGANG MIT IDOC-SPERRE IM CALL TRANSACTION, wird dabei aus Performancegründen nur sehr selten gewählt. Der Funktionsbaustein unseres Beispiels verwendet Möglichkeit 1, EINZELEINGANG. Was notwendig ist, um Möglichkeit 0, MASSENVERARBEITUNG, zu verwenden, wurde bereits in den Coding-Beispielen beschrieben. Im Wesentlichen geht es darum, all das, was wir nur einmalig durchgeführt haben, in eine Schleife über eine komplette Tabelle einzubauen.

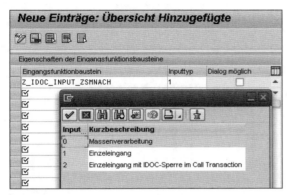

Abbildung 6.24 Verarbeitungsart des Bausteins

Dann wird der Funktionsbaustein mithilfe von Transaktion WE57 seinem Nachrichtentyp und allen möglichen IDoc-Typen zugeordnet (siehe Abbildung 6.25). Im Feld OBJEKTTYP geben Sie dabei einen Objekttyp aus dem Business Object Repository (BOR) an, im Fall des Materials zum Beispiel den Objekttyp BUS1001006. Nur mit einer solchen Zuordnung ist es möglich, dass Verknüpfungen zwischen dem IDoc und dem Business-Objekt, das erzeugt wurde, geschrieben werden und in Transaktion BD87 einsehbar sind. Auch die Entwicklung von Business-Objekttypen zu Anwendungsobjekten wird hier nicht weiter beschrieben, da sie nicht verwendet werden.

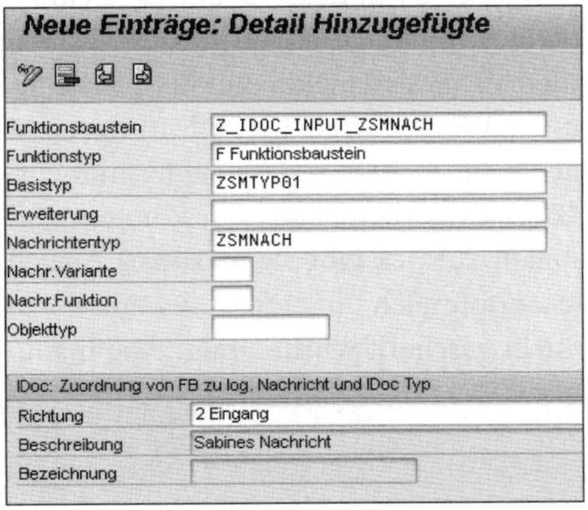

Zuordnung zur Applikation

Abbildung 6.25 Zusätzliche Eigenschaften des Eingangsfunktionsbausteins

6 | Eigene IDocs entwickeln

Vorgangscode anlegen

Haben Sie den Funktionsbaustein zugeordnet, wird in Transaktion WE42 der Vorgangscode angelegt. Sie können im Bereich OPTION ALE wählen, ob Sie mit oder ohne ALE-Dienst arbeiten möchten, und im Bereich ART DER VERARBEITUNG, wie Sie mit Ihrem Vorgangscode verfahren möchten (siehe Abbildung 6.26).

Abbildung 6.26 Vorgangscode im Eingang

Eigenschaften des Bausteins

Beim Anlegen eines neuen Vorgangscodes werden Sie, wenn Sie die Option VERARBEITUNG DURCH FUNKTIONSBAUSTEIN wählen, automatisch in die Eingabemaske für die Zusatzeigenschaften geführt. Später können Sie wieder dorthin gelangen, indem Sie auf das Symbol `IDOC_DISPLAY_MORE` ( ) klicken. Abbildung 6.27 zeigt diese Zusatzeigenschaften. Darunter werden auch die Objekte und Ereignisse für die Behandlung von Fehlern per Workflow angegeben. In unserem Beispiel ist dort allerdings nichts angegeben, sodass Fehler hier zurzeit nur über Transaktion BD87 abgearbeitet werden können. Das Feld MAXIMALE ANZAHL WIEDERHOLUNGEN gibt die maximale Anzahl von Versuchen an, ein IDoc erfolgreich in eine Anwendung zu buchen. Wenn es bis dahin nicht geschafft wurde, muss eine manuelle Fehlerbehandlung erfolgen.

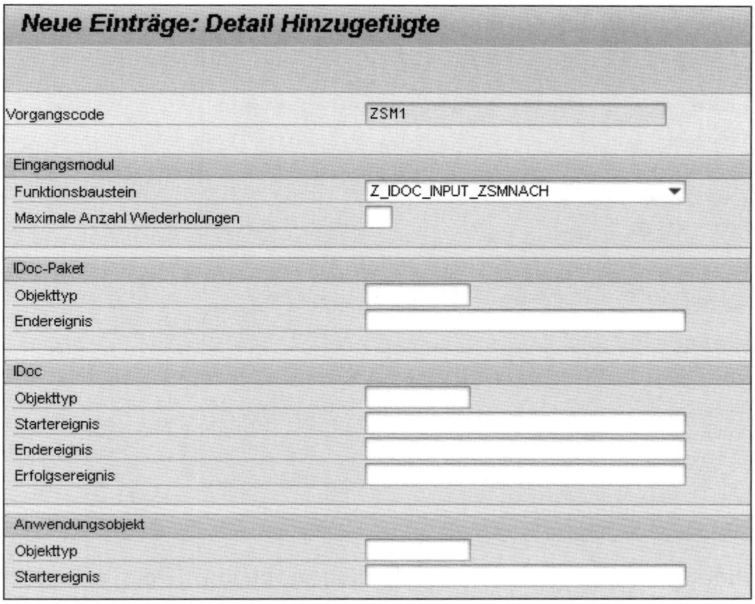

Abbildung 6.27 Eingangsfunktionsbaustein zuordnen

Zu guter Letzt können Sie in Transaktion WE42 noch Ihren Nachrichtentyp einer logischen Nachricht zuordnen (siehe Abbildung 6.28), und damit ist Ihre Entwicklungsarbeit abgeschlossen.

Nachrichtentyp logischer Nachricht zuordnen

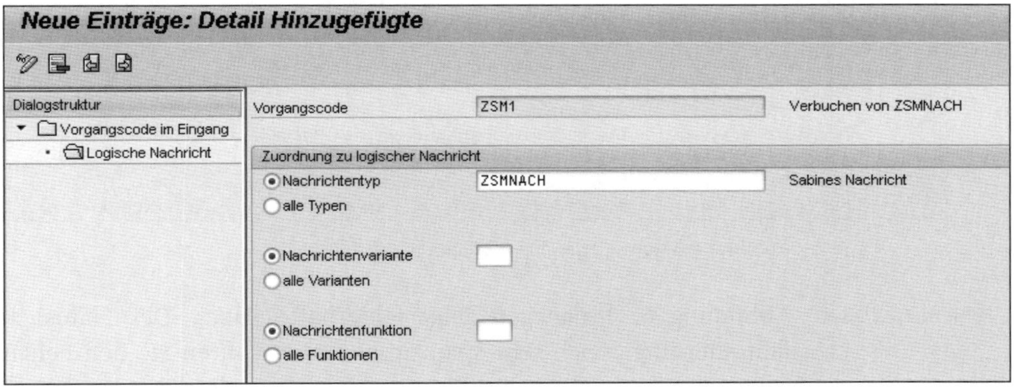

Abbildung 6.28 Nachrichtentyp zuordnen

Nun benötigen Sie nur noch eine passende Partnervereinbarung in Transaktion WE20, die Ihren Vorgangscode verwendet, und Sie können IDocs empfangen und verbuchen (siehe Abbildung 6.29).

Partnervereinbarung mit eigenem Vorgangscode

6 | Eigene IDocs entwickeln

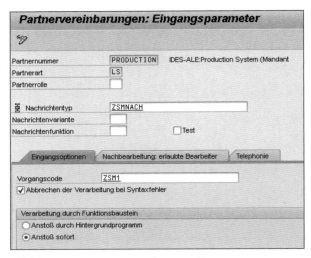

Abbildung 6.29 Partnervereinbarung – Eingangsparameter

Beispiel-IDocs Abbildung 6.30 zeigt einige erfolgreich verbuchte IDocs mit einer einwandfreien Erfolgsmeldung.

IDoc-Nummer	Status	Nachrichtentyp	Statustext	Basistyp	Partnernummer	Segm.
787871	53	ZSMNACH	Beleg 4711 erfolgreich erzeugt oder geändert	ZSMTYP01	PRODUCTION	3
787872	53	ZSMNACH	Beleg 4711 erfolgreich erzeugt oder geändert	ZSMTYP01	PRODUCTION	3
787873	53	ZSMNACH	Beleg 4711 erfolgreich erzeugt oder geändert	ZSMTYP01	PRODUCTION	3
787874	53	ZSMNACH	Beleg 4711 erfolgreich erzeugt oder geändert	ZSMTYP01	PRODUCTION	3
787875	53	ZSMNACH	Beleg 4711 erfolgreich erzeugt oder geändert	ZSMTYP01	PRODUCTION	3
787876	53	ZSMNACH	Beleg 4711 erfolgreich erzeugt oder geändert	ZSMTYP01	PRODUCTION	3
787877	53	ZSMNACH	Beleg 4711 erfolgreich erzeugt oder geändert	ZSMTYP01	PRODUCTION	3
787878	53	ZSMNACH	Beleg 4711 erfolgreich erzeugt oder geändert	ZSMTYP01	PRODUCTION	3

Abbildung 6.30 Erfolgreich verbuchte IDocs

Fehlerhafte IDocs Abbildung 6.31 dagegen zeigt fehlerhafte IDocs. Der Statustext fällt allerdings noch sehr sparsam aus. Hier sollten Sie den Fehler so genau wie möglich spezifizieren, denn das erleichtert im Fehlerfall den Personen die Arbeit, die die IDoc-Überwachung übernehmen.

Abbildung 6.31 IDocs mit Anwendungsfehlern

6.5 IDoc-Funktionsbausteine generieren

Es gibt zwei Möglichkeiten, die Bausteine zum Erzeugen und Verbuchen eines IDocs automatisch vom System generieren zu lassen.

Passende ALE-Schnittstellen generieren

- Bei der ersten handelt es sich um die Generierung passender IDoc-Schnittstellen zu BAPIs. Dabei werden Nachrichtentyp und IDoc-Typ generiert.
- Die zweite Möglichkeit beruht auf einem Funktionsbaustein.

Beide Möglichkeiten werden im Folgenden erläutert.

6.5.1 IDoc-Bausteine aus BAPI generieren lassen

Die Segmente des zu generierenden IDocs werden aus den IMPORT- und CHANGE-Parametern der Signatur des BAPIs gebildet, das als Grundlage der Generierung angegeben wird. (Die Exportparameter benötigen wir nicht, da bei IDocs nie eine Antwort gesendet wird.) Es werden so viele einzelne Variablen wie möglich zu einem Segment. Strukturen erhalten ein eigenes, einmal vorkommendes Segment, und Tabellentypen erhalten ein eigenes, mehrfach vorkommendes Segment. Dann wird jeweils ein Baustein zum Erzeugen und Verbuchen des entsprechenden IDocs generiert.

Segmenterzeugung in Transaktion BDBG

Die Transaktion für die Generierung der passenden IDoc-Schnittstelle zu einem BAPI ist BDBG, und Sie sehen in Abbildung 6.32 eine bereits von SAP ausgelieferte ALE-Schnittstelle in der Anzeigefunktion.

Das Verbuchen per generiertem Baustein funktioniert immer mit demselben Vorgangscode:

- `BAPI` für Einzelverarbeitung
- `BAPP` für Mehrfachverarbeitung

Sie benötigen demnach auch keinen eigenen Vorgangscode.

```
ALE-Schnittstelle für BAPI generieren

Nachrichtentyp
    ACC_EMPLOYEE_EXP
        ACC_EMPLOYEE_EXP ist bereits vorhanden
IDoc-Typ
    ACC_EMPLOYEE_EXP02
        ACC_EMPLOYEE_EXP02 ist bereits vorhanden
Segment
    E1BPACHE04
        E1BPACHE04 ist bereits vorhanden
    E1BPACGL04
        E1BPACGL04 ist bereits vorhanden
    E1BPACTX01
        E1BPACTX01 ist bereits vorhanden
    E1BPACCR04
        E1BPACCR04 ist bereits vorhanden
    E1BPACTR00
        E1BPACTR00 ist bereits vorhanden
    E1BPACCRPO
        E1BPACCRPO ist bereits vorhanden
    E1BPEXTC
        E1BPEXTC ist bereits vorhanden
Funktionsbaustein für ALE-Ausgang mit Datenfilterung
    ALE_ACC_EMPLOYEE_EXP_POST
        ALE_ACC_EMPLOYEE_EXP_POST ist bereits vorhanden
Funktionsbaustein für ALE-Eingang mit paketweiser Verarbeitung
    IDOC_INPUT_ACC_EMPLOYEE_EXP
        IDOC_INPUT_ACC_EMPLOYEE_EXP ist bereits vorhanden
```

Abbildung 6.32 Anzeige einer bereits bestehenden Schnittstelle

6.5.2 IDoc-Bausteine aus Funktionsbaustein generieren lassen

ALE-Schnittstelle für Funktionsbaustein

Die zweite Möglichkeit zur automatischen Erzeugung von IDoc-Bausteinen beruht auf einem Funktionsbaustein, der nicht als BAPI implementiert wurde. Dafür gelten mehr Einschränkungen:

- Der Funktionsbaustein darf nur genau einen Import- und einen Exportparameter haben. Der Importparameter darf allerdings eine komplexe Variable sein.
- Der Exportparameter muss vom Typ BAPIRETM sein, wenn Sie eine einfache Importvariable haben, und vom Typ BAPIRETS, wenn Sie eine komplexe Übergabevariable haben.

Der Transaktionscode zum Erzeugen des IDoc-Bausteins aus einem Funktionsbaustein lautet BDFG, und obwohl es sich nicht um ein BAPI handelt, ist der Bezug zu einem Business-Objekttyp aus dem Business Object Repository Pflicht. Dann können Sie die Namen, Pakete und Eigenschaften Ihrer Objekte vergeben, dies geschieht ebenfalls in Transaktion BDFG (siehe Abbildung 6.33).

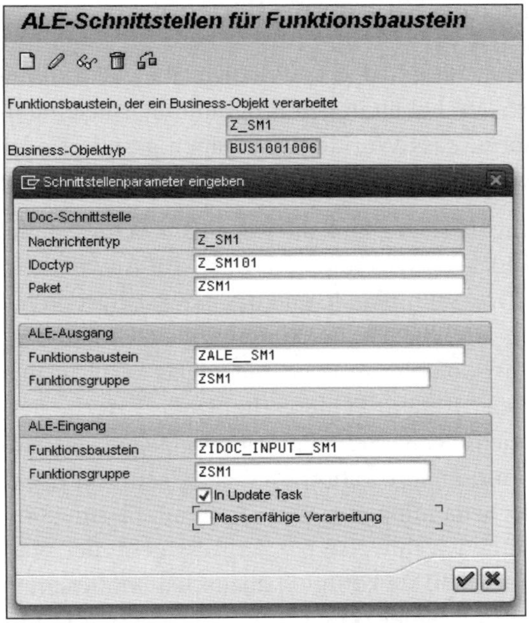

Abbildung 6.33 Eingaben in Transaktion BDFG

Mit diesen Angaben wird alles Notwendige generiert, wie in Abbildung 6.34 zu sehen ist. Es kann sich demnach lohnen, einen Funktionsbaustein mit den geforderten Eigenschaften um den Baustein der Applikation herum zu entwickeln und sich so den Rest der Arbeit zu sparen.

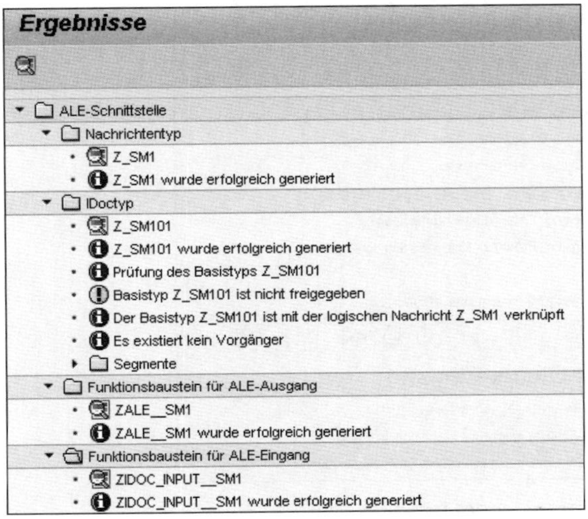

Abbildung 6.34 Generierte Objekte in Transaktion BDFG

6.6 Fehler-Workflow für eigene IDocs

Die Fehlerbearbeitung von IDocs ist grundsätzlich über Workflow-Aufgaben implementiert. Wir haben in den Programmbeispielen teilweise bereits dafür gesorgt, dass Workflow-Aufgaben gestartet oder beendet bzw. die dazu notwendigen Ereignisse ausgelöst werden.

Allgemeine Fehler – Workflow-Aufgaben

Bei der Fehlerbehandlung werden nun Fehler der IDoc-Schnittstelle, des externen Systems/EDI-Subsystems und der SAP-Anwendung unterschieden. Für die IDoc-Schnittstelle und das externe System liefert SAP Fehleraufgaben aus, die Sie in Transaktion WE40 finden. Abbildung 6.35 zeigt diese sowohl für den Eingang als auch für den Ausgang. EDIS ist dabei der Default-Fehlercode für das externe System, Sie können aber auch eigene Fehleraufgaben anlegen. Es handelt sich hier um die von der Applikation unabhängigen und daher allgemein gültigen Fehlerbehandlungen. Diese Systemfehlermeldungen und Workflows können wahlweise per Express gesendet werden, es ist jedoch auch möglich, sie komplett abzuschalten. Beachten Sie, dass gerade diese Systemfehler sehr häufig dem IDoc-Administrator gesendet werden, da sie zum Beispiel auch dann ausgelöst werden, wenn ein IDoc empfangen wird, für das es keine Partnervereinbarung mit einer gezielten Stelle für die Nachbearbeitung gibt.

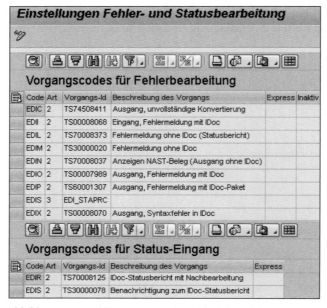

Abbildung 6.35 Fehlervorgangscodes technischer Art

6.6 Fehler-Workflow für eigene IDocs

Für die Fehler in der Applikation gibt es zu jedem Nachrichtentyp einen eigenen Fehler-Workflow. Wenn Sie selbst IDocs programmieren, müssen Sie auch diesen Fehler-Workflow komplett anlegen. Dies wird hier für den angelegten Nachrichtentyp ZSMNACH beschrieben.

Zunächst ist es notwendig, einen eigenen Business-Objekttyp für das IDoc in Transaktion SWO1 anzulegen. Dieser Business-Objekttyp muss dabei vom Typ IDOCAPPL erben, damit alle erforderlichen Methoden vorhanden sind. Der Name des Business-Objekttyps muss wieder in Ihrem Namensraum liegen. Abbildung 6.36 zeigt den Business-Objekttyp unseres Beispiels.

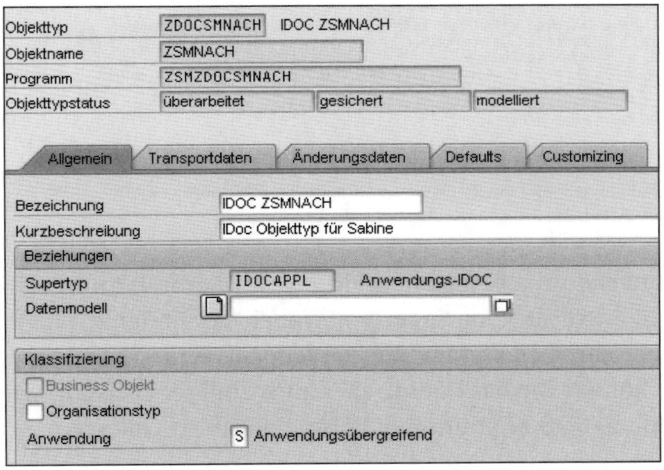

Abbildung 6.36 Business-Objekttyp für Fehler-Workflow

> **Business-Objekttypen bei IDocs**
>
> Beachten Sie, dass es im Zusammenhang mit IDocs zwei Business-Objekttypen geben kann.
>
> Der erste ist Pflicht und wird für den Fehler-Workflow verwendet. Dies ist derjenige, der vom Typ IDOCAPPL erben muss und einige wenige, immer gleiche Methoden zur Verfügung stellt.
>
> Der zweite Business-Objekttyp bezieht sich auf das eigentliche Objekt in der Applikation, dessen Daten Bestandteil der IDoc-Daten sind. Dieser Business-Objekttyp ist optional. Er wird in Transaktion BDA4 dem Nachrichtentyp zugeordnet, und falls er auch entsprechend in den Eingangsvorgangscodes gepflegt ist, führt diese Zuordnung zum Fortschreiben von Objektverknüpfungen.

6 | Eigene IDocs entwickeln

Attribute   Der Schlüssel für solche IDoc-Fehlerobjekte ist immer die IDoc-Nummer, und zusätzliche Attribute sind die wichtigsten Attribute aus der Kopftabelle, wie Sie in Abbildung 6.37 sehen können. Die rote Hinterlegung zeigt an, dass der Business-Objekttyp ZDOCSMNACH vom Supertyp IDOCAPPL geerbt hat.

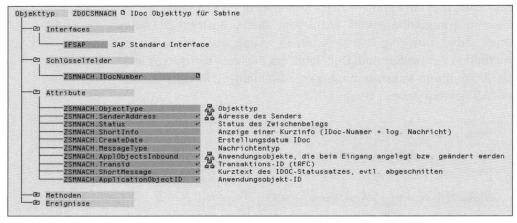

Abbildung 6.37 Attribute

Methoden und Ereignisse   Auch die notwendigen Methoden und Ereignisse erbt der Business-Objekttyp ZDOCSMNACH vom Supertyp, wobei das Ereignis input-Finished überschrieben werden muss. Wenn Sie keine Sonderwünsche haben, können Sie das Coding aber auch einfach so lassen, wie es ist. Abbildung 6.38 zeigt unseren Beispiel-Business-Objekttyp.

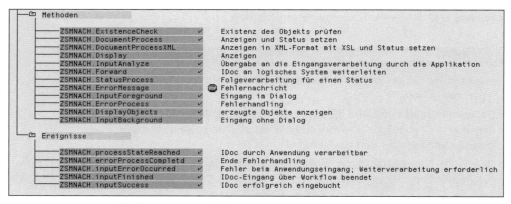

Abbildung 6.38 Methoden und Ereignisse

210

Für den Parameter `ApplicationObjectID` (siehe Abbildung 6.39) ist allerdings eine kleine Änderung notwendig, nämlich der Verweis auf die Applikation. Diese muss für jedes Objekt getrennt angegeben werden, sie kann nicht geerbt werden. Im Bereich DATENTYPREFERENZ geben Sie daher unsere eigene Bezugstabelle (hier `ZSMH`) und das Bezugsfeld (hier `KEY1`) an.

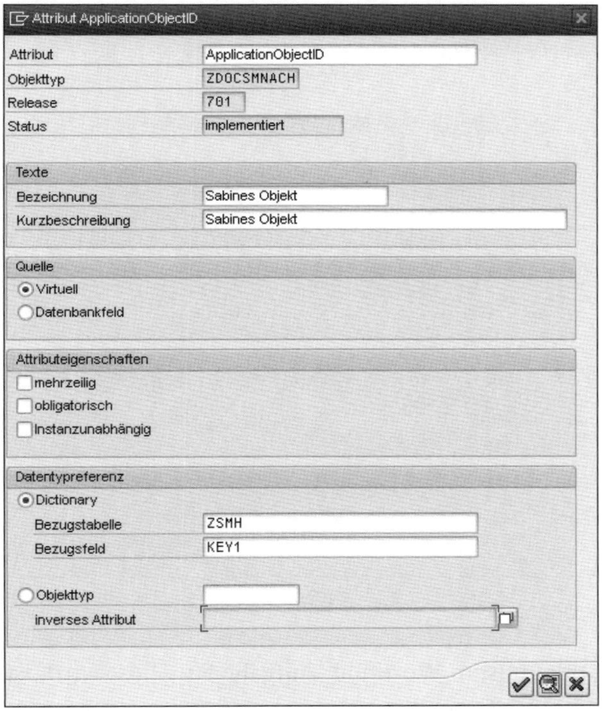

Zuordnung der Felder aus der Applikation

Abbildung 6.39 Objektbezug anpassen

Danach folgt das Anlegen der eigentlichen Workflow-Aufgabe. Die zugehörige Transaktion heißt PFTC_INS (siehe Abbildung 6.40). Im Eingabebild wählen Sie den Aufgabentyp und vergeben einen Namen für Ihre Workflow-Aufgabe. Unsere Aufgabe ist vom Typ `TS` (Standardaufgabe), und das Kürzel für die Workflow-Aufgabe besteht typischerweise, in welcher abgekürzten Form auch immer, aus Ihrem Nachrichtentyp und dem Wort »Error« (hier `ZSMNAC_Error`). Im Bereich OBJEKTMETHODE verweisen Sie im Feld OBJEKTTYP auf Ihren Business-Objekttyp (hier `ZDOCSMNACH`) und im Feld METHODE auf die geerbte Methode (hier `INPUTFOREGROUND`). Dies ist die Aufgabe, die bei

Workflow-Aufgabe

der IDoc-Einzelbearbeitung im Vordergrund ausgeführt wird, wenn ein IDoc auf einen Fehlerstatus gelaufen ist. Das Auslösen dieses Fehlers und die Übergabe an die Workflow-Laufzeit sehen Sie in Listing 6.20 in Abschnitt 6.4, »IDoc verbuchen«.

Abbildung 6.40 Workflow-Aufgabe zum Fehler-Handling

Startereignis zuordnen Das Ereignis, von dem unsere Workflow-Aufgabe ausgelöst wird, ist das ebenfalls im Business-Objekttyp vom Supertyp IDOCAPPL geerbte Ereignis INPUTERROROCCURRED (siehe Abbildung 6.41).

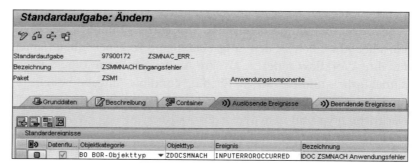

Abbildung 6.41 Startereignis

Eine Workflow-Aufgabe benötigt einen Datenfluss, mit dessen Hilfe die Daten des Objekts in die Daten der Aufgabe übertragen werden. Dieser Datenfluss kann jedoch vom System automatisch angelegt werden, indem Sie einmal auf das Icon `ICON_MOVING_DATA_ACT` () klicken. Sie gelangen dann auch automatisch in die Datenflusssicht. Unser Datenfluss sorgt dafür, dass dem Workflow Informationen aus dem IDoc zur Verfügung stehen. Wenn wie in Abbildung 6.42 für jedes Feld aus dem Ereignis ANWENDUNGSFEHLER auch ein Eintrag auf der Seite AUFGABE vorhanden ist, werden alle IDoc-Daten richtig an den Workflow übergeben, und alles ist in Ordnung.

Datenfluss

Abbildung 6.42 Datenfluss zum Startereignis

Das Endereignis ist immer die erfolgreiche Verbuchung des IDocs – gleichgültig, ob aus dem Fehler-Handling oder Transaktion BD87 heraus oder über ein im Hintergrund eingeplantes Programm. Der Name des Endereignisses ist `INPUTFINISHED`. Wir lösen es bereits in unseren angelegten Programmen zur Verarbeitung unseres eigenen Nachrichtentyps `ZSMNACH` aus (siehe Listing 6.20 in Abschnitt 6.4, »IDoc verbuchen«). Wie Sie in Abbildung 6.43 sehen, wird dazu kein Datenfluss mehr angezeigt.

Beendendes Ereignis

6 | Eigene IDocs entwickeln

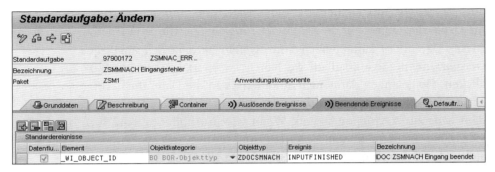

Abbildung 6.43 Beendendes Ereignis

Bearbeiterzuordnung Nun müssen Sie noch festlegen, wer diese Aufgabe aus dem Fehler-Workflow ausführen darf. Hier kommt es darauf an, wie Ihre Firma Workflows grundsätzlich handhabt. Im Standard handelt es sich aber um eine GENERELLE AUFGABE, die jeder ausführen darf (siehe Abbildung 6.44). Die Einstellungen in Transaktion WE20 in der Eingangspartnervereinbarung für den zur Nachbearbeitung berechtigten Bearbeiter sind maßgeblich dafür, wem der Workflow tatsächlich zugestellt wird.

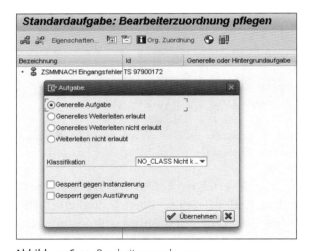

Abbildung 6.44 Bearbeiterzuordnung

Erweiterung des Vorgangscodes um das Fehler-Handling Nun rufen Sie wieder Transaktion WE42 auf. Bisher wurden hier nur Vorgangscode und Funktionsbaustein miteinander verknüpft, nun weisen Sie, wie in Abbildung 6.45 zu sehen ist, noch Ihren Business-Objekttyp zu und geben die zu verarbeitenden Ereignisse an, die Verwendung der entsprechenden Ereignisse besorgt dann die ALE-

Kommunikationsschicht in Kombination mit Ihrem Programm (siehe Listing 6.20 in Abschnitt 6.4, »IDoc verbuchen«).

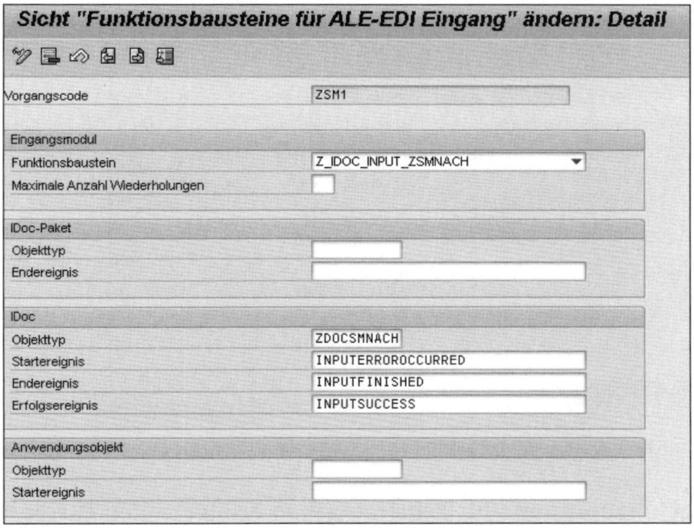

Abbildung 6.45 Fehler-Handling zum Vorgangscode zuweisen

In Transaktion SBWP, dem zentralen Arbeitsplatz, finden Sie nun im Eingang unter den Workflow-Aufgaben Ihre fehlerhaften IDocs. In Abbildung 6.46 sehen Sie unter ARBEITSPLATZ • EINGANG • WORKFLOW einige fehlerhafte IDocs, für die Sie in der Partnervereinbarung als Bearbeiter zugewiesen waren.

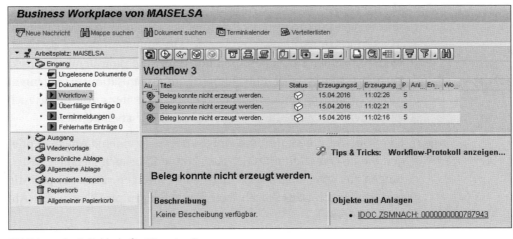

Abbildung 6.46 Fehlerhafte IDocs im Eingang

6 | Eigene IDocs entwickeln

Annehmen der Workflow-Aufgabe

Ein Doppelklick auf den Text der Aufgabe bringt Sie in das eigentliche Verarbeitungsmenü, von wo aus Sie Löschvormerkungen setzen, editieren und anschauen können (siehe Abbildung 6.47).

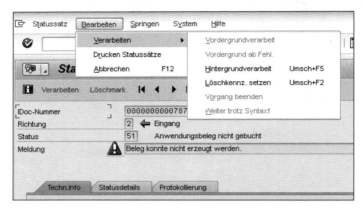

Abbildung 6.47 Ansicht nach Annahme der Workflow-Aufgabe

Bearbeiterzuordnung der Fehleraufgaben

Die Bearbeiterzuordnung für Fehleraufgaben erfolgt in den Partnervereinbarungen. Dort wird zunächst für die eigentliche Nachricht in der Einzelanzeige gesucht. Wenn dort nichts gefunden wird, wird in den Einstellungen für den gesamten Partner gesucht. Wird man auch dort nicht fündig, wird der Fehler an den IDoc-Administrator übermittelt. Es wird geprüft, ob ein bestimmter Benutzer dort eingetragen ist oder der Organisationseinheit angehört, die dort steht, und ob er die Aufgabe ausführen darf.

Jeder Benutzer darf eine Aufgabe vom Typ GENERELLE AUFGABE ausführen oder eine solche, die ihm über das Organisationsmanagement in SAP ERP HCM zugewiesen wurde. Die Aufgaben stehen dort entweder in seiner Stellenbeschreibung oder sind dem Benutzer direkt zugeteilt. Nehmen Sie Einstellungen im Organisationsmanagement nur in Absprache mit der zuständigen Fachabteilung vor, da sie auch auf andere Vorgänge im SAP-System Einfluss haben können.

IDoc-Administrator

Den IDoc-Administrator und einige andere allgemeine Angaben pflegen Sie in Transaktion OYEA. Hier können Sie auch Default-Einstellungen für öfter abgefragte Parameter eintragen, zum Beispiel die maximal zugelassene Anzahl von Syntaxfehlern pro IDoc (siehe Abbildung 6.48).

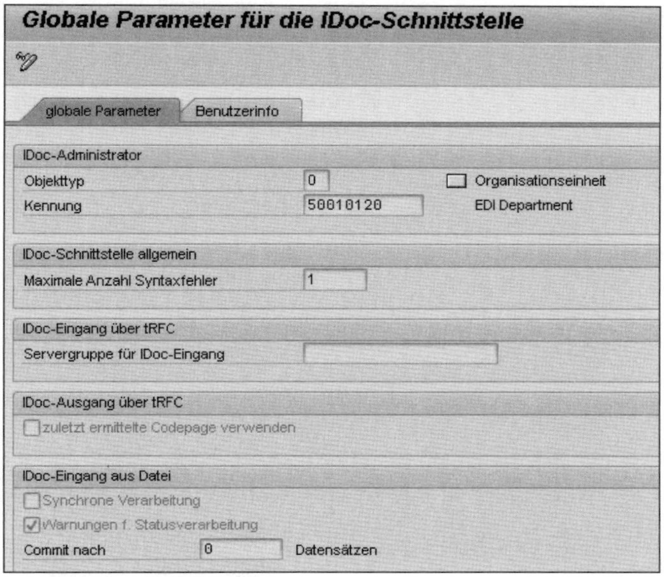

Abbildung 6.48 Globale Einstellungen

6.7 Nützliche Funktionsbausteine

Einige der notwendigen Funktionsbausteine für die Verarbeitung von selbst programmierten IDocs sind bereits in den Programmierbeispielen vorgekommen. Dennoch sind in Tabelle 6.2 noch einmal die wichtigsten Funktionsbausteine zusammengestellt. Hier sind auch diejenigen Konvertierungsbausteine aufgelistet, die in den Beispielen fehlen. Je nach Anwendung Ihrer eigenen IDocs können Sie hier suchen, welche Funktionen SAP bereits zur Verfügung stellt, sodass Sie diese Funktionen nicht mehr selbst implementieren müssen.

Funktionsbaustein	Funktion
ALE_MODEL_DETERMINE_IF_TO_SEND	prüfen, ob laut Verteilungsmodell eine bestimmte Nachricht erzeugt werden darf
ALE_SERIAL_KEY2CHANNEL	Objektkanal für Serialisierung ermitteln/setzen
CLOI_CONVERSION_PERFORM	Konvertierung von internen in externe Formate

Tabelle 6.2 Funktionsbausteine für die IDoc-Verarbeitung

Funktionsbaustein	Funktion
CLOI_PUT_SIGN_IN_FRONT	Minuszeichen voranstellen
CURRENCY_AMOUNT_IDOC_TO_SAP	Währungsbeträge ins SAP-Format übertragen
CURRENCY_AMOUNT_SAP_TO_IDOC	Währungsbeträge in externes Format übertragen
CURRENCY_CODE_ISO_TO_SAP	Währungen vom ISO-Code ins SAP-Format übertragen
CURRENCY_CODE_SAP_TO_ISO	Währungen vom SAP-Format in den ISO-Code übertragen
IDOC_DATE_TIME_GET	Statusinformationen vom Empfänger holen
IDOC_REDUCTION_FIELD_REDUCE	aktive Felder im reduzierten Nachrichtentyp ermitteln
IDOC_SERIALIZATION_CHECK	Zeitstempel im Serialisierungsfeld des IDoc-Kopfes prüfen
IDOC_SERIAL_POST	Serialisierungstabelle aktualisieren
IDOC_STATUS_WRITE_TO_DATABASE	IDoc-Status ändern
LANGUAGE_CODE_ISO_TO_SAP	Sprachcode vom ISO-Code ins SAP-Format übertragen
LANGUAGE_CODE_SAP_TO_ISO	Sprachcode vom SAP-Format in den ISO-Code übertragen
MASTER_IDOC_DISTRIBUTE	IDoc an die Kommunikationsschicht übergeben
MMODEL_INT_VALID_GET	im Verteilungsmodell ermitteln, wer welche Nachricht an wen sendet
OWN_LOGICAL_SYSTEM_GET	eigenen logischen Systemnamen finden
RFC_DATA_DETERMINE_FOR_CHECKS	eine RFC-Destination zu einem Partner ermitteln
UNIT_OF_MEASURE_ISO_TO_SAP	Mengeneinheit vom ISO-Code ins SAP-Format übertragen
UNIT_OF_MEASURE_SAP_TO_ISO	Mengeneinheit vom SAP-Format in den ISO-Code übertragen

Tabelle 6.2 Funktionsbausteine für die IDoc-Verarbeitung (Forts.)

Mit diesem Beispiel haben Sie nun den gesamten Prozess der Entwicklung eigener Nachrichtentypen und IDoc-Typen durchlaufen. Sie haben die notwendigen Segmente angelegt und die notwendigen Bausteine zum Erzeugen und Verbuchen eines IDocs programmiert. Da Sie Ihren Nachrichtentyp auch an den Fehler-Workflow angebunden haben, werden Ihre Anwender keinen Unterschied zu den Standard-IDocs, die SAP ausliefert, bemerken.

Sie benötigen Informationen darüber, ob und wie Ihr IDoc verarbeitet wurde? Auch bei einer asynchronen Kommunikation können solche Informationen vom Empfänger an den Sender übertragen werden. Welche Möglichkeiten es dafür gibt, erfahren Sie in diesem Kapitel.

7 Rückmeldungen

Grundsätzlich ist die Kommunikation mit IDocs asynchron, das heißt, der Sender erhält keine Information darüber, was beim Empfänger aus seinem IDoc geworden ist. Sie können solche Informationen als Empfänger jedoch aktiv zurücksenden.

Dies geschieht bei der Kommunikation zwischen SAP-Systemen mit einem eigenen Nachrichtentyp ALEAUD. Für die Kommunikation mit Fremdsystemen gibt es den Nachrichtentyp STATUS. Beide werden im Folgenden vorgestellt.

7.1 ALEAUD-IDocs

Bei zwei SAP-Systemen erfolgt das Zurücksenden von Informationen meistens mithilfe des ALEAUD-IDocs. Man nennt dieses Szenario (Sender schickt Anwendungs-IDoc, Empfänger schickt ALEAUD-IDoc zurück) dann *ALE-Audit*. Das ALEAUD-IDoc wird in SAP Process Integration (PI) auch als Application Acknowledgement vom IDoc-Adapter verarbeitet.

Die Voraussetzung für die Verwendung des ALEAUD-IDocs ist ein entsprechendes Verteilungsmodell (siehe Abbildung 7.1), in dem für den Empfänger des Ursprungs-IDocs eingetragen ist, dass er ein ALEAUD-IDoc an den Sender des Ursprungs-IDocs senden darf. Der Vorgangscode, der beim Empfänger in der Eingangspartnervereinbarung verwendet wird, lautet AUD1.

Verteilungsmodell für ALE-Audit

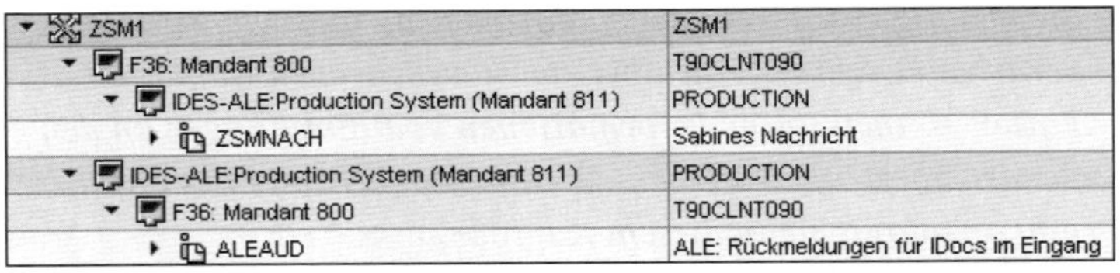

7 | Rückmeldungen

ZSM1	ZSM1
▸ F36: Mandant 800	T90CLNT090
▸ IDES-ALE:Production System (Mandant 811)	PRODUCTION
▸ ZSMNACH	Sabines Nachricht
▾ IDES-ALE:Production System (Mandant 811)	PRODUCTION
▾ F36: Mandant 800	T90CLNT090
▸ ALEAUD	ALE: Rückmeldungen für IDocs im Eingang

Abbildung 7.1 Partnermodell für ALEAUD-IDoc

Eingangsstatuswerte

Vom ALEAUD-IDoc wird der Status zurückgemeldet, den das IDoc im Zielsystem erhalten hat. Abbildung 7.2 zeigt mögliche Statuswerte beim Empfänger. Ein IDoc kann erfolgreich verbucht worden sein, was dem Status 53 entspricht. Es kann per Löschvormerkung für immer von der Verarbeitung ausgeschlossen werden (Status 68), oder es kann irgendeinen nicht endgültigen Verarbeitungsstatus haben, dazu gehören zum Beispiel die Status 64 (Warten) und 51 (fehlerhafte Verarbeitung).

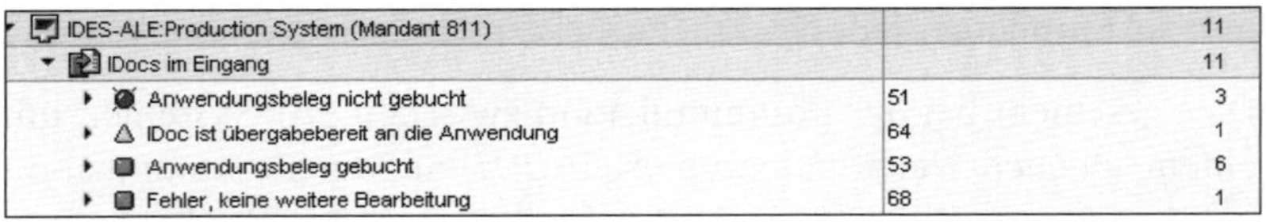

▸ IDES-ALE:Production System (Mandant 811)		11
▾ IDocs im Eingang		11
▸ Anwendungsbeleg nicht gebucht	51	3
▸ IDoc ist übergabebereit an die Anwendung	64	1
▸ Anwendungsbeleg gebucht	53	6
▸ Fehler, keine weitere Bearbeitung	68	1

Abbildung 7.2 IDoc-Statuswerte beim Empfänger

Rückmeldung mit Report RBDSTATE

ALEAUD-IDocs können über den regelmäßig einzuplanenden Report RBDSTATE als Rückmeldungen versendet werden. Dies machen wir im Folgenden beispielhaft. Die erforderlichen Eingaben, für welchen Absender, für welchen Nachrichtentyp und für welchen Zeitraum die ALEAUD-IDocs erzeugt werden sollen, sehen Sie in Abbildung 7.3. Dort wurde der Report RBDSTATE mit Transaktion SE38 gestartet.

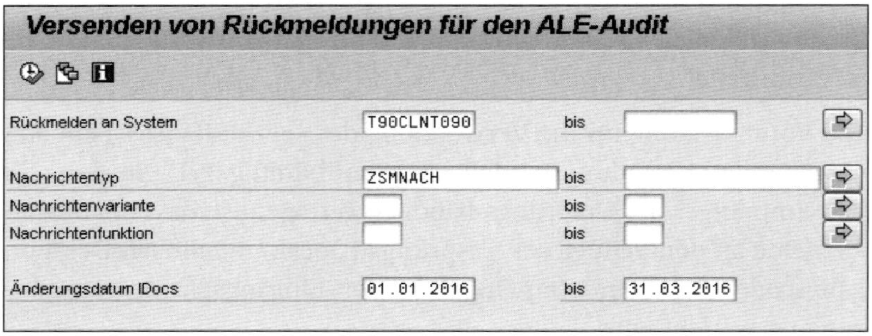

Versenden von Rückmeldungen für den ALE-Audit

Rückmelden an System	T90CLNT090	bis	
Nachrichtentyp	ZSMNACH	bis	
Nachrichtenvariante		bis	
Nachrichtenfunktion		bis	
Änderungsdatum IDocs	01.01.2016	bis	31.03.2016

Abbildung 7.3 Report RBDSTATE

222

Das `ALEAUD`-IDoc enthält daraufhin ein Kopfsegment, in dem übermittelt wird, welche Auswahl der Anwender getroffen hat. In unserem Beispiel enthält es die Angabe, dass wir Rückmeldungen für den Nachrichtentyp `ZSMNACH` senden (siehe Abbildung 7.4). Danach folgt ein Segment pro IDoc, das im Selektionszeitraum lag. Jedes Segment übermittelt den Status des IDocs im Empfängersystem sowie die Nummer des IDocs in beiden Systemen.

Aufbau des ALEAUD-IDocs

SEGNUM	Segmentnummer	000001
SEGNAM	Segmentname	E1ADHDR
MESTYP_LNG	Nachrichtentyp	ZSMNACH
SEGNUM	Segmentnummer	000002
SEGNAM	Segmentname	E1STATE
DOCNUM	Nummer des IDocs	0000000000785974
STATUS	Status des IDocs	64
STACOD	Statuscode	SAPB1005
STATXT	Text zum Statuscode	& &, &, &.
STAPA2	Parameter 2	No filters
STAPA3	Parameter 3	No conversion
STAPA4	Parameter 4	No version change
STATYP	Typ der Systemfehlermeldung (A	S : Erfolgsmeldung (Success)
STAMQU	Qualifier für Statusmeldung	SAP
STAMID	ID für Statusmeldung	B1
STAMNO	Nummer der Statusmeldung	005
STAPA2_LNG	Parameter 2	No filters
STAPA3_LNG	Parameter 3	No conversion
STAPA4_LNG	Parameter 4	No version change
SEGNUM	Segmentnummer	000003
SEGNAM	Segmentname	E1PRTOB
DOCNUM	Nummer des IDocs	0000000000135171
SEGNUM	Segmentnummer	000004
SEGNAM	Segmentname	E1STATE
DOCNUM	Nummer des IDocs	0000000000785975
STATUS	Status des IDocs	68
STACOD	Statuscode	SAP000
STAMQU	Qualifier für Statusmeldung	SAP
STAMNO	Nummer der Statusmeldung	000
SEGNUM	Segmentnummer	000005
SEGNAM	Segmentname	E1PRTOB
DOCNUM	Nummer des IDocs	0000000000135172
SEGNUM	Segmentnummer	000006

Abbildung 7.4 Beispiel – ALEAUD-IDoc

Beim Sender ergeben sich als Ergebnis die drei neuen Statuswerte 39, 40 und 41, wie in Abbildung 7.5 zu sehen ist.

Statuswerte beim Sender

▸ **Statuswert 40**

Der Statuswert 40 (Anwendungsbeleg in Zielsystem nicht erzeugt) ist dabei rot gekennzeichnet: Auch wenn der Sender hier nicht mehr eingreifen muss, soll doch erkennbar sein, dass diese IDocs beim Partner nicht verbucht, sondern auf den Status 68 (Fehler, keine weitere Verarbeitung) gesetzt wurden.

- **Statuswert 41**
  Grün ist der Statuswert 41, der auf Senderseite besagt, dass das IDoc beim Empfänger erfolgreich verarbeitet wurde (und dort den Status 53 erreicht hat).

- **Statuswert 39**
  Grün ist ebenfalls der Status 39 gekennzeichnet, der besagt, dass sich das IDoc noch in einem Zwischenstadium befindet. Man kann davon ausgehen, dass der Partner alle IDocs in einem Status, der nicht 53 oder 68 entspricht, so lange weiterbearbeitet, bis sie auf 53 oder 68 stehen. Daher erhalten alle IDocs, die beim Partner einen anderen Wert als 53 oder 68 haben, den Status 39.

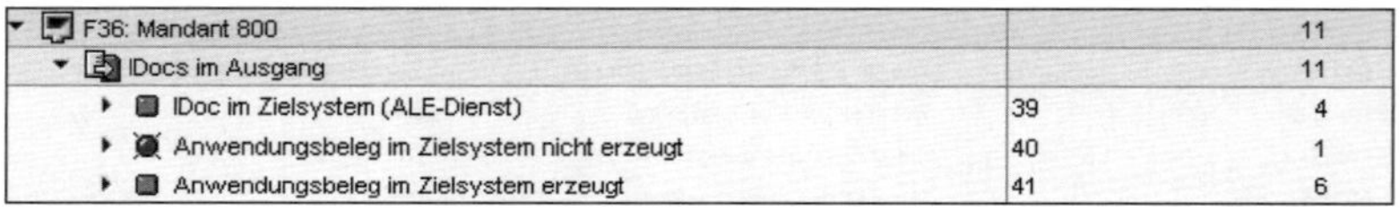

F36: Mandant 800		11
IDocs im Ausgang		11
IDoc im Zielsystem (ALE-Dienst)	39	4
Anwendungsbeleg im Zielsystem nicht erzeugt	40	1
Anwendungsbeleg im Zielsystem erzeugt	41	6

Abbildung 7.5 Statuswerte beim Sender nach ALE-Audit

IDocs mit Audit-Meldungen

Erfährt ein IDoc beim Partner eine Statusänderung und wird noch einmal der Report `RBDSTATE` ausgeführt, wird für diese Statusänderung auch ein neuer Eintrag im `ALEAUD`-IDoc versendet.

7.2 STATUS-IDocs

EDI-Umgebung

Bei der Verwendung von `ALEAUD`-IDocs zum Senden von Rückmeldungen führen alle drei Statuswerte zu einem Zustand, in dem das IDoc vom Sender nicht mehr weiterbearbeitet bzw. erneut gesendet werden kann. Hier geht man normalerweise davon aus, dass der Empfänger eventuell auftretende Fehler behebt. Es kann nun aber insbesondere im Zusammenhang mit EDI-Subsystemen sein, dass Sie zusätzliche Statuswerte des EDI-Subsystems sehen oder ein IDoc aufgrund eines Fehlers im EDI-Subsystem erneut senden möchten. Sie kennen die Statusbearbeitung bereits aus Abschnitt 3.3, »Verarbeitung von Statusdateien testen«. Hier erläutere ich nun, wie mithilfe eines IDocs ein neuer Statuswert für das Ursprungs-IDoc erzeugt wird.

Abbildung 7.6 zeigt den Vorgangscode STA1, mit dem das STATUS-IDoc verbucht wird. Wie Sie sehen, ist hier unter ART DER VERARBEITUNG die Verarbeitung mithilfe einer Workflow-Aufgabe angegeben, wenn Ihr System noch so aussieht, wie es von SAP ausgeliefert wurde. Da die Verarbeitung mit Workflows mehr Performance benötigt als die mit Funktionsbausteinen, liefert SAP seit Release 7.0 EHP1 aus Performancegründen noch den Vorgangscode STA2 aus, der mit dem Funktionsbaustein IDOC_INPUT_STATUS arbeitet.

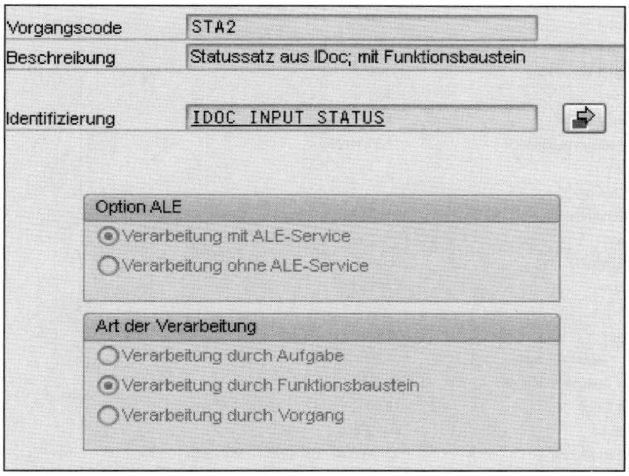

Verarbeitung durch Workflow-Aufgabe

Abbildung 7.6 Verarbeitung von STATUS-IDocs

Beim STATUS-IDoc wird nicht übermittelt, welchen Status das IDoc beim Empfänger hat, stattdessen geben Sie an, welchen neuen Status Sie für das IDoc beim Sender wünschen, und zwar mit passendem Text. Im Beispiel wurde dieser Text hart im IDoc mit gesendet, Sie können alternativ aber auch auf eine Nachricht in einer Nachrichtenklasse verweisen. Diese muss allerdings im ursprünglichen Sendersystem vorhanden sein. Letzteres lässt komfortablere und sprachabhängige Mitteilungen zu.

Nachrichtentyp STATUS

Abbildung 7.7 zeigt die wesentlichen Felder des STATUS-IDocs, den Bezug zum IDoc, das einen neuen Statuswert erhalten soll, den neuen Statuswert selbst und den Kommentartext.

Abbildung 7.8 zeigt das Ergebnis der Verbuchung des STATUS-IDocs, in unserem Fall den Statuswert 18 (Anstoß des EDI-Subsystems OK). Dies ist ebenfalls ein Status, der keine Weiterbearbeitung zulässt.

Umgesetzter Status

IDoc-Nummer : 0000000000785991		
technischer Name	Beschreibung	Wert
EDIDC	Kontrollsatz	
DIRECT	Richtung	2 : Eingang
DOCREL	Release	701
STATUS	Status	53 :Anwendungsbeleg gebucht
IDOCTYP	Basistyp	53 :CA-EDI: Übertragung von Statussätzen
CIMTYP	Erweiterung	53 :
MESTYP	Nachrichtentyp	STATUS
MESCOD	Nachrichtenvariante	
MESFCT	Nachrichtenfunktion	
CREDAT	Erstellungsdatum	20160127
CRETIM	Erstellungsuhrzeit	143450
SNDPOR	Absenderport	SAPT38
SNDPRT	Absenderpartnerart	LS
SNDPRN	Absenderpartnernummer	PRODUCTION
RCVPOR	Empfängerport	SAPT38
RCVPRT	Empfängerpartnerart	LS
RVCPRN	Empfängerpartnernummer	T90CLNT090
STD	EDI-Standard	
STDVRS	EDI-Version	
STDMES	EDI-Nachrichtentyp	STATUS
EDIDD	Datensätze	
SEGNUM	Segmentnummer	000001
SEGNAM	Segmentname	E1STATS
MANDT	Mandant	800
DOCNUM	IDoc-Nummer	785987
LOGDAT	Datum der Statusinformation	01211120
LOGTIM	Uhrzeit der Statusinformation	100000
STATUS	Status des IDocs	18
UNAME	Benutzername	MAISELSA
STATXT	Text zum Statuscode	STATUSAENDERUNG DURCH STATUS IDOC

Abbildung 7.7 Beispiel – STATUS-IDoc

IDoc-Auswahl				
IDoc-Nummer	Status	Nachrichtentyp	Statustext	Partnernummer
785987	18	ZSMNACH	STATUSAENDERUNG DURCH STATUS IDOC	PRODUCTION

Abbildung 7.8 Geändertes IDoc beim Sender

7.3 TXTRAW-IDocs

Nachrichtentyp TXTRAW

Das TXTRAW-IDoc ist in der Lage, eine Textnachricht an ein anderes System zu senden, die insgesamt aus bis zu 3.600 Zeilen bestehen darf, aufgeteilt in kleinere Segmente à 72 Zeichen. Für den Fall, dass das Empfängersystem ein SAP-System ist, wird dieser Text dann als Nachricht im Workplace von SAP Business Workflow angezeigt, den Sie bereits beim Fehler-Workflow kennengelernt haben. Damit ist das TXTRAW-IDoc nicht direkt ein Rückmeldungs-IDoc, sondern für viele Zwecke zu verwenden. Entsprechend gibt es auch keinen direkten Bezug zu einem ursprünglich gesendeten IDoc, wie Sie ihn bei ALEAUD- und STATUS-IDocs kennengelernt haben, und es wird auch bei keinem IDoc ein Status geändert. Es ist aber möglich, eine IDoc-Nummer im Text mitzugeben. Sie erhalten so eine sehr flexible und sehr einfache Möglichkeit der Kommunikation des Empfängers mit dem Sender, deren nähere Betrachtung deshalb lohnt.

Zunächst benötigen Sie eine Partnereingangsverarbeitung für den Nachrichtentyp `TXTRAW`. In Abbildung 7.9 sehen Sie den Vorgangscode `TXT1`, der hier für die Verarbeitung vorgesehen ist.

Vorgangscode TXT1

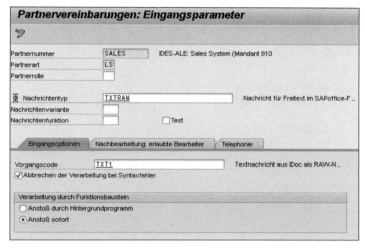

Abbildung 7.9 Partnereingangsvereinbarung für ein TXTRAW-IDoc

In diesem Fall ist der für die Nachbearbeitung erlaubte Bearbeiter von besonderer Wichtigkeit, in den Posteingang dieses Benutzers wird nämlich die entsprechende Nachricht gelegt. In Abbildung 7.10 sehen Sie, dass Sie sich hier (zu Testzwecken) auch selbst eintragen können.

Empfänger der gesendeten Textnachricht

Abbildung 7.10 Nachricht an eingetragenen Benutzer

Verarbeitung mit Workflow-Aufgabe

Dieser Vorgangscode ist nun ebenfalls einer der wenigen, die tatsächlich mit einer Workflow-Aufgabe verarbeitet werden. Da wir bisher nur mit Vorgangscodes gearbeitet haben, die auf einen Funktionsbaustein verweisen, ist er auch in dieser Hinsicht interessant. In Abbildung 7.11 sind die Details dieses Vorgangscodes dargestellt, er wird durch die Workflow-Aufgabe TS30000008 abgearbeitet. Diese Aufgabe stellt ohne auslösende oder beendende Ereignisse einfach den Text in den Posteingang.

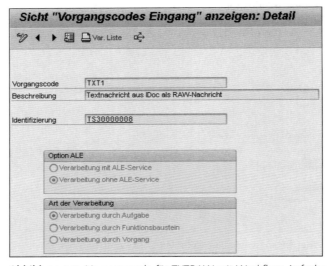

Abbildung 7.11 Vorgangscode für TXTRAW mit Workflow-Aufgabe

Inhalt eines TXTRAW01-IDocs

Das IDoc selbst sieht eher einfach aus. Außer dem Kopfsegment mit der Sender- und Empfängerinformation enthält es genau einen Segmenttyp E1TXTRW, der aber mehrfach vorkommen kann. In Abbildung 7.12 sind dazu der Kontrollsatz und eine Textzeile im IDoc aufgelistet.

Workitem in der Statusanzeige

Interessant sind für ein solches per Workflow-Aufgabe abgearbeitetes IDoc auch die Statussätze. Diese enthalten nämlich tatsächlich neben den bekannten Statusinformationen den Hinweis darauf, dass hier mit einem Workflow gearbeitet wird. In Abbildung 7.13 sind noch einmal alle Statussätze seit der Erzeugung des IDocs zusammengefasst.

IDoc-Nummer : 0000000000797140		
technischer Name	Beschreibung	Wert
EDIDC	Kontrollsatz	
DIRECT	Richtung	2 : Eingang
DOCREL	Release	701
STATUS	Status	53 : Anwendungsbeleg gebucht
IDOCTYP	Basistyp	53 : Übertragung von Freitexten im SAPoffice-Format "RAW"
CIMTYP	Erweiterung	53 :
MESTYP	Nachrichtentyp	TXTRAW
MESCOD	Nachrichtenvariante	
MESFCT	Nachrichtenfunktion	
CREDAT	Erstellungsdatum	20160522
CRETIM	Erstellungsuhrzeit	112111
SNDPOR	Absenderport	SALES
SNDPRT	Absenderpartnerart	LS
SNDPRN	Absenderpartnernummer	SALES
RCVPOR	Empfängerport	SAPT38
RCVPRT	Empfängerpartnerart	LS
RVCPRN	Empfängerpartnernummer	T90CLNT090
STD	EDI-Standard	
STDVRS	EDI-Version	
STDMES	EDI-Nachrichtentyp	
EDIDD	Datensätze	
SEGNUM	Segmentnummer	000001
SEGNAM	Segmentname	E1TXTRW
TLINE	Textzeile für SAPmail über IDo	DIES IST DER TEXT, DER NACHHER IM POSTEINGANG ANGEZEIGT WIRD

Abbildung 7.12 IDoc-Kontroll- und Datensatz

IDoc-Anzeige	
▼ ☐ IDoc 0000000000797140	
• 📄 Kontrollsatz	
▶ ☐ Datensätze	Gesamtanzahl: 000001
▼ ☐ Statussätze	
▼ 📄 53	Anwendungsbeleg gebucht
• 📄 IDoc als SAPmail an Benutzer MAISELSA verschickt	
▼ 📄 62	IDoc an Anwendung übergeben
• 📄 IDoc-Eingang: Workitem 000000969244 gestartet	
• 📄 64	IDoc ist übergabebereit an die Anwendung
• 📄 50	IDoc hinzugefügt

Abbildung 7.13 Statussätze des IDocs

Schließlich fehlt noch die Ansicht des IDocs im Posteingang. Dazu starten Sie Transaktion SBWP – den Arbeitsplatz – und finden diesmal unter den Dokumenten den Hinweis auf neue oder in diesem Fall bereits gelesene Nachrichten. Neben den tatsächlich von anderen Benutzern gesendeten Nachrichten finden Sie hier auch die IDoc-Nachrichten. Sie sind, wie Sie in Abbildung 7.14 sehen, direkt an ihrer Überschrift als solche zu erkennen und somit leicht von den anderen Nachrichten zu unterscheiden und zu filtern.

TXTRAW-IDocs im Eingangskorb

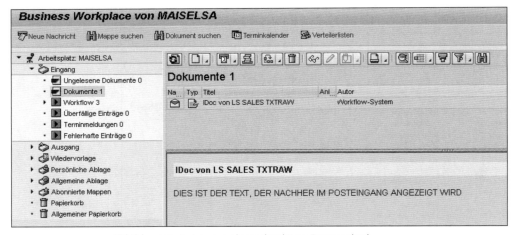

Abbildung 7.14 Anzeige als Nachricht im Eingangskorb

Mithilfe der hier aufgezeigten Möglichkeiten können Sie ab jetzt dafür sorgen, dass auch im sendenden System immer ein gewisser Informationsgehalt über den Verbleib der IDocs beim empfangenden System vorliegt.

Welche Methode Sie wählen, hängt natürlich wesentlich davon ab, was Ihr Partner überhaupt liefern kann, ansonsten müssen Sie berücksichtigen, dass auf der Senderseite nur bei der Verwendung des STATUS-IDocs die Möglichkeit besteht, das ursprüngliche IDoc mit Standardmitteln noch einmal zu versenden.

Immer schön der Reihe nach. Zum Beispiel bei der Buchung von IDocs mit Lagerbewegungen, zum selben Material auf demselben Lagerplatz. Würde hier die Reihenfolge nicht strikt eingehalten, käme es zu vielen Differenzbuchungen – was weder bezüglich der Finanzprüfung noch bezüglich der Systemlast wünschenswert wäre.

8 IDocs serialisieren

Der normale Ablauf bei der Kommunikation mit IDocs sieht zwar vor, dass die System-IDocs vor dem Versenden oder Verbuchen nach einem Zeitstempel sortiert werden, aber bei Parallelisierung und Abbrüchen ist es durchaus möglich, dass IDocs sich überholen. Wenn dies nicht gewünscht ist, müssen Sie dafür sorgen, dass die IDocs in der exakt richtigen Reihenfolge verarbeitet werden.

SAP unterstützt daher mehrere Formen der Serialisierung von IDocs: | Möglichkeiten zur Serialisierung

- Serialisierung über Gruppen
- Serialisierung über Zeitstempel
- Serialisierung über Business-Objekte
- Serialisierung mit dem qRFC

Nicht alle Serialisierungsarten sind immer möglich, und sie haben auch unterschiedliche Auswirkungen. Im Folgenden erfahren Sie, wie Sie die jeweiligen Serialisierungsarten verwenden, wie Sie die unterstützten Nachrichtentypen finden und wie Sie alles einstellen.

8.1 Serialisierung über Gruppen

Bei der Serialisierung über Gruppen geht man davon aus, dass zu einem bestimmten Vorgang mehr als ein IDoc versendet wird, wobei unterschiedliche Nachrichtentypen zum Tragen kommen. Beim Materialstamm gibt es zum Beispiel auch die Möglichkeit, direkt | Verschiedene Nachrichtentypen

beim Anlegen des Materials eine Klassifizierung vorzunehmen. Klassifizierungen werden dann mit dem Nachrichtentyp `CLFMAS` verschickt, die Materialien mit dem bereits bekannten Nachrichtentyp `MATMAS`.

Reihenfolge der Verarbeitung

Voraussetzung für ein erfolgreiches Verarbeiten des `CLFMAS`-IDocs ist dabei, dass der Materialstamm bereits existiert. Wird ein Material neu angelegt, könnte es zu Verbuchungsfehlern führen, wenn das `CLFMAS`-IDoc das `MATMAS`-IDoc überholt. Zwar kann das `CLFMAS`-IDoc beim erneuten Starten erfolgreich gebucht werden, aber für die Systemperformance ist es besser, wenn Sie ein Überholen gleich verhindern.

Daher haben Sie die Möglichkeit, Nachrichtentypen beim Sender und Empfänger zu einer *Serialisierungsgruppe* zusammenzufügen und die gewünschte Reihenfolge der Verarbeitung anzugeben. Voraussetzung für dieses Vorgehen ist, dass die entsprechenden IDocs über Änderungszeiger auswertbar sind, es handelt sich bei diesem Verfahren demnach um die Stammdaten.

Auswertender Report RBDSER01

Anstatt die Auswertung der Änderungszeiger über den Report `RBDMIDOC` oder Transaktion BD21 vorzunehmen, die jeweils alle Änderungszeiger zu einem Nachrichtentyp auswerten, verwendet man zum Senden den Report `RBDSER01`. Dieser selektiert dann gleich alle Änderungszeiger zu einer Gruppe von Nachrichtentypen und sorgt dafür, dass erst alle IDocs der ersten Nachrichtenart, dann alle der zweiten etc. erzeugt werden. Sollten einzelne IDocs dabei fehlerhaft sein, werden sie nicht berücksichtigt und später ganz normal über das Fehler-Handling nachgereicht.

Um mit Serialisierungsgruppen zu arbeiten, ist es wichtig, dass die Verarbeitung sowohl beim Sender als auch beim Empfänger über Transaktion WE20 in den Partnervereinbarungen auf WARTEN AUF HINTERGRUNDPROGRAMM gesetzt ist.

Serialisierungsgruppen erstellen

Der erste Schritt für das Arbeiten mit Serialisierungsgruppen ist das Erstellen der Serialisierungsgruppe bei Sender und Empfänger mithilfe von Transaktion BD44. Abbildung 8.1 zeigt die Einstellung für unser Klassifizierungsbeispiel. Die Materialstämme (`MATMAS`) sollen zuerst verarbeitet werden, danach die Klassifizierungszuordnungen (`CLFMAS`).

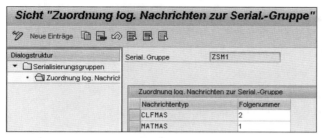

Abbildung 8.1 Anlegen der Serialisierungsgruppe

Diese Einstellung muss sowohl beim Sender als auch im Empfängersystem erfolgen. Im Empfängersystem können Sie in der Spalte P zusätzlich Angaben zur Parallelisierung der Verarbeitung machen. In unserem Beispiel (siehe Abbildung 8.2) wurde das Kennzeichen für die Parallelisierung allerdings nicht gesetzt, weil dann auch eine Servergruppe angegeben werden muss. Diese Angaben überlassen Sie am besten der Systemadministration.

Parallelisierung

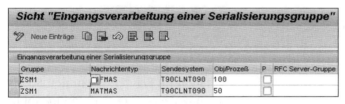

Abbildung 8.2 Verarbeitung beim Empfänger

Mit dem Report `RBDSER01` oder Transaktion BD40 werden beim Sender die IDocs zu einer bestimmten Gruppe erzeugt. Als Angabe wird, wie bei den im Folgenden beschriebenen Reports, nur die Serialisierungsgruppe erwartet (siehe Abbildung 8.3).

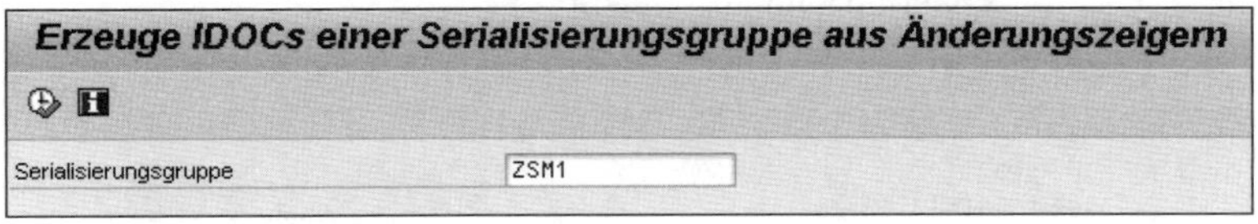

IDocs der Gruppe erzeugen

Abbildung 8.3 Erzeugen der IDocs einer Gruppe

Im Anschluss werden dann zunächst alle MATMAS-IDocs – die IDocs der ersten Nachrichtenart – erzeugt (siehe Abbildung 8.4).

8 | IDocs serialisieren

Abbildung 8.4 Erste Nachrichtenart erstellt

Als Nächstes folgt die Erstellung der Klassifizierungs-IDocs (siehe Abbildung 8.5). In beiden Fällen ist das Kundenverteilungsmodell relevant, um herauszufinden, an welche Partner die IDocs gesendet werden sollen. Es ist demnach durchaus möglich, dass auch hier pro Änderung mehrere IDocs für verschiedene Partner erzeugt werden, wenn mehrere Empfänger erlaubt sind.

Abbildung 8.5 Zweite Nachrichtenart erstellt

Serialisierungsgruppe im Ausgang

All diese neu erzeugten IDocs erhalten im Sendersystem den Status 30 (Versandfertig) und sind nun zum Versand bereit, wie in Abbildung 8.6 zu sehen ist.

[!] **Versandreport**

Um die Reihenfolge einzuhalten, ist es wichtig, dass die IDocs von hier aus nicht mit den herkömmlichen Versandjobs (Report RSEOUT00) verarbeitet werden. Dieser muss also immer so gestartet werden, dass er diese Nachrichten im Selektionsbild ausschließt.

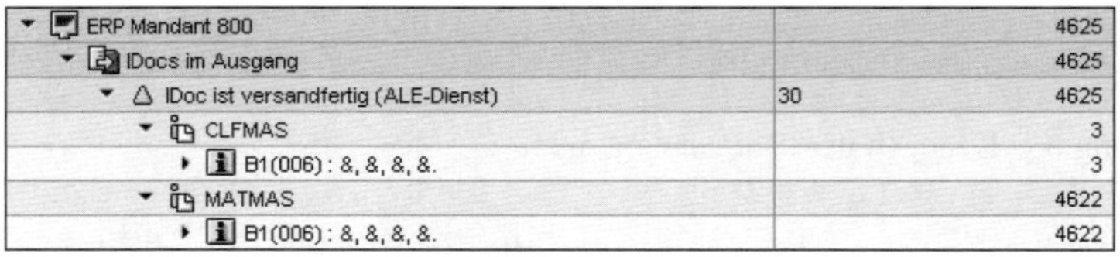

▼ 🖥 ERP Mandant 800		4625
▼ 📑 IDocs im Ausgang		4625
▼ △ IDoc ist versandfertig (ALE-Dienst)	30	4625
▼ 📇 CLFMAS		3
▶ 🗎 B1(006) : &, &, &, &.		3
▼ 📇 MATMAS		4622
▶ 🗎 B1(006) : &, &, &, &.		4622

Abbildung 8.6 IDocs erzeugen, aber noch nicht senden

Versenden der Gruppe

Nun können Sie den Versand der IDocs mit dem Report RBDSER02 oder Transaktion BD41 starten. Sie können dabei über das Kennzeichen

STEUERNACHRICHT IMMER SENDEN entscheiden, ob die Steuernachricht direkt gesendet werden soll oder nicht (siehe Abbildung 8.7).

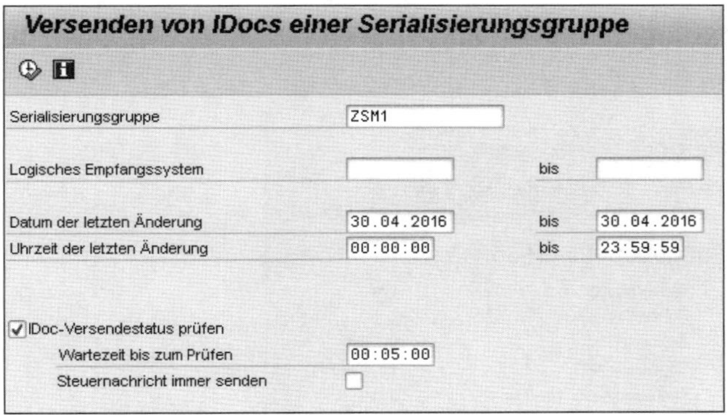

Abbildung 8.7 IDocs versenden

Sind die IDocs im Zielsystem angekommen, stehen sie im Status 64 (IDoc ist bereit zur Übergabe an die Anwendung). Unser Beispiel zeigt recht viele unverarbeitete IDocs (siehe Abbildung 8.8). Dies ist darauf zurückzuführen, dass ein recht großer Zeitraum für das Sammeln der Änderungszeiger gewählt wurde.

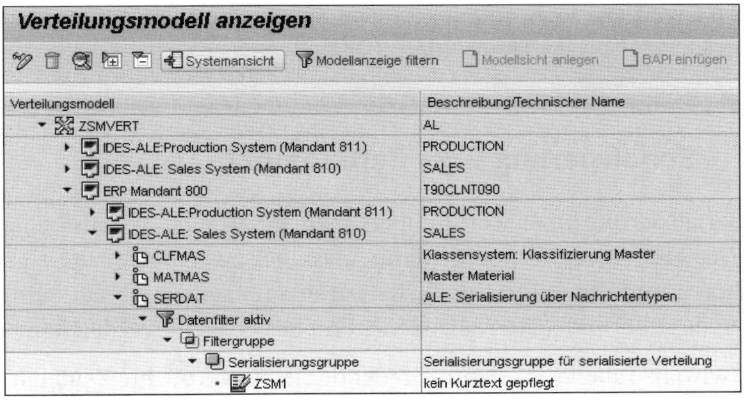

Eingang beim Partner

Abbildung 8.8 Noch nicht verarbeitete IDocs im Zielsystem

Um nun die IDocs sinnvoll zu verbuchen, können Sie die Verarbeitung starten, wenn das letzte IDoc dieser Gruppe und dieser Änderungszeigerauswertung angekommen ist. Mit dem Report `RBDSER03` oder Transaktion BD42 können Sie als Sender dem Empfänger mitteilen, dass er mit dem Verbuchen beginnen kann. Die Information wird dann mit einem eigenen Nachrichtentyp, SERDAT, zum Sender

Nachrichtentyp SERDAT

übertragen, wenn Sie nicht bereits mit dem Report `RBDSER02` eine Steuernachricht haben erzeugen lassen. Im `SERDAT`-IDoc werden die Serialisierungsinformationen übertragen. Pro Nachrichtentyp der Serialisierungsgruppe erhalten Sie ein Positionssegment (siehe Abbildung 8.9).

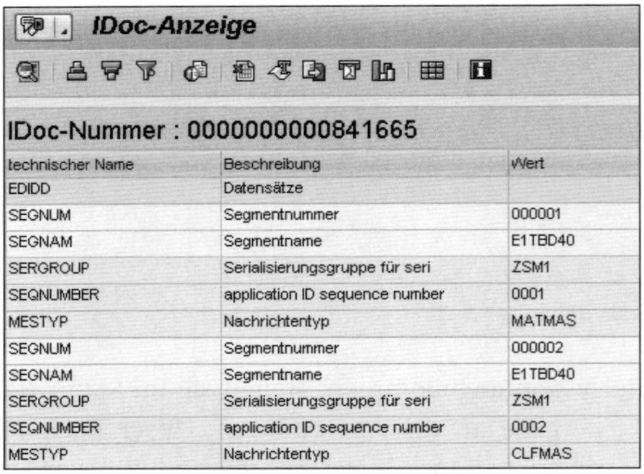

technischer Name	Beschreibung	Wert
EDIDD	Datensätze	
SEGNUM	Segmentnummer	000001
SEGNAM	Segmentname	E1TBD40
SERGROUP	Serialisierungsgruppe für seri	ZSM1
SEQNUMBER	application ID sequence number	0001
MESTYP	Nachrichtentyp	MATMAS
SEGNUM	Segmentnummer	000002
SEGNAM	Segmentname	E1TBD40
SERGROUP	Serialisierungsgruppe für seri	ZSM1
SEQNUMBER	application ID sequence number	0002
MESTYP	Nachrichtentyp	CLFMAS

Abbildung 8.9 SERDAT-IDoc, das die Verbuchung startet

Die Verbuchung kann auch ohne das Senden eines `SERDAT`-IDocs gestartet werden. Verwenden Sie dazu auf der Empfängerseite den Report `RBDSER04` oder Transaktion BD43.

8.2 Serialisierung über Zeitstempel

Die Serialisierung über Zeitstempel, manchmal auch *Serialisierung auf IDoc-Ebene* genannt, sorgt dafür, dass bei zwei IDocs, die sich überholen und die unterschiedliche Daten zum selben Objekt beinhalten, das überholte, ältere IDoc nicht mehr verbucht werden kann.

Serialisierung mit Tabelle BDSER

Dazu wird in Tabelle `BDSER` pro Objekt der letzte verbuchte Zeitstempel eingetragen. Ein IDoc zum selben Objekt prüft seinen Zeitstempel aus dem Kontrollsatzfeld `SERIAL` dagegen und verbucht nur, wenn es jünger ist. Anderenfalls erhält das IDoc den Status 51 und kann auf Löschvormerkung gesetzt werden. Es handelt sich demnach nur um eine Serialisierung auf Empfängerseite. IDocs, die über die generierte BAPI-Schnittstelle erzeugt werden, unterstützen diese Funktion nicht. Das Generierungsprogramm baut die entsprechenden Funktionsbausteine nicht ein.

8.2 Serialisierung über Zeitstempel

In Transaktion BD95 ordnen Sie bestimmten Feldern auf der Datenbank IDoc-Felder zu (siehe Abbildung 4.11 in Abschnitt 4.2, »Eigene Filterobjekte«). Auf der Basis dieser Felder wird auch die Objektzugehörigkeit für die Zeitstempelserialisierung ermittelt. In Transaktion BD57, die in Abbildung 8.10 dargestellt ist, sehen Sie die von SAP ausgelieferten Nachrichtentypen, die die Serialisierung über Zeitstempel unterstützen, sowie das Feld, das maßgeblich für die Reihenfolge ist. Ein Beispiel für ein solches Feld ist die Belegnummer EBELN im Nachrichtentyp ORDCHG.

Customizing für Zeitstempelserialisierung

Sicht "Verknüpfungstyp und Serialisierungstyp für Nachrichtentyp"

Nachrichtentyp	Serialisierungsobjekttyp	Verknüpfungsobjekttyp
MATMAS		MATNR
MATMAS_WMS		MATNR
MK_MYSTD		MATNR
MY_MATMAS		MATNR
OILDEB		KUNNR
OILORD		VBELN
OILQTS		VBELN
ORDCHG	EBELN	EBELN
ORDERS		EBELN
ORDRSP		VBELN
PFS_MATMAS01		MATNR
PICKSD		VBELN
PRCMAS		PRCTR
QSMT	QMTB	
QUOTES		VBELN
REQOTE		EBELN

Abbildung 8.10 IDocs, die Zeitstempelserialisierung unterstützen

Die zugehörigen Einträge mit den IDocs, die zu einem Objekt verbucht wurden, und mit dem Zeitstempel als Angabe dafür, wann dies geschehen ist, sehen Sie dann in Tabelle BDSER (siehe Abbildung 8.11). Im Feld SERIAL steht der Zeitstempel aus dem Feld SERIAL des Kontrollsatzes des letzten erfolgreich verbuchten IDocs.

Zeitstempel in Tabelle BDSER

Partnerart	Absender	Rolle	Partnerart	Empfänger	Rolle	SerialObjTyp	Objektwert	Serialisierung
KU	30099	AG	LI	10099	LF	EBELN	4500000235	19951204181223
KU	30099	AG	LI	10099	LF	EBELN	4500000236	19951204180222
KU	30099	AG	LI	10099	LF	EBELN	4500000238	19951204182921
LS	PRODUCTION	LS		T90CLNT090		EBELP	450000000200010	19950619135514
LS	PRODUCTION	LS		T90CLNT090		EBELP	450000000300010	19950621154855
LS	PRODUCTION	LS		T90CLNT090		EBELP	450000000400010	19950621173402
LS	PRODUCTION	LS		T90CLNT090		EBELP	450000000500010	19950721091651
LS	PRODUCTION	LS		T90CLNT090		EBELP	450000000700010	19950627091415

Abbildung 8.11 Tabelle BDSER

IDocs mit einem älteren Zeitstempel, die sich auf dasselbe Objekt beziehen, dürfen nicht verbucht werden. Mithilfe des Reports RBDSRCLR können Sie veraltete Zeitstempel wieder aus der Tabelle BDSER entfernen.

Funktionsbausteine für die Serialisierung

SAP liefert für die Zeitstempelserialisierung zwei Funktionsbausteine aus: IDOC_SERIALIZATION_CHECK zum Prüfen von Zeitstempeln und IDOC_SERIAL_POST zum Aktualisieren der Serialisierungstabelle nach der erfolgreichen Verbuchung eines neuen IDocs. Wenn Sie selbst IDocs mit dieser Methode serialisieren möchten, pflegen Sie in Transaktion BD57 das zu verwendende Feld, und bauen Sie dann die beiden Funktionsbausteine per Erweiterungstechnik in den Eingangsfunktionsbaustein ein.

8.3 Serialisierung über Business-Objekte

Bei der Serialisierung über Business-Objekte wird allen IDocs zum selben Objekttyp eine gemeinsame *Kanalnummer* zugeordnet. Die Kanalnummer ist ein Attribut zu Nachrichten. Sie wird über den Funktionsbaustein ALE_SERIAL_KEY2CHANNEL generiert oder im Anwendungsprogramm vergeben.

Objektkanalserialisierung

Diese Form der Serialisierung wird manchmal auch *Objektkanalserialisierung* genannt. Die Serialisierung erfolgt hier auf der Ebene eines Objekttyps, also zum Beispiel auf Basis aller Stücklisten-IDocs. Der Business-Objekttyp dazu lautet IDOCBOMMAT. Da SAP keine Objektkanalserialisierung für Materialstämme ausliefert, sollen uns in diesem Abschnitt die Stücklisten als Beispiel dienen. In Abbildung 8.12 sehen Sie Transaktion BD105. Hier sind alle Objekte aufgeführt, für die SAP die Serialisierung über Business-Objekte ausliefert.

Sie können diese Tabelle pflegen, allerdings müssen Sie dann auch die zugehörige Realisierung mithilfe von Exits selbst in die Verarbeitungsroutinen einbauen.

Zuordnung zum Nachrichtentyp

Jedem dieser Objekte ist ein Nachrichtentyp zugeordnet, für den die Serialisierung vorgenommen werden kann. Zu dieser Zuordnung gelangen Sie mittels Transaktion BD104. Für unsere Beispielstückliste gilt der Nachrichtentyp BOMMAT, wie Sie in Abbildung 8.13 sehen können.

8.3 Serialisierung über Business-Objekte

Sicht "ALE: Objektkanalserialisierung: unterstützte Bus.-Objekttypen"

Objekttyp	Objektname	Rel...	Kurzbschr.
BUS1240	Incident	710	EHS: Unfallkataster
BUS2012	PurchaseOrder	701	Bestellung
BUS2013	PurchSchedAgreement	700	Einkaufslieferplan
BUS2015	InboundDelivery	701	Anlieferung
BUS2022	Dispute	701	Klärungsfall
BUS2032	SalesOrder	701	Kundenauftrag
BUS2035	CustSchedulAgreement	610	Kundenlieferplan
BUS2054	WorkBreakdownStruct	700	Projektstrukturplan
BUS2102	CustomerReturn	700	Retoure
BUS6050	DeliveryProcessing	700	Lieferungsverarbeitung
ECM	ChangeMaster	620	Änderungsdienst: Änderungsstamm
IDOCBOMDOC			
IDOCBOMMAT	IDOC	30F	IDOC für Materialstücklisten

Abbildung 8.12 An Objektkanalserialisierung angeschlossene Objekte

Sicht "ALE: Objektkanalserialisierung: Nachrichtentyp. pro Bus.-Obj."

Objekttyp	Nachrichtentyp
BUS1240	INCIDENT
BUS2012	PO_UPDATEPOHISTORY
BUS2013	PO_UPDATEPOHISTORY
BUS2015	SHP_IBDLV_CONFIRM_DECENTRAL
BUS2022	DISPUTE_PROCESS
BUS2032	SALESORDER_CONFIRMDELIVERY
BUS2035	CUSTSCHEDULAGREEMENT_CONFIRMDE
BUS2054	PROJECT
BUS2102	CUSTOMERRETURN_CONFIRMDELIVERY
BUS6050	DELIVERYPROCESSING_EXECUTE
ECM	ECMMAS
IDOCBOMDOC	BOMDOC
IDOCBOMMAT	BOMMAT
IDOCBOMORD	BOMORD

Abbildung 8.13 Objekte und ihre IDocs

Die Funktionen zur Aktivierung der Objektkanalserialisierung sind nur über das ALE-Customizing zu erreichen. Sie finden sie dort kurioserweise unter dem Menüpunkt VERTEILUNG VON STAMMDATEN KONFIGURIEREN, obwohl die Serialisierung völlig unabhängig von der Art der Daten ist und auch nichts mit dem Shared Master Data Tool zu tun hat. Abbildung 8.14 zeigt einen Ausschnitt aus dem ALE-Customizing.

Serialisierung aktivieren

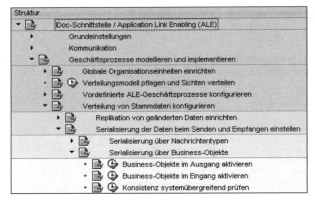

Abbildung 8.14 Pfad zu den Serialisierungseinstellungen im ALE-Customizing

Um die Serialisierung zu aktivieren, wird im Sendersystem für den Empfänger (hier SALES) und das Business-Objekt IDOCBOMMAT das Serialisierungskennzeichen SFLAG (Spalte SFlag) gesetzt, wie in Abbildung 8.15 zu sehen ist. Auf Empfängerseite muss die Einstellung analog vorgenommen werden. Der Sender in unserem Beispiel ist T90CLNT090 (siehe Abbildung 8.16).

Abbildung 8.15 Einstellungen auf Senderseite

Abbildung 8.16 Einstellungen auf Empfängerseite

Einstellungen prüfen Haben Sie auf beiden Systemen die Einstellungen vorgenommen, können Sie mit Transaktion BD101 eine Konsistenzprüfung durchführen. Hier sehen Sie, ob die Serialisierung über Objekttypen eingeschaltet ist; und an den Statusampeln in den Feldern LOKALER STATUS und PARTNERSTATUS sehen Sie, ob das Customizing in Ordnung und übereinstimmend ist. Die Ampel im Feld ABWEICHUNG zeigt dann an, ob es bereits Überholvorgänge gegeben hat. Im Beispiel in Abbildung 8.17 ist das nicht der Fall. Da alle IDocs auf beiden Systemen in der richtigen Reihenfolge verbucht wurden, stimmen hier auch die Werte im Feld ZÄHLER überein.

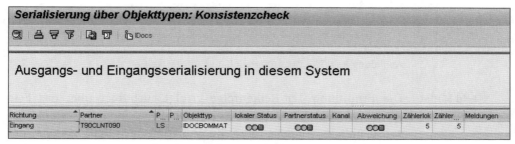

Abbildung 8.17 Prüffunktion für Objektkanalserialisierung

Mit Transaktion BD100 können Sie sich gezielt nur solche IDocs anschauen, die über die Objektkanalisierung verarbeitet werden sollen. Sie sehen in Abbildung 8.18 die beiden IDocs, die im Beispiel bereits gesendet wurden.

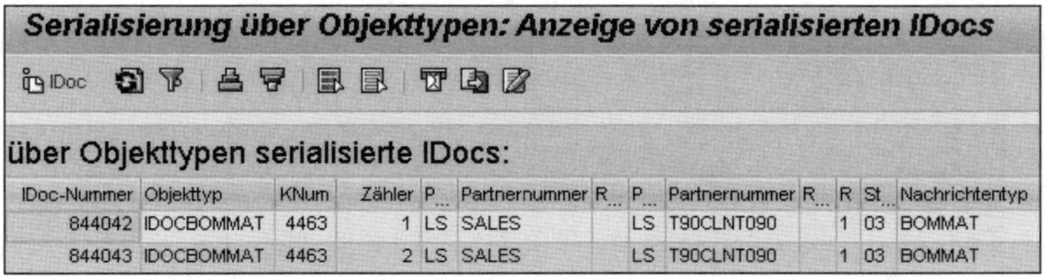

Abbildung 8.18 IDocs mit Objektkanalserialisierung

Beim Empfänger wurde hier durch gezielte Einzelverarbeitung von IDocs dafür gesorgt, dass unser zweites IDoc zuerst verbucht wird. Es »merkt«, dass die eigene Nummer im entsprechenden Kanal noch nicht an der Reihe ist, und verändert daher seinen Status hin zum wartenden Status 66 (siehe Abbildung 8.19). Ist das erste IDoc angekommen und erfolgreich verbucht, kann dieses IDoc noch einmal eingeplant werden, woraufhin es auch verarbeitet wird.

Wartestatus bei überholenden IDocs

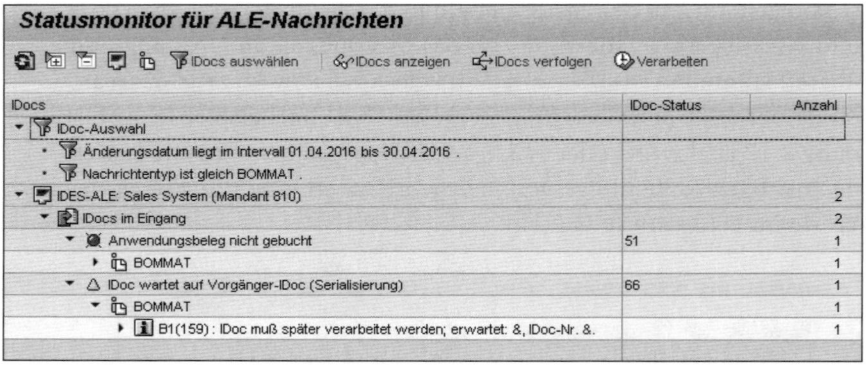

8 | IDocs serialisieren

Abbildung 8.19 IDoc, das überholt hat, in Wartestatus

Feld SERIAL im Kontrollsatz Die Ermittlung der Reihenfolge erfolgt auch hier über das Feld SERIAL im IDoc-Kontrollsatz. Es enthält aber keinen Zeitstempel wie sonst üblich, sondern eine Kombination aus dem Namen des Objekts, der Nummer des Objektkanals, über den übermittelt wird, und der Nummer der Übertragung. Dies ist der Wert im Feld ZÄHLER, den Sie auch in der IDoc-Anzeige mit Transaktion BD100 sehen. In Abbildung 8.20 sehen Sie den Kontrollsatz des Beispiel-IDocs, das überholt hat. Es hat den Zähler 2, und das IDoc mit dem Zähler 1 ist noch nicht angekommen, daher hat es den Status 66, der auch hier noch einmal zu sehen ist.

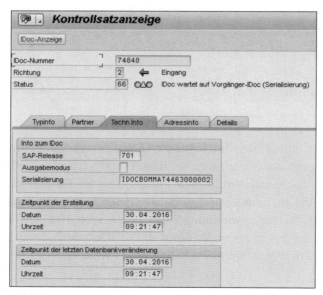

Abbildung 8.20 Kontrollsatz eines serialisierten IDocs

Registratur der jeweiligen Kanäle

Um einen Überblick über den Stand der serialisierten IDocs zu erhalten, können Sie sich die sogenannte *Kanalregistratur* anschauen (im Ausgang geschieht das mit Transaktion BD102). Das Ergebnis sehen Sie in Abbildung 8.21: Gesendet wurden bereits zwei IDocs.

Objekttyp	Kanalnr.	ParArt	EmpfParNum	EmpfParR...	Datum	Uhrzeit	Zähler
IDOCBOMMAT	4463	LS	SALES		28.04.2016	09:21:46	2

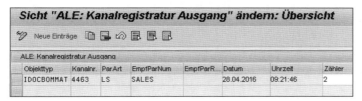

Abbildung 8.21 Ansicht der Registratur beim Sender

Mithilfe von Transaktion BD103 können Sie sich denselben Vorgang beim Empfänger anschauen und sehen, dass noch kein IDoc angekommen ist (siehe Abbildung 8.22).

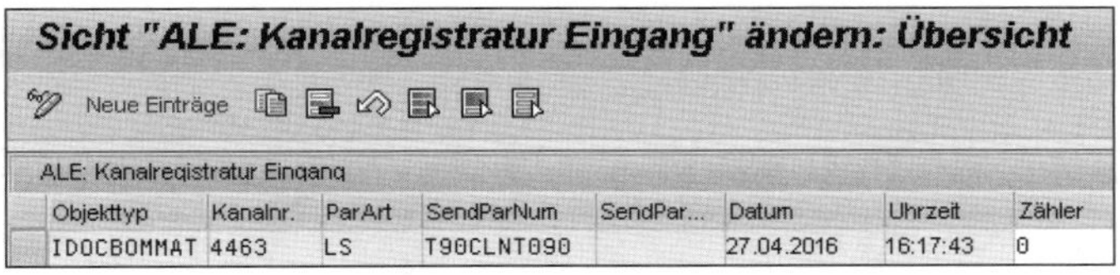

Objekttyp	Kanalnr.	ParArt	SendParNum	SendPar...	Datum	Uhrzeit	Zähler
IDOCBOMMAT	4463	LS	T90CLNT090		27.04.2016	16:17:43	0

Abbildung 8.22 Ansicht der Registratur beim Empfänger

Genau aus diesem Umstand, also aus den unterschiedlichen Werten im Feld ZÄHLER bei Empfänger und Sender, ergibt sich die Wartestellung in der IDoc-Verarbeitung.

8.4 Serialisierung über qRFC

Die Serialisierung über den qRFC (queued RFC), bei der ebenfalls die Reihenfolge der IDocs erhalten bleibt, ist erst seit Release 6.40 verfügbar. Anstelle des Funktionsbausteins `IDOC_INBOUND_ASYNCHRONOUS` wird dann im Zielsystem der Funktionsbaustein `IDOC_INBOUND_IN_QUEUE` aufgerufen. Diese Form der Serialisierung ist für alle IDocs möglich, und sie ist auch die Serialisierungsform, mit deren Hilfe in SAP Process Integration die *Quality of Service EOIO* (Equally Once In Order) im IDoc-Adapter realisiert werden kann.

Serialisierung mit qRFC

Die Serialisierung über qRFC wird in der Ausgangspartnervereinbarung eingestellt, indem Sie dort auf der Registerkarte AUSGANGS-

OPTIONEN das Kennzeichen QUEUEVERARBEITUNG setzen (siehe Abbildung 8.23). Daraufhin wird ein neues Feld eröffnet, in dem Sie angeben, wie der Queue-Name erstellt werden soll. Dies geschieht mithilfe von Regeln, die auf einen Funktionsbaustein verweisen. Abbildung 8.23 zeigt (rechts unten) drei von SAP ausgelieferte Regeln. Die Regel IDOC_QUEUE_SUS_MM erfordert dabei die Verwendung eines IDocs vom Typ ORDERS oder ORDRSP.

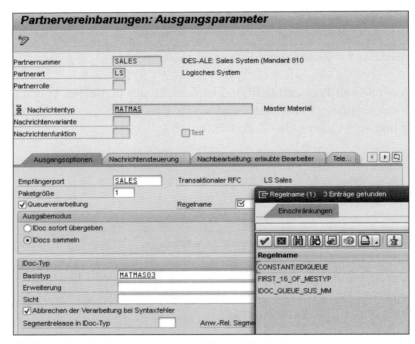

Abbildung 8.23 Partnervereinbarung mit Queue-Verarbeitung

Regeln für Queue-Namen

Funktionsbausteine zur Erstellung von Queue-Namen können in Transaktion WE85 einem Regelnamen zugewiesen werden. Abbildung 8.24 zeigt dies für die drei Regeln CONSTANT:EDIQUEUE, FIRST_16_OF_MESTYP und IDOC_QUEUE_SUS_MM. Der Funktionsbaustein erzeugt nun mit diesen Regeln den Namen der Queue, in die ein IDoc gestellt wird. Innerhalb dieser Queue werden dann die IDocs in der Reihenfolge verarbeitet, in der sie ankamen. Insbesondere dann, wenn Sie mit einem festen Queue-Namen wie etwa bei der EDIQUEUE arbeiten, müssen Sie sicher sein, dass nicht IDocs aufeinander warten, die gar nichts miteinander zu tun haben.

8.4 Serialisierung über qRFC

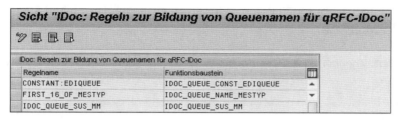

Abbildung 8.24 Queue-Namen generieren

Wenn Sie mit eigenen Funktionsbausteinen arbeiten, setzt dies eine passende Signatur des Bausteins voraus (siehe Abbildung 8.25).

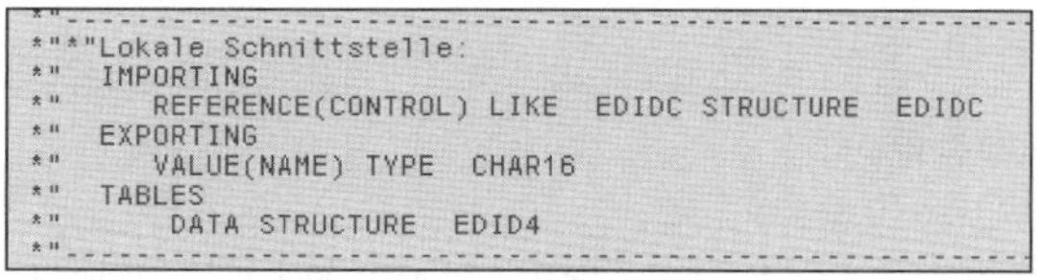

```
*"*"Lokale Schnittstelle:
*"  IMPORTING
*"     REFERENCE(CONTROL) LIKE EDIDC STRUCTURE EDIDC
*"  EXPORTING
*"     VALUE(NAME) TYPE CHAR16
*"  TABLES
*"     DATA STRUCTURE EDID4
*"
```

Abbildung 8.25 Signatur eines Funktionsbausteins zur Queue-Erstellung

Abbildung 8.26 zeigt (ganz unten) unser Beispiel: Der Queue wurde ein fester Name gegeben (SAP_ALE_EDIQUEUE). Die RFC-Destination, die mit dieser Queue angesprochen wird, heißt SALES. Die Transaktion, mit der Sie die Ausgangsqueue überwachen können, heißt WEOUTQUEUE.

Queue-Monitor

Abbildung 8.26 Ausgangsqueue SALES

Wenn Sie die Queue erstellt haben und ein IDoc jetzt zum Beispiel im Empfängersystem auf einen Fehler läuft, führt das dazu, dass die folgenden IDocs auch nicht mehr verbucht werden. Der Status, den

Gestoppte Queue im Statusmonitor

sie erhalten, lautet 75 (IDoc ist in Eingangsqueue). Dies sehen Sie in Abbildung 8.27.

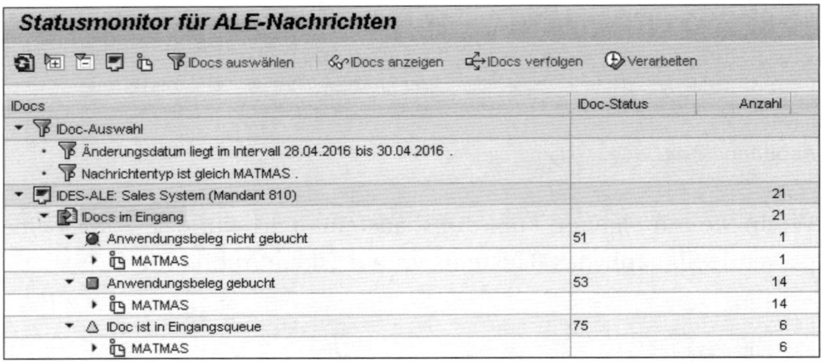

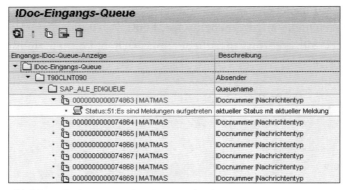

Abbildung 8.27 IDocs auf der Zielseite

Auch in der Eingangsqueue, die mit Transaktion WEINBQUEUE überwacht wird, wird die Fehlersituation angezeigt (siehe Abbildung 8.28).

Abbildung 8.28 Anzeige der IDocs in der Queue

Fehler-Handling in der Eingangsqueue

Von hier aus können Sie das IDoc nachbearbeiten – idealerweise so, dass es erfolgreich verbucht werden kann. Es ist aber auch möglich, das IDoc, das die Queue blockiert, über das Icon auf Löschvormerkung (Status 68) zu setzen (siehe Abbildung 8.29).

Serialisierung über qRFC | 8.4

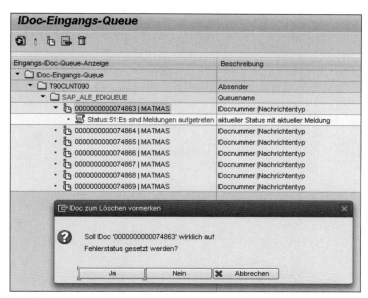

Abbildung 8.29 IDocs aus Queue löschen

Bestätigen Sie die Löschvormerkung über den Button JA, wird das fehlerhafte IDoc aus der Queue genommen (siehe Abbildung 8.30). Nun ist es möglich, mit einem Restart der Queue auch die anderen sechs IDocs zu verbuchen.

Restart der Queue

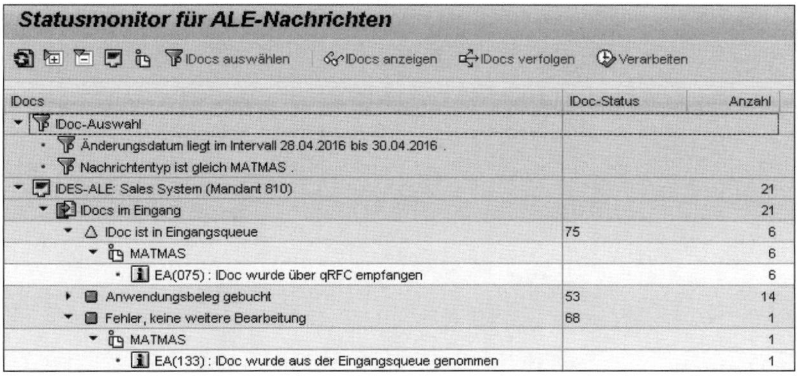

Abbildung 8.30 Ergebnis nach dem Entfernen des fehlerhaften IDocs aus der Queue

Hier erwartet Sie ein kurzer Einblick in die vielfältigen Funktionen des Application Interface Frameworks: Mit dem AIF steht ein weiteres Tool zur Schnittstellenbehandlung in den Backend-Systemen zur Verfügung. Mit seiner Hilfe und ein wenig Aufwand Ihrerseits lässt sich zum Beispiel die Fehlerbehandlung von IDocs enorm verbessern.

9 Application Interface Framework

Das *Application Interface Framework* (AIF) ist ein eigenständiges SAP-Tool, das auf den Applikationssystemen zusätzlich installiert werden kann. Aufgabe des AIF ist es, den Umgang mit Interfaces zu vereinfachen, die mit dem jeweiligen System ausgetauscht werden.

AIF

Das Application Interface Framework betreibt zum einen die Erstellung von Interfaces und zum anderen das Monitoring der zu verarbeitenden Nachrichten. Der erste Aspekt, die Erstellung von Interfaces, bezieht sich jedoch ausschließlich auf die neueren webbasierten Kommunikationsarten. IDoc-Typen werden nach wie vor so erstellt, wie es in Abschnitt 5.3, »Eigene Segmente«, und Abschnitt 6.2, »Eigene IDoc-Typen und Nachrichtentypen anlegen«, beschrieben wurde.

Daher gehe ich in diesem Kapitel nur auf die Monitoring-Funktion des AIF ein und auch hier nur gezielt auf die IDoc-relevanten Aspekte.

Sie werden sehen, wie IDocs ans AIF angebunden werden und wie sie dann überwacht und bei Bedarf editiert werden können.

9.1 Grundlagen

Sie erfahren zunächst, wie das AIF arbeitet und wie es integriert ist. Letzteres meint einerseits die Integration des Frameworks in das Standard-SAP-System und andererseits die Übernahme bestehender Interfaces in das AIF.

9 | Application Interface Framework

Arbeitsweise des AIF

Mapping im AIF Das Application Interface Framework nimmt eingehende Nachrichten im externen Format in Empfang. Es wird dann ein Mapping auf das interne Format durchgeführt, wobei auch zusätzliche Aufgaben möglich sind, zum Beispiel Inhalte zu prüfen oder zusätzliche Werte zu ermitteln. Danach wird das Interface an die Anwendung übergeben.

Umgekehrt wird bei ausgehenden Nachrichten vom internen ins externe Format gemappt (ebenfalls mit zusätzlichen Funktionen, falls dies gewünscht wird). Anschließend wird das Interface an den Partner übermittelt, der es bekommen soll.

AIF-Strukturen im DDIC Um diese Vorgehensweise zu gewährleisten, ist es notwendig, dass für jedes Interface, das mit dem AIF verarbeitet werden soll, sowohl das interne als auch das externe Format als *eine* Struktur im Data Dictionary angelegt ist. Im Fall von IDocs muss diese Struktur aber nicht selbst angelegt werden, sondern das AIF generiert sie aus den IDoc-Typen automatisch für uns.

Wie AIF in den SAP-Standard integriert ist

AIF im Standardmenü Das AIF-Menü finden Sie direkt unter den anwendungsübergreifenden Komponenten im SAP-Easy-Access-Menü (siehe Abbildung 9.1).

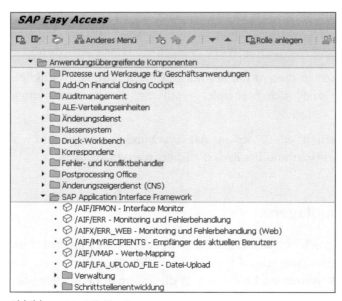

Abbildung 9.1 AIF-Menü

Am wichtigsten in der täglichen Anwendung sind der Interface Monitor und die Fehlerbehandlung. Der Menüpunkt INTERFACE MONITOR (Transaktionscode /AIF/IFMON) stellt alle Interfaces dar, die bestimmte, jeweils definierte Kriterien erfüllen. Mithilfe des Menüpunktes MONITORING UND FEHLERBEHANDLUNG (Transaktionscode /AIF/ERR) sehen Sie alle fehlerhaften Interfaces und können sie nachbearbeiten.

Interface Monitor

Bestehende Interfaces in das AIF übernehmen

Wenn bereits bestehende Interfaces durch das AIF überwacht werden sollen, müssen dem Framework die Strukturen dieser Interfaces bekannt gegeben werden. Es ist also ein wenig Vorarbeit notwendig.

AIF im Standardmenü

Die IDocs tauchen im Monitoring des AIF anschließend nicht mehr unter ihrem Originalnamen (zum Beispiel MATMAS), sondern unter ihrem AIF-Namen (zum Beispiel ZSM_MATMAS) auf.

Auf diese Weise können auch zu einem Nachrichtentyp mehrere AIF-Interfaces erzeugt werden, die dann unterschiedlich gehandhabt werden.

9.2 IDocs im Application Interface Framework

Es gibt im AIF fünf Möglichkeiten, IDoc-Interfaces zu behandeln:

IDoc-Behandlung im AIF

- 01 Standard-IDoc-Laufzeit
- 02 AIF-Laufzeit, IDoc-Funktion in Aktion aufrufen
- 03 AIF-Laufzeit, benutzerspezifische Aktion
- 04 AIF-Enabler mit Anwendungsprotokoll
- 05 AIF-Enabler ohne Anwendungsprotokoll

Diese Möglichkeiten werden im Folgenden nacheinander erläutert. Anschließend werden die zur Verwendung von Interfaces mit dem AIF notwendigen Vorarbeiten dargestellt.

9.2.1 IDoc-Szenarien

Szenario 01 – *Standard-IDoc-Laufzeit* – kann mit dem geringsten Aufwand erstellt werden, da fast alle notwendigen AIF-Bestandteile automatisch generiert werden können. IDocs werden wie gewöhn-

Szenario 01

lich über die IDoc-Laufzeit verarbeitet und in Transaktion BD87 angezeigt.

Zusätzlich werden sie aber auch in den Transaktionen /AIF/IFMON und /AIF/ERR angezeigt, und es können Massenänderungsfunktionen angewendet werden. Eine inhaltsabhängige Benutzerzuordnung ist aber nicht möglich.

Szenario 02 In Szenario 02 – *AIF-Laufzeit, IDoc-Funktion in Aktion aufrufen* – werden die IDocs zwar mit ihren ganz normalen Funktionsbausteinen verarbeitet, die Verarbeitung wird aber vom AIF gesteuert und in sogenannten *Aktionen* ausgeführt. Dabei ist es zum Beispiel möglich, abhängig vom IDoc-Inhalt oder abhängig von bestimmten Bedingungen, die erfüllt sein müssen, die Verarbeitung anzustoßen. So könnten etwa Felder im IDoc kontrolliert werden, bevor überhaupt eine Verbuchung gestartet wird.

Um das IDoc an die AIF-eigene Verarbeitung zu übergeben, ist es notwendig, in Transaktion WE57 den AIF-Baustein /AIF/IDOC_INBOUND_PROCESS der Zuordnung aus generiertem IDoc-Typ und Original-Nachrichtentyp zuzuordnen. Darüber hinaus muss es einen Vorgangscode geben, der auf den Funktionsbaustein /AIF/IDOC_INBOUND_PROCESS zeigt und nicht auf den eigentlichen Verbuchungsbaustein. Dieser Vorgangscode muss dann auch in der IDoc-Eingangsverarbeitung des entsprechenden Partners verwendet werden.

Das Monitoring kann dabei über das AIF oder über die IDoc-Standardtransaktionen durchgeführt werden.

Szenario 03 Szenario 03 – *AIF-Laufzeit, benutzerdefinierte Aktion* – ist eine Erweiterung von Szenario 02. Es wird dabei auch mit Aktionen gearbeitet, aber es werden nicht mehr die Standard-IDoc-Funktionsbausteine aufgerufen, sondern die Verarbeitung wird auch selbst programmiert. Dies kann bei Sonderverarbeitungen oder bei der Übergabe an weitere zusätzlich installierte IDoc-Tools interessant ein.

Da hier nicht mit der Standard-IDoc-Funktion weitergearbeitet wird und sich externe und interne Strukturen unterscheiden, ist ein Mapping in der Regel zwingend erforderlich,

Ob hier noch das Standard-Monitoring verwendet werden kann, hängt davon ab, wie die IDocs in den Aktionen weiterverarbeitet werden.

In den Szenarien 04 und 05 wird die ganz normale IDoc-Verarbeitung durchgeführt, zusätzlich wird aber im AIF eine sogenannte *Indextabelle* gefüllt. Diese ermöglicht es, inhaltsabhängige Benutzerzuordnungen vorzunehmen. Diese häufig gewünschte Funktion kann ohne AIF nur mit komplexen Fehler-Workflows erreicht werden.

Szenario 04 und Szenario 05

Die Szenarien 04 und 05 – *AIF-Enabler* – unterscheiden sich dahingehend, ob das Logging in den Standard-IDoc-Tabellen (05) oder im AIF (04) erfolgt.

| **Beispielszenarien in diesem Buch** | [«] |

Im weiteren Verlauf dieses Kapitels stelle ich Ihnen die beiden Szenarien 01 und 05 näher vor. Die Wahl fiel auf diese Szenarien, weil sie schnell und mit vertretbarem Aufwand einstellbar und sehr nützlich sind.

Die anderen Szenarien sind zu aufwendig, um sie im Rahmen dieses auf IDocs konzentrierten Buches zu besprechen. Wenn Sie tiefer einsteigen möchten, sollten Sie sich gezielt mit den weiteren Funktionen des AIF auseinandersetzen.

Im AIF wird für alle fünf Szenarien für das Generieren der IDoc-Strukturen und der sonstigen Grundeinstellungen, die im Zusammenhang mit IDocs notwendig sind, der Generierungsreport /AIF/IDOC_GEN_IF_AND_STR zur Verfügung gestellt. In den beiden detailliert besprochenen Szenarien erkläre ich ihn im Einzelnen.

Generierung mit Report /AIF/IDOC_GEN_IF_AND_STR

9.2.2 Vorarbeiten zur AIF-Interface-Verwendung

Alle erforderlichen Einstellungen, um Interfaces mit dem AIF zu verwenden, werden unter dem Menüpunkt SCHNITTSTELLENENTWICKLUNG des AIF-Menüs vorgenommen. In Abbildung 9.2 finden Sie alle Funktionen dieses Menüs.

AIF-Menü

```
▼ 📁 Schnittstellenentwicklung
  ▶ 📁 Schnittstellen testen
  • ⊘ /AIF/CUST - Customizing
  • ⊘ /AIF/IFB - Interface Builder
  • ⊘ /AIF/IDOC_GEN - IDoc-Struktur-Generierer
  • ⊘ /AIF/IDOC_MASS_GEN - Massen-IDoc-Struktur-Generierer
  • ⊘ /AIF/BDC_GEN - Batch-Input-Struktur-Generierer
  • ⊘ /AIF/RFC_FUNC_GEN - RFC-Funktions-Generierer
  • ⊘ /AIF/RFC_MASS_GEN - Massen-RFC-Funktions-Generierer
  • ⊘ /AIF/DEL_STRUC_CACHE - Struktur-Cache löschen
  • ⊘ /AIF/VPN - Gültigkeitszeiträume pflegen
  • ⊘ /AIF/DOCU - Schnittstellen-Dokumentationswerkzeug
  • ⊘ /AIF/CUST_SMAP_COPY - Customizing kopieren
  • ⊘ /AIF/IFTEST - Schnittstellen-Testwerkzeug
```

Abbildung 9.2 AIF-Entwicklungsmenü

9 | Application Interface Framework

Customizing-Transaktion im AIF

Die zentralen Funktionen zur Verwendung eines Interfaces mit dem AIF finden Sie in Transaktion /AIF/CUST. Abbildung 9.3 zeigt die Inhalte dieser mächtigen Transaktion.

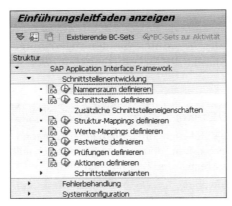

Abbildung 9.3 Transaktion /AIF/CUST

Die Schritte in Transaktion /AIF/CUST werden in der Regel in der Reihenfolge durchgeführt, wie sie in Abbildung 9.3 zu sehen sind. Einige Schritte, zum Beispiel Prüfungen und Aktionen, sind jedoch optional. Vor allem ist es auch nicht notwendig, wenn wir mit IDocs arbeiten, alle Schritte selbst durchzuführen, denn es steht ein Generierungsreport zur Verfügung.

Generierung mit Report /AIF/IDOC_GEN_IF_AND_STR

Es handelt sich dabei um den Generierungsreport /AIF/IDOC_GEN_IF_AND_STR. Er kann im AIF für das Generieren der IDoc-Strukturen und der sonstigen Grundeinstellungen, die im Zusammenhang mit IDocs notwendig sind, eingesetzt werden.

Namensraum anlegen

Der erste Schritt für die Verwendung eines Interfaces im AIF ist aber immer das Anlegen eines Namensraums. Wie Abbildung 9.4 zeigt, handelt es sich hier wirklich nur um einen Namen mit Kurztext. Interfaces können im selben Namensraum jedoch Elemente teilen, sodass normalerweise zusammengehörige Interfaces auch einen gemeinsamen Namensraum haben.

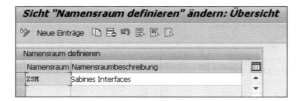

Abbildung 9.4 Namensraum für AIF

254

Wir haben nun die Voraussetzung geschaffen, um den IDoc-Generierungsreport des AIF zu verwenden. Wie schon erwähnt, werden nun die Szenarien 01 und 05 genauer vorgestellt.

9.3 Szenario 01

In diesem einfachsten Szenario werden nur Monitoring und Massenänderungen über das AIF durchgeführt. Nachdem Sie einen Namensraum angelegt haben, starten Sie den IDoc-Generierungsreport, den Sie im Schnittstellenmenü unter dem Transaktionscode /AIF/IDOC_GEN finden.

Dieser mächtige Report legt alle notwendigen Strukturen und Einstellungen automatisch an. Abbildung 9.5 zeigt die Eingabemaske gefüllt für das Szenario 01 und den Standardbasistyp MATMAS05. — IDoc-Generierungsreport

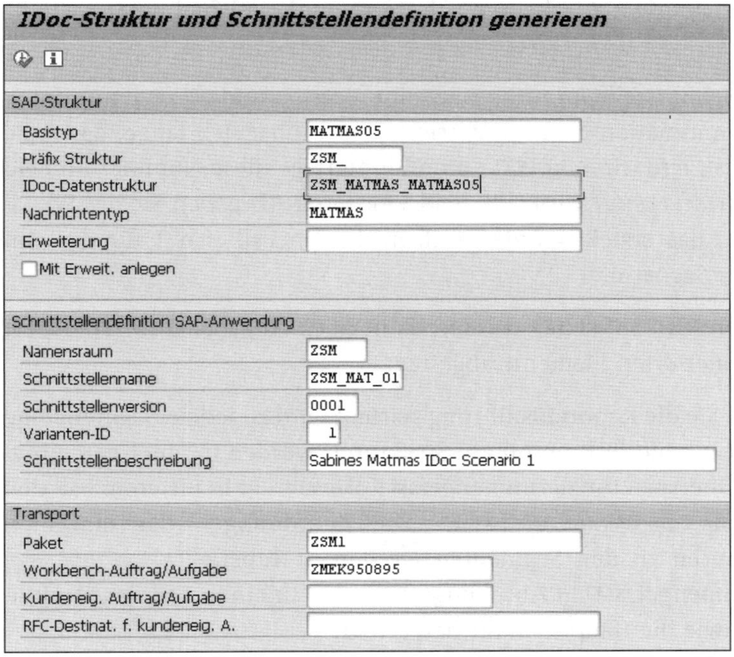

Abbildung 9.5 Einstiegsbild des IDoc-Generierungsreports, gefüllt für das Szenario 01

Im oberen Bereich des Bildes finden Sie die Standarddaten. Sie geben im Bereich SAP-STRUKTUR den Basistyp und den Nachrichten- — Standarddaten typ sowie eine eventuell erforderliche Erweiterung für das IDoc an, das Sie verwenden möchten. Bei einer Erweiterung muss zusätzlich auch noch gezielt das Kennzeichen MIT ERWEIT. ANLEGEN gesetzt werden.

Wie Sie sehen, nehme ich wieder den Materialstamm als Beispiel, weil sich dazu leicht Beispiel-IDocs erzeugen lassen. Im Feld PRÄFIX-STRUKTUR wird der Namensbeginn der zu erzeugenden Strukturen festgelegt. Der Name der Präfix-Struktur sollte im Kundennamensraum liegen und nicht zu lang sein. Damit man sieht, wo das Präfix aufhört und der restliche von AIF generierte Namensbestandteil beginnt, empfiehlt es sich, das Präfix mit einem Unterstrich abzuschließen.

AIF-Daten

Im Bereich SCHNITTSTELLENDEFINITION SAP-ANWENDUNG befinden sich die AIF-Daten. Hier ist zunächst der vorher angelegte AIF-Namensraum erforderlich. Außerdem legen Sie hier fest, wie die Schnittstelle im AIF heißen soll, in meinem Beispiel heißt sie ZSM_MAT_01.

Jede Schnittstelle im AIF besitzt eine Version und ist auch nur durch die Kombination Name + Version ansprechbar. Ich fange, da es die erste ist, einfach mit 0001 an und hinterlege diese Nummer im Feld SCHNITTSTELLENVERSION. Im Feld VARIANTEN-ID geben Sie das Szenario an, das erstellt werden soll, in diesem Fall also 1 für das einfachste Szenario.

Im Bereich TRANSPORT werden dann noch Angaben zum Transport der generierten Elemente abgefragt.

Wenn Sie die Reportausführung starten, wird zu jedem Segment eine Struktur generiert; und diese Strukturen werden in einer gemeinsamen Oberstruktur zusammengefasst. Diese trägt in unserem Fall den Namen ZSM_MATMAS_MATMAS05. Die Zuordnungen der einzelnen Strukturen zu den Segmenten werden in Tabelle /AIF/TIDOC_STR zusammengefasst. In Abbildung 9.6 habe ich einen Teil der Strukturen sowie die Hauptstruktur dargestellt.

Tabelle /AIF/ TIDOC_STR

Sobald ein IDoc ankommt, wird in Tabelle /AIF/TIDOC_STR geprüft, ob es eine AIF-Struktur gibt. Wenn dies der Fall ist, wird zusätzlich zum Abspeichern in den IDoc-Tabellen dafür gesorgt, dass die Daten zum IDoc auch im AIF zur Verfügung stehen.

MANDT	IDOCTYP	SEGTYP	STRNAME_ROOT	SEGNAME	TYPE
800	MATMAS05	E1MLANM	ZSM_MATMAS_MATMAS05	ZSM_00000091	L
800	MATMAS05	E1MLGNM	ZSM_MATMAS_MATMAS05	ZSM_00000086	S
800	MATMAS05	E1MLGNM	ZSM_MATMAS_MATMAS05	ZSM_00000087	L
800	MATMAS05	E1MLGTM	ZSM_MATMAS_MATMAS05	ZSM_00000084	S
800	MATMAS05	E1MLGTM	ZSM_MATMAS_MATMAS05	ZSM_00000085	L
800	MATMAS05	E1MPGDM	ZSM_MATMAS_MATMAS05	ZSM_00000066	S
800	MATMAS05	E1MPOPM	ZSM_MATMAS_MATMAS05	ZSM_00000067	S
800	MATMAS05	E1MPRWM	ZSM_MATMAS_MATMAS05	ZSM_00000068	S
800	MATMAS05	E1MPRWM	ZSM_MATMAS_MATMAS05	ZSM_00000069	L
800	MATMAS05	E1MTXHM	ZSM_MATMAS_MATMAS05	ZSM_00000094	S
800	MATMAS05	E1MTXHM	ZSM_MATMAS_MATMAS05	ZSM_00000095	L
800	MATMAS05	E1MTXLM	ZSM_MATMAS_MATMAS05	ZSM_00000092	S
800	MATMAS05	E1MTXLM	ZSM_MATMAS_MATMAS05	ZSM_00000093	L
800	MATMAS05	E1MVEGM	ZSM_MATMAS_MATMAS05	ZSM_00000070	S
800	MATMAS05	E1MVEGM	ZSM_MATMAS_MATMAS05	ZSM_00000071	L
800	MATMAS05	E1MVEUM	ZSM_MATMAS_MATMAS05	ZSM_00000072	S
800	MATMAS05	E1MVEUM	ZSM_MATMAS_MATMAS05	ZSM_00000073	L
800	MATMAS05	E1MVKEM	ZSM_MATMAS_MATMAS05	ZSM_00000088	S
800	MATMAS05	E1MVKEM	ZSM_MATMAS_MATMAS05	ZSM_00000089	L
800	MATMAS05	E1UPSLINK	ZSM_MATMAS_MATMAS05	ZSM_00000106	S
800	MATMAS05	MATMAS05	ZSM_MATMAS_MATMAS05	ZSM_MATMAS_MATMAS05	S

Abbildung 9.6 Tabelle /AIF/TIDOC_STR nach dem Generieren

Die generierten Strukturen stehen so auch alle im Data Dictionary zur Verfügung. In Abbildung 9.7 sehen Sie den Tabellen- und den Zeilentyp.

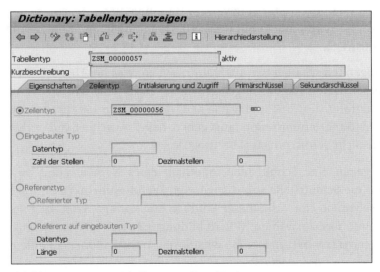

Abbildung 9.7 Haupt-Tabellentyp im Data Dictionary

Der Zeilentyp ZSM_00000056 ist der für uns interessante, denn darunter verbirgt sich die gesamte IDoc-Definition; in diesem Fall vom IDoc-Basistyp MATMAS05. Sie sehen in Abbildung 9.8, dass hier wieder alle Segmente gemäß ihrer Hierarchie und Reihenfolge auftauchen.

Tabellen- und Zeilentyp der generierten Struktur

9 | Application Interface Framework

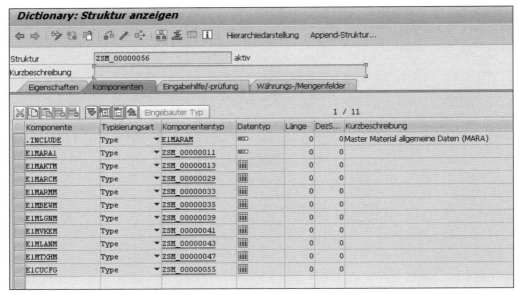

Abbildung 9.8 Zeilentyp des gesamten IDoc-Typs

Überall, wo es sich um Segmente mit Kindsegmenten handelt, kann man noch einmal weiter verzweigen. Da Ihnen dieses Prinzip sicher vertraut ist, wird es nicht mit weiteren Abbildungen und Erläuterungen illustriert.

Schnittstelle im AIF

Im Folgenden schauen wir uns stattdessen an, was im AIF zusätzlich zu diesen Daten für uns angelegt wurde. Dazu gehe ich wieder in Transaktion /AIF/CUST und wähle den Namensraum ZSM aus, den ich in dem Generierungsreport angegeben habe. Anschließend wähle ich die Sicht SCHNITTSTELLEN DEFINIEREN.

Liegt genau eine Schnittstelle innerhalb eines Namensraums vor, wird diese Schnittstelle sofort angezeigt. Wenn es mehrere Einträge gibt, sehen Sie eine Liste dieser Einträge und können dann das relevante Interface auswählen. Wie Abbildung 9.9 zeigt, sind im Bereich SCHNITTSTELLEN DEFINIEREN die wichtigsten Informationen zu einem Interface zusammengefasst.

Datenübernahme

Die generierte Hauptstruktur ZSM_MATMAS_MATMAS05 finden Sie sowohl im Feld SAP-DATENSTRUKTUR als auch im Feld ROHDATENSTRUKTUR. Aus diesem Grund müssen Sie sich nicht mit Mappingaufgaben befassen und können mit dem Kennzeichen MOVE CORRESPONDING-

Szenario 01 | **9.3**

STRUKTUREN dafür sorgen, dass alle Daten aus dem IDoc eins zu eins in das AIF übernommen werden.

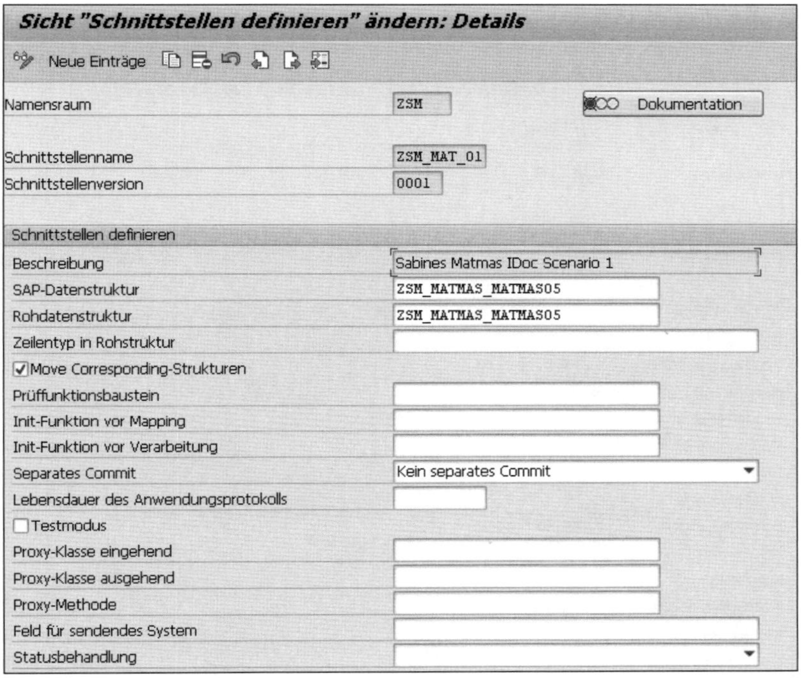

Abbildung 9.9 Generierte Schnittstelle zu Szenario 01

Ebenfalls im AIF-Customizing haben Sie die Möglichkeit, die sogenannten *Engines* eines Interfaces anzuschauen oder zu ändern. Es gibt vier Engines für Applikation, Persistenz, Selektion und Protokollierung. Wie Sie den Menüpunkt SCHNITTSTELLEN-ENGINES ANGEBEN erreichen, zeigt Abbildung 9.10.

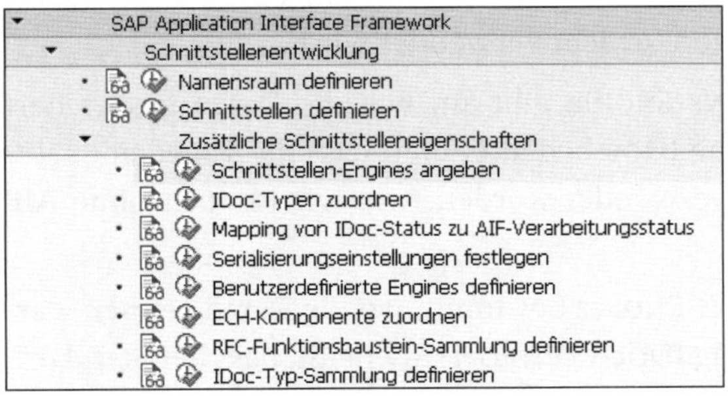

Abbildung 9.10 Zusätzliche Eigenschaften

259

9 | Application Interface Framework

Engines in Szenario 01

In unserem generierten Beispielszenario nehmen wir keine neuen Einstellungen bezüglich der Engines vor, sondern lassen die vier Engines so, wie sie vom Generierungsreport definiert wurden (siehe Abbildung 9.11).

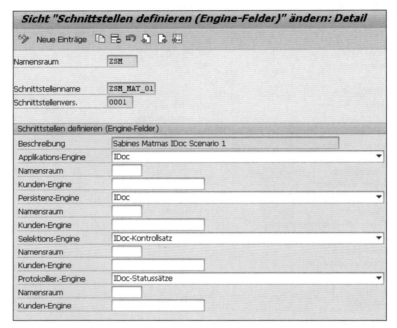

Abbildung 9.11 Engines zu Szenario 01

Die Felder APPLIKATIONS-ENGINE, PERSISTENZ-ENGINE, SELEKTIONS-ENGINE und PROTOKOLLIER.-ENGINE sind gefüllt. Diese Felder betrachten wir daher genauer:

- Das Feld APPLIKATIONS-ENGINE besagt, wie eine Nachricht verarbeitet wird, und der Eintrag IDoc bedeutet, dass die Standard-IDoc-Kommunikationsschicht verwendet wird.

- Das Feld PERSISTENZ-ENGINE gibt an, wie die Daten gespeichert werden. Der Eintrag IDoc bedeutet hier, dass die Tabellen EDID4, EDIDC und EDIDS verwendet werden, wie wir es auch ohne AIF gewohnt sind.

- Das Feld SELEKTIONS-ENGINE bestimmt, wo die Daten gelesen werden, und der Eintrag IDoc-KONTROLLSATZ heißt, dass der Standard, also Tabelle EDIDC, verwendet wird. Außerdem werden in den

Monitoring-Transaktionen noch Fehler oder Erfolgsmeldungen verwendet.

- Die Einstellung IDoc-STATUSSÄTZE im Feld PROTOKOLLIER.-ENGINE gibt an, dass sie aus der Tabelle EDIDS kommen, also exakt denen entsprechen, die wir auch im IDoc-Monitoring in Transaktion BD87 sehen.

Mit dem Szenario 01 kann nun also das Standard-Monitoring weiter oder alternativ das AIF-Monitoring verwendet werden – ganz, wie Sie es wünschen.

9.3.1 Monitoring im Application Interface Framework

Wir schauen uns nun die Monitoring-Funktionen im AIF etwas genauer an. Dabei beginnen wir mit dem Standard und werden dann Schritt für Schritt zusätzliche Funktionen einbauen, die das Leben erleichtern.

Transaktion /AIF/ERR

In Transaktion /AIF/ERR werden nun alle Materialstamm-IDocs mit dem IDoc-Typ MATMAS05 mit angezeigt. Dies gilt für alle Benutzer, die die Berechtigung für diese Transaktion haben. Beachten Sie dabei, dass die Default-Einstellungen auch nur fehlerhafte Interfaces vorsehen. Wenn Sie alle möchten, können Sie das explizit angeben.

Zusätzlich ist es möglich, dafür zu sorgen, dass Benutzer nur die Interfaces sehen, die für sie von Interesse sind. Dies geschieht mit Transaktion /AIF/IFMON, erfordert aber zusätzliche Einstellungen, die wir uns erst mit Szenario 05 genau anschauen werden.

Transaktion /AIF/IFMON

Als Erstes definieren Sie sogenannte *Empfänger* innerhalb des Namensraums. Es kann einen Empfänger für alle Interfaces des Namensraums geben, mit einem solchen Empfänger arbeiten wir in Szenario 01. Der Empfänger ist dabei nicht physisch als Benutzer zu verstehen, sondern als Sammler von Meldungen. Dem Empfänger werden dann später gegebenenfalls Interfaces und echte Benutzer zugeordnet.

Empfänger für Fehlermeldungen definieren

In der Fehlerbehandlung im Customizing wird unter dem Menüpunkt NAMENSRAUMSPEZIFISCHE FUNKTIONEN DEFINIEREN, den Sie in Abbildung 9.12 finden, der erforderliche Eintrag vorgenommen.

9 | Application Interface Framework

Abbildung 9.12 Namensraumspezifische Funktionen

Ein solcher Empfänger besteht im Wesentlichen aus einem Namen und einer Beschreibung. Da wir ja bisher nur mit MATMAS-IDocs arbeiten, habe ich MATMAS_Fehler als Namen für den Empfänger ausgewählt (siehe Abbildung 9.13).

Abbildung 9.13 Empfänger für Interfaces

Empfänger zum gesamten Namensraum zuordnen

Da eine weitere Unterteilung im Moment noch nicht notwendig ist, weise ich diesen Empfänger jetzt nicht einem speziellen Interface zu, sondern verwende ihn für den gesamten Namensraum. Dazu gehen wir in die schnittstellenspezifischen Funktionen (siehe Abbildung 9.3), lassen aber ausnahmsweise in der nächsten Maske die

Felder SCHNITTSTELLENNAME und SCHNITTSTELLENVERSION frei. In Abbildung 9.14 habe ich das Menü für meinen Namensraum ZSM aufgerufen.

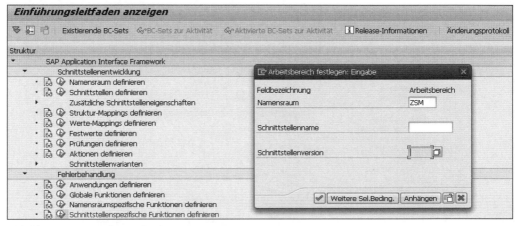

Abbildung 9.14 Empfänger für den gesamten Namensraum

Wenn kein spezielles Interface aufgerufen wird, gibt es zusätzlich zu den anderen Menüpunkten auch die Möglichkeit, einen Empfänger ohne Schlüsselfelder zuzuordnen. In Abbildung 9.15 sehen Sie, dass ich das für den Empfänger MATMAS_FEHLER getan habe.

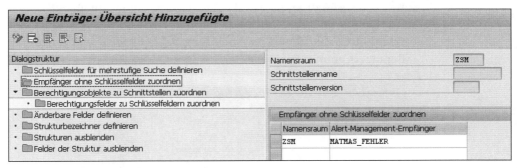

Abbildung 9.15 Zuordnung für alle Interfaces des Namensraums

Jetzt reagiert unser Empfänger auf alle Interfaces im Namensraum, aber wir haben noch keine Benutzerzuordnung. Diese kann direkt oder über Rollen erfolgen. In beiden Fällen gehen Sie in die Systemkonfiguration und wählen den Menüpunkt EMPFÄNGER ZUORDNEN. In Abbildung 9.16 sehen Sie die Auswahl für den Empfänger MATMAS_FEHLER.

Benutzer zum Empfänger zuordnen

9 | Application Interface Framework

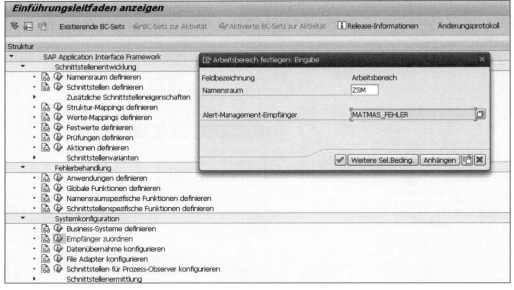

Abbildung 9.16 Auswahl zur Empfängerermittlung

Im folgenden Menü können Sie aussuchen, ob Sie einen Benutzer direkt zuordnen oder lieber eine Rolle verwenden möchten. Auch eine externe Adresse ist möglich. Oft empfiehlt es sich, mit Rollen zu arbeiten, um zum Beispiel zu vermeiden, dass Fehler im Urlaubsfall versacken und in Vergessenheit geraten. Der Einfachheit halber habe ich meinen Benutzer in diesem Beispiel aber direkt zugeordnet. Sie sehen diese Zuordnung in Abbildung 9.17. Es wird hier auch eine Benutzernummer vergeben.

Abbildung 9.17 Zuordnen des Benutzernamens

> **Nummerierung von Elementen im AIF**
>
> Die Nummerierung von Elementen kommt im Application Interface Framework häufig vor und wird teilweise auch zur Identifikation einzelner Einträge verwendet. Bei Elementen wie Regeln oder Aktionen wird damit aber auch eine Reihenfolge festgelegt.

Wichtig ist an dieser Stelle das Kennzeichen ÜBERSICHTSBILD EINFÜGEN. Nur wenn hier ein Häkchen gesetzt ist, wird das Interface in Transaktion /AIF/IFMON tatsächlich in die Anzeige aufgenommen.

Der Eintrag im Feld NACHRICHTENTYP bezieht sich dagegen auf Alarme. Das AIF ist an das Alert Framework angeschlossen. Wenn also ein Alert Server eingerichtet ist, hat man zusätzlich die Möglichkeit, im Fehlerfall Benachrichtigungen zu versenden – über das reine Monitoring hinaus. Das Alert Framework würde aber den Rahmen dieses Buches sprengen, deswegen wurde hier die Ausprägung KEINE gewählt.

Anbindung an das Alert Framework

Jetzt haben wir alle Einstellungen vorgenommen, die für ein Monitoring notwendig sind. Nun schauen wir uns an, wie sich unsere Einstellungen auswirken.

Zunächst zeige ich Ihnen in Abbildung 9.18 die IDocs, die ich zu Testzwecken erzeugt habe. Es gibt drei erfolgreiche Nachrichten (Zeile ANWENDUNGSBELEG GEBUCHT) und sechs mit Fehlermeldungen (Zeile ANWENDUNGSBELEG NICHT GEBUCHT).

Statusmonitor für ALE-Nachrichten		
IDocs auswählen IDocs anzeigen IDocs verfolgen Verarbeiten		
IDocs	IDoc-Status	Anzahl
▶ IDoc-Auswahl		
▼ ERP Mandant 800		9
▼ IDocs im Eingang		9
▼ Anwendungsbeleg nicht gebucht	51	6
▼ MATMAS		6
▶ MK(101) : Es sind Meldungen aufgetreten - Nummer &		6
▼ Anwendungsbeleg gebucht	53	3
▼ MATMAS		3
▶ MK(101) : Es sind Meldungen aufgetreten - Nummer &		3

Abbildung 9.18 IDocs in Transaktion WE87

Im Interface Monitor finden Sie, wie Abbildung 9.19 zeigt, dieselben neun Materialstamm-IDocs wieder. Alternativ können Sie aber auch

Transaktion /AIF/IFMON

auswählen, nur fehlerhafte Nachrichten oder Nachrichten von einem anderen Zeitraum zu sehen. Dazu dienen die beiden Buttons ALLE NACHRICHTEN ANZEIGEN (der dann auf FEHLERHAFT ANZEIGEN wechselt) und OHNE DATUMSEINSCHRÄNKUNG, der Ihnen dann ein Fenster zur Auswahl des gewünschten Datums anzeigt. Nach Änderungen muss jeweils aufgefrischt werden.

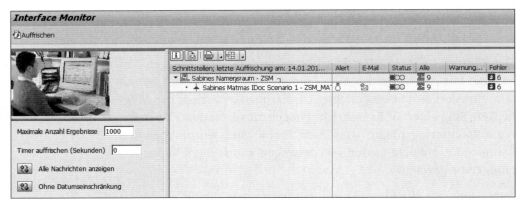

Abbildung 9.19 IDocs in Transaktion /AIF/IFMON

Betrachten wir die Symbole in Abbildung 9.19 genauer:

- Die weiße Glühbirne (🔔) bedeutet, dass die Alarme in der Empfänger-Benutzer-Zuordnung ausgeschaltet sind. (Wäre die Glühbirne gelb, wären die Alarme eingeschaltet.)
- Die rote Ampel (🔴) zeigt an, dass generell fehlerhafte Nachrichten dabei sind, wobei die Zahl hinter dem Blitz (⚡) angibt, wie viele es sind.
- Hinter dem grünen Summenzeichen (∑) sieht man die Gesamtzahl der Nachrichten.
- Von hier aus ist ein Abspringen in die Fehlerbehandlung möglich. Ein Doppelklick auf das Summenzeichen zeigt in der nächsten Ansicht alle Nachrichten, ein Doppelklick auf den Blitz nur die fehlerhaften.

In Abbildung 9.20 sehen Sie, dass ich mich für die Anzeige aller neun IDocs entschieden habe und eines der erfolgreichen IDocs in die Einzelanzeige genommen habe.

Szenario 01 | 9.3

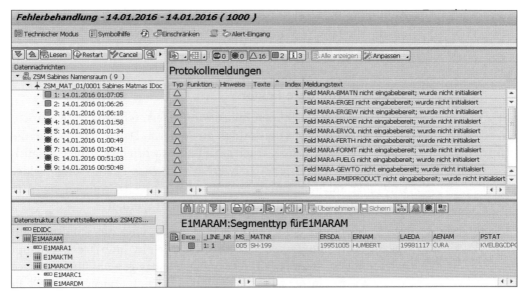

Abbildung 9.20 Details eines erfolgreichen IDocs in Transaktion /AIF/IFMON

Die obere rechte Bildbereich zeigt die Meldungen aus dem Anwendungsprotokoll des Materialstamms direkt an, ohne dass man wie in Transaktion BD87 erst weiterspringen muss. Da es sich um ein erfolgreich verbuchtes IDoc handelt, sehen wir nur Warnungen. Im Gegensatz dazu sehen Sie in Abbildung 9.21 eines der fehlerhaften IDocs.

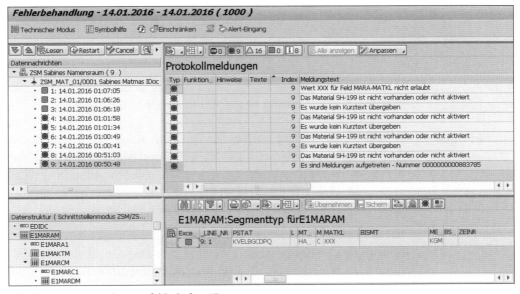

Abbildung 9.21 Details eines fehlerhaften IDocs

267

9 | Application Interface Framework

Abbildung 9.21 zeigt gleich ein IDoc mit mehreren Fehlern. Einen davon, die falsche Materialklasse, möchte ich verwenden, um Ihnen ein weiteres Feature des AIF zu zeigen, die *editierbaren Felder*.

9.3.2 Editierbare Felder

Im AIF ist es möglich, den Inhalt von Feldern fehlerhafter Nachrichten innerhalb des Monitorings zu ändern. Dabei ist sowohl die Änderung eines Feldes einer einzelnen Nachricht möglich als auch bei gleichen Quell- und Zielwerten eine Massenänderung. Felder sind aber nicht automatisch editierbar, sondern müssen im AIF-Customizing explizit als editierbar definiert werden.

Schnittstellenspezifische Funktionen Wurzeleintrag

Die Verwendung editierbarer Felder erfolgt über die Schnittstellenspezifischen Funktionen. Damit diese für ein Interface überhaupt aktiv sind, ist es zunächst notwendig, für das gewünschte Interface einen Wurzeleintrag zu erstellen. Einen solchen Eintrag sehen Sie in Abbildung 9.22. Es werden dabei lediglich der Name und die Version des Interfaces angegeben.

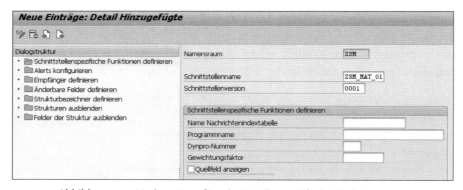

Abbildung 9.22 Vorbereitung für schnittstellenspezifische Funktionen

Editierbare Felder

Sobald dieser Eintrag vorhanden ist, kann unter dem Menüpunkt ÄNDERBARE FELDER DEFINIEREN angegeben werden, für welche Felder die Editierbarkeit gewährleistet werden soll. In Abbildung 9.23 sehen Sie, dass ich das Feld E1MARAM-MATKL gewählt habe, das bei unseren Beispiel-IDocs einen der Fehler verursacht hat.

Bei der Feldauswahl ist es nicht notwendig, den exakten Namen des betroffenen Feldes zu wissen, denn es gibt eine Eingabehilfe. Abbildung 9.24 zeigt die Feldauswahl für das Materialstamm-IDoc.

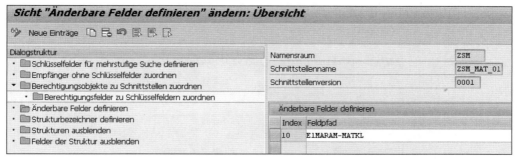

Abbildung 9.23 Definition änderbarer Felder

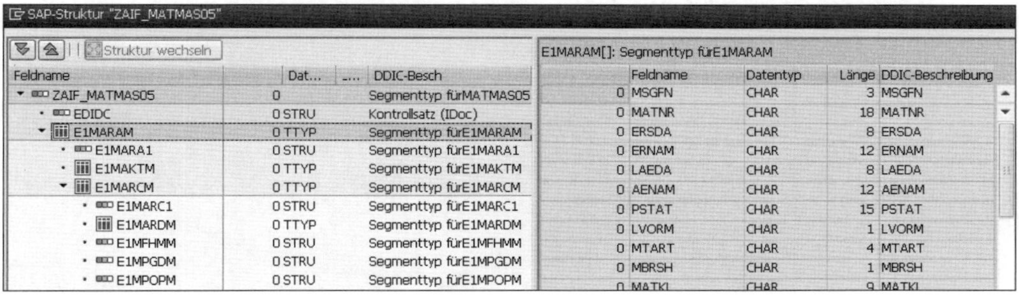

Abbildung 9.24 Auswahl des änderbaren Feldes

Damit haben Sie das mit dem geringsten Aufwand zu realisierende AIF-Szenario für die IDoc-Verarbeitung kennengelernt. Ich denke, alleine für die Möglichkeit der Massenänderungen lohnt sich der Aufwand.

9.4 Szenario 05

Das zweite Szenario, das wir uns genauer anschauen, beinhaltet etwas mehr AIF-Funktionalität, erfordert aber auch etwas mehr Vorarbeit. Denn dabei wird nicht nur der Standard verwendet, um die Informationen im AIF darzustellen, sondern es ist in diesem Szenario auch möglich, abhängig von Feldinhalten Benutzerzuordnungen vorzunehmen. In Szenario 01 geht das nicht, da hier keine Feldinhalte aus dem IDoc in den AIF-Tabellen gespeichert werden.

Szenario mit Indextabelle

Abbildung 9.25 zeigt das ausgefüllte Bild des IDoc-Generierungsreports für das Szenario 05. Außer der Szenarionummer (Feld VARIAN-

TEN-ID) gibt es hier zunächst keinen Unterschied zu unserem ersten Szenario.

IDoc-Struktur und Schnittstellendefinition generieren

SAP-Struktur

Basistyp	MATMAS05
Präfix Struktur	ZSM_
IDoc-Datenstruktur	ZSM_MATMAS_MATMAS05
Nachrichtentyp	MATMAS
Erweiterung	
☐ Mit Erweit. anlegen	

Schnittstellendefinition SAP-Anwendung

Namensraum	ZSM
Schnittstellenname	ZSM_IDOC_5
Schnittstellenversion	0001
Varianten-ID	05
Schnittstellenbeschreibung	Sabines IDoc Scenario 05

Transport

Paket	ZSM1
Workbench-Auftrag/Aufgabe	ZMEK950907
Kundeneig. Auftrag/Aufgabe	
RFC-Destinat. f. kundeneig. A.	

Abbildung 9.25 Generierungsreport für Szenario 05

Generierungsreport Szenario 05

Auch hier wird wieder alles Notwendige automatisch generiert. Für den Fall, dass Sie denselben IDoc-Typ mehrfach generieren, können Sie allerdings nur einen Namen vergeben. Sollte also die IDoc-Datenstruktur schon vorhanden sein, bekommen Sie eine entsprechende Meldung, und die bestehende Struktur wird aktualisiert, anstatt eine neue anzulegen.

Interface-Einstellungen

Ich habe dieses Szenario auf einem neuen System angelegt, sodass alles normal generiert wird. In der Sicht SCHNITTSTELLEN DEFINIEREN aus dem Menü von Transaktion /AIF/CUST wurde das in Abbildung 9.26 dargestellte Interface generiert.

Engines

Auch hier zeigt sich noch kein Unterschied zu Szenario 01. Erst wenn wir uns die in Abbildung 9.27 angezeigten Engines der Schnittstelle anschauen, wird ein Unterschied deutlich.

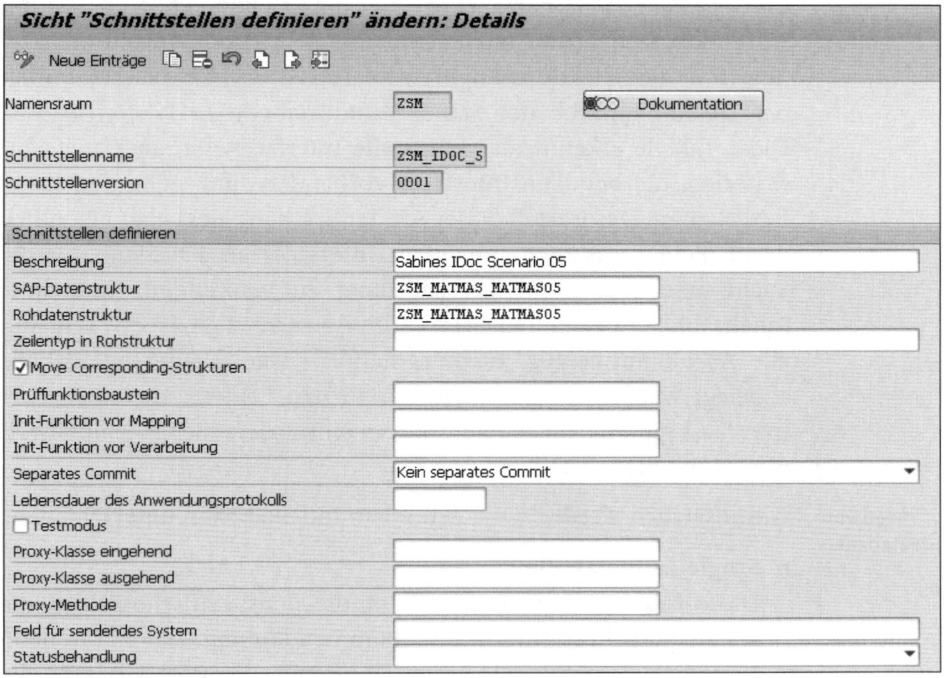

Szenario 05 | **9.4**

Abbildung 9.26 Einstellungen zum Interface nach dem Generieren

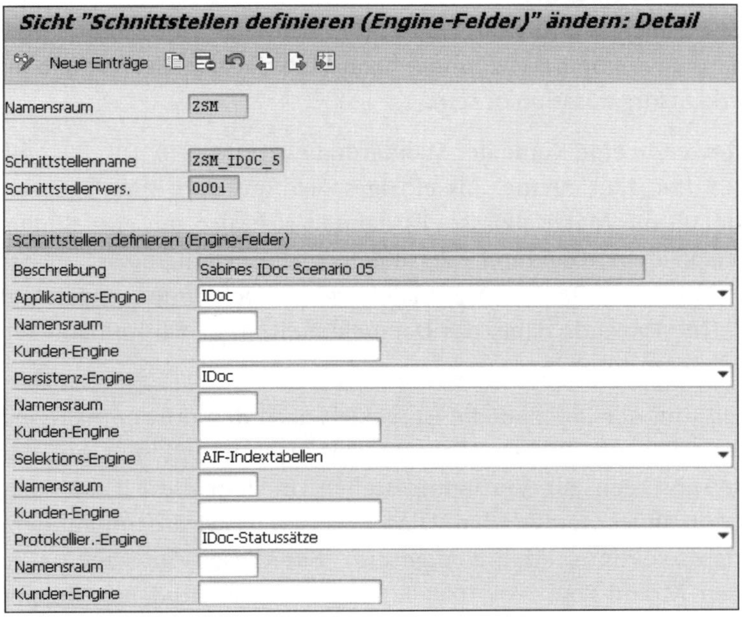

Abbildung 9.27 Interface-Engines – Szenario 05

9 | Application Interface Framework

AIF-Indextabellen

Im Gegensatz zu Szenario 01 arbeitet die Selektions-Engine nun mit AIF-Indextabellen und nicht mehr mit dem IDoc-Kontrollsatz. Der Zugriff in der Selektions-Engine vom Typ AIF-INDEXTABELLEN erfolgt per Default mithilfe der Standard-Indextabelle /AIF/STD_IDX_TBL. Diese Tabelle erkennt, da sie für alle Interfaces gilt, aber auch nur Kriterien, die bei allen Interfaces vorhanden sind, etwa den Interface-Namen. Der Vorteil dieser Art der Selektion liegt aber eigentlich darin, Felder aus dem Inhalt des Interfaces als Kriterium für die Suche und die Empfängerermittlung zu verwenden. Um diese inhaltsabhängige Empfängerermittlung zu erreichen, ist etwas manuelle Arbeit notwendig, es muss nämlich eine eigene Indextabelle angelegt werden, in die zusätzlich zu den Feldern, die es für alle Interfaces gibt, diejenigen aufgenommen werden, die zur Empfängerermittlung dienen sollen.

Arten von Indextabellen

Grundsätzlich werden zwei Arten von Indextabellen unterschieden:

- **Single-Indextabellen**
  Diese Tabellen enthalten nur schnittstellenspezifische Felder, die genau einmal pro Interface vorkommen können. Das wären beim Materialstamm etwa die Materialnummer, die Materialklasse, die Basismengeneinheit oder ähnliche Felder.

- **Multi-Indextabellen**
  Diese Tabellen enthalten Felder, die mehrfach pro Interface vorkommen können; das könnten beim Material also die Werke oder Verkaufsorganisationen sein.

Standard-Indextabelle /AIF/STD_IDX_TBL

Ich verwende eine Kopie der Standardtabelle /AIF/STD_IDX_TBL, die ich ZSM_MAT_INDX nenne. Als einziges Feld aus dem Interface verwende ich die Materialklasse. Es handelt sich also um eine Single-Indextabelle. In Abbildung 9.28 sehen Sie, dass ich mein zusätzliches Feld (MATERIAL GROUP, Materialklasse) einfach unten angehängt habe. Ich verwende dabei das Datenelement, das auch im IDoc-Typ verwendet wird.

Selektionsbild für eigene Indextabellen

Da der Sinn der Indextabelle ist, gezielt nach den dort enthaltenen schnittstellenspezifischen Feldern zu selektieren, müssen wir einen Subscreen zur Verfügung stellen, in dem diese Felder zur Selektion angeboten werden. Dieser Subscreen wird dann auf dem Standardselektionsbild mit angezeigt. Für diesen Subscreen lege ich den Modul-Pool ZSM_IDOC_5_SEL_SCREEN an und erstelle per

Coding – *nicht* per Screenpainter – den Subscreen 0001. Abbildung 9.29 zeigt den Subscreen mit dem Parameter p_matkl für die Materialklasse.

Feld	Key	Ini...	Datenelement	Datentyp	Länge	DezS...	Kurzbeschreibung
MANDT	✓	✓	MANDT	CLNT	3	0	Client
MSGGUID	✓	✓	GUID_32	CHAR	32	0	GUID in 'CHAR' Format in Uppercase
.INCLUDE			/AIF/IFKEYS	STRU	0	0	Keys
.INCLUDE			/AIF/ADMIN	STRU	0	0	Additional information structure (be appent to tran. table)
PID			SXMSPID	CHAR	40	0	Integration Engine: Pipeline ID
MATKL			MATKL	CHAR	9	0	Material Group

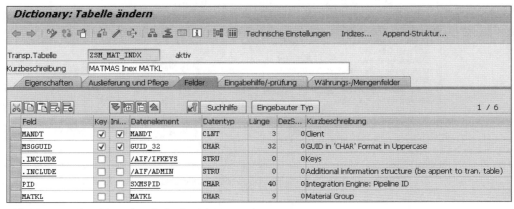

Abbildung 9.28 Single Indextabelle für den Materialstamm

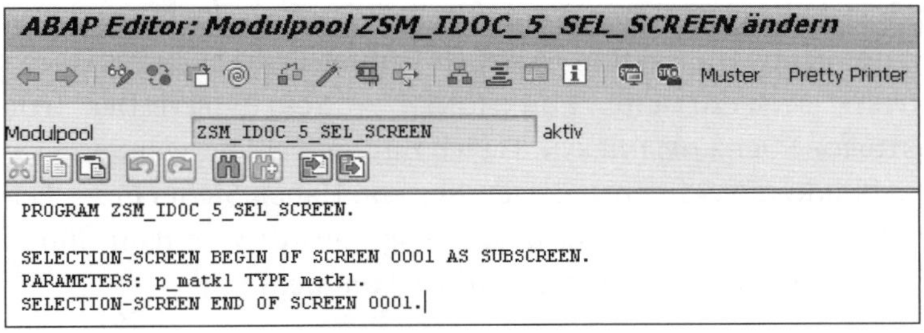

```
PROGRAM ZSM_IDOC_5_SEL_SCREEN.

SELECTION-SCREEN BEGIN OF SCREEN 0001 AS SUBSCREEN.
PARAMETERS: p_matkl TYPE matkl.
SELECTION-SCREEN END OF SCREEN 0001.
```

Abbildung 9.29 Selektionsbild für den eigenen Zugriffswert

Dies ist die Minimalanforderung. Wenn Sie sich detailliert mit dem AIF beschäftigen, werden Sie feststellen, dass im Subscreen noch mehr Funktionen eingebaut werden können als nur diese minimale Auswahl, die ich jetzt programmiert habe (eine detailliertere Darstellung würde aber im Rahmen dieses auf IDocs spezialisierten Buches zu weit führen).

Indextabelle und Selektionsbild zum Interface zuordnen

Damit das AIF anstelle der Standard-Indextabelle Ihre eigene Indextabelle verwendet und zusätzlich die Indexfelder, die Sie hinzugefügt haben, auf dem Selektionsbild von Transaktion /AIF/ERR zur Verfügung stellt, müssen Sie Indextabelle und Subscreen Ihrem Interface zuordnen. Diesen Schritt erläutere ich nun.

9 | Application Interface Framework

Ich lege diese Zuordnung unter FEHLERBEHANDLUNG • NAMENS-
RAUMSPEZIFISCHE FUNKTIONEN an bzw. wenn der Eintrag für mein
Interface dort schon vorhanden ist, erweitere ich ihn entsprechend.
Abbildung 9.30 zeigt diese Zuordnung.

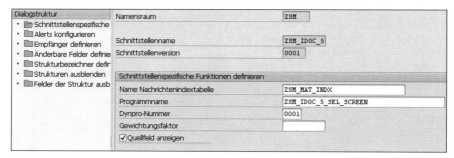

Abbildung 9.30 Zuordnung von Selektionsbild und Indextabelle zum Interface

Zuordnung des Feldes der Indextabelle zum Feld des Interfaces

Als Nächstes muss das AIF noch »wissen«, aus welchem Feld oder aus welchen Feldern im Interface die Informationen zur Befüllung der Indextabelle genommen werden sollen. Dies geschieht wieder in der Customizing-Transaktion /AIF/CUST unter FEHLERBEHANDLUNG • SCHNITTSTELLENSPEZIFISCHE FUNKTIONEN • SCHLÜSSELFELDER FÜR MEHRSTUFIGE SUCHE DEFINIEREN. Da ich nur ein Feld verwende, zeige ich in Abbildung 9.31 genau diesen Eintrag. Haben Sie mehrere Felder, wird hier wieder eine Liste angezeigt, aus der Sie dann durch Doppelklick in die Details eines Eintrags kommen.

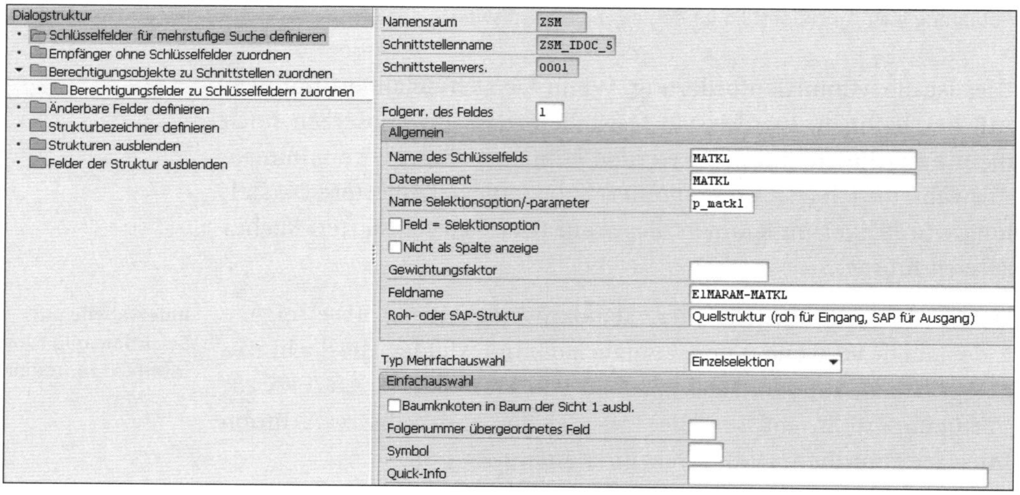

Abbildung 9.31 Zuordnung der Schlüsselfelder zum Interface

274

Wieder ist es möglich, aus dem gesamten Interface über die F4 -Hilfe einzelne Felder zu selektieren. Sie müssen den Pfad zu Ihrem Feld also nicht auswendig wissen. Da ich einen Parameter im Selektionsbild verwende, bleibt das Kennzeichen FELD = SELEKTIONSOPTION leer. Im Feld TYP MEHRFACHAUSWAHL geben Sie an, ob das Feld einmal oder mehrfach pro Interface vorkommen kann. Ich wähle Einzelselektion, da die Materialklasse nur einmal vorkommen kann.

Damit sind die Grundeinstellungen für Szenario 05 abgeschlossen, und Sie können den Inhalt eigener Felder als Kriterium für die Auswahl der darzustellenden Interfaces verwenden.

Schön ist jetzt natürlich, wenn auch in Transaktion /AIF/IFMON jeder nur noch die Einträge sieht, die ihn interessieren. Das ist, wenn man schon eine Indextabelle hat, ebenfalls möglich, und ich möchte es Ihnen im nächsten Abschnitt zeigen. Da es für alle Szenarien gilt, die eine eigene Indextabelle verwenden, habe ich es keinem Szenario speziell zugeordnet.

9.5 Empfängerermittlung abhängig von Feldinhalten bei Verwendung einer Indextabelle

Wenn mit einer spezifischen Indextabelle gearbeitet wird wie in Szenario 05, ist es im AIF auch möglich, eine Empfängerermittlung durchzuführen, und zwar abhängig von den Feldinhalten, die sich in der Indextabelle befinden. Dazu wird eine Empfängertabelle benötigt, in der die Felder definiert werden, die zur Empfängerermittlung verwendet werden sollen. Dieselbe Tabelle ist auch notwendig, wenn Sie mit Alarmen im Alert Framework arbeiten möchten.

Eine entsprechende Tabelle kann wieder von der Standardtabelle /AIF/T_ALRT_DEF kopiert werden und wird dann mit den interfacespezifischen Feldern angereichert. Wie Sie in Abbildung 9.32 sehen, habe ich wieder das Feld MATKL aufgenommen und die Tabelle ZSM_MAT_EMPF genannt.

Standardtabelle /AIF/STD_IDX_TBL

9 | Application Interface Framework

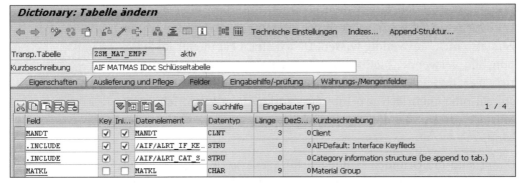

Abbildung 9.32 Schlüsselfeldtabelle zum Materialstamm-IDoc

Für jeden Feldinhalt des Feldes MATKL im Interface, der entweder für einen besonderen Alarm oder für einen besonderen Empfänger verwendet werden soll, wird ein eigener Eintrag gesetzt. Die Tabelle ist von den Eigenschaften her als pflegbar definiert, sodass ich mit Transaktion SE16 den in Abbildung 9.33 sichtbaren Eintrag für die Materialklasse 004 erzeugen konnte.

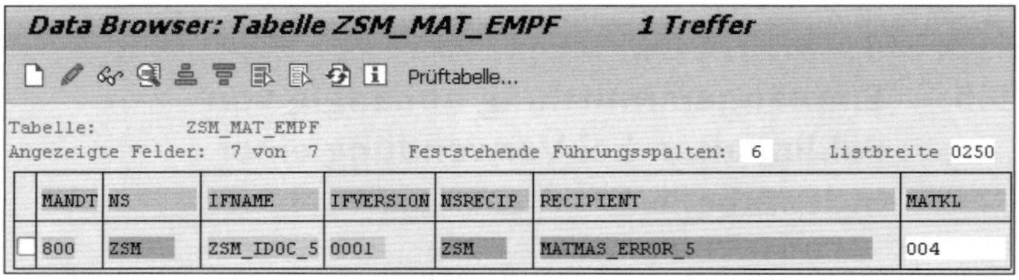

Abbildung 9.33 Inhalt der Empfängertabelle

Inhalt einer Empfängertabelle

Nachdem auch die Empfängertabelle vorhanden ist, kann sie dem Interface zugeordnet werden. Dies erfolgt in Transaktion /AIF/CUST unter FEHLERBEHANDLUNG • NAMENSRAUMSPEZIFISCHE FUNKTIONEN DEFINIEREN und dort unter dem Menüpunkt ALERTS KONFIGURIEREN. In Abbildung 9.34 ist meine Zuordnung zu sehen. Da die Tabelle eben in der Regel auch für Alarme aus dem Alert Framework verwendet wird, bleiben in unserem Falle – die Tabelle dient hier nur zur Empfängerermittlung – ziemlich viele Felder frei.

Da mein Benutzername dem Empfänger MATMAS_ERROR_5 zugeordnet ist, werden mir jetzt alle Interfaces mit der Materialklasse 004 zugewiesen. In Abbildung 9.35 sehen Sie ein erfolgreiches Interface.

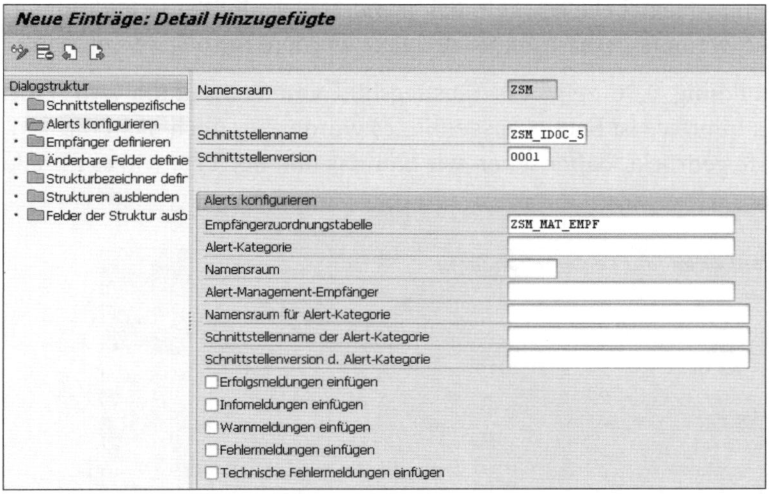

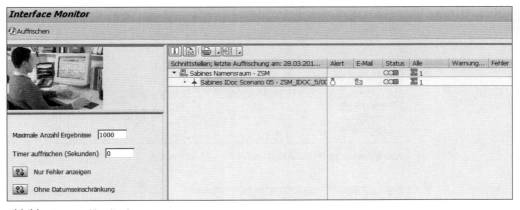

Abbildung 9.34 Zuordnung der Empfängertabelle zum Interface

Abbildung 9.35 Monitoring

Mit relativ geringem Aufwand sind Sie nun in der Lage, dafür zu sorgen, dass die Personen, die das Monitoring durchführen, nicht mehr erst »ihre« Interfaces suchen müssen, sondern nur noch die relevanten angezeigt bekommen.

9.6 Fehlerbearbeitung

Im Folgenden möchte ich Ihnen noch die Fehlerbearbeitung zeigen, denn Sie warten sicher schon sehr gespannt auf die Mehrfachänderung fehlerhafter Daten. Ich habe hier das Beispiel aus dem Szenario

05 mit Indextabelle gewählt, das grundsätzliche Editieren funktioniert aber (wenn änderbare Felder definiert wurden) für beide Szenarien.

Transaktion /AIF/ERR

Abbildung 9.36 zeigt das Einstiegsbild von Transaktion /AIF/ERR. Das Interface ist bereits ausgefüllt, es wurde aber noch nicht die ⏎-Taste gedrückt, daher sehen wir hier das Bild noch so, wie es für alle Interfaces aussieht.

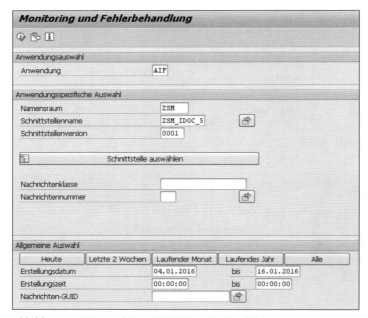

Abbildung 9.36 Transaktion /AIF/ERR – Einstiegsbild

Abbildung 9.37 Transaktion /AIF/ERR – Auswahl sichtbarer Statuswerte

Bitte beachten Sie, dass dieses Bild in der Regel zu groß ist, um komplett angezeigt zu werden. Im unteren Bereich stehen zusätzliche Felder zur Auswahl, welche Interfaces man sehen möchte. Der Default hätte hier nur die fehlerhaften Interfaces ausgewählt, da es sich ja um eine Fehlerbearbeitungstransaktion handelt. Ich habe jedoch, wie Sie in Abbildung 9.37 sehen, alles ausgewählt.

Nach dem Drücken der ⏎-Taste werden zusätzliche Auswahlfelder sichtbar, falls ein schnittstellenspezifisches Selektionsbild definiert und zugeordnet wurde. Bei mir ist dies der Fall, und in Abbildung 9.38 sehen Sie mein Feld P_MATKL (Materialklasse), wie vorher definiert.

Auswahl anzuzeigender Nachrichten

Abbildung 9.38 Transaktion /AIF/ERR – schnittstellenspezifische Auswahl mit Indextabelle

Da wir eine Indextabelle aktiv haben, werden die Interfaces gemäß dem Schlüsselwert geteilt, Sie sehen also in Abbildung 9.39 unter DATENNACHRICHTEN die Materialklassen 001 und 004 als Registerkarte und dann darunter die entsprechenden Interfaces. Ohne kundeneigene Indextabelle würden einfach alle Interfaces unter einem Ordner für den Interface-Namen angezeigt werden.

Auswahlfelder aus dem eigenen Subscreen

9 | Application Interface Framework

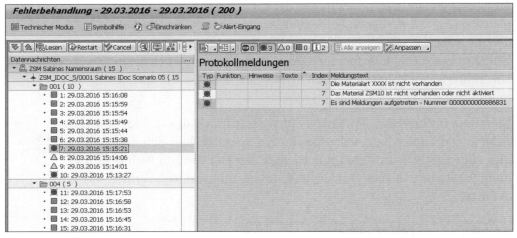

Abbildung 9.39 Transaktion /AIF/ERR – sortiert nach Schlüsselfeld MATKL

Schlüsselfeld-abhängige Nach-richtenanzeige

Auf der rechten Seite sehen Sie im Bereich PROTOKOLLMELDUNGEN wieder die Meldungen zum gelb markierten IDoc – unter anderem DIE MATERIALART XXXX IST NICHT VORHANDEN.

Da die Materialart XXXX das Problem verursacht, definiere ich nun auch das Feld MATERIALART als änderbar. In Abbildung 9.40 sehen Sie noch einmal, dass dies unter den schnittstellenspezifischen Funktionen geschieht.

Abbildung 9.40 Materialart als änderbares Feld

Änderbare Felder

Nachdem ich dies eingestellt habe, sind auch bereits im System vorhandene Nachrichten in diesem Feld editierbar. Zum Editieren gehen Sie folgendermaßen vor: Klicken Sie auf die Datenstruktur zu einem IDoc (unten links), sodass die Datenstruktur anschließend unten rechts im Bild zu sehen ist. Machen Sie dann einen Doppelklick auf das betroffene Feld, und es erscheint das in Abbildung 9.41 gezeigte modale Fenster zur Eingabe des neuen Wertes.

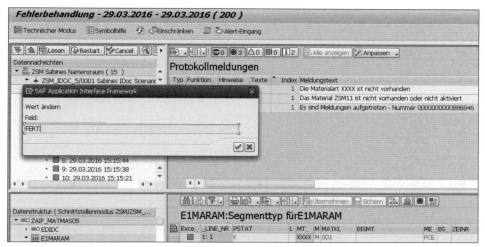

Abbildung 9.41 Einzelnes Interface ändern

Abbildung 9.42 zeigt den Eintrag nach der Änderung. Damit der geänderte Eintrag nun auch übernommen wird, ist es ganz wichtig, den Button SICHERN im unteren rechten Fenster anzuklicken.

Geändertes Feld sichern

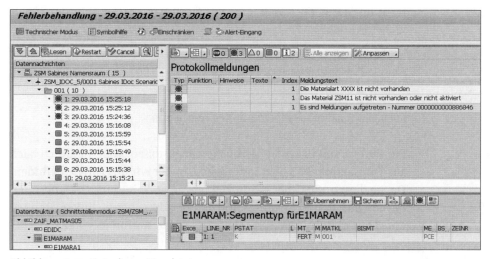

Abbildung 9.42 Geänderter Einzeleintrag

Erst nach dem Sichern wird der Eintrag tatsächlich fortgeschrieben. Dann ändert sich auch im oberen linken Teilfenster das Symbol für diese Nachricht. In Abbildung 9.43 sehen Sie dort anstelle des roten Fehlersymbols aus Abbildung 9.41 den grauen Stift (), der einen geänderten Eintrag symbolisiert.

Einzelne Nachricht editieren

9 | Application Interface Framework

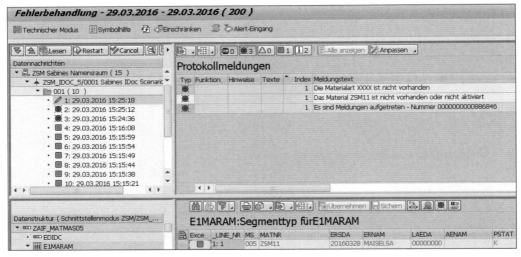

Abbildung 9.43 Geänderter Eintrag nach dem Sichern

IDoc-Statussätze
Nach der Änderung sind natürlich auch IDoc-Statussätze entstanden. In Abbildung 9.44 sehen Sie einen Auszug aus Transaktion BD87. Das Original-IDoc wurde hier auf Status 70 gesetzt, und ein neues IDoc im Status 69 wurde erzeugt. Nach wie vor ist aber der Inhalt nicht verbucht.

▼ 📄 IDocs im Eingang		25
▶ ● Anwendungsbeleg nicht gebucht	51	9
▶ △ IDoc wurde editiert	69	1
▶ ■ Anwendungsbeleg gebucht	53	13
▶ ■ Original eines IDocs, welches editiert wurde	70	2

Abbildung 9.44 Geändertes IDoc in Transaktion BD87

Ein Restart, um das neue Verbuchen anzustoßen, wäre natürlich auch aus Transaktion BD87 heraus möglich, in der wir uns gerade befinden. Da Sie diesen Weg aber schon kennen, zeigt Abbildung 9.45 nun den Restart aus der AIF-Transaktion heraus. Im oberen linken Bereich von Transaktion /AIF/ERR sehen Sie in den Button RESTART.

Abbildung 9.45 Restart des Interfaces

Der Restart wirkt, wenn eine Nachricht wie hier selektiert ist, nur auf diese eine Nachricht. Es öffnet sich ein modales Fenster (siehe Abbildung 9.46), in dem nachgefragt wird, ob Sie die Nachricht wirklich neu starten möchten.

Restart einer Nachricht

Abbildung 9.46 Nachricht neu starten

Nachdem ich diese Frage mit dem JA-Button bestätigt habe, wird die Nachricht neu gestartet und nun – da ich den Fehler inzwischen behoben habe – erfolgreich verbucht.

Fehler ist behoben

In Abbildung 9.47 sehen Sie nun neben meiner Nachricht das grüne Erfolgssymbol (▇). Außerdem wird in der Nachrichtenzeile die IDoc-Nummer angezeigt.

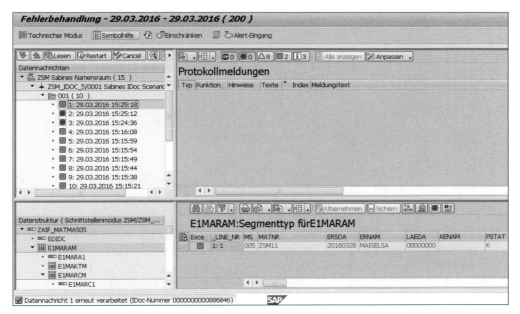

Abbildung 9.47 Erfolgreich neu gestartete Nachricht

Mit dieser Nummer gehe ich nun in Transaktion BD87. Wie Abbildung 9.48 zeigt, wird das IDoc nun auch hier als erfolgreich verbucht angezeigt.

Abbildung 9.48 Dasselbe IDoc in Transaktion BD87

Fehler in mehreren Schnittstellen beheben

Feldänderungen von editierbaren Feldern sind im AIF auch für mehrere Nachrichten auf einmal möglich. Dazu klicken Sie im linken oberen Bereich auf die Hauptzeile und nicht auf ein einzelnes Interface. Wie Sie in Abbildung 9.49 sehen, werden in diesem Fall auch sehr viele Fehlermeldungen angezeigt.

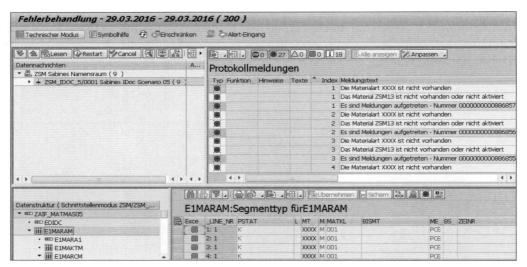

Abbildung 9.49 Mehrere Interfaces mit demselben Fehler

Alle Protokollmeldungen anzeigen

Wenn Sie in dieser Sammelanzeige auf die Datenstruktur E1MARAM (unten links in Abbildung 9.49) klicken, sehen Sie im rechten unteren Bildbereich alle E1MARAM-Segmente der angezeigten Interfaces. In unserem Fall sind nur drei Segmente sichtbar; eines mit der Materialart FERT, zwei mit der Materialart XXXX. Da die Materialart XXXX fehlerhaft ist, klicke ich nun auf SUCHEN UND ERSETZEN (Icon).

Massenänderung von Nachrichten

Diesmal erscheint ein leicht verändertes modulares Bild. In Abbildung 9.50 sehen Sie, dass ein Suchmuster sowie ein Ersetzungsmuster eingegeben werden können. Nach der Eingabe wird sofort die Zahl der betroffenen Nachrichten angezeigt.

Fehlerbearbeitung | 9.6

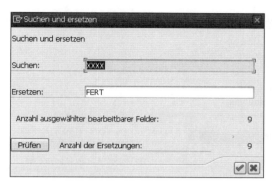

Abbildung 9.50 Anzeige der relevanten Interfaces

Wenn ich das zunächst mit dem grünen Häkchen übernehme und dann wieder in der Grundsicht unten rechts auf den Button SICHERN klicke, erhalte ich mehrere mit dem Stift gekennzeichnete Nachrichten auf einmal (siehe Abbildung 9.51).

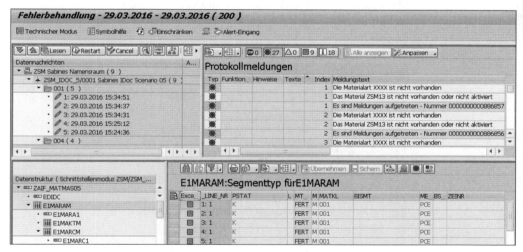

Abbildung 9.51 Massenanzeige editierter Interfaces

Klicke ich nun auf den Button RESTART, erhalte ich – egal, wo ich mit der Maus gerade stehe – eine Abfrage, bei der ich den weiteren Schritt wählen kann:

Geänderte Nachrichten

- möchte ich eine Nachricht neu starten
- möchte ich alle Nachrichten neu starten
- möchte ich den Restart für eine Nachricht ablehnen
- möchte ich den Reststart für alle Nachrichten ablehnen

285

Abbildung 9.52 zeigt diese Abfrage.

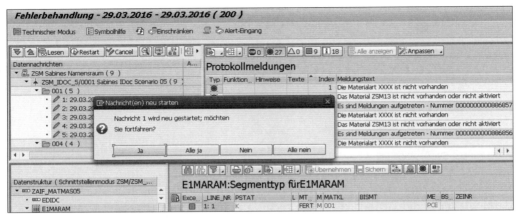

Abbildung 9.52 Sicherheitsabfrage

Ich habe mich für den Button ALLE JA entschieden. In Abbildung 9.53 sehen Sie, dass daraufhin alle geänderten IDocs erfolgreich verbucht wurden.

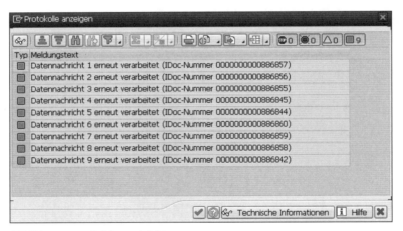

Abbildung 9.53 Erfolgsnachricht

Das war der Ausflug in das IDoc-Monitoring unter Verwendung von AIF. Ich hoffe, dass Sie die neuen Tools nützlich finden und künftig weniger Zeit mit dem Monitoren und Beseitigen von Fehlern verbringen werden. Seitdem ich es kenne, wünsche ich mir, alle meine Kunden würden das AIF einsetzen.

Dieses Kapitel behandelt administrative Aufgaben im Zusammenhang mit IDocs. Dabei geht es um die Verwaltungsinformationen, die über versendete und empfangene IDocs auf der Datenbank gespeichert werden, aber auch um regelmäßig durchzuführende Arbeiten. Außerdem werden noch Sicherheitsaspekte behandelt.

10 Administration

Dieses Kapitel bietet Ihnen einen Überblick über die administrativen Möglichkeiten, die Ihnen mit IDocs zur Verfügung stehen.

Sie können IDocs verknüpfen, um sich Informationen anzeigen zu lassen, oder nach Informationen zu suchen. Zudem können Sie, um Ihre Performance zu steigern, regelmäßige Reports für Vorgänge einplanen, die Sie sonst manuell durchführen würden. Dazu gehört auch die Möglichkeit, Fehler-Workflows von IDocs per Mail zu erhalten. Darüber hinaus gibt es in IDocs manchmal auch Felder, die nicht jeder sehen soll. In diesem Kapitel zeige ich Ihnen, wie Sie diese maskieren können.

Zu guter Letzt erhalten Sie eine Zusammenfassung der IDoc-Funktionen sowie der dazugehörigen Transaktionscodes und erfahren, wie Archivierung und Statusumsetzung bei IDocs realisiert werden.

10.1 IDoc-Verknüpfungen

Es gibt zwei Arten von Verknüpfungen: zum einen Verknüpfungen von IDocs zu den eigentlichen Business-Objekten, falls ein Business-Objekttyp in Transaktion BDA4 dem Nachrichtentyp zugeordnet ist; zum anderen Verknüpfungen zwischen dem IDoc beim Sender und dem beim Empfänger. Diese zweite Verknüpfung ist dann aber nur dem Empfänger bekannt.

Zwei Arten

IDoc-Verknüpfungen haben eine eigene Datenbanktabelle, die `IDOCREL` heißt. Hier sehen Sie jeweils die beiden Daten, die miteinander verknüpft sind, gekennzeichnet durch ihre interne Nummer und

Verknüpfungstabelle IDOCREL

den Verknüpfungstyp. Tabelle 10.1 zeigt, welche Verknüpfungstypen es gibt, ROLE A und ROLE B sind dabei die Rollen der beiden verknüpften Objekte. Folgende Belege/IDocs sind aufgeführt:

- OUTBELEG ist ein Beleg aus dem SAP-System, der versendet wurde.
- OUTIDOC ist ein ausgehendes IDoc.
- INIDOC ist ein eingehendes IDoc.
- INBELEG ist ein Beleg, der an Ihr SAP-System gesendet wurde.
- OUTID und INTID beinhalten die Transaktions-IDs beim Sender (OUTID) und beim Empfänger (INTID) eines transaktionalen RFCs.

Verknüpfungstyp	ROLE A	ROLE B
IDC0	OUTBELEG	OUTIDOC
IDC1	INIDOC	INBELEG
IDC4	INIDOC	OUTIDOC
IDC8	INIDOC	INTID
IDC9	OUTIDOC	INBELEG
IDCA	OUTIDOC	OUTID
IDCB	INIDOC	OUTBELEG

Tabelle 10.1 IDoc-relevante Einträge in der Datenbanktabelle IDOCREL

[»] **Sonderfälle IDCA und IDC8 – Release beachten**

Beachten Sie im Hinblick auf die Tabelle IDOCREL, dass die Verknüpfungen IDCA und IDC8 ab Release 7.0 nicht mehr in der Tabelle IDOCREL abgelegt werden, sondern Bestandteil des IDocs sind. Hier hängt das Verhalten davon ab, in welchem Release Sie sich befinden.

Tabelle SRRELROLES

In der Tabelle SRRELROLES finden Sie die zu den internen Nummern aus Tabelle 10.1 gehörenden Objekte. Dabei werden, wie bereits skizziert, mehrere Rollentypen unterschieden. Tabelle 10.2 zeigt die für IDocs relevanten Typen von Einträgen.

Abkürzung im Feld ROLETYPE	Bedeutung
INBELEG	Beleg beim Empfänger
INIDOC	IDoc beim Empfänger
INTID	Transaktions-ID, mit der das IDoc kam

Tabelle 10.2 Einträge in der Tabelle SRRELROLES

Abkürzung im Feld ROLETYPE	Bedeutung
OUTBELEG	Beleg beim Sender
OUTID	Transaktions-ID beim Sender
OUTIDOC	IDoc beim Sender

Tabelle 10.2 Einträge in der Tabelle SRRELROLES (Forts.)

Exemplarisch schauen wir uns ein IDoc und einen Materialstamm in dieser Tabelle an (siehe Abbildung 10.1). Das Feld OBJKEY ist dabei jeweils der eindeutige Schlüssel eines Objekts, zum Beispiel die Materialnummer oder die IDoc-Nummer. Bei Belegen ist der OBJTYPE immer der zugehörige Business-Objekttyp, bei IDocs lautet er dagegen immer IDOC und bei Transaktions-IDs TRANSID.

Materialeintrag in Tabelle SRRELROLES

Abbildung 10.1 Beispiel für ein Material

Wird zu diesem Material ein IDoc erzeugt, finden Sie auch dafür einen Eintrag in der Tabelle SRRELROLES (siehe Abbildung 10.2). Bei beiden Objekten sehen Sie im Feld ROLEID die eindeutige Nummer, auf die in der Tabelle IDOCREL verwiesen wird.

IDoc-Eintrag in Tabelle SRRELROLES

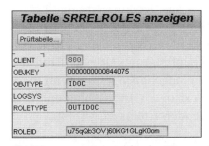

Abbildung 10.2 Beispiel für das IDoc zur Verknüpfung

Unsere Beispielobjekte, das IDoc 844075 und das Material ZSM1, finden Sie mit einer Verknüpfung vom Typ IDC0 wieder, da wir uns im

Material im Ausgang

Ausgang befinden. Den zugehörigen Tabelleneintrag in Transaktion SE11 zeigt Abbildung 10.3.

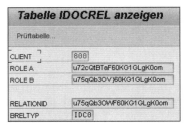

Abbildung 10.3 Eintrag in der Datenbanktabelle IDOCREL

Alle anderen Verknüpfungen werden analog behandelt. Sie können aus dem IDoc-Monitoring in Transaktion BD87 oder aus der Einzelanzeige von IDocs heraus über die Dienste zum Objekt betrachtet werden.

Objektschlüssel Die Verknüpfung zum Objekttyp kann auch verwendet werden, um sich Schlüsselwerte der IDoc-Inhalte anzeigen zu lassen. Dies ist die Funktion OBJEKTSCHLÜSSEL aus Transaktion BD87 (Abbildung 10.4).

Abbildung 10.4 Objektschlüssel in Transaktion BD87

Verknüpfungsanzeige im IDoc Die anderen Verknüpfungen können aus der Einzelanzeige heraus angezeigt werden. Ein verknüpftes Objekt kann durch einen Doppelklick auch von hier aus betrachtet werden. Wenn Sie ein IDoc editiert haben, sehen Sie hier die Verknüpfung zum Original-IDoc, das aus Gründen der Nachvollziehbarkeit aufgehoben wird. Da im Empfängersystem mehr Verknüpfungen existieren, ist in Abbildung 10.5 das Empfängersystem anstelle des Sendersystems dargestellt.

Verknüpfungen ausschließen Auch für die verknüpften Business-Objekte gibt es diese Funktion, Sie erreichen sie ebenfalls über die Dienste zum Objekt (siehe ❶ in Abbildung 10.5). Mit dem Icon für die IDoc-Verknüpfungen (siehe ❷ in Abbildung 10.5) erreichen Sie dann die eigentlichen Verbindungen zum IDoc. Welche Verknüpfungen für welche Nachrichtentypen geschrieben werden, entscheiden Sie in Transaktion WENOLINKS.

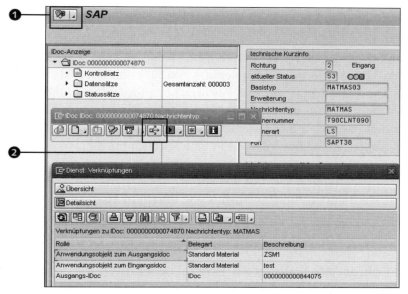

Abbildung 10.5 Verknüpfungen im Empfängersystem

Abbildung 10.6 zeigt im unteren Bereich eine ausgeschlossene Verknüpfung für MATMAS. Beachten Sie an dieser Stelle, dass dieser Schalter für alle Nachrichten vom Typ MATMAS gilt. Es ist daher nicht möglich, eine Unterscheidung abhängig vom Sender oder Empfänger zu treffen.

Transaktion WENOLINKS

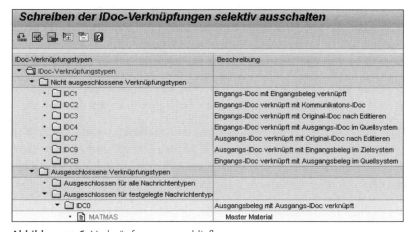

Abbildung 10.6 Verknüpfungen ausschließen

Diese Verknüpfungen können ohne weitere Probleme dort unterdrückt werden, wo die Informationen auch anderweitig zur Verfügung stehen. So ist die Materialnummer bei MATMAS-IDocs im sendenden System identisch mit der im empfangenden System, sodass Sie diese Materialien leicht auch ohne die Verknüpfung finden.

Reports RSRLDREL und RSRLDREL2

Möchten Sie geschriebene Verknüpfungen wieder aus dem System entfernen, können Sie sie mit den Reports RSRLDREL oder RSRLDREL2 löschen. Die Wahl hängt von den Performanceanforderungen und den Anforderungen an die Prüflogik ab, wann ein Eintrag gelöscht werden darf. Beachten Sie dazu die SAP-Hinweise 1452578 und 505608. Ab Release 6.20 werden diese Einträge auch mit archiviert, das heißt, sie sind in der Anzeige des archivierten IDocs verfügbar. Das Löschen allerdings muss nach wie vor mit den Reports RSRLDREL oder RSRLDREL2 durchgeführt werden (siehe Abschnitt 10.6, »Archivierung«).

10.2 Fehler-Workflows an E-Mail-Accounts weiterleiten

Regelmäßig in Transaktion BD87 oder in ihren Büro-Account im SAP-System zu schauen ist für die Personen, die für die IDoc-Nachbearbeitung zuständig sind, oft wenig komfortabel. Zu diesem Zweck bietet SAP die Möglichkeit, die Information über eingegangene Workflow-Aufgaben per E-Mail weiterzuleiten. Voraussetzung dafür ist, dass von Ihrer Basis die SAPconnect-Schnittstelle vollständig eingerichtet wurde. Ist dies der Fall, muss noch bei allen Benutzern, die für die IDoc-Nachbearbeitung infrage kommen, geprüft werden, ob in ihren SAP-Benutzerstammsätzen eine E-Mail-Adresse angegeben ist. Die Transaktion für die Benutzerpflege lautet SU01.

Benutzereinstellungen für E-Mail-Versand

In Abbildung 10.7 sehen Sie in der Zeile E-MAIL den Benutzernamen, an den E-Mails (Kommunikationsart INT) geschickt werden sollen.

Das Vorgehen ist folgendermaßen: Sie starten zuerst regelmäßig einen Report, der aus Workitems E-Mails erzeugt, und planen dann den Standardreport zum Versenden von Nachrichten per SAPconnect ein. Der Report, der aus Workitems E-Mails erzeugt, lautet RSWUWFML2.

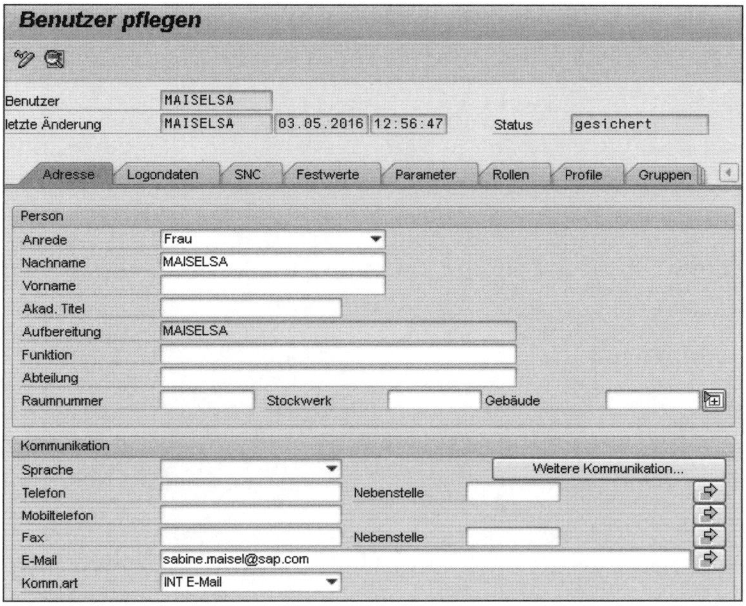

Abbildung 10.7 E-Mail-Daten in der Benutzerpflege

Sie können im Eingabebild dieses Reports auswählen, für welche Workflow-Aufgaben Sie Benachrichtigungen verschicken möchten, ebenso wie Sie auf dieser Ebene den Empfänger einschränken können. Für die Art der E-Mails gibt es die Option, genau eine zu senden, falls es Workflows gibt, egal, wie viele, oder jeweils eine pro Workflow-Aufgabe.

Workitem als E-Mail versenden

Beachten Sie, dass Sie auch die Zeit sinnvoll einschränken. Denn der Report »möchte« im angegebenen Zeitintervall für alle noch nicht in Bearbeitung befindlichen Workitems E-Mails verschicken, unabhängig davon, ob für diese Workitems bereits einmal eine Benachrichtigung versendet wurde. In Abbildung 10.8 sehen Sie die Parameter des Reports. Auf die wichtigsten gehen wir im Folgenden noch etwas genauer ein.

Auswahl des Benachrichtigungsprogramms

Zunächst können Sie auswählen, ob Sie eine Nachricht auch im Erfolgsfall erhalten möchten (siehe Option ALLES im Bereich PROTOKOLL in Abbildung 10.8). Wenn Sie dies nicht ankreuzen, was der Default-Einstellung entspricht, sendet Ihnen der Report keinerlei Nachricht, aus der Sie ersehen können, ob überhaupt etwas geschehen ist. Für Abbildung 10.9 wurden solche Erfolgsmeldungen angefordert und erhalten.

Erfolgsmeldungen

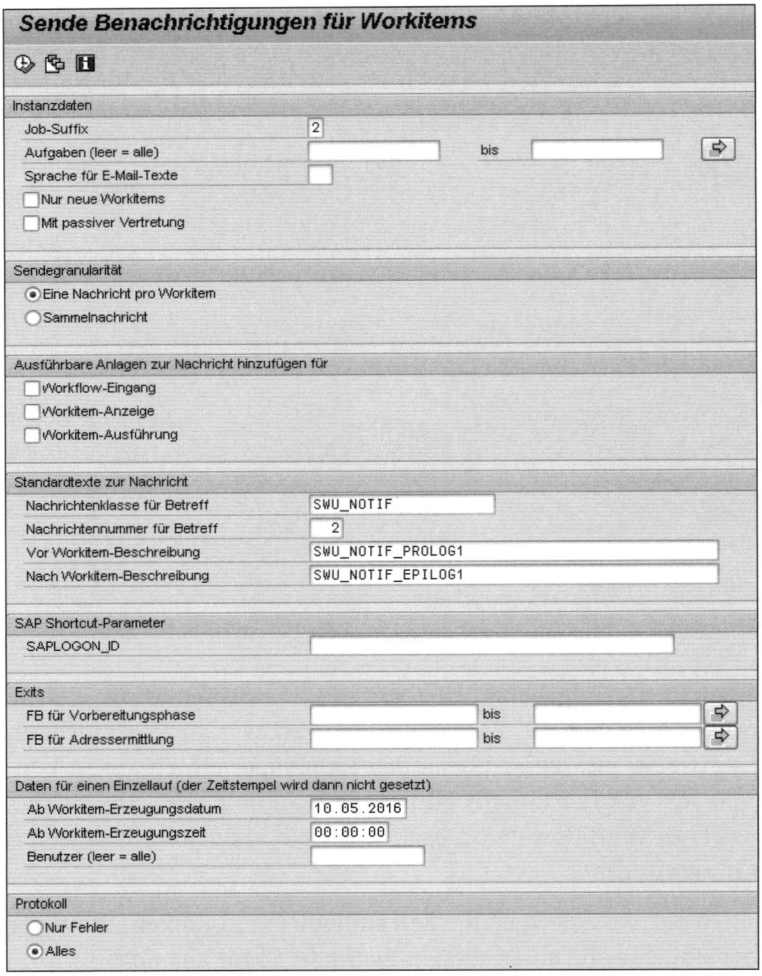

Sende Benachrichtigungen für Workitems

Instanzdaten
- Job-Suffix: 2
- Aufgaben (leer = alle): ___ bis ___
- Sprache für E-Mail-Texte: ___
- ☐ Nur neue Workitems
- ☐ Mit passiver Vertretung

Sendegranularität
- ◉ Eine Nachricht pro Workitem
- ○ Sammelnachricht

Ausführbare Anlagen zur Nachricht hinzufügen für
- ☐ Workflow-Eingang
- ☐ Workitem-Anzeige
- ☐ Workitem-Ausführung

Standardtexte zur Nachricht
- Nachrichtenklasse für Betreff: SWU_NOTIF
- Nachrichtennummer für Betreff: 2
- Vor Workitem-Beschreibung: SWU_NOTIF_PROLOG1
- Nach Workitem-Beschreibung: SWU_NOTIF_EPILOG1

SAP Shortcut-Parameter
- SAPLOGON_ID: ___

Exits
- FB für Vorbereitungsphase: ___ bis ___
- FB für Adressermittlung: ___ bis ___

Daten für einen Einzellauf (der Zeitstempel wird dann nicht gesetzt)
- Ab Workitem-Erzeugungsdatum: 10.05.2016
- Ab Workitem-Erzeugungszeit: 00:00:00
- Benutzer (leer = alle): ___

Protokoll
- ○ Nur Fehler
- ◉ Alles

Abbildung 10.8 Auswahlkriterien von Report RSWUWFML2

Sende Benachrichtigungen für Workitems

```
Sende Benachrichtigungen für Workitems

Workitem 000000966175 wurde versendet an sabine.maisel@sap.com
Workitem 000000966176 wurde versendet an sabine.maisel@sap.com
Workitem 000000966177 wurde versendet an sabine.maisel@sap.com
Workitem 000000966178 wurde versendet an sabine.maisel@sap.com
Workitem 000000966179 wurde versendet an sabine.maisel@sap.com
```

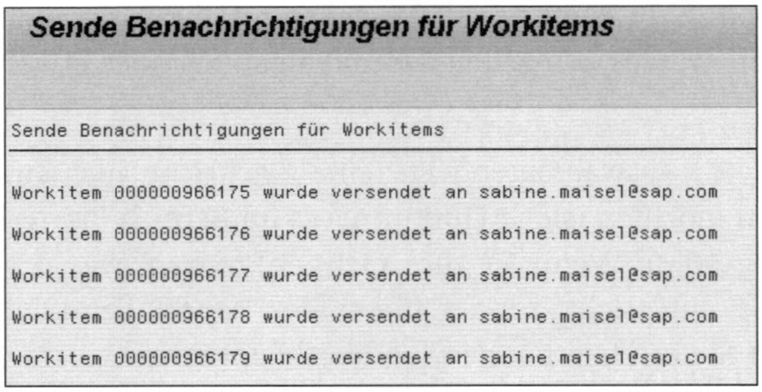

Abbildung 10.9 Erfolgsmeldungen von Report RSWUWFML2

Damit diese Nachrichten dann auch tatsächlich versendet werden, muss noch der Report RSCONN01 regelmäßig eingeplant sein. Verwendet Ihre Firma SAPconnect, ist das aber vermutlich bereits der Fall.

Report RSCONN01

Betrachten wir den Bereich SENDEGRANULARITÄT in Abbildung 10.8. Im Fall der Sammelnachricht können Sie nur einen ausführbaren Link zum Workflow-Eingang mitsenden, im Fall der Einzelnachricht sind zusätzlich auch ein Link zum direkten Anzeigen und einer zum direkten Ausführen der Workflow-Aufgabe möglich. Abbildung 10.10 zeigt eine Nachricht für einen einzelnen Workflow, der alle drei dieser ausführbaren Anhänge hinzugefügt wurden.

E-Mail zum Workflow

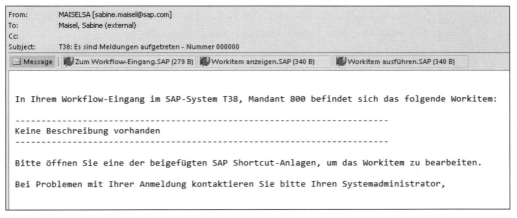

Abbildung 10.10 Eine E-Mail pro Workitem mit ausführbaren Anhängen

Erhalten Sie diese Nachricht, wissen Sie, dass Arbeit auf Sie wartet, und können diese direkt von hier aus beginnen. Sie führen die jeweiligen Anhänge durch einen Doppelklick aus.

Die erste Möglichkeit ist dabei, den Link zum Workflow-Eingang auszuwählen. Falls Sie – egal, bei welchem der drei Links –, bevor Sie in die eigentliche Transaktion kommen, die Sicherheitsabfrage erhalten, die Sie in Abbildung 10.11 sehen, haben Sie entweder die Möglichkeit, hier einmalig zuzustimmen oder, wenn Sie künftig häufiger mit den Links arbeiten, eine Standardeinstellung zu setzen. Diese sorgt dafür, dass automatisch eine Anmeldung durchgeführt wird, ohne Sie vorher noch zu fragen.

10 | Administration

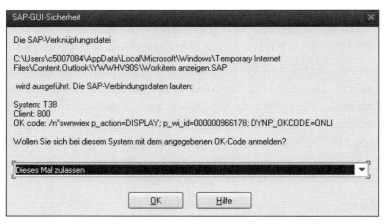

Abbildung 10.11 Sicherheitsabfrage beim Öffnen des Anhangs

Sicherheitsabfrage ausschalten

Mithilfe des ICON_SYSTEM_SETTINGS-Icons (📇) können Sie unter OPTIONEN und EXPERTE viele persönliche Einstellungen ändern, darunter auch die Sicherheitsabfrage. In Abbildung 10.12 sehen Sie die Einstellung ❶, die die Sicherheitsabfrage ausschaltet, sowie den Menüpfad ❷. Die einfache Wahl, das heißt im Meldungsbild IMMER ZULASSEN auszuwählen, wird zwar angeboten, funktioniert aber leider nicht.

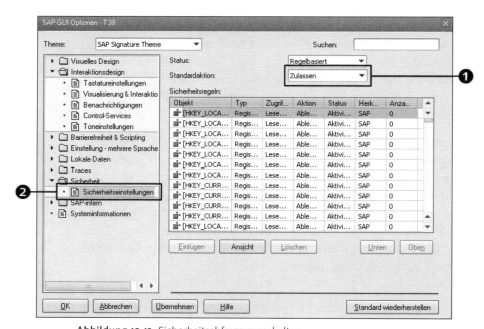

Abbildung 10.12 Sicherheitsabfrage ausschalten

Dann gelangen Sie zum Anmeldebild, wie er in Abbildung 10.13 dargestellt ist. Da das Passwort eine Weile im Cache bleibt, kann es sein, dass Sie nur beim ersten Mal nach dem Passwort gefragt werden, wenn Sie mehrere Workitems direkt hintereinander aufrufen.

Anmeldung zum Anzeigen der Workflow-Aufgabe

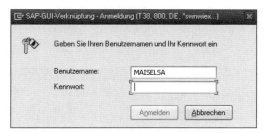

Abbildung 10.13 Anmeldebild

In der Übersicht wird Ihnen dann der gesamte Posteingang angezeigt. In Abbildung 10.14 sind ausschließlich Workflow-Items im Büroeingang; hätten Sie weitere E-Mails erhalten, würden diese hier auch erscheinen.

Business Workplace

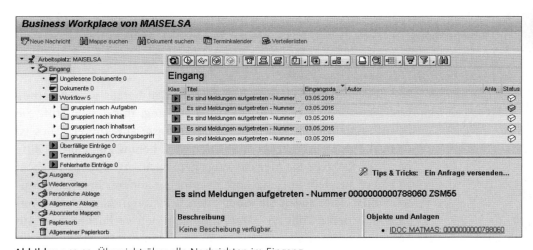

Abbildung 10.14 Übersicht über alle Nachrichten im Eingang

Die zweite Möglichkeit bei einer Einzelnachricht ist das direkte Anzeigen des Workitems. Es ist dann nicht mehr notwendig, anzugeben, welches Workitem Sie sehen möchten, das System übergibt diese Information direkt aus dem E-Mail-Anhang. Wie Sie in Abbildung 10.15 sehen, gelangen Sie direkt in die Grundansicht. Leider ist diese im Rahmen des IDoc-Fehler-Workflows nicht sehr hilfreich, da

Workflow-Einzelnachricht

sie keinerlei IDoc-spezifische Informationen enthält, sondern nur Informationen, die es bei jedem Workflow gibt. Immerhin sehen Sie, mit welcher Fehlermeldung und welchem Schlüssel der Fehler aufgetreten ist und wie die IDoc-Nummer lautet.

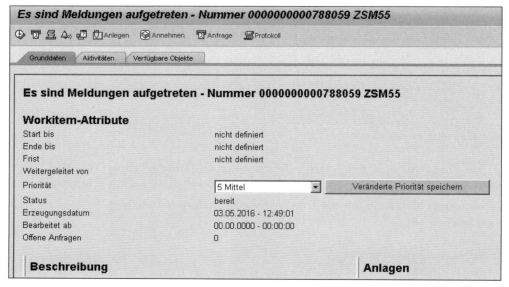

Abbildung 10.15 Workflow-Aufgabe anzeigen

Direkte Bearbeitung aus Nachricht heraus

Die beste Möglichkeit, direkt aus der E-Mail heraus weiterzuarbeiten, bietet bei Einzelnachrichten der Anhang, mit dessen Hilfe Sie das Workitem auch gleich im Bearbeitungsmodus öffnen. Dies ist dann die dritte Möglichkeit, aus der Mail heraus zu agieren. Bitte beachten Sie, dass Sie hier das Workitem auch angenommen haben, sodass es aus dem Eingangskorb eventueller anderer Bearbeiter verschwindet. Hier sehen Sie einen alten Bekannten, nämlich die Aufgabe, mit deren Hilfe Sie IDocs anzeigen, neu verbuchen oder auf Löschvormerkung setzen können. In Abbildung 10.16 ist dies für ein fehlerhaftes Materialstamm-IDoc erfolgt.

Mehrere Workflows in einer Nachricht

Schließlich haben Sie noch die Wahl, nur eine Nachricht für mehrere Workitems zu erhalten (Option SAMMELNACHRICHT im Bereich SENDEGRANULARITÄT in Abbildung 10.8). Von hier aus ist dann natürlich nur die Anzeige des Workflow-Eingangs direkt aus dieser Nachricht heraus möglich.

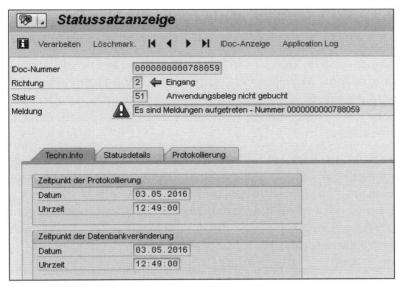

Abbildung 10.16 Ausführen des mitgesendeten Workitems

Die Anzahl der erwarteten Fehler sowie die Art und Weise, wie Sie es gewohnt sind, weiterzuarbeiten, wenn Fehler auftreten, wird hier wohl darüber entscheiden, welche Möglichkeit Sie auswählen. In Abbildung 10.17 sehen Sie eine solche Sammel-E-Mail, der kein ausführbarer Anhang beigefügt wurde. Hier müssten Sie sich nun direkt am System anmelden, um die Fehler zu bearbeiten.

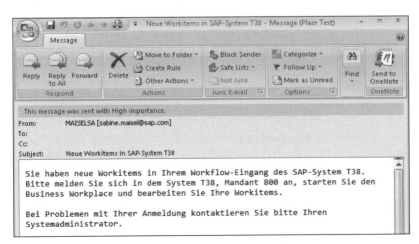

Abbildung 10.17 Sammelnachricht zur Workflow-Weiterleitung

10.3 Sicherheitsrelevante Felder ausblenden

Im Standard werden in der IDoc-Anzeige alle Felder auch mit ihrem Inhalt dargestellt. Gerade bei IDocs, die Inhalte aus den Bereichen Human Capital Management (HCM) oder aus dem Finanzwesen (FI) transportieren, ist es aber oftmals so, dass die Personen, die die IDoc-Überwachung durchführen, zumindest einige Inhalte der IDocs nicht sehen sollten.

Transaktion WECRYPTDISPLAY

Dies kann pro IDoc auf Feldebene eingestellt werden. Die Transaktion dazu ist WECRYPTDISPLAY. Diese Transaktion ist nicht im Standardmenü von SAP enthalten und muss daher direkt eingegeben werden. Leider warnt die Transaktion auch bei Segmenten, die im SAP-Namensraum liegen, dass dieser Eintrag SAP gehört. Er lässt sich aber trotzdem speichern.

Als Beispiel wurden im Folgenden wieder Materialstamm-IDocs verwendet. In Abbildung 10.18 sehen Sie, dass das Material ZSM1 im Feld ALTE MATERIALNUMMER den Eintrag ALTESMATERIAL aufweist. Das IDoc-Feld dazu trägt wie das Feld in der Datenbanktabelle MARA den Namen BISMT und liegt im Segment E1MARAM.

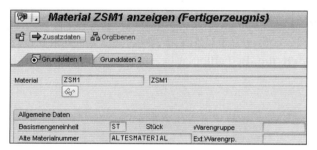

Abbildung 10.18 Material mit alter Materialnummer

IDoc-Feld BISMT maskieren

In Transaktion WECRYPTDISPLAY nehmen wir daher dieses Feld in die Liste der zu markierenden Felder auf. Diese Liste sehen Sie in Abbildung 10.19, sie ist mandantenunabhängig. Beachten Sie, dass die Maskierung auch wirklich auf allen Mandanten so erwünscht ist.

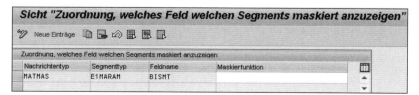

Abbildung 10.19 Einstellungen zur Maskierung von Feldern

Ist diese Maskierungsfunktion eingeschaltet, wird für das entsprechende Feld der SAP-Funktionsbaustein `IDOC_CRYPT_ONE_FIELD` aufgerufen (siehe Listing 10.1). In der Default-Einstellung maskiert er alle Zeichen des Feldinhalts mit einem Stern (*).

Standardbaustein zur Maskierung

```
FUNCTION IDOC_CRYPT_ONE_FIELD.
*"----------------------------------------------------------
*"*"Lokale Schnittstelle:
*"  IMPORTING
*"     VALUE(CRYPT_FUNCTION) TYPE  FUNCNAME OPTIONAL
*"  CHANGING
*"     VALUE(FIELDVALUE) TYPE   FELDINHALT
*"----------------------------------------------------------
DATA: ioffset TYPE i.
DATA: e_cnum(255).
  IF fieldvalue CA '*'.  " Dann muss nicht
                         " verschlüsselt werden
    EXIT.
  ENDIF.
  IF crypt_function IS INITIAL.
    " Wir schreiben über alle Zeichen ein '*'
    ioffset = 0.
    DO 255 TIMES. " Maximale Länge des Feldes
      IF fieldvalue+ioffset(1) NE SPACE.
        fieldvalue+ioffset(1) = '*'.
      ENDIF.      ADD 1 TO IOFFSET.
    ENDDO.
  ELSE.
* Funktionsbaustein muss identische Schnittstelle haben
    CALL FUNCTION crypt_function
         EXPORTING
           i_ccnum        = fieldvalue
         IMPORTING
           e_ccnum_masked = e_cnum.
    fieldvalue = e_cnum.
  ENDIF.
ENDFUNCTION.
```

Listing 10.1 SAP-Standard-IDoc-Anzeige zur Maskierung

Lassen Sie das Feld MASKIERUNGSFUNKTION leer, wird demnach zunächst der SAP-Standard verwendet. Das bedeutet, dass das gesamte Feld durch Sterne anstelle des eigentlichen Wertes gefüllt wird, und dann so aussieht, wie in Abbildung 10.20 dargestellt.

Default-Maskierung

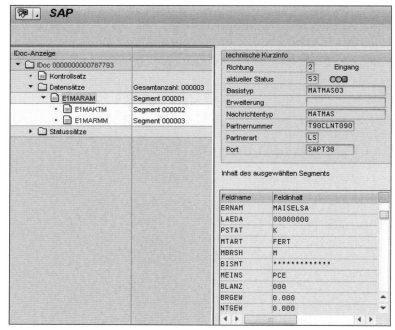

Abbildung 10.20 Anzeige bei erfolgreicher Feldmaskierung

Es ist aber auch möglich, eine eigene Maskierungsfunktion zu verwenden. Dies können Sie tun, um nur Teile des Feldes auszublenden, wie es zum Beispiel bei Kreditkartenbelegen gemacht wird. Sie können eine solche selbst geschriebene Funktion aber auch nutzen, um Berechtigungen zu prüfen, sodass manche Personen den Feldinhalt sehen können und andere nicht, oder Sie prüfen, auf welchem Mandanten Sie sich befinden, und machen die Anzeige davon abhängig.

Verwendung eines eigenen Bausteins

Dieser Funktionsbaustein zur Datenmaskierung wird dynamisch vom SAP-Baustein `IDOC_CRYPT_ONE_FIELD` aufgerufen und muss daher die dort angeforderte Signatur haben. Diese sieht so aus, dass je ein Import- und ein Exportparameter vom Typ `C` vorliegen. Der `IMPORTING`-Parameter heißt `I_CCNUM`, der `EXPORTING`-Parameter heißt `E_CCNUM_MASKED`. Listing 10.2 zeigt ein kleines Beispiel.

```
FUNCTION Z_SM_CRYPT_IDOC_FIELD.
*"----------------------------------------------------------
*"*"Lokale Schnittstelle:
*"  IMPORTING
*"     VALUE(I_CCNUM) TYPE  C OPTIONAL
```

```
*"  EXPORTING
*"     REFERENCE(E_CCNUM_MASKED) TYPE  C
*"----------------------------------------------------------
  DATA: ioffset TYPE i.
  IF NOT i_ccnum IS INITIAL.
*   Wir schreiben über fünf Zeichen ein '*'
    e_ccnum_masked  = i_ccnum.
    ioffset = 0.
    DO 5 TIMES.
      e_ccnum_masked+ioffset(1) = '*'.
      ADD 1 TO ioffset.
    ENDDO.
  ENDIF.
ENDFUNCTION.
```

Listing 10.2 Eigene Maskierungsfunktion zum Ausblenden von fünf Zeichen

Für das Beispielmaterial ZSM1 bedeutet dies, dass genau der Anteil ALTES von der bisherigen Materialnummer ALTESMATERIAL durch Sterne ersetzt wird (siehe Abbildung 10.21).

Maskierungsfunktion

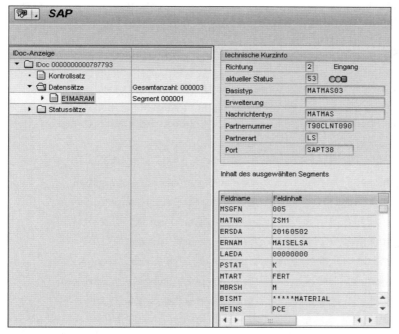

Abbildung 10.21 Materialstamm-IDoc mit eigener Maskierungsfunktion

Beachten Sie, dass auf der Datenbank natürlich noch immer der echte Wert steht und jeder, der hier zum Beispiel eigene Programme

Maskierung auf der Datenbank

schreibt, die Originaldaten anschauen kann. Soll auch die Darstellung auf der Datenbank verschlüsselt werden, stellt SAP ein BAdI mit der Bezeichnung IDOC_DATA_MAPPER zur Verfügung, das zum Erweiterungsspot IDOC_DATA_CRYPT gehört. Dies muss dann von den jeweiligen Anwendungen implementiert werden.

10.4 Regelmäßige Jobs

Während des Einrichtens und Testens von IDoc-Verbindungen werden viele Arbeiten manuell erledigt, die im Produktivbetrieb durch regelmäßige Jobs abgewickelt werden. Ebenso wird in Testsystemen häufig der Verarbeitungsmodus für das Senden und Verarbeiten von IDocs in den Partnervereinbarungen auf SOFORT VERARBEITEN eingestellt. Dies ist in Produktivsystemen aus Performancegründen nicht zu empfehlen und wird von SAP im Rahmen eines Go-live-Checks auch als fehlerhaft aufgelistet.

Wichtige Reports — Tabelle 10.3 enthält einige wichtige Reports und ihre Funktionen. Die meisten dieser Reports können regelmäßig eingeplant werden.

Reportname	Reportfunktion
IDX_DELETE_IDOCTYP_WITHOUT_IS	IDoc-Typ aus PI-Ausnahmetabelle löschen (nur in SAP Process Integration verfügbar)
IDX_SELECT_IDOCTYP_WITHOUT_IS	IDoc-Typ in PI-Ausnahmetabelle aufnehmen (nur in SAP Process Integration verfügbar)
RBDAGAI2	IDocs verbuchen nach ALE-Fehler
RBDAGAIN	IDocs versenden nach ALE-Fehler
RBDAPP01	IDoc an die Anwendung übergeben
RBDAUD01	ALE-Audit: Statistische Auswertungen
RBDAUD02	Reorganisation der Audit-Datenbank
RBDCPCLR	Änderungszeiger löschen
RBDMANIN	Erneutes Verbuchen von IDocs (ALE)
RBDMIDOC	IDocs aus Änderungszeigern erzeugen
RBDMOIND	Umsetzen des Zwischenbelegstatus
RBDSER01	Erzeugen von IDocs einer Serialisierungsgruppe aus Änderungszeigern

Tabelle 10.3 Programme zur regelmäßigen Einplanung

Reportname	Reportfunktion
RBDSER02	Versenden von IDocs einer Serialisierungsgruppe
RBDSER03	Prüfen des Versandstatus der IDocs einer Serialisierungsgruppe
RBDSER04	Eingangsverarbeitung von IDocs einer Serialisierungsgruppe
RBDSRCLR	Serialisierungsdaten löschen
RBDSTATE	ALE-Audit: Versenden der Rückmeldung
RSARFCEX	Hängengebliebene tRFCs wieder starten
RSCONN01	SAPconnect: Sendeprozess starten
RSEOU00	Versenden von IDocs im Status 30
RSRLDREL	Löschen von IDoc-Verknüpfungen
RSRLDREL2	Löschen von IDoc-Verknüpfungen
RSWUWFML2	Senden von Benachrichtigungen für Workitems
SAPLBDRC	ALE: Recovery-Objekte ermitteln
RWL_COPY_MANAGE	IDoc-Copymanagement-Tool

Tabelle 10.3 Programme zur regelmäßigen Einplanung (Forts.)

10.5 Überblick über Transaktionscodes

Tabelle 10.4 zeigt Ihnen für alle im Rahmen dieses Buches verwendeten Funktionen, über welchen Transaktionscode sie zu erreichen sind.

Transaktionscode	Funktion
BD20	IDoc an die Anwendung übergeben
BD21	Änderungszeiger selektieren
BD22	Änderungszeiger löschen
BD23	Serialisierungsdaten löschen
BD40	Änderungszeiger einer Gruppe lesen
BD41	IDocs einer Gruppe versenden
BD42	IDocs einer Gruppe prüfen
BD43	Verbuchen der IDocs einer Gruppe

Tabelle 10.4 Wichtige allgemeine Transaktionscodes

Transaktionscode	Funktion
BD44	Zuordnen von Nachrichtentypen zu Serialisierungsgruppen
BD47	Abhängigkeiten zwischen Methoden
BD48	Abhängigkeit Methode – Nachricht
BD50	Änderungszeiger für Nachrichtentyp aktivieren
BD51	Eingangsfunktionsbausteine pflegen
BD52	Änderungszeiger pro Änderungsbelegposition aktivieren
BD53	Reduzierung von Nachrichtentypen
BD54	Logische Systeme pflegen
BD55	Regel einem Nachrichtentyp zuordnen
BD56	IDoc-Segmente filtern
BD57	Verknüpfungs- und Serialisierungstyp pflegen
BD58	Umsetzung von Organisationseinheiten aktivieren
BD59	Filterobjekte pflegen
BD60	Funktionsbaustein für Auswertung pflegen
BD61	Änderungszeiger generell aktivieren
BD62	Regel anlegen
BD63	Transport von ALE-Tabellen zum Nachrichtentyp
BD64	Kundenverteilungsmodell pflegen
BD65	Muss-Felder definieren
BD66	IDoc-Feld zu Änderungsbelegfeld zuordnen
BD67	Eingangsmethoden pflegen
BD68	Klassen dem empfangenden logischen System zuordnen
BD69	Zuordnung von Nachrichtentyp zu IDoc-Typ
BD79	ALE-IDoc-Segmente: Umsetzungsregeln
BD81	Filterobjekte: Parameterfilterung
BD82	Partnervereinbarung generieren
BD83	IDocs versenden nach ALE-Fehler
BD84	IDocs verbuchen nach ALE-Fehler
BD85	Regeln zur Bildung von Queue-Namen für qRFC-IDocs

Tabelle 10.4 Wichtige allgemeine Transaktionscodes (Forts.)

Transaktionscode	Funktion
BD87	Statusmonitor
BD95	ALE-Objekttyp ändern, Filterobjektsegment (IDoc) und Serialisierungsobjekte zuordnen
BD96	Filterobjekte: Empfängerermittlung (BAPI)
BD97	RFC-Destinationen für Methodenaufrufe festlegen
BD99	Abhängigkeiten bei Nachrichtentypen
BD100	IDoc-Anzeige: Objektkanalsicht
BD101	Konsistenzprüfung
BD102	Registratur Ausgang
BD103	Registratur Eingang
BD104	IDocs zu Business-Objekten zuordnen
BD105	Unterstützte Business-Objekte pflegen
BDA4	Zuordnung Nachrichtentyp – Objekttyp
BDBG	ALE-Schnittstelle generieren
BDBS	Generierung eines Bausteins zum Mappen und Konvertieren
BDCCC	ALE-Basis-Customizing-Daten: Checkcenter
BDCCV	Pflege der zu überprüfenden Punkte
BDCPMIG	Migration von Änderungszeigern in die BDCP2-Ablage
BDLSM	Umsetzung der ALE-Basis-Customizing-Daten: Umsetzungsmatrix
BDLSS	Umsetzung logischer Systemnamen nach Mandantenkopie (nicht in Produktivsystemen)
BDLST	Umsetzung der ALE-Basis-Customizing-Daten: Durchführung (Achtung: Startet sofort ohne Nachfrage)
BDM2	Monitoring: IDocs beim Empfänger (IDoc-Verfolgung)
BDM5	Technische Konsistenzprüfung
BDM7	ALE-Audit: Statistische Auswertungen
BDM8	ALE-Audit: Versenden der Rückmeldung
BDM9	Reorganisation der Audit-Datenbank
BDMO	ALE-CCMS-Gruppenverwaltung
BDMONIC	Pflege der ALE-CCMS-Monitorobjekte (Definition)

Tabelle 10.4 Wichtige allgemeine Transaktionscodes (Forts.)

Transaktionscode	Funktion
BDMONIC2	Pflege der ALE-CCMS-Monitorobjekte (Gruppendefinition)
BDMONIC3	ALE-CCMS-Monitorabsprung
BDR1	Application Log für Recovery anzeigen
BDR2	Reorganisation der Recovery-Daten
BDRC	ALE: Recovery-Objekte ermitteln
BDRL	ALE: Recovery-Objekte bearbeiten
BDTP	Geschäftsprozess-Schablonenpflege
BF01	Bibliothek der Business Transaction Events für Publish&Subscribe
BF05	Bibliothek der Prozess-Business-Transaction-Events
CMOD	Projektverwaltung von SAP-Erweiterungen
FIBF	SAP Business Framework: Business Transaction Events
IDX1	IDoc-Port auf ABAP-Seite von SAP Process Integration
IDX2	IDoc-Metadaten auf ABAP-Seite von SAP Process Integration
OB72	Globalen Buchungskreis anlegen
OYEA	Globale Parameter für die IDoc-Schnittstelle
PFTC_CHG	Workflow-Aufgabe ändern
PFTC_COP	Workflow-Aufgabe kopieren
PFTC_DEL	Workflow-Aufgabe löschen
PFTC_DIS	Workflow-Aufgabe anzeigen
PFTC_INS	Workflow-Aufgabe anlegen
SALE	ALE-Customizing
SARA	Archivadministration
SARI	Archivinformationssystem: Zentrale Verwaltung
SARJ	Archive Retrieval Configurator
SCU0	Customizing Cross System Viewer
SE11	ABAP Dictionary: Einstieg
SE18	BAdI-Builder: Einstieg Definitionspflege
SE19	BAdI-Builder: Einstieg Implementierungspflege
SE38	ABAP Editor: Einstieg

Tabelle 10.4 Wichtige allgemeine Transaktionscodes (Forts.)

Transaktionscode	Funktion
SE80	Object Navigator
SE84	Repository-Infosystem
SM58	Transaktionaler RFC (Überwachen)
SM59	Konfiguration der RFC-Verbindungen
SMOD	SAP-Erweiterungen
WDL_COPY	IDoc-Copymanagement-Tool
WDL_COPY_FILL	Kopierregeln für das IDoc-Copymanagement-Tool
WE02	Anzeigen des IDocs
WE05	IDoc-Listen
WE06	Aktive IDoc-Überwachung (Monitoring)
WE07	IDoc-Statistik
WE08	Stand Dateischnittstelle
WE09	IDoc-Suche nach betriebswirtschaftlichem Inhalt
WE10	IDoc-Suche auf der Datenbank (Release 4.6C und früher)
WE11	IDocs löschen (Achtung: nur nach Absprache verwenden)
WE12	Eingang modifizierte Ausgangsdatei
WE14	Ausgang ab IDoc
WE15	Ausgang ab NAST
WE16	Eingang Originaldatei
WE17	Statusdatei verarbeiten
WE18	Statusdatei erzeugen
WE19	Testwerkzeug
WE20	Partnervereinbarungen
WE21	Ports für die IDoc-Verarbeitung
WE23	Verifikation der IDoc-Verarbeitung
WE24	Vorschlagswerte Ausgangsparameter
WE27	Vorschlagswerte Eingangsparameter
WE30	IDoc-Typen
WE31	IDoc-Segmente

Tabelle 10.4 Wichtige allgemeine Transaktionscodes (Forts.)

Transaktionscode	Funktion
WE32	IDoc-Sichten
WE34	Objekte zur Anzeige von XML-IDocs
WE40	Einstellungen Fehler und Statusbearbeitung
WE41	Vorgangscodes im Ausgang
WE42	Vorgangscodes im Eingang
WE46	Fehler- und Statusbearbeitung (wie Transaktion WE40)
WE47	Statuswerte pflegen
WE54	Funktionsbausteine für Dateinamen ändern
WE55	Dateinamen erzeugen
WE57	Zuordnung Nachricht/Anwendungsobjekt
WE58	Vorgangscodes Status: Texte
WE59	Vorgangscodes Status: Ändern
WE60	Dokumentation für IDoc-Typen
WE61	Dokumentation für IDoc-Satzarten
WE62	Dokumentation für Segmente
WE63	Dokumentation für IDoc-Typen (wie Transaktion WE60)
WE64	Dokumentation Nachrichtentypen
WE70	Umschlüsselung: Basistypen
WE71	Umschlüsselung: Erweiterungen
WE72	Umschlüsselung: IDoc-Typen
WE73	Umschlüsselung: Logische Nachrichten
WE81	Logische Nachrichtentypen
WE82	Zuordnung von Nachrichtentyp zu IDoc-Typ
WE84	Zuordnung IDoc- und Anwendungsfelder
WEDI	IDoc- und EDI-Basis
WEINBQUEUE	Monitorprogramm für IDoc-Eingangsqueue
WELI	Statusgruppen pflegen
WENOLINKS	Verknüpfungen ausschalten
WEOUTQUEUE	Monitorprogramm für IDoc-Ausgangsqueue

Tabelle 10.4 Wichtige allgemeine Transaktionscodes (Forts.)

10.5 | Überblick über Transaktionscodes

> **Darstellung in diesem Buch**
>
> Es wurde, wo es möglich war, bewusst auf Menüdarstellungen verzichtet, da sich die SAP-Menüs manchmal von Release zu Release unterscheiden. Auch im Text wird so weit wie möglich direkt die Transaktion angesprochen.

Tabelle 10.4 verweist auf die allgemeinen Transaktionscodes, während Tabelle 10.5 Transaktionscodes zeigt, die zwar im Zusammenhang mit IDocs stehen, sich aber direkt auf die Objekte eines bestimmten Moduls beziehen und nicht allgemein verwendbar sind. Diese Transaktionscodes stammen meistens aus dem Shared Master Data Tool (SMD) und sind nicht explizit im Buch erwähnt. Eine Zusammenfassung ist sicher dennoch hilfreich.

Allgemeine und anwendungsbezogene Transaktionscodes

Transaktionscode	Funktion
BD10	Material senden
BD11	Material holen
BD12	Kunden senden
BD13	Kunden holen
BD14	Lieferanten senden
BD15	Lieferanten holen
BD16	Kostenstelle senden
BD17	Kostenstelle holen
BD18	Sachkonto senden
BD19	Sachkonto holen
BD24	Versenden von Kostenarten
BD25	Leistungsart senden
BD26	Leistungsart holen
BD27	Kostenstellentarife senden
BD28	Steuerdatenobjekt/Kostenstellenart senden
BD30	Materialstückliste verteilen
BD31	Dokumentenstückliste verteilen
BD32	Werkszuordnungen Materialstückliste verteilen
BD33	Materialvarianten verteilen (ALE)
BD34	Kundenauftragsstückliste verteilen

Tabelle 10.5 Wichtige modulbezogene Transaktionscodes

Transaktionscode	Funktion
BD35	Geschäftsprozessgruppen senden
BD36	Geschäftsprozesse senden
BD37	Geschäftsprozesstarife senden
BD85	Konsistenzprüfung für Umlagerung
BD86	Konsistenzprüfung für Verkauf
BD91	Merkmal senden
BD92	Klasse senden
BD93	Klassifizierung senden
BDA5	Dokumente verteilen
BDD5	Anwendungskonsistenzprüfung (SD)
BDFDF	Anfordern Fonds
BDFDS	Versenden Fonds
BDMC	Upload von Infostrukturen

Tabelle 10.5 Wichtige modulbezogene Transaktionscodes (Forts.)

10.6 Archivierung

GoBD

Bei IDocs handelt es sich um Dokumente, die zumindest in der deutschen Rechtsprechung entsprechend der »Grundsätze zur ordnungsmäßigen Führung und Aufbewahrung von Büchern, Aufzeichnungen und Unterlagen in elektronischer Form sowie zum Datenzugriff« (GoBD) aufbewahrungspflichtig sein können. Dies gilt bei der Kommunikation mit Partnern immer dann, wenn das IDoc das erste elektronische Dokument zu einem Vorgang ist, das Sie erreicht. Lesen Sie die IDocs hingegen aus einer Datei, die vom Partner übermittelt wurde, muss diese Datei aufbewahrt werden.

Archivierung und GMP

Bei Firmen, die GMP-relevant (*Good Manufacturing Practice*) sind, müssen auch alle Statusänderungen des Lagerbestands aufbewahrt werden. Aus diesen Gründen werden IDocs normalerweise nicht einfach aus dem System gelöscht, sondern über das SAP-eigene Archivierungssystem archiviert.

Archivierbare Statuswerte

IDoc-spezifisch ist dabei, dass zunächst für jeden möglichen IDoc-Statuswert gepflegt werden muss, ob IDocs in diesem Status archivierbar sind oder nicht. SAP liefert dabei natürlich diejenigen Werte schon als archivierbar aus, die normalerweise besagen, dass ein IDoc einen Erfolgsstatus hat und der dazugehörige Beleg bereits existiert (im Eingangsfall) oder erfolgreich an den Empfänger übermittelt wurde (im Ausgangsfall). Die Transaktion zur Pflege der Statuswerte ist WE47. Abbildung 10.22 zeigt die Statuspflege für den Statuswert 12, der im Ausgang ein erfolgreiches Versenden eines IDocs per RFC signalisiert.

Abbildung 10.22 Archivierbarkeit pro Status setzen

Die eigentliche Archivierung erfolgt dann wie bei allen zu archivierenden Objekten über Transaktion SARA. Das Archivierungsobjekt für IDocs heißt ebenfalls IDOC und beinhaltet die üblichen Schreib-, Lese-, Verwaltungs- und Löschfunktionen (siehe Abbildung 10.23).

Transaktion SARA

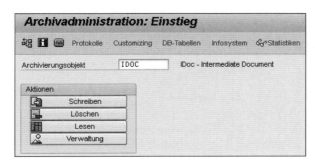

Abbildung 10.23 Archivierungsobjekt für IDocs

Für den eigentlichen Archivierungsreport, den Sie über den Button SCHREIBEN starten, kann sehr detailliert bestimmt werden, welche IDocs archiviert werden sollen (siehe Abbildung 10.24). Im Test-

Archivierungskriterien für IDocs

modus (Kennzeichen LÖSCHEN MIT TESTVARIANTE im Bereich ABLAUF-STEUERUNG) erhalten Sie zwar eine Archivdatei, aber der Löschreport löscht die archivierten IDocs nicht von der Datenbank.

[+] **Zügige Archivierung empfohlen**

Warten Sie mit der IDoc-Archivierung generell nicht zu lange. Suchvorgänge erfolgen umso schneller, je weniger IDocs Sie in der Datenbank haben, und die Ansicht der IDocs oder das Suchen im Feldinhalt ist ohne Probleme auch noch nach dem Archivieren möglich.

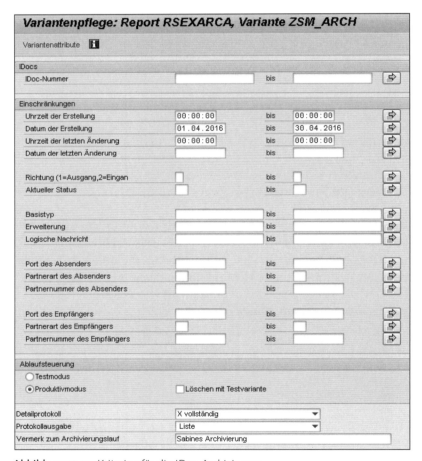

Abbildung 10.24 Kriterien für die IDoc-Archivierung

Vor der Archivierung

Unser Beispiel enthält sowohl IDocs mit erfolgreichem Status als auch solche mit nicht erfolgreichem Status (siehe Abbildung 10.25).

Laut den SAP-Standardeinstellungen zur Archivierung der Statuswerte bleiben die fehlerhaften IDocs erhalten, da ihre Archivierung nicht erlaubt ist.

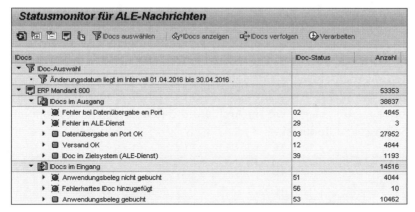

Abbildung 10.25 IDocs vor der Archivierung

Nun wird die Archivierung mit der Einstellung »Alle IDocs, die einen archivierbaren Status haben, sollen archiviert werden« gestartet (dies geschieht, wenn Sie keine spezielle Auswahl treffen). Das Ergebnis zeigt Abbildung 10.26.

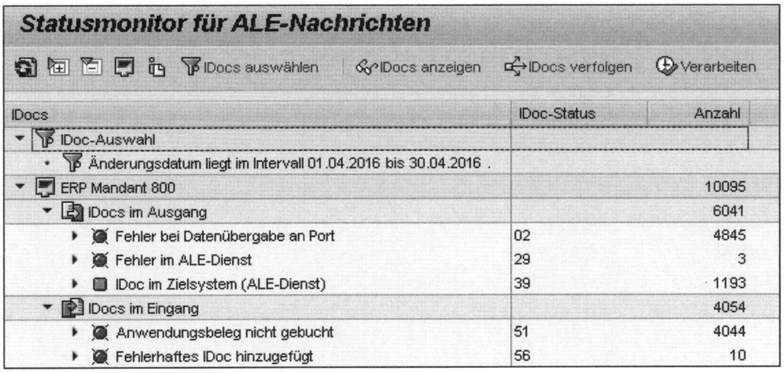

Nach der Archivierung

Abbildung 10.26 IDocs nach der Archivierung

Wie bereits erwähnt, können Sie auch noch in archivierten IDocs suchen. Die Voraussetzung dafür ist, dass Sie in Transaktion SARJ die von SAP ausgelieferte Infostruktur SAP_IDOC_001 oder eine eigene Infostruktur aktiviert haben. Diese Infostrukturen dienen dazu, den Zusammenhang mit den Daten im Archiv herzustellen. Dabei wird

Infostruktur aktivieren

ein Teil der Daten, der möglichst klein gehalten werden sollte, weiterhin auf der Datenbank gespeichert, während die eigentlichen Daten im Archiv sind. Im Fall der IDocs genügt es, einige wenige Daten aus dem Kontrollsatz auf der Datenbank zu halten; der große Rest der Daten wird dann nach der Archivierung gelöscht.

Struktur SAP_IDOC_001

In Abbildung 10.27 sehen Sie die von SAP ausgelieferte Archivinfostruktur `SAP_IDOC_001`. Die Infostrukturen, die Sie verwenden möchten, werden zunächst aktiviert. Für aktive Strukturen werden dann nach der Archivierung automatisch die Datensätze aufgebaut, die die Information tragen, wo im Archiv die Daten zu einem bestimmten Schlüssel zu finden sind.

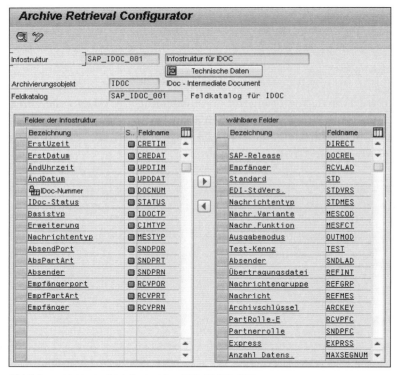

Abbildung 10.27 Archivinfostruktur SAP_IDOC_001

Suche nach archivierten IDocs

Mithilfe dieser Infostruktur können Sie in Transaktion SARI nach archivierten IDocs suchen. Dies ist für alle Archivierungsobjekte möglich, führt aber bei manchen Objekten – zu denen das IDoc leider gehört – nur zu einer tabellarischen Sicht der einzelnen Felder.

Damit diese Suche möglich ist, wird zu den entsprechenden Infostrukturen für jede Archivdatei hinterlegt, welche Elemente in ihr enthalten sind. Sie können diese Infostrukturen in Transaktion SARI unter dem Menüpunkt STATUS auch manuell füllen oder löschen. Abbildung 10.28 zeigt, wie Sie solche Änderungen innerhalb der Statusverwaltung vornehmen können. Mithilfe des Buttons STRUKTUREN ABBAUEN ❷ können die Daten aus der Infostruktur wieder entfernt werden, während STRUKTUREN AUFBAUEN ❶ die Infostruktur mit den Informationen der Archivdatei füllt. Notwendig ist das zum Beispiel, wenn Sie Feldänderungen in der Infostruktur vorgenommen haben oder sich zu einem späteren Zeitpunkt doch entscheiden, eine eigene Infostruktur anzulegen.

Abbildung 10.28 Infostrukturen nachträglich bearbeiten

Hinweis zur Performance [+]

Aus Performancegründen sollten zum selben Archivierungsobjekt möglichst wenige Infostrukturen gleichzeitig aktiv sein, und sie sollten außer den Schlüsselfeldern des archivierten Objekts auch möglichst wenige andere Felder enthalten.

Bei IDocs ist zusätzlich zu Transaktion SARI die normale IDoc-Suche in Transaktion WE09 so gestaltet, dass Sie wahlweise im Archiv oder in der Datenbank oder in beidem suchen können. Der Vorteil ist, dass Sie die gewohnte Handhabung auch für archivierte IDocs behalten und die Anzeige der Daten für Datenbank- und Archiv-IDocs identisch ist. Es macht demnach keinen Unterschied, woher die Daten stammen.

IDoc-Suche in Transaktion WE09

Wenn Sie auf den Button DATENQUELLE ... klicken, können Sie die Datenquelle auswählen (unten rechts in Abbildung 10.29). Die Alternative, Dateien manuell zu wählen, ist eher nicht zu empfehlen, da Sie dafür wissen müssten, welche IDocs in welcher Archivdatei liegen.

Transaktion WE09 mit Lesen aus Archiv

10 | Administration

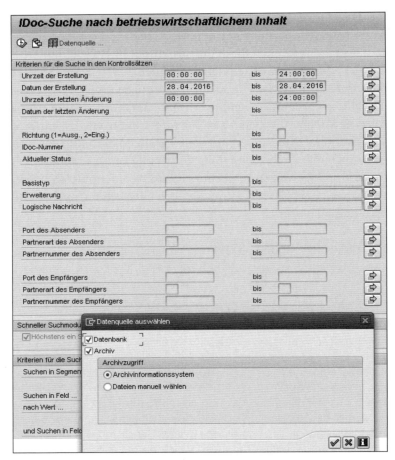

Abbildung 10.29 IDoc-Suche nach Feldinhalten

IDoc-Anzeige aus dem Archiv

Abbildung 10.30 zeigt nun ein in Transaktion WE09 gefundenes IDoc (844042). Es hat den Status 03 und kommt somit aus dem Archiv.

Archivierung SRRELROLES

Ab Release 6.20 kann die Archivierung der Einträge für die IDoc-Verknüpfungen in Tabelle SRRELROLES automatisch zusammen mit dem IDoc vorgenommen werden. Achtung, diese Daten werden nur mit archiviert, aber nicht gelöscht! Dies muss nach wie vor per Report erledigt werden. Diese Verknüpfungseinträge werden aus Transaktion WE09 heraus allerdings nicht angezeigt, dies funktioniert nur mithilfe des Archivinformationssystems in Transaktion SARI.

IDocs-Anzeige mit Archivinformationssystem

In Abbildung 10.31 sehen Sie, dass die Auswahlkriterien genau denen entsprechen, die für die Archivinfostruktur ausgewählt wurden. Mithilfe dieser Daten kann das System ermitteln, in welcher Archivdatei

Archivierung | **10.6**

und an welcher Stelle innerhalb dieser Datei die Informationen zu den gesuchten IDocs liegen, und sie dann komplett anzeigen.

Abbildung 10.30 IDoc-Einzelanzeige in Transaktion WE09

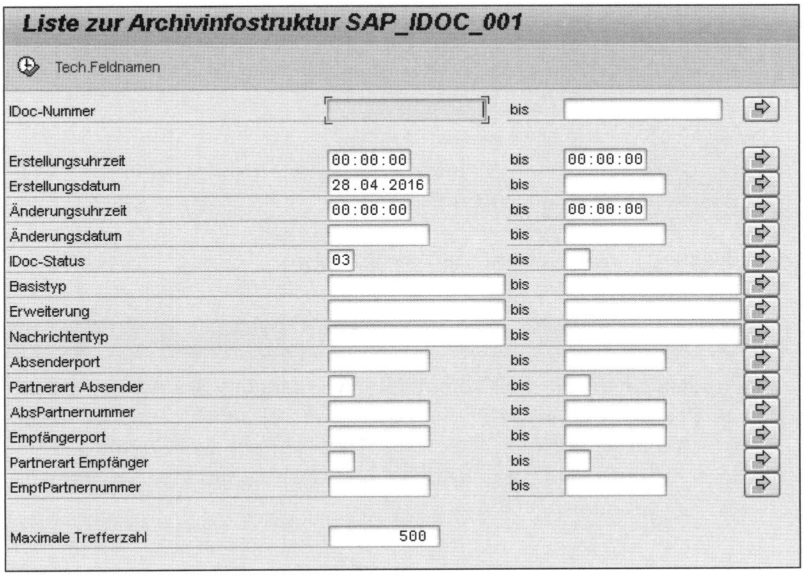

Abbildung 10.31 Suche archivierter IDocs in Transaktion SARI

10 | Administration

Tabellarische Anzeige
Als Ergebnis erhalten Sie zunächst eine Liste aller IDocs, die den Selektionskriterien entsprechen. Durch einen Doppelklick auf ein bestimmtes IDoc können Sie sich die Details dieses IDocs anschauen; leider nur in einer tabellarischen Sicht (siehe Abbildung 10.32).

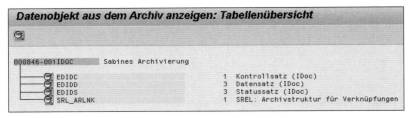

Abbildung 10.32 Technische Sicht

Detail der Verknüpfungseinträge
Der Eintrag `SRL_ARLNK` verweist von hier auf die Informationen zu den IDoc-Verknüpfungen, und durch einen weiteren Doppelklick können Sie sich den Eintrag genauer anschauen. In Abbildung 10.33 sehen Sie die Informationen aus den beiden Tabellen `IDOCREL` und `SRRELROLES` zu diesem IDoc in tabellarischer Form.

Abbildung 10.33 Information zu den Verknüpfungen

> **[»] Vorgehen in alten Releases – Transaktion WE10**
>
> Ihnen soll nicht der Hinweis vorenthalten werden, dass Transaktion WE09 bis zu Release 4.6C nur auf der Datenbank gelesen hat und es daher zusätzlich eine Transaktion WE10 für das Lesen aus dem Archiv gab. In neueren Releases sind diese beiden Funktionen komfortabel in Transaktion WE09 zusammengefasst.

IDocs löschen
Sollten Sie doch einmal IDocs löschen müssen, können Sie dies direkt über Transaktion WE11 tun. Ob dies in einem Produktivsys-

tem erlaubt sein sollte, muss aber mit den für die GoBD zuständigen Personen in Ihrer Firma abgeklärt werden, da diese Daten dann unwiderruflich verloren sind.

10.7 Statusumsetzung

Im SAP-Standard gibt es zwei automatisierte Alternativen der Statusumsetzung. Beide arbeiten mit eigenen IDocs, dem `ALEAUD`- und dem `STATUS`-IDoc. Das `ALEAUD`-IDoc vergibt die Statuswerte 39, 40 oder 41 je nach Status beim Empfänger, das `STATUS`-IDoc kann einen frei wählbaren neuen Status mit eigenem Fehler- oder Erfolgstext vergeben. Die Funktion der beiden IDocs wird in Kapitel 7, »Rückmeldungen«, im Einzelnen beschrieben.

ALEAUD- und STATUS-IDoc

Zusätzlich ist es noch möglich, sowohl im Eingang als auch im Ausgang IDocs, die noch in einem fehlerhaften Zustand sind, manuell auf einen Status zu setzen, der keine weitere Bearbeitung mehr zulässt. Zugleich erlaubt dieser Status auch die Archivierung der betroffenen IDocs. Der entsprechende Status im Ausgang ist 31, im Eingang 68. Beachten Sie, dass eine übergreifende Systemkonsistenz nur gewährleistet ist, wenn die Aktionen, die durch das IDoc hätten durchgeführt werden sollen, anderweitig (sei es durch ein anderes IDoc, das den Fehler nicht enthält, oder manuell) ausgeführt werden.

Das Setzen der Statuswerte mit der Bedeutung »Fehler, keine weitere Bearbeitung« erfolgt aus dem Fehler-Workflow heraus über den Button LÖSCHMARK. (siehe Abbildung 10.34).

Manuelle Löschvormerkung

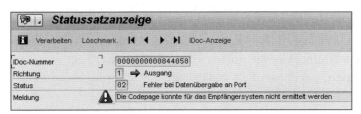

Abbildung 10.34 Löschvormerkung im Workflow setzen

Das eigentliche Ändern des Status erfolgt nach einer Sicherheitsabfrage und immer nur für ein IDoc. Im Standard ist eine Massenänderung von Statuswerten nicht vorgesehen. Im Folgenden finden Sie daher ein Beispielprogramm für Massenänderungen.

10 | Administration

Beispielprogramm für Massenänderungen

Falls Sie insbesondere in Testsystemen das Problem haben, dass sehr viele IDocs nicht verbucht werden können, können Sie diese IDocs auf einmal in einen archivierbaren Status versetzen. Im Folgenden werden wir ein Programm entwickeln, das solche Mehrfachumsetzungen durchführt. Dabei muss allerdings sichergestellt sein, dass dies mit Original-SAP-Mitteln erfolgt und dass der dazugehörige Fehler-Workflow beendet wird.

Da das Programm grundsätzlich auch verwendet werden kann, um einen anderen Status zu setzen, ist es gegebenenfalls notwendig, einen Fehler-Workflow anzustoßen. Da es sich dabei um einen tiefen Eingriff ins SAP-System handelt, sollte das entsprechende Programm sehr gute Kommentare schreiben und durch ebenfalls sehr gute Berechtigungsprüfungen abgesichert sein. In unserem Beispielprogramm (siehe Listing 10.3 am Ende dieses Kapitels) wird ein Statustext verwendet, der anzeigt, welcher Benutzer die Statusänderung vorgenommen hat.

[!] **Hinweis zum Coding**

Beachten Sie, dass das Coding in Listing 10.3 nur als Beispiel zu verstehen ist. Es fehlen Berechtigungsprüfungen, und Sie sollten auch darüber nachdenken, ob wirklich jeder Status in jeden anderen überführt werden soll, wie es im folgenden Beispiel der Fall ist. Denkbar wäre, nur auf die Status 31 und 68 zu ändern. Insbesondere kann es durch Rückänderung eines erfolgreichen IDocs auf einen Status, der eine weitere Bearbeitung zulässt, zu Doppelbuchungen und damit zu Inkonsistenzen kommen.

Selektionsfelder

Das Programm selbst ist mit dem SAP List Viewer (ALV, ehemals ABAP List Viewer) programmiert. Dies hat den Vorteil, dass Anzeige-Dynpro und GUI-Status nicht angelegt werden müssen, was es Ihnen erleichtert, mit diesem Beispiel zu arbeiten. Abbildung 10.35 zeigt, welche Selektionsfelder Sie nutzen können. Auch hier liegt es natürlich an Ihnen, gegebenenfalls zusätzliche Anforderungen zu verarbeiten.

Auswahlliste

Mit den Eingaben aus Abbildung 10.35 werden zunächst alle infrage kommenden IDocs gelistet (siehe Abbildung 10.36). Eine Markierspalte erlaubt Ihnen eine weitere Eingrenzung der IDocs. Wenn Sie nichts weiter einbinden, wird bei jeder Benutzeraktion (etwa beim Drücken der ⏎-Taste) die Liste der markierten IDocs umgesetzt. Diese Umsetzung können Sie aber auch genauer steuern, zum Beispiel über einen Button, der erst das tatsächliche Umsetzen auslöst.

Grundsätzlich ist dies sowohl mit dem alten als auch mit dem neuen ALV möglich.

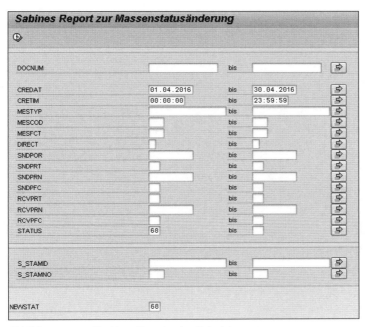

Abbildung 10.35 Einstiegs-Dynpro des Beispielprogramms

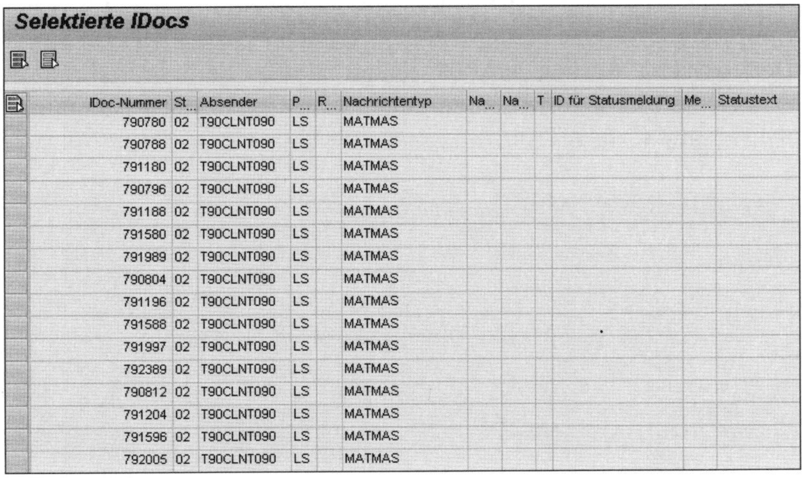

Abbildung 10.36 Ergebnis der IDoc-Suche

Die Liste in Abbildung 10.37 übermittelt das Ergebnis. In unserem Beispiel konnten alle IDocs erfolgreich umgesetzt werden.

Ergebnisliste

Sabines Report zur Massenstatusänderung

IDoc-Nummer	St...	Absender	Partnerart	Nachrichtentyp		
792477	51	T90CLNT090	LS	MATMAS	IDOC 000000000792477 Neuer Status wurde für IDoc gesetzt	✔
792480	51	T90CLNT090	LS	MATMAS	IDOC 000000000792480 Neuer Status wurde für IDoc gesetzt	✔
792485	51	T90CLNT090	LS	MATMAS	IDOC 000000000792485 Neuer Status wurde für IDoc gesetzt	✔
792490	51	T90CLNT090	LS	MATMAS	IDOC 000000000792490 Neuer Status wurde für IDoc gesetzt	✔
793202	51	T90CLNT090	LS	MATMAS	IDOC 000000000793202 Neuer Status wurde für IDoc gesetzt	✔
793203	51	T90CLNT090	LS	MATMAS	IDOC 000000000793203 Neuer Status wurde für IDoc gesetzt	✔
793209	51	T90CLNT090	LS	MATMAS	IDOC 000000000793209 Neuer Status wurde für IDoc gesetzt	✔
793214	51	T90CLNT090	LS	MATMAS	IDOC 000000000793214 Neuer Status wurde für IDoc gesetzt	✔
793729	51	T90CLNT090	LS	MATMAS	IDOC 000000000793729 Neuer Status wurde für IDoc gesetzt	✔
793731	51	T90CLNT090	LS	MATMAS	IDOC 000000000793731 Neuer Status wurde für IDoc gesetzt	✔
793747	51	T90CLNT090	LS	MATMAS	IDOC 000000000793747 Neuer Status wurde für IDoc gesetzt	✔
793751	51	T90CLNT090	LS	MATMAS	IDOC 000000000793751 Neuer Status wurde für IDoc gesetzt	✔
794443	51	T90CLNT090	LS	MATMAS	IDOC 000000000794443 Neuer Status wurde für IDoc gesetzt	✔
794448	51	T90CLNT090	LS	MATMAS	IDOC 000000000794448 Neuer Status wurde für IDoc gesetzt	✔
794458	51	T90CLNT090	LS	MATMAS	IDOC 000000000794458 Neuer Status wurde für IDoc gesetzt	✔
794460	51	T90CLNT090	LS	MATMAS	IDOC 000000000794460 Neuer Status wurde für IDoc gesetzt	✔
794469	51	T90CLNT090	LS	MATMAS	IDOC 000000000794469 Neuer Status wurde für IDoc gesetzt	✔
794475	51	T90CLNT090	LS	MATMAS	IDOC 000000000794475 Neuer Status wurde für IDoc gesetzt	✔
794481	51	T90CLNT090	LS	MATMAS	IDOC 000000000794481 Neuer Status wurde für IDoc gesetzt	✔
794487	51	T90CLNT090	LS	MATMAS	IDOC 000000000794487 Neuer Status wurde für IDoc gesetzt	✔
794492	51	T90CLNT090	LS	MATMAS	IDOC 000000000794492 Neuer Status wurde für IDoc gesetzt	✔
794494	51	T90CLNT090	LS	MATMAS	IDOC 000000000794494 Neuer Status wurde für IDoc gesetzt	✔

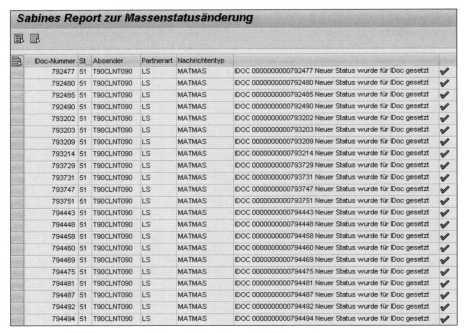

Abbildung 10.37 Liste nach Umsetzung der Statuswerte

Umgesetzte IDocs

In unserem Beispielprogramm wird die Grundliste der IDocs angezeigt, und das grüne Erfolgsicon zeigt, dass die Umsetzung geklappt hat (siehe Abbildung 10.38). In Transaktion BD87 sehen Sie in der Hauptzeile den allgemeinen Fehlertext noch mit Platzhaltern, in der Detailansicht werden die Platzhalter durch Namen und Status ersetzt. Da hier alle IDocs denselben Status durch mich bekommen haben, gibt es für die 53 IDocs nur noch eine weitere Zeile.

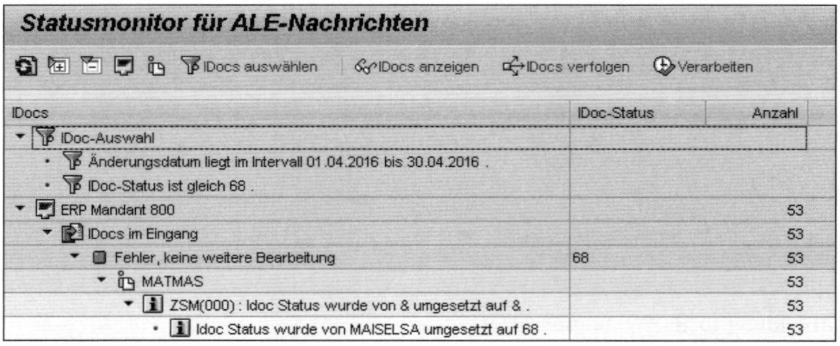

Abbildung 10.38 Meldungstext in der Grundliste

Für das hier verwendete Beispielprogramm ist es notwendig, eine Nachrichtenklasse mit den wichtigsten Meldungen einzurichten. Den hier verwendeten Text finden Sie in Abbildung 10.39.

Nachrichtenklasse

Abbildung 10.39 Nachrichtenklasse des Beispielprogramms

Listing 10.3 enthält nun das notwendige Minimal-Coding für die bisher in diesem Abschnitt genannten Beispiele. An dieser Stelle soll nochmals darauf hingewiesen werden, dass es nur die IDoc-relevanten Anteile enthält und daher ohne weitere Änderungen, wie zum Beispiel Berechtigungsprüfungen, nicht eingesetzt werden darf. Außerdem enthält das Programm auch noch Textelemente, die Sie hinzufügen müssen, zum Beispiel text-b01 für einen der Blöcke im Selektionsbildschirm. Diese sind im Coding, falls sie nicht im Selektionsbild zu sehen sind, jeweils ausgeschrieben, zum Beispiel:

```
'IDoc konnte nicht gesperrt werden' (001)
```

Dazu wurde kein weiterer Screenshot eingefügt. Auch möchten Sie sicherlich eine GUI-Funktion einbauen, mit deren Hilfe Sie die Umsetzung explizit starten, anstatt wie in diesem Beispiel die Umsetzung der markierten IDocs durch jede Taste auszulösen. Dies müsste dann ebenfalls von Ihnen selbst implementiert werden, ist für die dargestellte Funktion aber nicht relevant.

```
*&---------------------------------------------------------------*
*& Report  ZSMIDOCSTATUS
*&---------------------------------------------------------------*
REPORT   zsmidocstatus.
INCLUDE  <icon>.
TABLES: edidc.
TABLES: edids,           tbd05.
DATA: wa_tbd52           TYPE tbd52.
DATA: wa_edp21           TYPE edp21.
DATA: partner            TYPE edidc-sndprn,
      nrlines            TYPE sy-tabix.
```

10 | Administration

```abap
              DATA: alv              TYPE REF TO cl_salv_table.
              DATA: lr_selections    TYPE REF TO cl_salv_selections.
              DATA: i_selected_rows  TYPE salv_t_row.
              DATA: wa_row           TYPE line of salv_t_row.
              DATA: exc              TYPE REF TO cx_root.
              DATA: msg              TYPE string.
```

Typdefinitionen
```abap
              * Typdefinitionen
              TYPES: BEGIN OF r_edidc,
                      docnum LIKE edidc-docnum,
                      status LIKE edidc-status,
                      sndprn LIKE edidc-sndprn,
                      sndprt LIKE edidc-sndprt,
                      sndpfc LIKE edidc-sndpfc,
                      mestyp LIKE edidc-mestyp,
                      mescod LIKE edidc-mescod,
                      mesfct LIKE edidc-mesfct,
                      test   LIKE edidc-test,
                      stamid LIKE edids-stamid,
                      stamno LIKE edids-stamno,
                      statxt LIKE edids-statxt,
                      msg(80),
                      icon(4),
                      box(1),
                     END OF r_edidc.
              DATA: i_edidc  TYPE TABLE OF r_edidc.
              DATA: wa_edidc TYPE r_edidc.
              DATA: idoc_status LIKE bdidocstat
                    OCCURS 0 WITH HEADER LINE.
              DATA: c_event_object_type_idocappl LIKE
                    swetypecou-objtype VALUE 'IDOCAPPL'.
              DATA: c_event_err_process_completed
                    LIKE swetypecou-event VALUE 'ERRORPROCESSCOMPLETD'.
              CONSTANTS: c_wf_result_delete_idoc LIKE bdwf_param-result
                              VALUE '99998',
                         c_wf_result_wi_complete LIKE bdwf_param-result
                              VALUE '99997'.
              DATA: g_repid LIKE sy-repid,
                    g_save(1) TYPE c VALUE 'A',
                    g_variant LIKE disvariant.
              DATA:
                $idoc_ges(6)    TYPE n,
                $idoc_ok(6)     TYPE n,
                $idoc_fehler(6) TYPE n.
              * Selektion der zu ändernden IDocs mit Vorauswahl
```

Aufbau des Selektionsbildes
```abap
              * Aufbau des Selektionsbildes
              SELECTION-SCREEN BEGIN OF BLOCK 01
                               WITH FRAME TITLE text-b01.
```

```abap
SELECT-OPTIONS: docnum FOR edidc-docnum.
SELECTION-SCREEN SKIP 1.
SELECT-OPTIONS: credat FOR edidc-credat
                DEFAULT sy-datum TO sy-datum.
SELECT-OPTIONS: cretim FOR edidc-cretim
                DEFAULT '000000' TO '235959'.
SELECT-OPTIONS: mestyp FOR edidc-mestyp.
SELECT-OPTIONS: mescod FOR edidc-mescod.
SELECT-OPTIONS: mesfct FOR edidc-mesfct.
SELECT-OPTIONS: direct FOR edidc-direct.
SELECT-OPTIONS: sndpor FOR tbd05-sndsystem.
SELECT-OPTIONS: sndprt FOR edidc-sndprt.
SELECT-OPTIONS: sndprn FOR edidc-sndprn.
SELECT-OPTIONS: sndpfc FOR edidc-sndpfc.
SELECT-OPTIONS: rcvprt FOR edidc-rcvprt.
SELECT-OPTIONS: rcvprn FOR edidc-rcvprn.
SELECT-OPTIONS: rcvpfc FOR edidc-rcvpfc.
SELECT-OPTIONS: status FOR edidc-status DEFAULT '68'.
SELECTION-SCREEN END OF BLOCK 01.
SELECTION-SCREEN BEGIN OF BLOCK 02
                 WITH FRAME TITLE text-b02.
SELECT-OPTIONS:
  s_stamid FOR edids-stamid,
  s_stamno FOR edids-stamno.
SELECTION-SCREEN END OF BLOCK 02.
SELECTION-SCREEN SKIP 1.
PARAMETERS: newstat LIKE edidc-status DEFAULT '68'.
START-OF-SELECTION.
* Selektion der Daten
  SELECT: docnum status sndprn sndprt sndpfc mestyp mescod
          mesfct test
          INTO CORRESPONDING FIELDS OF TABLE i_edidc
          FROM edidc     WHERE docnum IN docnum AND
                               upddat IN credat AND
                               updtim IN cretim AND
                               mestyp IN mestyp AND
                               mescod IN mescod AND
                               mesfct IN mesfct AND
                               sndpor IN sndpor AND
                               sndprt IN sndprt AND
                               sndprn IN sndprn AND
                               sndpfc IN sndpfc AND
                               direct IN direct AND
                               rcvprt IN direct AND
                               rcvpfc IN direct AND
                               rcvprn IN direct AND
                               status IN status.
```

Selektion der Daten

10 | Administration

```
            PERFORM get_edids.
         END-OF-SELECTION.
            PERFORM alv.
         *----------------------------------------------------------*
         * Status ändern
         *----------------------------------------------------------*
         FORM status_change.
```
Status ändern
```
            i_selected_rows = lr_selections->get_selected_rows( ).
            LOOP AT i_selected_rows INTO wa_row.
            READ TABLE i_edidc INTO wa_edidc INDEX wa_row.
         *    IDoc-Verarbeitungssperre setzen
              CALL FUNCTION 'ENQUEUE_ES_EDIDOCE'
                  EXPORTING
                       mode_edidc      = 'E'
                       mandt           = sy-mandt
                       docnum          = wa_edidc-docnum
                  EXCEPTIONS
                       foreign_lock    = 1
                       system_failure  = 2
                       OTHERS          = 3.
              IF sy-subrc <> 0.
                CONCATENATE 'IDOC'(003) wa_edidc-docnum
                            'IDoc konnte nicht gesperrt werden' (001)
                            INTO wa_edidc-msg SEPARATED BY space.
                wa_edidc-icon = icon_failure.
              ELSE.
                CLEAR: idoc_status.
                REFRESH: idoc_status.
                MOVE wa_edidc-docnum    TO idoc_status-docnum.
                MOVE newstat            TO idoc_status-status.
                MOVE 'S'                TO idoc_status-msgty.
                MOVE 'ZSM'              TO idoc_status-msgid.
                MOVE '000'              TO idoc_status-msgno.
                MOVE sy-uname           TO idoc_status-msgv1.
                MOVE newstat            TO idoc_status-msgv2.
                MOVE sy-uname           TO idoc_status-uname.
                MOVE sy-repid           TO idoc_status-repid.
                APPEND idoc_status.
```
Neuen Status schreiben
```
         *  Neuen Status schreiben
                CALL FUNCTION 'IDOC_STATUS_WRITE_TO_DATABASE'
                     EXPORTING
                          idoc_number            = wa_edidc-docnum
                     TABLES
                          idoc_status            = idoc_status
                     EXCEPTIONS
                          idoc_foreign_lock      = 1
```

```
                    idoc_not_found              = 2
                    idoc_status_records_empty   = 3
                    idoc_status_invalid         = 4
                    db_error                    = 5.
       IF sy-subrc EQ 0.                                              Meldung
         CONCATENATE 'IDOC'(003) wa_edidc-docnum                      aufbereiten
             'Neuer Status wurde für IDoc gesetzt'(002)
             INTO wa_edidc-msg SEPARATED BY SPACE.
         wa_edidc-icon = icon_checked.
       ELSE.
         CONCATENATE 'IDOC'(003) wa_edidc-docnum
             'Fehler beim Umsetzen des Status'(004)
             INTO wa_edidc-msg SEPARATED BY SPACE.
         wa_edidc-icon = icon_failure.
         MODIFY i_edidc FROM wa_edidc INDEX wa_row.
         CONTINUE.
       ENDIF.
       CASE newstat.
         WHEN '68'.
* IDoc wurde auf einen Status gesetzt, der keine weitere
* Bearbeitung zulässt, daher Triggern des Events, das den
* Fehler-Workflow beendet.
* IDoc holen                                                          IDoc holen
SELECT SINGLE * FROM edp21 INTO wa_edp21
        WHERE sndprn = wa_edidc-sndprn
          AND sndprt = wa_edidc-sndprt
          AND sndpfc = wa_edidc-sndpfc
          AND mestyp = wa_edidc-mestyp
          AND mescod = wa_edidc-mescod
          AND mesfct = wa_edidc-mesfct
          AND test   = wa_edidc-test.
IF sy-subrc <> 0.
CONCATENATE 'IDOC'(003) wa_edidc-docnum
            'für'(005) 'Nachricht'(008) edidc-sndprn
            edidc-sndprt edidc-sndpfc edidc-mestyp
            'wurde kein Eintrag in EDP21 gefunden. '(006)
            INTO wa_edidc-msg SEPARATED BY SPACE.
ELSE.
  SELECT SINGLE * FROM tbd52 INTO wa_tbd52
        WHERE evcode = wa_edp21-evcode.
IF sy-subrc <> 0.
   CONCATENATE 'IDOC'(003) wa_edidc-docnum 'für'(005)
      'Vorgangscode'(009) wa_edp21-evcode
      'wurde kein Eintrag in TBD52 gefunden.'(007)
      INTO wa_edidc-msg SEPARATED BY SPACE.
ELSE.
```

Workflow starten, falls notwendig

```
* Workflow starten, falls notwendig
   PERFORM start_event(saplbd20)
    USING wa_edidc-docnum
          wa_tbd52-event_end  wa_tbd52-idocobjtyp
          c_wf_result_delete_idoc.COMMIT WORK.
   PERFORM start_event(saplbd20) USING wa_edidc-docnum
          wa_tbd52-event_end wa_tbd52-idocobjtyp
          c_wf_result_wi_complete.
  COMMIT WORK.
  ENDIF.
  ENDIF.
```

Workflow beenden, falls notwendig

```
              WHEN '31'.
                PERFORM event_for_task_end_create(saplbd16)
                      USING wa_edidc-docnum.
                COMMIT WORK.
              WHEN OTHERS.
            ENDCASE.
            CALL FUNCTION 'DEQUEUE_ES_EDIDOCE'
                 EXPORTING
                       mode_edidc = 'E'
                       mandt      = sy-mandt
                       docnum     = wa_edidc-docnum.
          ENDIF.
          MODIFY i_edidc FROM wa_edidc INDEX wa_row.
        ENDLOOP.
        IF sy-subrc = 0.
*   Es wurden Einträge ausgewählt und verarbeitet
          CLEAR: $idoc_ok, $idoc_fehler.
          LOOP AT i_edidc TRANSPORTING NO FIELDS
                       WHERE icon = icon_checked.
            ADD 1 TO $idoc_ok.
          ENDLOOP.
          LOOP AT i_edidc TRANSPORTING NO FIELDS
                       WHERE icon = icon_failure.
            ADD 1 TO $idoc_fehler.
          ENDLOOP.
        ENDIF.
ENDFORM.
*----------------------------------------------------------------*
* Daten besorgen
*----------------------------------------------------------------*
FORM get_edids.
  DATA:    h_str(150),
           it_edids TYPE TABLE OF edids,
           wa_edids LIKE edids.
  CHECK NOT s_stamno IS INITIAL.
  LOOP AT i_edidc INTO wa_edidc.
    REFRESH it_edids.
```

Statuswerte holen

```
    SELECT * FROM edids APPENDING TABLE it_edids
                        WHERE docnum = wa_edidc-docnum
                        AND   status = wa_edidc-status
                        AND   stamid IN s_stamid
                        AND   stamno IN s_stamno.
    IF sy-subrc NE 0.
      DELETE i_edidc.
      CONTINUE.
    ENDIF.
    SORT it_edids BY docnum
                     logdat DESCENDING
                     logtim DESCENDING
                     countr DESCENDING.
    DELETE ADJACENT DUPLICATES FROM it_edids
            COMPARING docnum.
READ TABLE it_edids INDEX 1 INTO wa_edids.
```

Texte setzen

```
    wa_edidc-stamid = wa_edids-stamid.
    wa_edidc-stamno = wa_edids-stamno.
    h_str           = wa_edids-statxt.
    REPLACE '&' WITH wa_edids-stapa1 INTO h_str.
    CONDENSE h_str.
    REPLACE '&' WITH wa_edids-stapa2 INTO h_str.
    CONDENSE h_str.
    REPLACE '&' WITH wa_edids-stapa3 INTO h_str.
    CONDENSE h_str.
    REPLACE '&' WITH wa_edids-stapa4 INTO h_str.
    CONDENSE h_str.
    wa_edidc-statxt = h_str.
    MODIFY i_edidc FROM wa_edidc.
  ENDLOOP.
ENDFORM.
```

ALV-Titel

```
*------------------------------------------------------------*
* Titel ALV
*------------------------------------------------------------*
FORM titel  USING titel TYPE lvc_title.
  DATA settings TYPE REF TO cl_salv_display_settings.
  settings = alv->get_display_settings( ).
  settings->set_list_header( titel ).
ENDFORM.
```

ALV-Selektionsmöglichkeiten

```
*------------------------------------------------------------*
* Selektionsmöglichkeiten ALV
*------------------------------------------------------------*
FORM set_selections  USING p_alv TYPE REF TO cl_salv_table.
* Get the SELECTIONS object
  lr_selections = p_alv->get_selections( ).
* Set the selection mode
  lr_selections->set_selection_mode(
      value  = if_salv_c_selection_mode=>cell ).
```

ALV-Referenz holen

```
              ENDFORM.                         " set_selections
              *---------------------------------------------------------------*
              * Ausgabe ALV
              *---------------------------------------------------------------*
              FORM alv.
                TRY.
                    cl_salv_table=>factory(
                      IMPORTING
                        r_salv_table   = alv
                      CHANGING
                        t_table        = i_edidc ).
                  CATCH cx_salv_msg INTO exc.
                    msg = exc->get_text( ).
                    MESSAGE msg TYPE 'A'.
                ENDTRY.
                PERFORM titel            USING 'Selektierte IDocs'.
                PERFORM set_selections   USING alv.  alv->display( ).
                PERFORM status_change.
                alv->display( ).
              ENDFORM.
```

Listing 10.3 Statusumsetzungen ausgewählter IDocs

Seit Basis-Release 701 liefert SAP im Rahmen von SAP Environment, Health, and Safety Management (SAP EHS Management) den Report `RC1_IDOC_SET_STATUS` aus, der ebenfalls Statusumsetzungen ermöglicht. Dieser ist aber explizit nur für die interne EHS-Management-Nutzung erlaubt, und er beendet auch keine Workflows, sodass von seiner Verwendung abgeraten werden muss.

Wenn Sie SAP Process Integration im Einsatz haben und über dieses System auch IDocs versenden möchten, werden Sie in diesem Kapitel interessante Hinweise und Informationen finden. Alles, was über den IDoc_AAE-Adapter gesagt wird, gilt ebenso für die SAP-Process-Orchestration-Lizenz.

11 IDocs in Verbindung mit SAP Process Integration und SAP Process Orchestration

Die Kommunikation in SAP Process Integration (PI) mit IDocs erfolgt über den IDoc-Adapter. Auf der PI-ABAP-Seite gibt es diesen von Anfang an. Seit PI-Release 7.3 gibt es auch den IDoc_AAE-Adapter auf der Java-Seite. Inzwischen ist auch SAP Process Orchestration (PO) verfügbar, eine reine Single-Stack-Java-Lizenz, in der der IDOC_AAE-Adapter vorhanden ist, jedoch nicht der ABAP-IDoc-Adapter. Die folgenden Informationen gelten (mit Ausnahme von Abschnitt 11.7) für PI und PO gleichermaßen, der Einfachheit halber ist im weiteren Verlauf des Kapitels aber nur von PI die Rede.

Aufgabe sowohl des ABAP- als auch des Java-Adapters ist die Übersetzung des IDocs in das XML-Format der PI-Nachricht und zurück.

Darüber hinaus arbeiten IDocs, wie Sie im Verlauf dieses Buches gesehen haben, mit logischen Systemen oder mit Partnern. Im PI-System wird mit sogenannten *Communication Components* gearbeitet, wenn Sie mit Ihrer eigenen Firma kommunizieren, und anderenfalls mit dem Objekt PARTNER im PI-System. SAP-Systeme werden als Kommunikationskomponente vom Typ Business-System angelegt. In PI findet hier demnach zusätzlich eine Umsetzung zwischen logischem System oder Partner im IDoc und der Kommunikationskomponente oder dem Partner in PI statt, da die Sender- und Empfängerinformation Bestandteil des Kontrollsatzes des IDocs ist. Die dabei zu beachtenden Besonderheiten werden in diesem Kapitel beschrieben.

Business-Systeme und Partner in PI

11.1 IDocs als Interfaces im Enterprise Services Repository von PI/PO

SAP Process Integration kommuniziert mit Service-Interfaces. Diese Service-Interfaces können entweder in PI entwickelt, von gängigen Internetstandards importiert oder aus IDocs bzw. RFC-Bausteinen importiert werden.

Service-Interfaces

Service-Interfaces liegen in Namensräumen von Softwarekomponentenversionen und haben die Richtungen outbound (ein System sendet an PI), inbound (ein System empfängt von PI) oder abstrakt (ohne Richtungsangabe für die PI-interne Verarbeitung in Prozessen). Wie Sie sehen, erfolgt die Richtungsangabe aus Sicht der beteiligten Business-Systeme, nicht aus PI-Sicht.

IDocs als Service-Interfaces importieren

Zuerst ist es daher notwendig, PI die IDocs, die Sie mit dem PI-System versenden oder empfangen möchten, als Service-Interface bekannt zu machen. Dazu können Sie diese aus einem SAP-System importieren. Während des Imports muss eine RFC-Verbindung zu diesem System bestehen. Die importierten IDocs stehen dann inbound, outbound und abstrakt als Service-Interface zur Verfügung. Ihr Namensraum ist immer der folgende:

`urn:sap-com:document:sap:idoc:messages`

Dieser Namensraum gilt auch dann, wenn die IDocs im Kundennamensraum des ERP-Systems entwickelt wurden. Auch der Name, unter dem die IDocs dann in PI angesprochen werden, wird beim Importprozess automatisch vorgegeben. Er lautet für das Service-Interface jeweils `<Nachrichtentyp>.<IDoc-Typ>.<Erweiterung>`, das heißt zum Beispiel für eine Bestellung, für die es eine Erweiterung `ZSM1` gibt: `ORDERS.ORDERS05.ZSM1`.

Importierte Objekte

Abbildung 11.1 zeigt ein solches IDoc, das in die Softwarekomponentenversion SC_BIT100 1.0 importiert wurde. Sie finden das IDoc – hier ohne Erweiterung – unter dem Menüpunkt IMPORTED OBJECTS.

IDoc als Service-Interface in PI

Die eigentlichen Daten des IDocs finden Sie in der Detailanzeige des importierten Objekts, die Sie in Abbildung 11.2 sehen. Oberstes Knotenelement ist immer der Name des IDoc-Typs. Darunter finden Sie das Element `IDOC` selbst und nach einem Attribut `BEGIN`, das den Anfang kennzeichnet, zunächst den Kontrollsatz und dann alle zum entsprechenden IDoc-Typ gehörenden Segmente mit ihrer bekannten

Hierarchie. Die jeweiligen Knoten, die zum Kopf und den Segmenten gehören, enthalten alle Felder des gleichnamigen IDoc-Segments und zusätzlich am Anfang jeweils ein Attribut mit Namen SEGMENT.

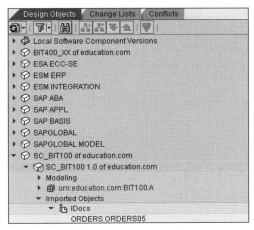

Abbildung 11.1 IDoc als importiertes Objekt zu einer Softwarekomponentenversion

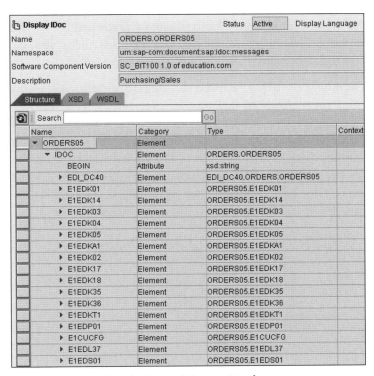

Abbildung 11.2 Struktur des IDocs als Service-Interface

11 | IDocs in Verbindung mit SAP Process Integration und SAP Process Orchestration

> **[»] Zusätzliche IDoc-Attribute BEGIN und SEGMENT**
>
> Innerhalb des IDoc-Interfaces von PI erscheinen Attribute, die Sie aus der ursprünglichen IDoc-Definition in SAP-Systemen nicht kennen werden. Diese Attribute finden Sie zu Beginn des IDocs vor dem Kopfsatz mit dem Namen BEGIN und zusätzlich am Anfang jedes einzelnen Segments mit dem Namen SEGMENT. Diese Attribute müssen in einem Mapping immer mit der Konstanten 1 gefüllt werden, da sie Muss-Felder sind, und wenn sie fehlen, das ganze Segment bzw. das ganze IDoc nicht erzeugt wird.

Im Übrigen kann das IDoc nun innerhalb von PI wie jede andere Nachricht behandelt werden.

11.2 IDoc-Inhalt mithilfe von Metadaten beim IDoc-Adapter übersetzen

Die eigentliche Aufgabe des Adapters ist nun die Übersetzung eines eingehenden IDocs in das Format, wie es innerhalb von SAP Process Integration verwendet wird. Da IDocs in der Regel sehr groß sind und Performance im PI-System sehr wichtig ist, werden die für die Übersetzung notwendigen Metadaten zur Laufzeit nicht von der Datenbank gelesen, sondern aus einem Metadaten-Cache.

IDoc-Metadaten-Cache

Bei Verwendung des IDoc-Adapters auf der ABAP-Seite von PI finden Sie im sogenannten *IDoc-Port* die Information, von welchem System bei der ersten Übertragung eines IDocs eines bestimmten Typs die Metadaten geholt werden müssen. Den IDoc-Port pflegen Sie in Transaktion IDX1. In Abbildung 11.3 sehen Sie einen solchen Port. Der Port heißt bei SAP-Systemen immer SAP<System-ID>, bei anderen per IDoc kommunizierenden Systemen heißt der Port wie der Name, der im Feld SNDPOR vom Absender mitgegeben wird.

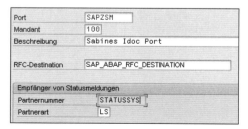

Abbildung 11.3 IDoc-Port zur Ermittlung der Metadaten

336

Die RFC-Destination, auf die dann verwiesen wird, muss immer eine zu einem SAP-System sein. Eventuelle Statusmeldungen erhält das eingegebene Empfängersystem für Statusmeldungen.

IDoc-Port zur Metadaten-Ermittlung

Sie können nun entweder in Transaktion IDX2 manuell Metadaten importieren, oder PI importiert diese automatisch bei der ersten Kommunikation, bei der der entsprechende IDoc-Typ verwendet wird. Ebenfalls in Transaktion IDX2 sehen Sie auch, für welche Systeme bereits Metadaten importiert wurden. In Abbildung 11.4 sind das die Flugbeispiel-IDocs für das System SAPFN7.

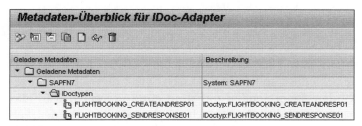

Abbildung 11.4 Metadaten auf dem ABAP-Stack von PI

Damit wissen Sie nun, was der IDoc-Adapter zur Übersetzung der Daten vom IDoc-Format zum PI-Format und zurück benötigt und wie er eingestellt wird. Im Folgenden beschäftigen wir uns mit den Inhaltsumsetzungen. Der IDoc-Adapter muss nämlich Teile der Information, die das PI-System im Kopfteil der Nachricht benötigt, aus der eigentlichen Nutzlast extrahieren – also dem IDoc selbst.

11.3 Logische Systeme in Business-Systemen umsetzen

SAP-Systeme senden im Feld SNDPOR des Kontrollsatzes immer die Kombination aus SAP<System-ID>, etwa SAPJ00 für ein SAP-System, das J00 heißt. Im Feld MANDT steht dann der Mandant, aus dem das IDoc erzeugt wurde.

Feld SNDPOR bei SAP-Systemen

Im System Landscape Directory (SLD) von PI werden die SAP-Systeme zunächst als technische Systeme mit ihrer System-ID registriert oder manuell angelegt. Dabei sind dann auch alle verfügbaren Mandanten bekannt, und es wird für alle Mandanten der logische Systemname aus der Mandantenverwaltung übernommen oder mit eingepflegt.

System Landscape Directory

Beim Anlegen eines Business-Systems bezieht man sich auf genau einen Mandanten, sodass für jedes Business-System automatisch auch der logische Systemname feststeht. Wenn nun ein IDoc ankommt, wird mithilfe der System-ID aus dem Feld SNDPOR das SAP-System ermittelt, mithilfe des Mandanten das Business-System, und mit diesem als Absender wird dann weitergearbeitet.

Das ebenfalls im Absender vorhandene Feld für den Namen des logischen Systems, SNDPRN, wird nicht berücksichtigt. Falls der Absender kein SAP-System ist, wird ebenfalls der Wert aus dem Feld SNDPOR gelesen. In diesem Fall wird unter den zu den Business-Systemen zugeordneten logischen Systemnamen ein zum Feld SNDPOR passender gesucht und dann das dazugehörige Business-System verwendet.

Das bedeutet, dass Nicht-SAP-Partner Ihre IDocs gegebenenfalls etwas unterschiedlich aufbereiten müssen, wenn diese über PI abgewickelt werden. Beim Senden direkt an ein SAP-System wäre das Feld SNDPRN relevant. Am besten schickt Ihr Partner in beiden Feldern denselben Namen. Bei IDocs, die PI verlassen, wird das Feld SNDPRN den Anforderungen des Partners entsprechend gefüllt.

11.4 IDoc-Partnerrollen umsetzen

Partner in PI

Falls Sie nicht mit einem logischen System, sondern mit einem Partner außerhalb Ihrer Firma kommunizieren, etwa mit einem Kunden oder Lieferanten, erfolgt ebenfalls eine Umsetzung der Absender- und Empfängerdaten im IDoc, nämlich in die Partner in PI. Bislang haben wir uns im ABAP-Teil von PI oder sogar im Backend-System aufgehalten. Nun schauen wir uns den Java-Teil an.

Den Absprung vom ABAP- in den Java-Stack des SAP-Systems liefert Transaktion SXMB_IFR. Sie öffnet ein Auswahlfenster, von dem aus Sie in das System Landscape Directory, das Enterprise Services Repository oder das Integration Directory verzweigen können.

- Das *Enterprise Services Repository* umfasst die Entwicklungsumgebung, hier finden Sie also zum Beispiel die Service-Interfaces.
- Das *Integration Directory* umfasst die Konfiguration sowie Systeme und Partner, mit denen Sie kommunizieren.
- Im Integration Directory finden Sie auch das Objekt PARTNER (siehe Abbildung 11.5), mit dem Sie jetzt die ILN-Umschlüsselung definieren können.

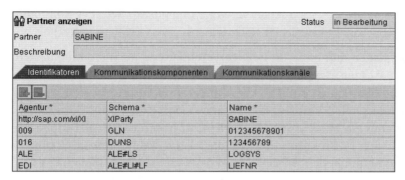

Abbildung 11.5 Partner in PI

Die Agentur ist dabei entweder eine öffentliche Einrichtung, die Firmen eindeutige Namen zuweist, oder PI selbst. Für den Namen in PI wird die Agentur mit *http://sap.com/xi/XI* festgelegt. Für EDI-Umschlüsselungen ist sie mit den Werten 016 für die Dun & Bradstreet Number (DUNS) und 009 für die Global Location Number (GLN) festgelegt und kann auch so ausgewählt werden. Für andere Werte können Sie die Agentur selbst vergeben. Wenn nun ein IDoc ankommt, lautet der Wert für das Schema ALE#<Partnerart>#<Partnerrolle>.

Partnerumschlüsselung

In Fall eines logischen Systems als Absender steht ALE#LS im Feld SCHEMA, da wir dort keine Partnerrollen kennen, und im Feld NAME steht der logische Systemname. Haben Sie einen Lieferanten in der Rolle als Lieferant, steht ALE#LI#LF im Feld SCHEMA, und die SAP-Lieferantennummer aus Transaktion WE20 steht im Namensfeld. PI schlüsselt dann in die PI-eigene Partnernummer um, im hier gezeigten Beispiel in SABINE. Hier wurden als Agentur ALE für das logische System und EDI für den Lieferanten verwendet.

11.5 Header-Mapping

Im Ausgang benötigt der ABAP-IDoc-Adapter einen sogenannten *Kommunikationskanal*, der sich *Empfänger-Kommunikationskanal* nennt, da ein anderes System Daten von PI empfängt. Den Kommunikationskanal finden Sie ebenfalls im Integration Directory; die Namensgebung erfolgt aus Sicht der kommunizierenden Systeme (nicht aus PI-Sicht), was die Richtungen angeht. Der Kommunikationskanal trägt die Information, wie er den Empfänger des IDocs errei-

Kommunikationskanal

11 | IDocs in Verbindung mit SAP Process Integration und SAP Process Orchestration

chen kann. Eine Empfängervereinbarung gibt an, welcher Kommunikationskanal für welchen Nachrichtentyp verwendet werden soll.

Empfängervereinbarung
Sie haben nun in der Empfängervereinbarung noch die Möglichkeit, ein Header-Mapping durchführen zu lassen. Auch die Empfängervereinbarung ist ein Objekt im Integration Directory. Hier wird für Sender- oder Empfänger-, Partner- oder Kommunikationskomponenten ein Wert aus PI angegeben. In unserem Beispiel (siehe Abbildung 11.6) wurde dies für die beiden Kommunikationskomponenten umgesetzt. PI sucht dann das dazu passende logische System anstelle des eigentlichen Absenders oder Empfängers und schreibt es in den Kontrollsatz des IDocs.

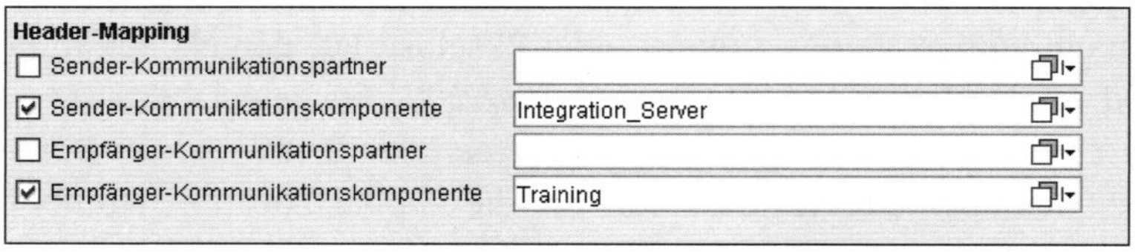

Abbildung 11.6 Header-Mapping in der Empfängervereinbarung

xPath
Wenn Sie beim Editieren auf ERWEITERT (Button) klicken, können Sie anstelle eines fest vergebenen Senders aus dem System Landscape Directory auch einen xPath angeben, der auf ein bestimmtes Feld in der Nutzlast zeigt. Dann muss im dazugehörigen Kommunikationskanal, den Sie ebenfalls als Objekt im Integration Directory finden, aber noch angegeben werden, wie dieses Feld versendet werden soll. Die Syntax entspricht dabei der Partnerdefinition. Abbildung 11.7 zeigt ein Beispiel.

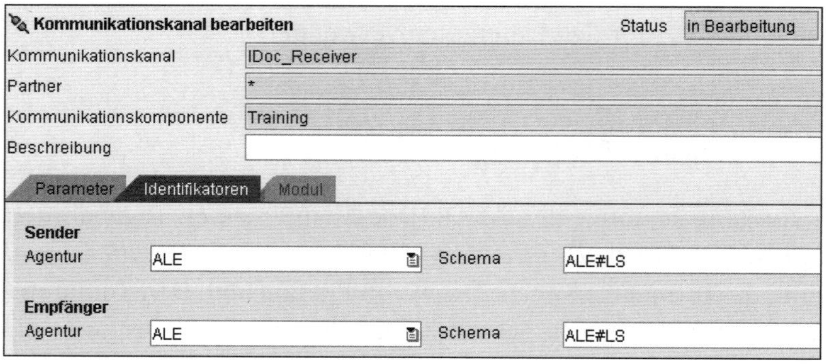

Abbildung 11.7 Passende Identifikatoren bei der xPath-Variante

11.6 Handling des Kontrollsatzes in PI/PO

SAP Process Integration bietet Ihnen die Option, den Kontrollsatz selbst im Mapping zu bearbeiten oder ihn von PI erstellen zu lassen. Dazu gibt es im Mapping, das Sie jetzt als Objekt im Enterprise Services Repository finden, die Möglichkeit, den entsprechenden Knoten als für das Mapping irrelevant zu kennzeichnen (siehe Abbildung 11.8).

Kontrollsatz im Mapping

Structure	Occurrences	Type
▼ [●]ORDERS05	1..1	
▼ [●]IDOC	1..1	ORDERS.ORDERS05
BEGIN	required	xsd:string
▶ [●]EDI_DC40	1..1	EDI_DC40.ORDERS.ORDERS05
▶ [●]E1EDK01	1..1	ORDERS05.E1EDK01
▶ [●]E1EDK14	0..12	ORDERS05.E1EDK14
▶ [●]E1EDK03	0..10	ORDERS05.E1EDK03
▶ [●]E1EDK04	0..10	ORDERS05.E1EDK04
▶ [●]E1EDK05	0..16	ORDERS05.E1EDK05
▶ [●]E1EDKA1	0..99	ORDERS05.E1EDKA1
▶ [●]E1EDK02	0..10	ORDERS05.E1EDK02
▶ [●]E1EDK17	0..4	ORDERS05.E1EDK17
▶ [●]E1EDK18	0..3	ORDERS05.E1EDK18
▶ [●]E1EDK35	0..99999	ORDERS05.E1EDK35
▶ [●]E1EDK36	0..99	ORDERS05.E1EDK36
▶ [●]E1EDKT1	0..99	ORDERS05.E1EDKT1
▶ [●]E1EDP01	0..999999	ORDERS05.E1EDP01
▶ [●]E1CUCFG	0..99999	ORDERS05.E1CUCFG
▶ [●]E1EDL37	0..999999	ORDERS05.E1EDL37
▶ [●]E1EDS01	0..5	ORDERS05.E1EDS01

Abbildung 11.8 Kontrollsatz im Mapping ignorieren

Auch wenn der entsprechende Knoten ein Muss-Segment ist oder Muss-Felder enthält, kann nun das Mapping aktiviert werden, ohne dass eine Zuordnung erfolgt ist. Der durchgestrichene Knoten wird deshalb grün dargestellt, sodass ersichtlich ist, dass hier alles in Ordnung ist.

Knoten im Mapping deaktivieren

Im Empfänger-Kommunikationskanal, den Sie wie alle Kommunikationskanäle im Integration Directory finden, können Sie ebenfalls einige Einstellungen vornehmen (siehe Abbildung 11.9). Wenn Sie zum Beispiel die seit SAP NetWeaver 6.40 in den SAP-Sender- und -Empfängersystemen verfügbare IDoc-Serialisierung über qRFC verwenden möchten, setzen Sie das Kennzeichen QUEUE-VERARBEITUNG.

Einstellungen im IDoc-Kommunikationskanal

Anstelle des Funktionsbausteins `IDOC_INBOUND_ASYNCHRONOUS` wird dann der Baustein `IDOC_INBOUND_IN_QUEUE` im Zielsystem aufgerufen.

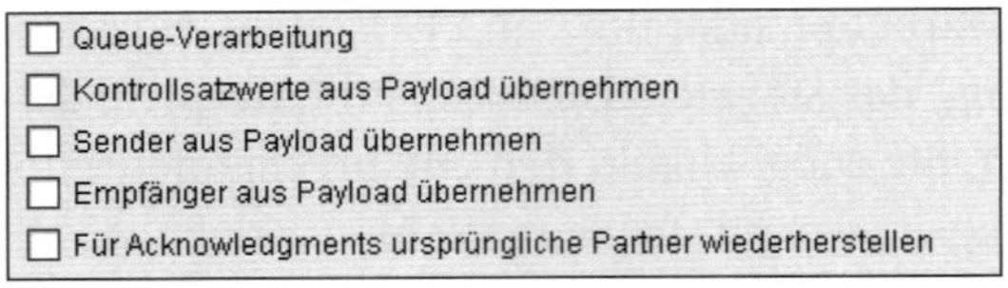

```
☐ Queue-Verarbeitung
☐ Kontrollsatzwerte aus Payload übernehmen
☐ Sender aus Payload übernehmen
☐ Empfänger aus Payload übernehmen
☐ Für Acknowledgments ursprüngliche Partner wiederherstellen
```

Abbildung 11.9 IDoc-Empfänger-Kommunikationskanal

Kontrollsatz aus Payload

Das Kennzeichen KONTROLLSATZ AUS PAYLOAD ÜBERNEHMEN setzen Sie, wenn Sie im Mapping den Kontrollsatz selbst füllen. Wenn Sie den Kontrollsatz im Mapping gar nicht befüllen (wie im Beispiel mit dem ausgestrichenen Kontrollsatz), darf dieses Kennzeichen nie gesetzt sein. Möchten Sie dagegen Teile der Nutzlast verwenden, um den Kontrollsatz zu befüllen, muss dieses Kennzeichen gesetzt sein, und der Kontrollsatz muss auch entsprechend im Mapping gefüllt werden.

Anstelle einer Umsetzung der Sender und Empfänger können diese direkt aus der Payload übernommen werden, wenn die entsprechenden Kennzeichen gesetzt sind. Auch hier gilt wieder, dass sie dann auch vom Mapping zur Verfügung gestellt werden müssen. Schließlich können Sie noch für das Versenden von Acknowledgements auf die ursprünglichen Partner zurückgreifen, anstatt sie in PI umzuschlüsseln.

11.7 IDocs direkt in PI verbuchen

PI als eigentlicher IDoc-Empfänger

Möchten Sie ein IDoc direkt an PI schicken, das auf der dortigen Datenbank verbucht werden soll – das heißt, wenn PI Ihr eigentlicher Datenempfänger ist und nicht nur die sonst typische Vermittlerrolle einnimmt –, können Sie dies mithilfe der Tabelle `IDXIDOCINB` tun. Alle IDocs, die in dieser Tabelle eingetragen sind, verbucht PI selbst, anstatt sie weiterzuleiten.

IDocs können Sie mit dem Report `IDX_SELECT_IDOCTYP_WITHOUT_IS` einfügen. Bereits eingetragene IDocs können mithilfe des Reports `IDX_DELETE_IDOCTYP_WITHOUT_IS` wieder entfernt werden.

11.8 Neuerungen seit SAP Process Integration 7.3

Alles bisher Beschriebene bezieht sich auf die allgemeinen Informationen, die ermittelt werden müssen, um in PI ein IDoc zu verarbeiten. Wenn bereits adapterspezifische Informationen erwähnt wurden, handelte es sich stets um den IDoc-Adapter auf der ABAP-Seite von SAP Process Integration.

Release 7.3

Alle bisher besprochenen Informationen gehen auch von einer Double-Stack-PI-Installation aus, bei der sowohl der ABAP- als auch der Java-Stack von PI installiert sind. Bis Release 7.1 war dies die einzige Möglichkeit, PI zu betreiben. Mit dem Release 7.3 ist es aber ebenso möglich, über eine Single-Stack-PI-Installation zu verfügen, in der nur die Java-Seite installiert ist. Diese Variante nennt sich dann *Advanced Adapter Engine Extended* (AEX).

In diesem Abschnitt erfahren Sie nun, welche zusätzlichen Funktionen das Release 7.3 im Bereich der IDoc-Kommunikation zur Verfügung stellt.

11.8.1 IDoc_AAE-Adapter

Zusätzlich zum bisherigen IDoc-Adapter, der sich auf der ABAP-Seite von SAP Process Integration befindet, liefert SAP mit diesem Release einen zweiten IDoc-Adapter aus, der Bestandteil der Adapter Engine ist und somit auf der Java-Seite liegt.

IDoc_AAE-Adapter im Java-Anteil von PI

Auch dieser IDoc-Adapter arbeitet mit tRFC, jedoch ist dieser IDoc_AAE-Adapter in Java programmiert und muss daher über Destinationen vom Typ T (TCP/IP) mit den Backend-Systemen kommunizieren, anstatt wie der ABAP-IDoc-Adapter mit Destinationen vom Typ 3 (ABAP).

Da es zusätzlich nun auch einen HTTP_AAE-Adapter gibt, ist die Auswahl der Adapter in der Adapter Engine gewachsen. In Abbildung 11.10 sehen Sie alle nun von SAP ausgelieferten Adapter. Nach wie vor gibt es von anderen Anbietern zusätzliche Adapter, die Sie im SAP Developer Network (*http://sdn.sap.com*) finden können.

Von SAP ausgelieferte Adapter in Release 7.3

Für den IDoc_AAE-Adapter benötigen wir nun wie für alle Adapter der Adapter Engine auch im Fall, dass ein IDoc an SAP Process Integration gesendet wird, einen Sender-Kommunikationskanal und dazu passend eine Sendervereinbarung.

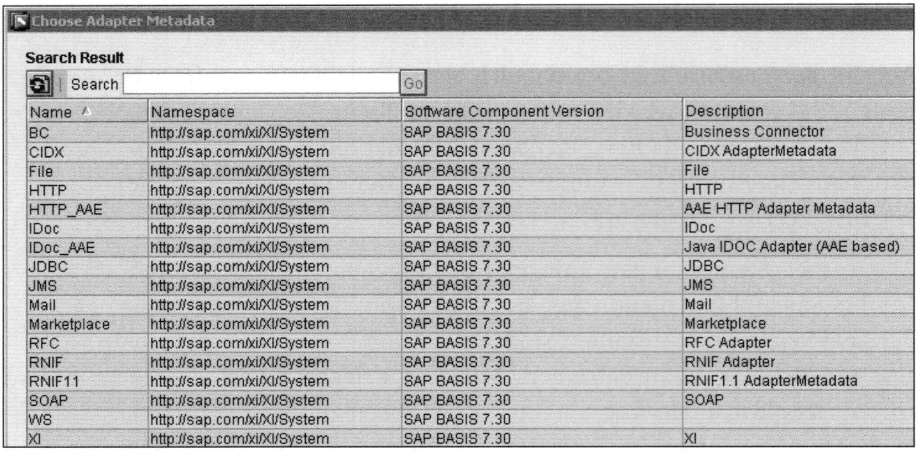

11 | IDocs in Verbindung mit SAP Process Integration und SAP Process Orchestration

Name	Namespace	Software Component Version	Description
BC	http://sap.com/xi/XI/System	SAP BASIS 7.30	Business Connector
CIDX	http://sap.com/xi/XI/System	SAP BASIS 7.30	CIDX AdapterMetadata
File	http://sap.com/xi/XI/System	SAP BASIS 7.30	File
HTTP	http://sap.com/xi/XI/System	SAP BASIS 7.30	HTTP
HTTP_AAE	http://sap.com/xi/XI/System	SAP BASIS 7.30	AAE HTTP Adapter Metadata
IDoc	http://sap.com/xi/XI/System	SAP BASIS 7.30	IDoc
IDoc_AAE	http://sap.com/xi/XI/System	SAP BASIS 7.30	Java IDOC Adapter (AAE based)
JDBC	http://sap.com/xi/XI/System	SAP BASIS 7.30	JDBC
JMS	http://sap.com/xi/XI/System	SAP BASIS 7.30	JMS
Mail	http://sap.com/xi/XI/System	SAP BASIS 7.30	Mail
Marketplace	http://sap.com/xi/XI/System	SAP BASIS 7.30	Marketplace
RFC	http://sap.com/xi/XI/System	SAP BASIS 7.30	RFC Adapter
RNIF	http://sap.com/xi/XI/System	SAP BASIS 7.30	RNIF Adapter
RNIF11	http://sap.com/xi/XI/System	SAP BASIS 7.30	RNIF1.1 AdapterMetadata
SOAP	http://sap.com/xi/XI/System	SAP BASIS 7.30	SOAP
WS	http://sap.com/xi/XI/System	SAP BASIS 7.30	
XI	http://sap.com/xi/XI/System	SAP BASIS 7.30	XI

Abbildung 11.10 SAP Process Integration 7.3 – Adapter

Sender-Kommunikationskanal für den IDoc_AAE-Adapter

Für Abbildung 11.11 wurde ein solcher Kommunikationskanal angelegt. Für die Eingabe der Anmeldedaten gibt es mehrere Möglichkeiten: entweder manuell, wie es hier erfolgt ist; oder mit einer Default-Einstellung, die auf eine RFC-Destination im SAP NetWeaver Administrator (NWA) zeigt; oder direkt mit einer NWA-Destination. Der SAP NetWeaver Administrator ist die Administrationsoberfläche des Java-Stacks von SAP Process Integration. Für die beiden letzteren Fälle muss eine solche Destination angelegt werden. Dies wird im nächsten Abschnitt allgemein erklärt.

Registrierung am Gateway mit Programm-ID

Bei der Aktivierung dieses Kommunikationskanals registriert sich SAP Process Integration mit einem Client, der den Namen der Programm-ID in Abbildung 11.11 trägt, am Gateway des angegebenen Servers und kann dann von dort in einer TCP/IP-Destination über diesen Programmnamen angesprochen werden. Wie alle Kommunikationskanäle finden Sie auch den IDoc-Sender-Kommunikationskanal zum `IDoc_AAE`-Adapter im Integration Directory. Hier können Angaben zu eventuell erfolgenden Rückmeldungen per `ALEAUD`-IDoc vorgenommen werden.

Wie Sie in Abbildung 11.12 unter `Acknowledge Parameters` sehen, ist es zunächst möglich, zu entscheiden, ob überhaupt Acknowledgements erwartet werden. Im Gegensatz dazu werden mit dem `ABAP-IDoc`-Adapter stets automatisch technische Acknowledgements gesendet, und es werden auch immer potenziell beide Arten von Acknowledgements erwartet.

11.8 Neuerungen seit SAP Process Integration 7.3

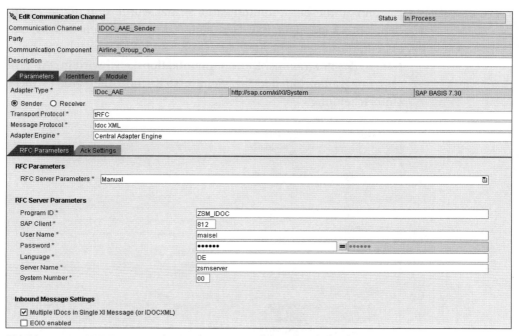

Abbildung 11.11 RFC-Parameter des Sender-Kommunikationskanals für den IDoc_AAE-Adapter

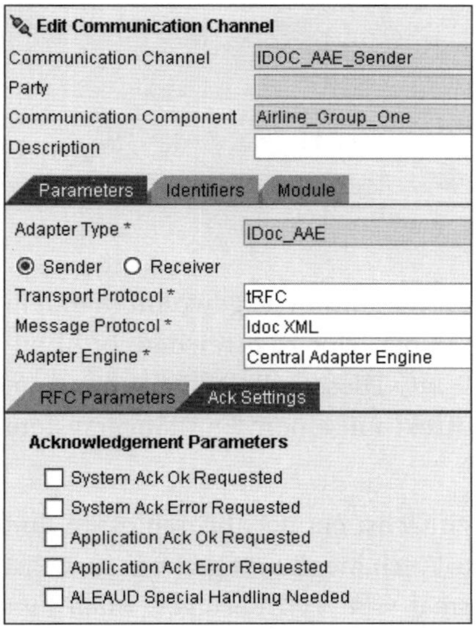

Abbildung 11.12 Acknowledgement-Einstellungen zum IDoc_AEE-Sender-Kommunikationskanal

RFC-Destination im sendenden System

Passend zu diesem Kommunikationskanal wurde nun die in Abbildung 11.13 gezeigte RFC-Destination im sendenden SAP-System erstellt. Beachten Sie hier die Groß- und Kleinschreibung beim Namen des Programms. Der Kommunikationskanal wird in SAP Process Integration auf der Java-Seite erstellt, und hier gibt es diese Unterscheidung.

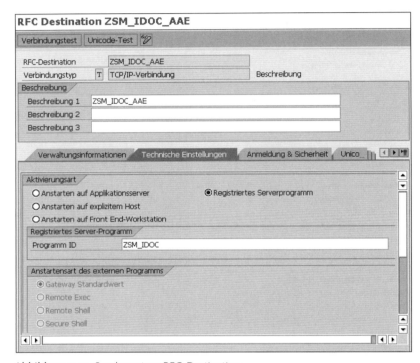

Abbildung 11.13 Sendersystem RFC-Destination

Verwendung der RFC-Destination

Die eben angelegte RFC-Destination wird nun wie gewohnt in einem Port vom Typ RFC verwendet, um PI per IDoc zu erreichen. In Abbildung 11.14 sehen Sie den Port ZSM1. Diesem Port sieht man nun nicht mehr an, ob er mit PI oder direkt mit einem Empfängersystem kommuniziert.

Empfänger-Kommunikationskanal vom Typ IDoc_AAE

Damit haben wir die Senderseite zunächst einmal abgeschlossen und wenden uns der Empfängerseite zu. Auch hier benötigen wir zunächst einen Kommunikationskanal, diesmal vom Typ Receiver. Auch hier wurde wieder manuell eingetragen, wie das System erreicht wird, an das PI über den IDoc_AAE-Adapter IDocs verschicken soll. Und auch hier gibt es, wie Sie in Abbildung 11.15 sehen, wieder eine Information zu einer Statusmeldung per `ALEAUD`-IDoc. Da wir als Antwort wieder ein IDoc senden, steht hier die Programm-ID, mit der wir einen Sender-Kommunikationskanal von PI erreichen können. Das könnte genauso gut auch der eben angelegte sein.

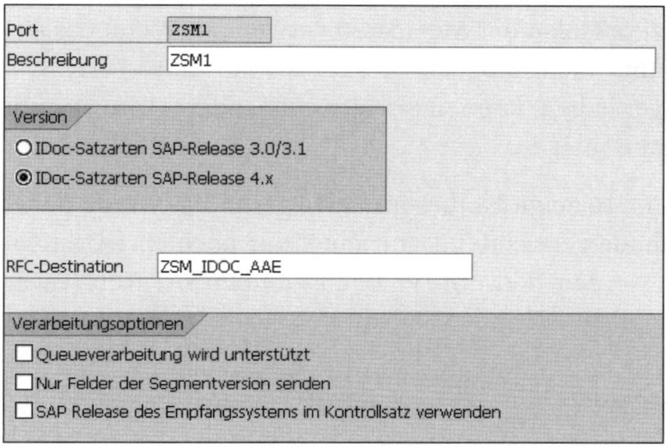

Abbildung 11.14 Port im Sendersystem, der auf diese RFC-Destination zeigt

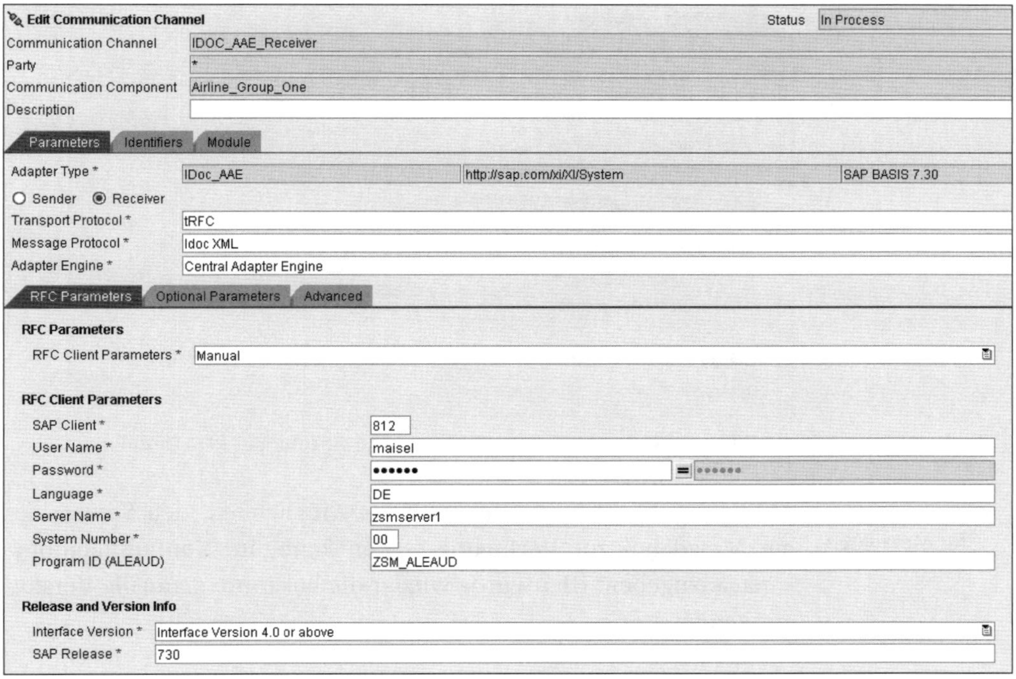

Abbildung 11.15 RFC-Daten im Empfänger-Kommunikationskanal für den IDoc_AAE-Adapter mit manuellem Verbindungseintrag

Herkunft der Metadaten

Auf der Registerkarte OPTIONAL PARAMETERS werden die Informationen dazu gepflegt, woher Sie die Metadaten für die Übersetzung des IDocs zur Laufzeit erhalten. Falls Ihr System ein SAP NetWeaver Application Server ABAP ist, können Sie diesen Bereich ohne Markierung lassen, und es werden dieselben Angaben wie zum Senden des IDocs auch zum Holen der Metadaten verwendet. Wenn das aus irgendeinem Grund nicht möglich ist oder Sie ein Third-Party-System als Empfänger haben, können Sie hier eine andere Adresse zum Holen dieser Daten pflegen.

Wie Abbildung 11.16 zeigt, ist dies hier erfolgt, und es wurde dabei die Default-Methode verwendet. Dann muss nur noch eine Destination eingetragen werden, die vom Typ RFC ist und im SAP NetWeaver Administrator gepflegt ist.

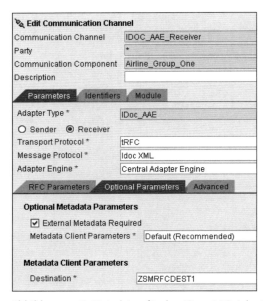

Abbildung 11.16 Metadaten für den IDoc_AAE-Adapter per RFC-Destination

Manuelle Angabe für Metadaten

Abbildung 11.17 zeigt ebenfalls eine Möglichkeit, den Server, der die Metadaten zur Verfügung stellen kann, im Kommunikationskanal anzugeben. Hier wurde wieder die bekannte manuelle Version verwendet.

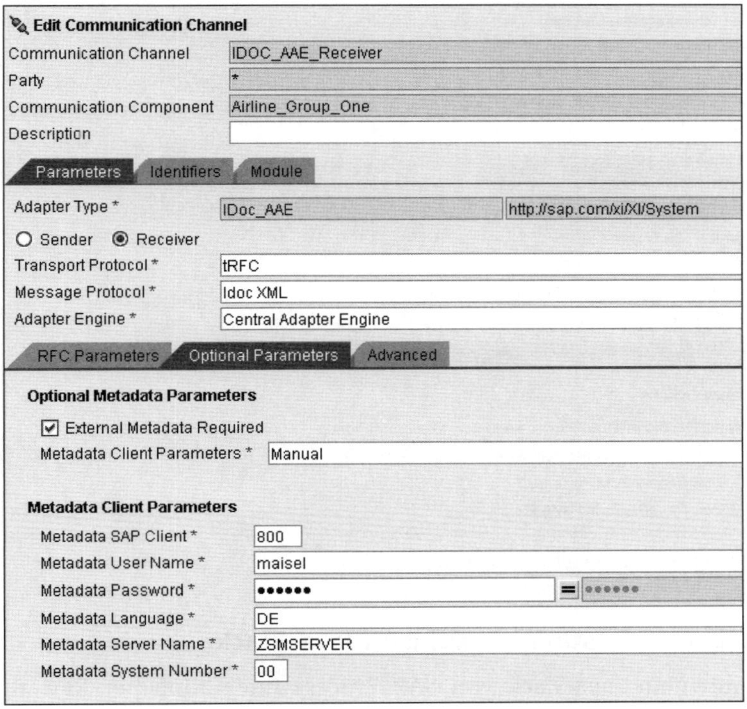

11.8 Neuerungen seit SAP Process Integration 7.3

Abbildung 11.17 Metadaten für den IDoc_AAE-Adapter direkt angeben

Zusätzlich gibt es noch erweiterte Einstellungen. Neu gegenüber dem ABAP-IDoc-Adapter ist hier die Wahlmöglichkeit, ob Sie in der XML-Version des IDocs überhaupt einen Kontrollsatz haben möchten oder ihn nur im IDoc selbst benötigen. Diese Einstellung setzt natürlich voraus, dass während des Mappings des IDocs keine Notwendigkeit besteht, auf den Kontrollsatz zuzugreifen, da während des Mappings nur die XML-Version der Nachricht zur Verfügung steht. In Abbildung 11.18 habe ich mich daher für die Version mit XML-Kontrollsatz entschieden.

Angaben zum Handling des Kontrollsatzes

Beachten Sie hier, dass an allen Stellen, an denen Anmeldedaten direkt angegeben wurden, auch die Verwendung einer RFC-Destination möglich ist. Wie in Abbildung 11.16 für die Bereitstellung der Metadaten gezeigt, ist dies sogar oft die Default-Einstellung. Da wir uns hier aber auf der Java-Seite befinden, handelt es sich wieder um eine Java-RFC-Destination, die im SAP NetWeaver Administrator eingestellt wird.

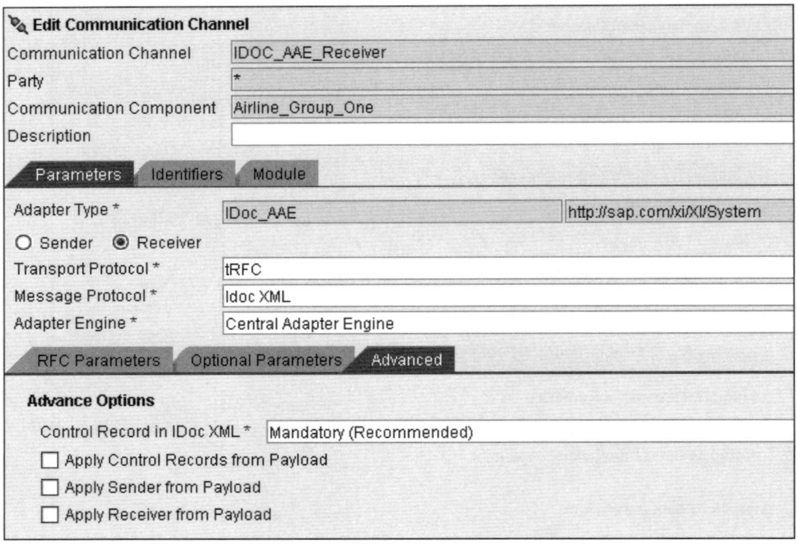

Abbildung 11.18 Erweiterte Einstellung

11.8.2 RFC-Destination auf dem Java-Stack

Um mit dem Java-Stack von SAP Process Integration per RFC zu kommunizieren, ist es notwendig, auch hier RFC-Destinationen anzulegen. Dies geschieht im SAP NetWeaver Administrator (NWA).

SAP NetWeaver Administrator

Der SAP NetWeaver Administrator ist das browserbasierte Administrationstool für den SAP NetWeaver Application Server. Sie erreichen ihn unter *http://<Host>:<Port>/nwa*. Dabei geben Sie für den Host den Rechner an, auf dem Ihre Java-Instanz installiert ist, und als Port die Nummer des Ports, unter dem diese Maschine HTTP-Anfragen annimmt. Häufig ist diese *5<Instanznummer>00*, das heißt 50000 bei einer Instanz 00.

Wizard zur Erzeugung von Destinationen

Von hier aus finden Sie die Destinationen entweder unter CONFIGURATION MANAGEMENT • SECURITY • DESTINATIONS oder unter CONFIGURATION MANAGEMENT • INFRASTRUCTURE • DESTINATIONS. Wenn Sie dort CREATE auswählen, öffnet sich ein Wizard, der Sie nach allen relevanten Daten fragt. Dabei werden zunächst die allgemeinen Daten angegeben, die Sie in Abbildung 11.19 sehen. Außer dem gewählten Typ RFC für ein SAP-System steht natürlich auch noch HTTP zur Auswahl.

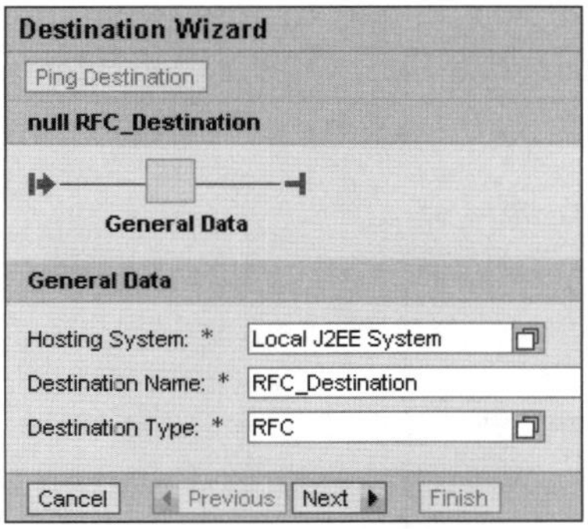

Abbildung 11.19 Grunddaten RFC-Destination Java

Im zweiten Fenster geben Sie dann die eigentlichen Verbindungsdaten ein. Es wird zwischen einer Verbindung mit Lastverteilung und einer ohne Lastverteilung unterschieden. In Abbildung 11.20 wurde zunächst einmal die Methode mit Lastverteilung (LOAD BALANCING) gewählt. Dabei wird nicht explizit angegeben, auf welchem Applikationsserver die Anmeldung erfolgen soll, sondern stattdessen wurde mit einer Logon-Gruppe gearbeitet (Feld LOGON GROUP).

Verarbeitung mit Lastverteilung

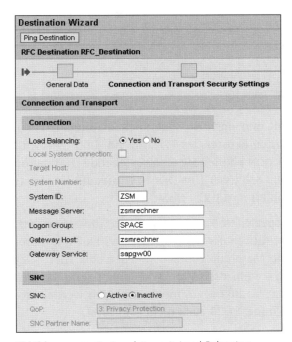

Abbildung 11.20 Systemdaten mit Load Balancing

Verarbeitung ohne Lastverteilung Arbeiten Sie ohne Lastverteilung, fällt die Logon-Gruppe weg, und Sie müssen die Systemdaten explizit angeben. Dies sehen Sie in Abbildung 11.21.

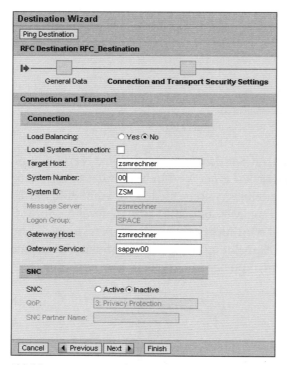

Abbildung 11.21 Systemdaten ohne Load Balancing

Anmeldedaten In beiden Fällen fehlen nun noch die eigentlichen Anmeldedaten. Diese geben Sie im dritten Fenster des Wizards ein. Im Bereich für die REPOSITORY CONNECTION können Sie eine bestehende Destination auswählen oder mit dem Schlüssel THIS DESTINATION auf Ihre eigene zeigen. So ist es für Abbildung 11.22 erfolgt.

Verbindungsparameter Schließlich geben die speziellen Verbindungsdaten, die Sie im letzten Fenster einpflegen, Aufschluss darüber, wie viel Last mit dieser RFC-Destination auf die Maschine gebracht werden soll. Hier ist es auch möglich, einen Trace einzuschalten. Wie immer sollte das aus Performancegründen in Produktivsystemen vermieden werden, sodass dies hier für Abbildung 11.23 auch nicht erfolgt ist.

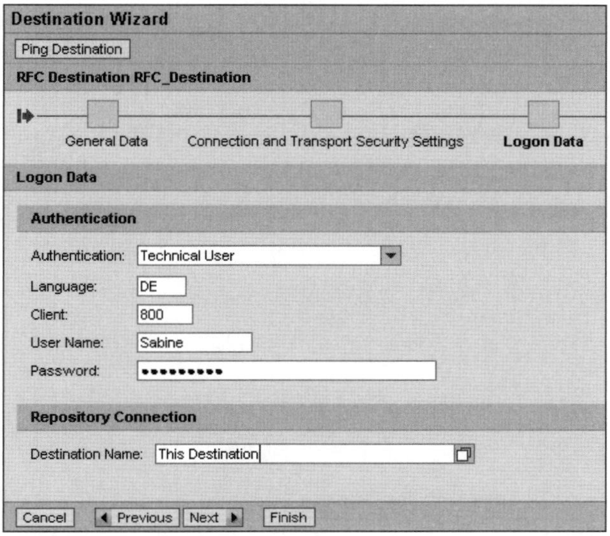

Abbildung 11.22 Logon-Daten

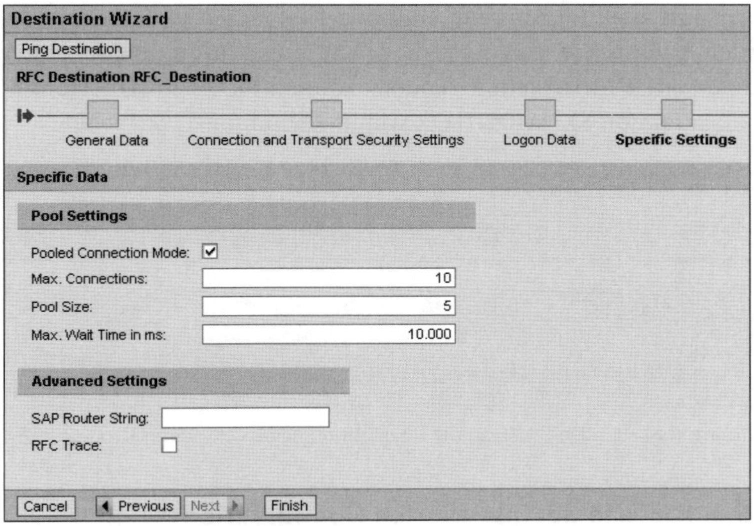

Abbildung 11.23 Spezielle Verbindungsparameter

Über den Button FINISH können Sie nun das Anlegen der RFC-Destination beenden. Um sicherzugehen, dass die Einstellungen stimmen, können Sie einen Ping durchführen. Abbildung 11.24 zeigt, dass die Verbindung zum Zielsystem erfolgreich war.

Ping zum Test der Destination

11 | IDocs in Verbindung mit SAP Process Integration und SAP Process Orchestration

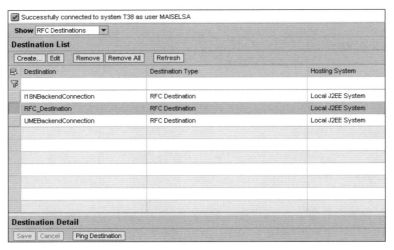

Abbildung 11.24 Ping zur Überprüfung der Daten

IDoc im Monitoring

Damit können Sie nun die Kommunikationskanäle verwenden, um ein Konfigurationsszenario zu erstellen, bei dem IDocs sowohl im Eingang als auch im Ausgang über den IDoc_AAE-Adapter versendet werden. Wenn Sie das IDoc über die Integration Engine einer Double-Stack-PI-Installation senden, können Sie es in der Monitoring-Transaktion SXI_MONITOR wie in Abbildung 11.25 sehen.

Abbildung 11.25 Per IDoc_AAE an die Integration Engine gesendetes IDoc

11.8.3 IDocs in der integrierten Konfiguration

AEX ab Release 7.3

Mit dem auf Java basierenden und auf der Adapter Engine liegenden IDoc_AAE-Adapter ist es nun möglich, eine direkte Kommunikation ohne Integration Server zu verwenden, wenn IDocs beteiligt sind. Und solche direkten Kommunikationen können dann auch in der ab Release 7.3 möglichen Java-Single-Stack-AEX-Installation (Advanced Adapter Engine Extended) eingesetzt werden. Voraussetzung ist allerdings, dass kein ABAP-Mapping verwendet wird.

Bei einer direkten Kommunikation haben Sie nicht mehr die Unterteilung in die einzelnen Konfigurationsobjekte, sondern Sie füllen die einzelnen Unterpunkte in Unterbildern des Objekts INTEGRATED CONFIGURATION aus.

In Abbildung 11.25 sehen Sie ein sendendes Interface, das TXTRAW-IDoc, das Sie bereits kennengelernt haben. Auf der Registerkarte INBOUND PROCESSING (siehe Abbildung 11.26) wurde der angelegte Sender-Kommunikationskanal eingetragen.

Senderinformation

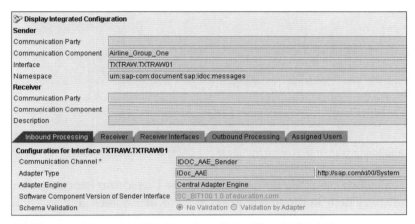

Abbildung 11.26 Integrierte Konfiguration mit dem IDoc_AAE-Adapter

Auf der Registerkarte RECEIVER geben Sie an, welche COMMUNICATION COMPONENT die Nachricht erhalten soll. Wie Sie in Abbildung 11.27 sehen können, wurde dasselbe Business-System gewählt, das die Nachricht auch versendet hat. Im wahren Leben kommt das sicher nicht so häufig vor, aber für dieses Beispiel genügt es vollkommen.

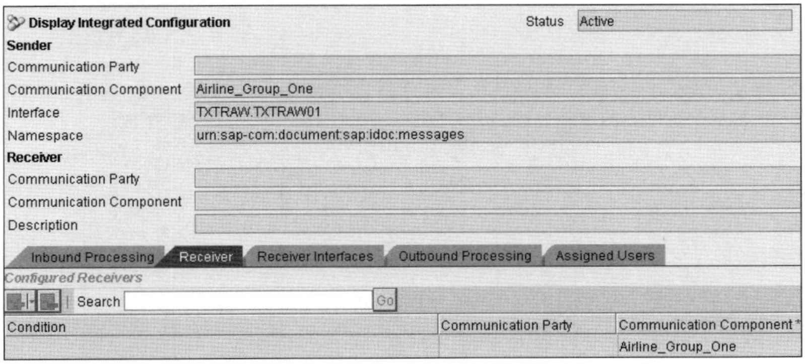

Empfängerinformation

Abbildung 11.27 Empfängerdaten in der integrierten Konfiguration

11 | IDocs in Verbindung mit SAP Process Integration und SAP Process Orchestration

Integrierte Interface-Ermittlung

Als Nächstes wurde auf der Registerkarte RECEIVER INTERFACES angegeben, mit welchem Interface (hier `TXTRAW.TXTRAW01`) und welchem Mapping (wir brauchen hier keins, daher ist das Feld leer) an den Empfänger (hier `Airline_Group_One`) gesendet werden soll (siehe Abbildung 11.28).

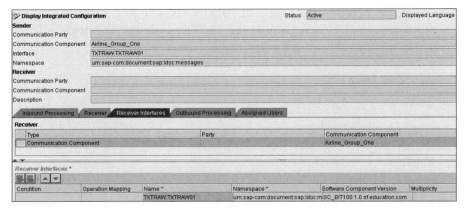

Abbildung 11.28 Interface-Ermittlung in der integrierten Konfiguration

Empfängerinformationen

Schließlich geben Sie auf der Registerkarte OUTBOUND PROCESSING an, mit welchem Kommunikationskanal und damit auch mit welchem Adapter die Nachricht weitergeleitet werden soll. Abbildung 11.29 zeigt den Verweis auf den Empfänger-Kommunikationskanal, den wir zuvor angelegt haben, und somit auf den `IDoc_AAE`-Adapter.

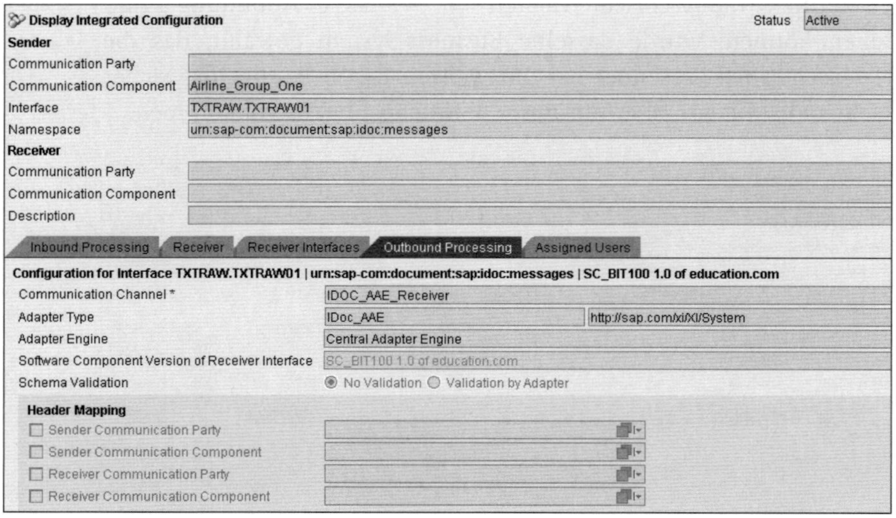

Abbildung 11.29 Empfängeradapter in der integrierten Konfiguration

Diese Nachricht sehen Sie nun nicht mehr im Monitoring der Integration Engine, da sie die Adapter Engine nie verlassen hat. Im MESSAGE MONITORING der Runtime Workbench (RWB) ist sie im Fall einer Double-Stack-PI-Installation aber sichtbar, wenn Sie auf der Adapter Engine suchen. In Abbildung 11.30 sehen Sie zwei Nachrichten, die auf diese Weise verschickt wurden.

IDoc in der Runtime Workbench

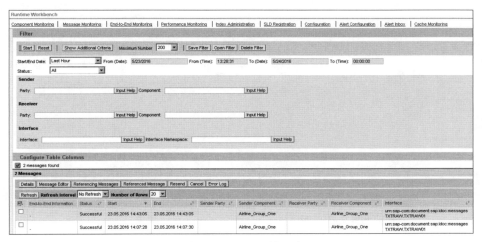

Abbildung 11.30 IDoc im Monitoring der Runtime Workbench

11.9 Neue Monitoring-Funktionen seit SAP Process Integration 7.3

Da die Runtime Workbench in einer Advanced Adapter Engine Extended nicht zur Verfügung steht, gibt es in PI 7.3 noch zusätzliche Möglichkeiten. Sie erreichen das allgemeine PI-Monitoring unter *http://<Host>:<Port>/pimon*. In Abbildung 11.31 sehen Sie mehrere Nachrichten in diesem PI-Monitor und im unteren Bereich die Details der markierten Nachricht. Wenn Sie eine Single-Stack-Java-Installation von PI verwenden, können Sie nur hier Nachrichten monitoren, da es keinen ABAP-Stack gibt.

Monitoring in der Advanced Adapter Engine Extended

Auch Informationen zu den Log-Dateien, die PI zu einer bestimmten Nachricht schreibt, sind von hier zugänglich. In Abbildung 11.32 wurde der entsprechende Bereich aufgeklappt. Hier sehen Sie, welche Schritte mit der Nachricht im Einzelnen durchgeführt wurden.

Ansicht Log-Dateien

Abbildung 11.31 Monitoring-Message-Inhalt

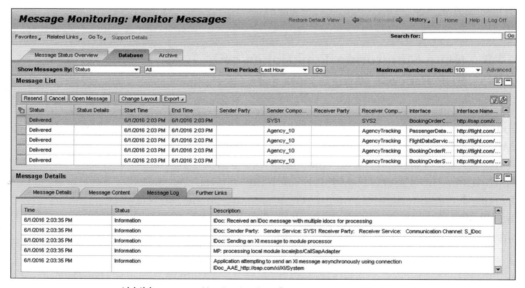

Abbildung 11.32 Monitoring Log-Daten

Zusätzlich zu diesem Monitoring, das für alle Nachrichten möglich ist, gibt es auch die Alternative, sich spezielle Informationen zu IDocs anzeigen zu lassen. Diese Funktion war auf der Java-Seite bisher nicht notwendig, da IDocs hier nie aufgetreten sind. Mit Einführung des `IDoc_AAE`-Adapters steht diese Funktion jedoch zur Verfügung. Wie Sie in Abbildung 11.33 sehen können, werden hier nur IDocs angezeigt und keine anderen Nachrichten.

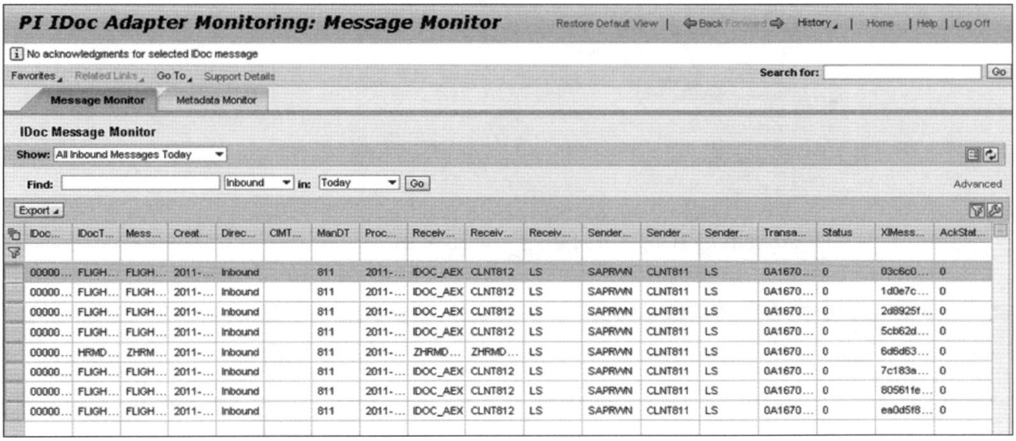

IDoc-Monitoring in der Adapter Engine

Abbildung 11.33 IDoc-Monitoring in der Advanced Adapter Engine Extended

Auf der Registerkarte IDOC MESSAGE DETAILS, die Sie über das gleichnamige Register öffnen können, sehen Sie die gesamte Nachricht, falls Ihnen die Informationen der Übersicht nicht ausreichen (siehe Abbildung 11.34).

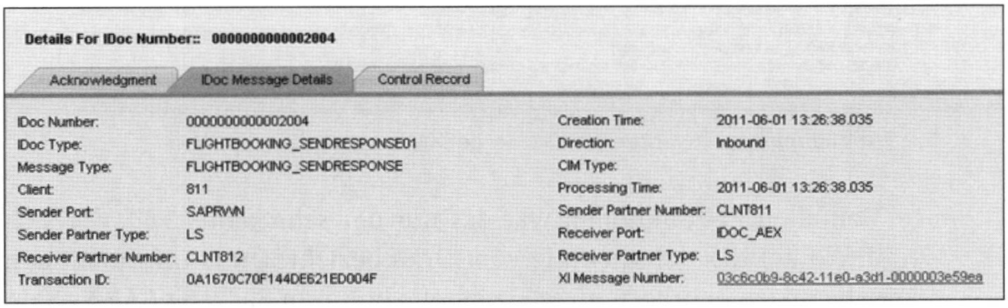

Detailanzeige

Abbildung 11.34 Message-Details im IDoc-Monitor

Interessieren Sie sich besonders für den Kontrollsatz, können Sie sich auch diesen separat anzeigen lassen (siehe Registerkarte CONTROL RECORD in Abbildung 11.35). Falls Sie es wünschen, können Sie

Kontrollsatz und XML-Anzeige von IDocs

auch eine Nachricht als XML exportieren (siehe Abbildung 11.36). Dies geht über den Auswahlpunkt ADVANCED, den Sie in Abbildung 11.33 rechts oberhalb der Liste sehen. Darüber können Sie die Nachricht auch Personen zukommen lassen, die keinen direkten Zugriff auf das PI-System haben.

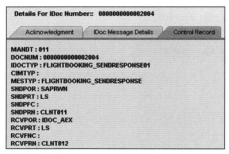

Abbildung 11.35 Anzeige des Kontrollsatzes

Abbildung 11.36 Exportiertes IDoc in der XML-Anzeige

Von allen PI-Funktionen war das nur der sehr kleine Teil, der sich direkt auf die Verarbeitung von IDocs bezieht. Diese Informationen sollen dazu beitragen, dass Sie bereits in Ihrem Backend-SAP-System auf die Belange von PI eingehen können. Darüber hinaus wird sich mit diesem Wissen die Kommunikation zwischen den PI-Administratoren und PI-Entwicklern vereinfachen.

Die Autorin

Sabine Maisel hat an der Universität Stuttgart Luft- und Raumfahrttechnik studiert. Nach dem erfolgreichen Studium war sie zunächst als Systemadministratorin und Entwicklerin für die Perkin Elmer GmbH tätig. Seit 1996 arbeitet sie als SAP-Beraterin in den Bereichen Interface-Technologien und ABAP-Entwicklung, zunächst bei der Schweizer SLI AG, dann als geschäftsführende Gesellschafterin der OMC GmbH in Überlingen.

Seit 2000 ist sie als freiberufliche Beraterin für Schnittstellen, kundenspezifische Entwicklung und Archivierung tätig (*www.maisab.de*).

Zu ihren Kunden zählt die SAP AG, für die sie als Referentin im Bereich Interface-Technologien mit SAP NetWeaver und ABAP tätig ist. Für die Branchenlösung AFS (Apparel and Footwear Solution) hat sie im Auftrag von SAP sowohl entwickelt als auch Kundenprojekte begleitet.

Im Bereich Anbindung von Fremdsystemen an SAP hat sie zahlreiche, auch internationale Projekte betreut und eigene Interfaces entwickelt.

Ihre Tätigkeitsschwerpunkte sind:

- Integration von SAP-Systemen mit IDocs, SAP Process Integration und SAP Process Orchestration
- ABAP-Entwicklung
- Archivierung
- Referententätigkeiten in den genannten Bereichen

Index

A

A_T_COMPLEX_MATNR 166
ABAP Dictionary 156
ABAP-Programmierschnittstelle 65, 69
ABAP-PSS 65
ABAP-PSS-Port 69
Acknowledgement 221, 344
Adapter 336
Advanced Adapter Engine Extended 343, 354
AEX 343, 354
Agentur 339
AIF → Application Interface Framework
/AIF/CUST 254
/AIF/ERR 251
/AIF/IDOC_GEN 255
/AIF/IDOC_GEN_IF_AND_STR 253, 254
/AIF/IDOC_INBOUND_PROCESS 252
/AIF/IFMON → Interface Monitor
/AIF/STD_IDX_TBL 272
/AIF/T_ALRT_DEF 275
/AIF/TIDOC_STR 256
AIF-Indextabelle 272
Aktivierungsicon 129
ALE 20
   Dienst 52, 102, 113, 114
   Geschäftsprozess 20, 22
   Kommunikationsschicht 40
   Szenario 20, 22
   Verteilung 188
ALE_CONVERT_FIELDS 113
ALE_IDOC_SERVICES_APPLY_IN 114
ALE_IDOC_SERVICES_APPLY_OUT 114
ALE_MODEL_DETERMINE_IF_TO_SEND 188
ALE_PROCESSING 57, 58
ALE_SERIAL_KEY2CHANNEL 238
ALE00001 149
ALEAUD 221, 321
ALEAUD-IDoc 226
ALE-Audit 221
   Status 39 223
   Status 40 223
   Status 41 223
ALE-Customizing → SALE
ALE-Dienst 106, 148
ALEREQ01 49
Alert Framework 265
ALE-Schnittstelle
   BAPI 205
   Funktionsbaustein 206
alle Felder 81
ALPHA 112
ALV 323
Änderungsbeleg 35
Änderungszeiger 36, 149, 166
   Einschränkung 152
   für reduzierten Nachrichtentyp 46
   generell aktivieren 36
   pro Nachrichtentyp 37
anforderndes IDoc 48
ANSI ASC X12 32
Anwendungssatz 26
API 22
Application Acknowledgement 221
Application Interface Framework 249
Application Link Enabling → ALE
Application Programming Interface 22
ApplicationObjectID 211
Applikation 50
Archivdatei 318
archivierbarer IDoc-Statuswert 312
Archivierungsobjekt, IDOC 313
Archivierungssystem 312
Archivinformationssystem 318
Archivinfostruktur 318
Art der Verarbeitung 225
asynchrone Schnittstelle 21
Attribut
   BEGIN 334
   SEGMENT 335
AUD1 221
Aufgabe, generelle 213, 214, 216
Aufgabentyp 211

Index

Ausgangspartnervereinbarung 51
Ausgangsschnittstelle 20

B

BAdI 121
   filterabhängiges 135
   IDoc-Copymanagement-Tool 77, 153
   implementieren 133
   implementierende Klasse 143
   klassisches 133
   mehrfach verwendbares 135
   Methode 135
   neues 140
BADI_MATMAS_ALE_CR 135
BAdI-Interface 121, 143
BAPI 22, 55
BAPI_IDOC_INPUT1 55
BAPI_IDOC_INPUTP 55
BAPI_TRANSACTION_COMMIT 23
BAPI_TRANSACTION_ROLLBACK 23
BAPI-Freigabe 23
BAPIRETM 206
BAPIRETS 206
BAPP 55
Basistyp 95, 157, 181
BD10 47
BD100 241, 242
BD101 240
BD102 243
BD103 243
BD104 238
BD105 238
BD40 233
BD41 234
BD42 235
BD43 236
BD44 232
BD51 200
BD52 37
BD53 44, 46
BD54 31
BD55 113
BD56 105
BD57 237, 238
BD58 118
BD59 102
BD60 39, 41, 43, 97, 98, 167, 185
BD62 110
BD64 31, 48, 96
BD65 43
BD66 39
BD68 100
BD79 110
BD87 29, 75, 100, 193, 201, 213, 290, 292, 324
BD95 102, 237
BD97 56
BDA4 209
BDBG 30, 54, 205
BDCP 41
BDCP_BEFORE_WRITE 151
BDCP2 41
BDCPMIG 42
BDCPS 41
BDFG 206
BDSER 236
Bearbeiterzuordnung 216
Bearbeitung, keine weitere 321
BEGIN 334
Beispieldatei 84
Beispielklasse 143
Belegnummer 237
Beschreibung
   semantische 20
   technische 20
betriebswirtschaftlicher Fehler 25
Bewegungsdaten 33
BF01 130
BF05 130
BOMMAT 238
BOR 23, 201
Branchenlösung 137
Breakpoint 140
BTE 121, 130
Buchungskreis, globaler 114
Büroeingang 297
BUS1001006 201
Business Add-in → BAdI
Business Application Programming Interface → BAPI
Business Object Repository 23, 201
Business Transaction Event 121, 130
Business-Objekttyp 23, 289
Business-Objekttyp, Verknüpfung 185
Business-System 333, 338

C

CALL FUNCTION 'OPEN_FI_PERFORM_XXXXXXXX_E' 130
C-Datei 28
CHANGE_POINTERS_CREATE 36
CHANGE_POINTERS_CREATE_DIRECT 36
CHANGE_POINTERS_CREATE_LONG 36
CHANGEDOCUMENT_CLOSE 35, 36
CHANGEDOCUMENT_OPEN 35
Change-Pointer → Änderungszeiger
CIMTYP 124
CL02 100
CL20N 100
CMOD 125
COMMIT 122
Communication Component 333, 355
CONDENSE 186, 190
CONVERSION_EXIT_ALPHA_OUTPUT 112
Conversion-Exit 112
Customer-Exit 120, 123
CUSTOMER-FUNCTION 123
Customizing 119

D

Dateiport 62, 84, 170
Datenfluss 213
Datenquelle 317
Datensatz 26
Datumsfeld 186
Debugging, IDoc-Testwerkzeug 83
Definitionsphase 79
Dezimalzahl 186
Dialogaufruf 56
Dienst zum Objekt 290
direkte Kommunikation 354
direkte Transaktion 186
Document Type Description 28, 66
DTD 28, 66
Dun & Bradstreet Number 339
DUNS 339

E

E1TXTRW 228
EBCDIC 65
EDI 31, 176
EDI_PROCESSING 50, 57
EDI_SEGMENTS_GET_ALL 65
EDIFACT 27, 32, 177
EDIS 92, 208
Editiermodus 80
eigenes Objekt, Namensregel 45
Eingabehilfe 103, 175
Eingangskorb, integrierter 229
Eingangsschnittstelle 20
Eingangsverarbeitung, per Datei 84
einheitliche Signatur 195
Einschränkung, Änderungszeiger 152
Einzeleingang 200
Electronic Data Interchange 31, 176
Element IDOC 334
E-Mail
 Sammel-E-Mail 299
 Weiterleitung von Workflows 292
Empfänger 31
Empfänger-Kommunikationskanal 339, 341, 356
Empfängerport 58
Empfängervereinbarung 340
Endereignis 213
Enhancement 121, 136
 dynamisches 148
 explizites 137, 138
 implizites 145
 Point 137
 Section 137
 Spot 121, 137, 141
 statisches 148
Enterprise Services Repository 334, 338
Entwicklungsumgebung 338
EOIO 243
Equally Once In Order 243
erlaubter Bearbeiter 227
Erweiterung 126
 Freigabe 160
 implizite 121
 Kennzeichen 157
 Partnervereinbarung 163
 Projekt 120
 Prüfung 161
Erweiterungsimplementierung 141
Erweiterungstechnik 95
Erweiterungstyp 157
Erzeugung, Segment 154

ESR 334, 338
Exit 119, 120
EXIT_SAPLBD11_001 149
EXIT_SAPLMV01_002 124
Exit-Funktionsgruppe 129
explizites Enhancement 137, 138
Extended Binary Coded Decimals Interchange Code 65
Extensible Markup Language → XML
externes Format 178

F

Fehler
  betriebswirtschaftlicher 25
  technischer 24
Fehlervorgangscode 92
Fehler-Workflow 208, 209, 321
Fehler-Workflow, Anbindung 199
Felder, alle 81
Fetch-IDoc 48
FI → SAP-Finanzwesen
FIBF 131
FIDCMT 118
FILE 171
File 28
filterabhängiges BAdI 135
Filtergruppe 96
Filterobjekt 96, 101, 104
  Kundenverteilungsmodell 105
  Verknüpfung 96
Filterung 95
  Klassenzugehörigkeit 98
  Muss-Segment 97
  optionales Segment 96
  positive 104
flache Datei 28
flache Datei, Verwendung im Testwerkzeug 80
Freigabe, BAPI 23
Funktionsbaustein
  ABAP-PSS-Port 65
  Auswertung von Änderungszeigern 39
  Dateinnamengenerierung 170
  Eingabe 82
  IDoc-Copymanagement-Tool 65, 69
  Queue-Name 245
  Segmentermittlung 65

Test 83
XML-Datei-Ausgang 66
XML-Datei-Eingang 66

G

generelle Aufgabe 214, 216
generelle Regel 112
genereller Methodenaufruf 56
Geschäftsbereich, globaler 114, 117
GET*BADI 141
Gleitpunktzahl 186
GLN 339
Global Location Number 339
globaler Buchungskreis 114
globaler Geschäftsbereich 114, 117
GMP 312
GoBD 312, 321
Go-live-Check 304
Good Manufacturing Practice 312

H

Handler-Klasse 133
HCM → SAP ERP HCM
Header-Mapping, SAP Process Integration 340
Header-Satz 26
HTML 28
HTTP 28
Hypertext Markup Language 28
Hypertext Transfer Protocol 28

I

IDoc 22, 334
  anfordern 48
  Archivierung 314
  reduzieren 105
  Schlüsselwert 290
  Serialisierung 341
  Typ 28
  Überwachung 300
  unterdrücken 97, 104
  Verfolgung 29
  Verknüpfung 290
  versandfertiges 86

IDoc_AAE-Adapter   333, 343, 346, 354, 356
IDOC_COPY_MANAGE   77, 153
IDOC_CRYPT_ONE_FIELD   301, 302
IDOC_DATA_CRYPT   304
IDOC_DATA_MAPPER   304
IDOC_DATE_TIME_GET   29
IDOC_INBOUND_ ASYNCHRONOUS   28
IDOC_INBOUND_ASYNCHRONOUS   62, 342
IDOC_INBOUND_FROM_FILE   63
IDOC_INBOUND_IN_QUEUE   243, 342
IDOC_INPUT_MATMAS01   164
IDOC_REDUCTION_FIELD_REDUCE   189
IDOC_SERIAL_POST   238
IDOC_SERIALIZATION_CHECK   238
IDOC_XML_FROM_FILE   66
IDoc-Administrator   216
IDOCAPPL   209
IDoc-Basistyp   95, 157, 181
IDOCBOMMAT   238
IDoc-Copymanagement-Tool   65, 68, 77, 153
   Kopierregel   72
   Referenzpartner   69
IDoc-Namensraum, PI/PO   334
IDoc-Nummer   210
IDoc-Port, PI/PO   336
IDOCREL   287, 289
IDOCS_OUTPUT_IN_XML_ FORMAT   66
IDOCS_OUTPUT_TO_FILE   63
IDoc-Statusdatei   89
IDoc-Statuswert, archivierbarer   312
IDoc-Testtransaktion, Standardeingangsverarbeitung   82
IDoc-Testwerkzeug, Debugging   83
IDoc-Typ   160
IDX_DELETE_IDOCTYP_WITHOUT_IS   342
IDX_SELECT_IDOCTYP_WITHOUT_IS   342
IDX1   336
IDX2   337
IDXIDOCINB   342
Implementierung   147
Implementierung, BAdI   133

implizite Erweiterung   121
Importing Parameter Unique   197
INBELEG   288
inbound   334
Inbound Processing   355
Inbound-Interface   20
Infostruktur   315, 316
INID   288
INIDOC   288
Initial   186
INPUTERROROCCURRED   212
inputFinished   210, 213
INPUTFOREGROUND   211
Instanz   59
Instanzvariable   133
INT   292
Integrated Configuration   355
Integration Directory   338
integrierter Eingangskorb   229
Interface Monitor   251
Intermediate Document → IDoc
ISO-Code   178, 186

J

Java-RFC-Destination   349

K

Kanalnummer   238
Kanalregistratur   243
KEY   38
Klasse
   Status   99
   Zugehörigkeit   97
Klassenart   98
Klassenbibliothek   135
Klassennamensregel   142
Klassenzugehörigkeit, Filterung   98
Klassifizierung   97
Klassifizierung, gleiche   100
Klassifizierungsdaten   185
klassisches BAdI   133
Kommunikation, direkte   354
Kommunikationsart INT   292
Kommunikationskanal   340
Konditionstechnik   50
Konfiguration   338
Konfigurationsszenario   354

Konstante setzen 111
Kontenplan 115
Kontrollsatz 349
   aus Payload übernehmen 342
   erzeugen 191
Konvertierung 177
Konvertierungsroutine 112
Kopftabelle 173
Kopierregel
   anlegen 72
   IDoc-Copymanagement 72
Kopiervorlage 52
KU, Partnerart 68
Kunde, Segment 154
Kundennamensraum 334
Kundenobjekt, Namensregel 54
Kundenprojekt 125
Kundensegment 155
Kundenverteilungsmodell 31, 96
Kundenverteilungsmodell,
   Filterobjekt 105
Kundenverwaltungsobjekt 131

L

logische Nachricht 184
logischer Systemname 30
logisches System 30
Logon-Gruppe 351
Löschvormerkung 222, 298

M

Mapping, PI/PO 341
Maskierungsfunktion 301, 302
Massentest 84
Massenverarbeitung 200
MASTER_IDOC_DISTRIBUTE 192
MASTERIDOC_CREATE_MATMAS
   124, 137
MASTERIDOC_CREATE_SMD_
   MATMAS 40, 166
MATFET 31, 48
MATMAS 27, 31
MBDCONWF 195
MDMP 60
mehrfach verwendbares BAdI 135
Mehrfachklassifizierung 100
Merkmalsbewertung 100

Message Monitoring 357
Metadaten 336, 348
Metadaten, Cache 336
Metainformation 27
Methode, BAdI 135
Methodenaufruf
   genereller 56
   spezieller 56
MGV00001 126
MGV00100 130
Modifikation 120
MOVE 110
Multi-Indextabelle 272
Multiple Display/Multiple Process 60
Muss-Feld 43
Muss-Segment 158, 181
   Filterung 97
   Prüfung im Testwerkzeug 81
Musterfunktionsbaustein 131

N

NACE 50
Nachbearbeitung, erlaubter
   Bearbeiter 227
Nachricht, logische 184
Nachrichtenart 50
Nachrichtenfindung 50
Nachrichtenfunktion 51
Nachrichtenklasse 325
Nachrichtensteuerung 33, 50, 85, 186
Nachrichtentyp 27, 102, 160, 184
   reduzierter 43
   Segment 102
Nachrichtenvariante 51
Namensraum 254, 334
Namensregel 181
   eigenes Objekt 45
   Kundenobjekt 54
neues BAdI 140
NO_DATA-Zeichen 34
NWA → SAP NetWeaver
   Administrator

O

O1CL 98
Objekt, Partner 338
Objektkanalserialisierung 238, 239

Index

Objektschlüssel 290
Objekttyp, Verknüpfung 290
OBJKEY 289
OBJTYPE 289
Offset 103
Online-Service-System 120
optionales Segment, Filterung 96
ORDCHG 27, 237
ORDERS 27
Organisationsmanagement 216
OUTBELEG 288
outbound 334
Outbound-Interface 20
OUTID 288
OUTIDOC 288
OWN_FUNCTION 65
OYEA 216

P

P/S-Schnittstelle 121
Parameter, ApplicationObjectID 211
Partner 32, 338
   Objekt 338
   SAP Process Integration 333, 338
Partnerart KU 68
Partnerausgangsvereinbarung 29
Partnereingangsvereinbarung 29
Partnerrolle 50, 178
Partnervereinbarung 52, 109, 216
Personalisierung 119
PFTC_INS 211
PI → SAP Process Integration
Ping 353
Platzhalter 324
Portverwaltung 170
Positionstabelle 173
positive Filterung 104
Posteingang 297
Programm-ID 344
Proxy-Schnittstelle 21
Prozessschnittstelle 121
Prüftabelle 175
Publish&Subscribe-Schnittstelle 121

Q

qRFC 243
Qualifier 178

Qualifier, Domäne 178
qualifizierendes Segment 173, 182
Quality of Service 243
Queue 247
queued RFC 243
Queue-Name, Funktionsbaustein 245
Quickview 192
QUOTES 69

R

RBDMIDOC 40
RBDSER01 232, 233
RBDSER02 234
RBDSER03 235
RBDSER04 236
RBDSRCLR 238
RBDSTATE 222
Receiver 355
reduzierter Nachrichtentyp 43
Reduzierung 104, 168, 185
Reduzierung, IDoc 105
Referenz-IDoc 74
Referenzpartner 70
Referenzpartner, IDoc-Copymanagement-Tool 69
Regel 95, 110
Regel, generelle 112
Regelname 110
Regelvorschlag 110
Release-Sicherheit 19, 23
Remote Function Call 20
Request 21
Response 21
RFC 20
   synchroner 24
   transaktionaler 24
RFC-Baustein 334
RFC-Destination 59, 337
RFC-enabled Function Module 23
RFC-Port, transaktionaler 59
RFM 23
ROLEID 289
ROLLBACK 123
Root-Segment 108
RSCONN01 295
RSEOUT00 87, 234
RSNAST00 50, 86
RSRLDREL 292
RSRLDREL2 292

369

RSWUWFML2 292
Runtime Workbench 357
RWB 357
RWDLCOPY_MANAGE 74

S

SALE 30, 36, 114, 117
Sammel-E-Mail 299
Sammelnachricht 295
SAMPLE_INTERFACE 130
SAP Business Workflow 23
SAP ERP HCM 300
SAP List Viewer 322
SAP NetWeaver Administrator 344, 350
SAP Process Integration 221, 243, 333
  Agentur 339
  Double-Stack-Installation 343, 354, 357
  Header-Mapping 340
  IDoc-Namensraum 334
  IDoc-Port 336
  Mapping 341
  Monitoring 357
  Partner 32, 333, 338
  Single-Stack-Installation 343
SAP Solution Manager 120
SAP_IDOC_001 315, 316
/sap.com/xi/XI 339
/sap/bc/idoc_xml 66
/sap/bc/srt/IDoc 66
SAPconnect 292
SAP-Finanzwesen 300
SAP-Hinweis
  1452578 292
  185445 106
  456127 107
  505608 292
SAP-Standardfilterobjekt 103
SARA 313
SARI 316, 318
SARJ 315
SBWP 215, 229
Schema 339
Schlüsselwert, IDoc 290
Schnittstelle
  asynchrone 21
  synchrone 21

SD12 69
SE11 156
SE18 133
SE19 133, 141
SE24 135
SE80 141, 148
SE84 122
SEGMENT 335
Segment
  einfügen 80
  erzeugen 154
  filtern 105
  Freigabe 156
  Nachrichtentyp 102
  qualifizierendes 173, 182
  qualifiziertes 178
  Typ 28
Segmentdefinition 156
Segmentfilterung 105
Segmenttyp 104, 155
Segmentversion 113
semantische Beschreibung 20
Sendemedium 6 50, 51
Sendemedium A 50, 57
Sender 31
Sendereport 186
Senderfeld
  übernehmen 111
  umschlüsseln 112
Sender-Kommunikationskanal 343
Sendervereinbarung 343
SERDAT 235
SERIAL 242
SERIAL, IDoc-Feld 237
Serialisierung 231
  Gruppe anlegen 232
  Kennzeichen 240
  über Business-Objekt 238
  über Gruppe 231
  über Zeitstempel 236
Service-Interface 334
Shared Master Data Tool 33, 166
SICF 66
Sicht 105, 106, 108
Sideinfo-Tabelle 64
Signatur 188
  Eingangsfunktionsbaustein 195
  einheitliche 195
Single-Indextabelle 272
SLD 337

Index

SM59   59, 132
SMD   33
SMOD   123
SNDPOR   336, 337
SNDPRN   338
SOAP   21
SOAP-Runtime   66
Softwarekomponentenversion   334
spezieller Methodenaufruf   56
sRFC   24
SRL_ARLNK   320
SRRELROLES   288, 318
SRTIDOC   66
STA1, Vorgangscode   225
STA2   225
Stammdaten   33
Standardaufgabe   211
Standardausgangsverarbeitung   85
Standardeingangsverarbeitung   82
Standardeinstellung   82
Standardfilterobjekt   103
Standardklassenart   98
Standardschnittstelle   19
Startereignis   212
Status 31   321
Status 39   223
Status 40   223
Status 41   223
Status 42   85
Status 53   222
Status 66   242
Status 68   222, 321
Status 74   88
Status, Klasse   99
STATUS-IDoc   89, 225, 226, 321
   Statuswert   225
   Text   225
Statussatz   26, 84
Statussatz, Testumgebung   88
Statusumsetzung   321
Statuswert   90
Strukturdefinition   147
SU01   292
Switch-Framework   140
SWO1   209
SXI_MONITOR   354
SXMB_IFR   338
synchrone Schnittstelle   21
synchroner RFC   24
SYSTAT01   89
System Landscape Directory   337
System, technisches   337

T

Tabellen-Append   101
technische Beschreibung   20
technischer Fehler   24
technisches System   337
Test
   Eingangsverarbeitung per Datei   84
   Funktionsbaustein   83
Testkennzeichen   81
Testtransaktion   79
Testumgebung   79
Testumgebung, Statussatz   84, 88
Transaktion, direkte   186
transaktionaler RFC   24
transaktionaler RFC-Port   59
Transaktionssicherheit   22
TRANSID   289
Transport-IDoc   28
tRFC   24
TXT1   227
TXTRAW   226

U

Übergabestruktur   165
Übersetzung   336
Uhrzeit   186
Umschlüsseln   112
Umsetzungslogik   110
UN/EDIFACT   27, 32, 177
Unicode   84
UNIT_OF_MEASURE_ISO_TO_SAP   198
UNIT_OF_MEASURE_SAP_TO_ISO   190
urn:sap-com:document:sap:idoc: messages   334

V

Variable, setzen   111
Verarbeitungsart   225
Verarbeitungsschicht   90
Verbuchungsbaustein   200

Index

Verbuchungstechnik 23, 123
Verknüpfung 201, 287
  Business-Objekttyp 185
  Filterobjekt 96
  Objekttyp 290
  Original-IDoc 290
  unterdrücken 292
versandfertiges IDoc 86
Versionswandlung 113, 149
Verteilsperre 42, 166
Verteilsperre, Änderungsstammsatz 42
Verteilungsklassenart 98
Verteilungsmodell 221
Vorgangscode 200, 203
  AUD1 221
  BAPI 206
  BAPP 206
  STA1 225
  STA2 225
  TXT1 227
Vorlage 79
Vorlage-IDoc 82

W

WDL_COPY 74
WDL_COPY_FILL 72
WDL_COPY_LOG 65, 69, 75
WE09 317
WE10 320
WE11 320
WE12 88, 92
WE14 86
WE16 87
WE17 92
WE18 90
WE19 80
WE20 29, 58, 109, 149, 232
WE21 59, 170
WE24 52
WE27 52
WE30 157, 181
WE31 155
WE32 107
WE40 208
WE41 51
WE42 202, 214
WE47 90, 313
WE55 171
WE57 164, 201
WE60 103, 183
WE81 184
WE82 160, 184
WE85 244
Webservice, IDoc-XML-Eingang 66
WECRYPTDISPLAY 300
WEDI 79
WEINBQUEUE 246
WENOLINKS 291
WEOUTQUEUE 245
Wiedereinplanung 93
WMTORD 53
Workflow
  Aufgabe 211
  Eingang 298

X

XI → SAP Process Integration
XML 28
  Dateiport 66
  HTTP-Port 68
XML-Version 349
xPath 340

Z

Zugehörigkeit, Klasse 97
zusammengesetzte Erweiterungsimplementierung 141

Wie hat Ihnen dieses Buch gefallen?
Bitte teilen Sie uns mit, ob Sie zufrieden waren,
und bewerten Sie das Buch auf:
www.rheinwerk-verlag.de/feedback

Ausführliche Informationen zu unserem aktuellen
Programm samt Leseproben finden Sie ebenfalls
auf unserer Website. Besuchen Sie uns!

www.rheinwerk-verlag.de